近代民事訴訟法史・ドイツ

鈴 木 正 裕

近代民事訴訟法史・ドイツ

学術選書
79
民事訴訟法

信 山 社

はしがき

わが国の近代民訴法（民事訴訟法の略）は、明治二三（一八九〇）年公布の明治民訴法をもってはじまる。その明治民訴法は、当時のドイツ帝国民訴法（一八七七年公布）をモデル法（母法）として選んだ。一部を除いて、帝国民訴法の条文を邦訳してそのまま明治民訴法に移し換えたといってよい。しかし、その帝国民訴法にも、先例と目すべきいくつかの法典・草案があった。ハノーファー王国の民訴法（一八五〇年）、ドイツ連邦のためのハノーファー草案（一八六六年）、北ドイツ連邦のための北ドイツ草案（一八七一年）、それに帝国民訴法を直接準備した三つの草案である。これらの法典・草案の成立に関与して、それぞれに重要な影響を及ぼした一人の人物がいた。

本書で取り上げたアードルフ・レオンハルト（Adolph Leonhardt）である。彼は、ハノーファー王国法とハノーファー草案の起草を担当し、北ドイツ草案では作成された草案を審議する委員会の長、それに帝国民訴法の最初の草案の総論部分を自ら執筆、その後はプロイセンの司法大臣として草案の議会審議に大きな役割を果たした。

いいかえると、彼の生涯さえ追っていくと、自然に帝国民訴法、その先例となった法典・草案の成立過程が浮かびあがってくるのではないか。前からドイツ民訴法史をたどっているとき、胸にいだいていた考え方であったが、今度この考え方に基づいて筆をとらせていただいた。それが本書収録の「A・レオンハルトの生涯――ドイツ帝国民事訴訟法（CPO）の成立史」である。

この論稿では、民訴法史にとどまらず、一般史にわたることも書き、それに相当の頁数をついやしている。民訴法史を追跡していると、一般史に属する事項がしばしば出てくる。気になるものの、いちいち調べる余裕もなく、ときには調べるすべも分からないまま、先へ急ぐことになる。そうすると、自分の得た知識が、骨皮だけのガリガリの印象で、何とも落着きが悪くなるのである。そこで、本稿では一般史にも力を注いでみた。もとより、ここで紹介した一般史の知識は、専門家からみればごく基本に属する事項であろう。しかし、民訴法を専攻する人たちにこの知識を持てというのも無理な要求であろう。後にドイツ民訴法史をたどる必要に迫られた同学の士が、私のような落着きの悪い思いをされることなく、一般史の知識も他の書物を見るまでもなく私ので一応満足されるようになれば、乏しい力量をふりしぼった私としては望外の幸せである。

次に、本書収録の第二の論文、「プロイセン一般裁判所法」について述べておきたい。

今から三五、六年前、私は当時勤務していた神戸大学法学部の機関誌「神戸法学雑誌」上に、「一八世紀のプロイセン民事訴訟法――職権主義訴訟法の構造――」という論文を連載した。ところがこの論文は、三(一般裁判所法の輪郭の部分)まで書いたところでストップしてしまった。四で、一般裁判所法において個別問題(自白の取扱いや、証拠調べのあり方、真実義務の内容や効果など)をどう処理しているか、というテーマを取り上げるつもりでいたところ、そのためについやすエネルギーの多さに、私は参ってしまったのである。それでなくとも厖大さで定評のある法典のなかに分け入って、関連する条文を見つけ出さなければならない、見つけ出した上で、今度は当時の学説(普通法学説)や他のラント法と比較しなければ、その特色を浮かび上がらせることができない、などなどの作業を重ねているうちに、なん項目か進んだところで、私は心身ともに疲れ切ってしまったのである。

ようやく気力を取り直して、資料の収集を再開し、論稿をしあげて、神戸法学雑誌への続載を申し込もうと思っていた矢先、林屋礼二さん(当時東北大学法学部教授、現同大学名誉教授)から魅力ある提案がなされた。ローマ法やカノン法をはじめ、西欧型(わが国も含む)民訴法の根源となった諸法典を翻訳、紹介しようという提案である。実現すれば、世界にほとんど例を見ない、壮大な計画である。私は賛成の旨を申し上げげ、プロイセンの一般裁判所法を担当した。神戸法学雑誌への続載を断念し、こちら向きの原稿を書き上げて、出版社へ送った。しかし、この壮大で貴重な企画は、ついに実現しなかった。執筆陣のうちで、ラテン語に通暁されている安井光雄さん（上智大学教授、神父）が急死されたり、また、いくつかの原稿がそろわなかったためである。私は、出版社から返された原稿を、爾来二十余年手もとにおいて、今般多少手を入れて、ようやく陽の目を浴びさせることができた次第である。その出版を、同じ出版社（信山社）、しかも同じ担当者渡辺左近さんによってなされることは、私にとっては奇遇というほかない。

一般裁判所法は、一七九三年に公布された法典である。この法典を「近代」の民訴法史に取り上げることに、疑問を持たれる向きがあるかも知れない。しかし、近世と近代の区切りをどこに引くべきか、そもそも近世という概念は不用で、近代早期というべきではなかろうか、という専門家のご意見を援用するまでもない。一般裁判所法は、一九世紀の後半ドイツの最強国におどり出たプロイセンで、一八七九年まで八十有余年にわたって行われつづけた法典であり、数多くの特例法によりかなりの部分修正は受けたとはいえ、一九世紀のドイツにおいてもっとも広く、かつ長く行われた法典である。近代のドイツ民訴法史を顧みるとき、逸することのできない存在である。それに、先人（兼子一）はこの法典を、「民事訴訟法史上の突発的変異」と呼ばれている。「突発的変異」とはどのようなものか、毛嫌いせずに一瞥しておくことも、民訴法に関心を持たれる人にとっては興味のあるところではないか、と勝手に思い込んだ次第である。

この論文、および前記の「A・レオンハルトの生涯」を執筆するにあたり、私は数多くの人びとからご援助を頂戴した。

まず、本書も属するシリーズ『近代民事訴訟法史』の最初の巻以来ご援助をたまわった人びと、①所属する梅田総合法律事務所のパートナー弁護士（山崎優、三好邦幸、川下清、河村利行、加藤清和、澤田篤志、伴城宏、今田晋一）さんたち、②同事務所の事務局、ことにパソコンの名手松井洋子さん、③神戸大学法学部（・大学院）資料室助手の山形仁志さんには、引き続き本書においてもご助力をいただいた。

そのほか、次の方々にもお力添えを頂戴した。

同じ関西で民訴法を研究する人たちから、ことに中野貞一郎先生（大阪大学名誉教授、学士院会員）と松本博之教授（大阪市立大学名誉教授、龍谷大学教授）。私が、このお二人からどれほどのご援助、ご激励をいただいているかを示すために、一つのエピソードを紹介することを許されたい。私は大学の教壇を去ってから、外国の新刊図書の情報を知ったり、またその図書を入手するのに著しく困難を覚えるようになった。本書でもしばしば引用するアーレンス（Martin Ahrens）の著書の出版を、先生のご研究に関連がありそうですよ、とまず知らせてくれたのは、松本教授であり、その著書に付された副題から見て、これは入手しなければならないと思っていた矢先、中野先生が急に所属事務所においでになり、カバンから部厚い書物を出されて、「これを差し上げますよ」とくだされたのが、アーレンスの著書であった。先生がお帰りになった後、その著書を開くと、一枚の絵葉書がはいっており、そこには、「お仕事の達成を心からお祈りします」と先生の筆によって書かれていた。

懇意なドイツ法制史家のなかから、石部雅亮さん（大阪市立大学名誉教授）と黒田忠史さん（甲南大学教授）。石部さんとは、大学一年生で同級生となって以来の親しい仲である。黒田さんとは、神戸大学を去って、甲南大学にお世話になって以来、肝胆相照らす仲である。石部さんは、プロイセン法のエキスパートであり、黒田さんは、ハノーファー法の唯一の研究者といってよい。このお二人を親しい仲間として持つことができたことが、私にとって本書の二つの論文を執筆するにあたりどれほど助けになったか、それぞれの論文の付注を見ていただければ明らかである。

まだ面識を得ないままであるが、二人のドイツ人法学者に感謝しておきたい。お一人は、シューベルト博士（Werner Schubert. キール大学退職教授）、もうお一人は、ケプラー博士（Gerhard Köbler. インスブルック大学退職教授）。シューベルト博士は、ドイツ近代の諸法典・諸資料から、きわめて数多くのものを復刻され、そのほとんどに適切な解説を付されている。私が取り上げた法典・資料のなかにも、この復刻がなされたものがあって、私は（なかには原本を所蔵しているものもあったが）黴くさい書物を読まずにすみ、また解説から多くの新知識を学んだ。ケプラー博士は、そのインターネットのホームページ上に、ドイツ法律家の〈Wer ist wer〉（英語で Who is who）、〈Wer war wer〉（Who was who）という欄を設け、おびただしい数の——それはまったくあっけにとられる程の——過去・現在のドイツ法律家たちの略歴、業績を紹介されている。私は、博士の友人の石部さんから博士のメールアドレスを教えていただき、何度そのホームページにアクセスしたことであろうか。そこで得られた知識は本書内の人物紹介のさいに利用させていただいている。

最後に、本書は、同じシリーズの『近代民事訴訟法史』の日本、日本2とは、同じ出版社から出版できなかった。昨今のきびしい出版事情によるものである。その点、本書出版を敢然と引き受けられた信山社・渡辺左近氏のいつに変らぬご懇情に深く感謝を申し上げておく。

二〇一一年九月

鈴木正裕

目　次

A・レオンハルトの生涯――ドイツ帝国民事訴訟法（CPO）の成立史――

プロイセン一般裁判所法

A・レオンハルトの生涯

――ドイツ帝国民事訴訟法（CPO）の成立史――

略称表

黒田（忠史）『西欧近世法の基礎構造』（一九九五年）。収録されている論文中、第二章は、主として一八世紀のハノーファーの国制を、第三章はツェレの上級控訴裁判所を紹介し、それぞれに貴重な文献である。

拙著・日本、日本2　鈴木正裕『近代民事訴訟法史・日本』（二〇〇四年）、『同・日本2』（二〇〇六年）

大系1、2　成瀬治ほか編『世界歴史大系　ドイツ史1、2』（一九九七年、一九九六年）

Ahrens　Martin Ahrens, Prozessreform und einheitlicher Zivilprozess. Einhundert Jahre legislative Reform des deutschen Zivilverfahrensrechts vom Ausgang des 18. Jahrhunderts bis zur Verabschiedung der Reichszivilprozessordnung (2007). ヴェルナー・シューベルト氏のすぐれた解説付きの復刻本がつみ重ねられたのち、出るべくして出た七〇〇ページを超える大著。普通法、プロイセン法、ハノーファー法、バイエルン法、HE、NE、CPOにいたるまでの各法律、草案の内容、沿革を克明に紹介した近代ドイツ民訴法史のスタンダードとなる作品。とくにシューベルト氏の研究の十分に及んでいないハノーファー法につき詳細な資料を発掘したことは貴重である。ただ、その記述に重複が多く、明瞭さにおいてシューベルト氏の作品に比べて劣るのは残念。

　アーレンス氏（一九六五年〜）は、ハノーファー大学で博士号を得たのち、テュービンゲン大学で本書により教授資格を取得、二〇〇七年よりゲッティンゲン大学教授。

CPO　Civilprozessordnung vom 30. Januar 1877. ドイツ帝国の民訴法典。一八七七年一月三〇日は公布の日。施行は七九年一〇月一日であった。Hahn, CPO, S. 1618ff. などに再録。ほかに、この法律の三つの草案（後掲するEⅠ、EⅡ、EⅢ）、および関連する資料を紹介するものとして、Werner Schubert, Entstehung und Quellen der Civilprozeßordnung von 1877, 2 Halbbde.（1987）.

Dahlmanns, Handbuch　Gerhard J. Dahlmanns, in Helmut Coing (Hrsg.), Handbuch der Quellen und Literatur der neueren europäischen Privatrechtsgeschichte, Bd. 3, Teilbd. 2, Gesetzgebung zum allgemeinen Privatrecht und zum Verfahrensrecht（1982）. 本書のうち、ダールマンスはフランス、ベルギー、オランダ、ドイツ、オーストリア、

スイス各国の民事手続法史を担当している。ダールマンス（一九三七年〜）は、フライブルク大学で法学、経済学、歴史を学んだのち、ミシガン大学、ハーヴァード大学に留学、MCLを取得。一九六九年には母国のマールブルク大学で博士号取得。七六年より八五年まで、マールブルク市の参事官、助役をつとめたという。

Dahlmanns, Neudrucke 1〜4　Dahlmanns (Hrsg.), Neudrucke Zibilprozessualer Kodifikationen und Entwürfe des 19. Jahrhunderts, Bde. 4（1971-75）．一九世紀ドイツの民訴法典・草案の復刻の先鞭をつけたもの。第一巻はH47とH50、第二巻はHEとEⅠ、第三巻は一八三三年のバーデン大公国法、第四巻は一八六九年のバイエルン王国法を収載。このうち、第一巻と第二巻には編者の解説が付されており、これらを別に、Der Strukturwandel des deutschen Zivilprozesses im 19. Jahrhundert として刊行している（一九七一年）。

EⅠ　Entwurf einer Deutschen Civilprozeßordnung nebst Begründung. Im Königlich Preußischen Justizministerium bearbeitet, 1871. CPOの最初の草案である。プロイセン王国の司法省により独自に起案され、宰相ビスマルクに提出された。Dahlmanns, Neudrucke 1に復刻。

EⅡ　Entwurf einer Deutschen Civilprozeßordnung nebst dem Entwurfe eines Einführungsgesetzes（1872）．CPOの第二草案（とその施行法の草案）である。条文のみ、Schubert, CPO, S. 499ff. に再録。

EⅢ　Entwurf einer Civilprozeßordnung（1874）．CPOの第三草案である。Hahn, CPO, S. 4ff. に再録。

GVG　Gerichtsverfassungsgesetz vom 27. Januar 1877. ドイツ帝国の裁判所構成法（裁構法）典。これについては、Hahn, GVG, および Schubert, Die deutsche Gerichtsverfassung（1869–1877）—Entstehung und Quellen—（1981）．

H27　Proceßordnung und Sportel-Taxe für die Untergerichte im Königreich Hannover（1827）．ハノーファー王国の下級裁判所用の民訴法典および手数料法典。

H47　Adolph Leonhardt, Allgemeine bürgerliche Proceßordnung für das Königreich Hannover（1848）．Dahlmanns, Neudrucke 1に復刻。ハノーファーの包括的民訴法典、レオンハルトの解説付きで公刊された。一八四七年に公布、しかし結局は施行されず。

H50　一八五〇年公布の右と同名の法典。Leonhardt, Die bürgerliche Proceßordnung und deren Nebengesetze, 3. Aufl.（1861）（Dahlmanns, Neudrucke 1に復刻）によって、解説付きで公刊された。

Hahn, CPO　Carl Hahn（Hrsg.）, Die gesammten Materialien zu den Reichs-Justizgesetzen. Bd. 2, Die gesammten Materialien zur Civilprozeßordnung, 2Abt., 1. Aufl.（1877）, 2. Aufl.（Hrsg., Eduard Stegemann, 1881）. Neudruck, 1983.

Hahn, GVG　右掲書の Bd.1, Die gesammten Materialien zum Gerichtsverfassungsgesetz, 2Abt., 1. Aufl..

ＨＥ　Johannes Struckmann（Hrsg.）, Entwurf einer allgemeinen Civilproceßordnung für die deutschen Bundesstaaten（1866）（Dahlmanns Neudrucke 2 に復刻）。ドイツ連邦加盟諸国のための民訴法草案で、審議された場所の名を取り、ハノーファー草案（Hannoverscher Entwurf）と呼ばれている。ＨＥＰの最終巻（草案集）に所収。

Hellweg　August Hellweg, Geschichtlicher Rückblick über die Entstehung der deutschen Civilprozeß=Ordnung, Archiv für die civilistische Praxis（AcP）, 61（1878）, S. 78ff.

ＨＥＰ　Protocolle der Commission zur Berathung einer allgemeinen……（以下右掲のＨＥ）, 19（od. 18）Bde.（1862–64）. ＨＥに関する委員会の審議録。シューベルト氏により解説付きで一九八五年に復刻。

Huber, I〜　Ernst Rudolf Huber, Deutsche Verfassungsgeschichte seit 1789, Bd. 1ff.（1950, 1960, 1963, 1969……）. 著者フーバー（一九〇三〜九〇年）は、テュービンゲン大学、ミュンヒェン大学で学んだのち、一九二六年ボン大学で博士号、三一年同大学で教授資格を取得。三三年以来キール、ライプツィヒ、シュトラースブルクの各大学教授。四五年、ナチス党員としての活動がとがめられ追放。六二年ゲッティンゲン大学教授、六八年定年退職。

Huber, Dokumente 1〜　Huber, Dokumente zur deutschen Verfassungsgeschichte, Bde 4（1961, 1964……）.

Leonhardt, Reform 1, 2　Leonhardt, Zur Reform des Civilprozesses in Deutschland, 2 Beiträge（1865）. 一九八二年に復刻版。

ＮＥ　Entwurf einer Civilprozeßordnung für den Norddeutschen Bund. 北ドイツ連邦のための民訴法草案。北ドイツ草案（Norddeutscher Entwurf）と呼ばれる。ＮＥＰの最終巻（第五巻）二三七九頁以下に所収。

ＮＥＰ　Protokolle der Kommission zur Ausarbeitung des Entwurfs……（以下右掲のＮＥ）, 5 Bde（1868–70）. ＮＥに関する委員会の審議録。一九八五年にシューベルト氏の解説付きで復刻。

ＰＥ　Entwurf einer Prozeß-Ordnung in bürgerlichen Rechtsstreitigkeiten für den Preußischen Staat（1864）. プロイセン王国のための民訴法草案。プロイセン草案（Preußischer Entwurf）と呼ばれる。一九九四年にシューベルト氏に

より、一八・一九世紀におけるプロイセンの民訴法史を付して、Entwurf und Motive einer Prozeß-Ordnung……（PE）として復刻。本稿では、草案も理由書も原本によった。

Schubert, CPO, GVG, HEP, NEP, PE, StPO　それぞれの著作（解説も含む）は、関係の法律、草案、審議録の項で紹介した。シューベルト氏（一九三六年〜）は、マールブルク、ハンブルク、ミュンスター各大学で学んだのち、一九七四年ボーフム大学で教授資格を取得。七六年キール大学の教授となり、二〇〇一年同大学を退職。おびただしい数の著書、論文、復刻本に圧倒される。指導して博士号を取得させた者も、約百人にのぼるという。

StPO　Strafprozessordnung vom 1. Februar, 1877. ドイツ帝国の刑訴法典である。これについては、Schubert und Jürgen Regge, Entstehung und Quellen der StPO von 1877 (1989).

一　ハノーファー王国の成立

ゲールハルト・アードルフ・ヴィルヘルム・レオンハルト（Gerhard Adolph Wilhelm Leonhardt. 名は二番目のアードルフをとり、他の二つは略するのが普通）は、一八一五年六月六日、当時のハノーファー（Hannover）王国の首都、ハノーファー市において生まれた。父は、同王国の北東の都市シュターデ（Stade. 東方の大都市ハンブルクとの間に、エルベ川が北西から南東に流れている）の近郊の収税吏（Kreiseinnehmer）をつとめていた。レオンハルトは高校をへて、一八三四年の夏学期から同国立のゲッティンゲン大学の法学部に入学した。

以下では、これ以降（大学入学後）のレオンハルトの生涯を追っていくが、そのまえに、彼の生い育ったハノーファー王国がどのような王国だったのか、その歴史をたどっておこう。彼がこの王国の歴史から有形無形の影響を受けていることはいうまでもないことである。

ハノーファーは、ドイツの国々でも、かなり変った歴史を歩んだほうではなかろうか。それはなによりも、この国が一世紀以上にもわたって、イギリスと同君連合の関係を結んだことである。つまり、ハノーファーの王様がロンドンへ乗りこんで、ハノーファーと同様、イギリスをも統治したのである。現在のイギリス王家は、このハノーファーの王様の後裔である。しかし、反面、このイギリスとの同君連合のために、ハノーファーはいろいろな目にあった。ことに、イギリスを仇敵としたナポレオンが、フランスのみならずドイツをも支配した時代には、ハノーファーはまったくひどい目にあわされた。そのせいで、やがてナポレオンが権力の座からすべり落ちたとき、ハノーファーの示したアンチ・フランス感情は大変なものであった。そのことは法制にも反映され、一九世紀前半のハノーファーの法制からは、（他のドイツの国々には影響をおよぼした）フランス法の色合いは完全に払拭されていた。一九世紀後半にはいってもなお、レオンハルトの担当した諸立法や、彼の筆をとった諸著作のなかに、かなりはっきりとアンチ・フランス法が感じ取れるのは、このことを抜きには考えられないであろう。イギリスとの同君連合関係は、一八三七年に解消されたが、このときハノーファー国王に就位した男は、おそろしく頑迷固陋で、たちまちグリム兄弟を含むゲッティンゲン七教授の追放事件を起こし、ドイツの大学史（および憲法史）に一大汚点を残した。

ハノーファー王国の歴史の際立った特色をあげると、まずは以上の各点であろうが、次には、これらの点を中心に同王国の歴史をもう少し掘り下げていってみよう。

一　ハインリヒ獅子王の失墜

ドイツの中世に、ヴェルフェン家という高名な貴族がいて、大いに勢威を張っていた（原語の Welfen は、正確にはヴェルフ家の人びとの意である。それゆえ正確にはヴェルフ家と訳すべきかも知れないが）。その勢威が頂点に達したのは、ハインリヒ獅子王（Heinrich der Löwe. 一一二九年ころ～一一九五年）の時代であったろう。彼は一一四二年にザクセン大公となり、一一五六年にはバイエルン大公も兼任した。ザクセンは、現在のニーダーザクセン（Niedersachsen）州を中心とする地域であり、公はブラウンシュヴァイク（Braunschweig. ハノーファーの東方の都市）[1]に宮殿を設け、その勢力をエルベ川以東にも拡大した。その結果、現在のドイツの東北部を手中におさめ、その後ハンザ同盟の盟主となるリューベック市を建設した。また、バイエルン（Bayern）は、現在のバイエルン州を中心とする地方だが、その地方の中心都市で現在も州都であるミュンヒェンの建設の基礎を築いた。この二つの大きな地帯の大公として、国王類似の権力を持ったハインリヒ公の勢力は、一時は国王に匹敵、むしろ凌駕するほどの勢いであった。当時のドイツ国王は、シュタウフェン（Staufen）王朝のフリードリヒ一世であった（彼は赤毛だったので、イタリア人からバルバロッサ〔赤ひげ〕と呼ばれた）。この二人はもともと従兄弟の関係にあり、当初は友好裡に交際をつづけていたが、フリードリヒ一世がイタリア遠征の折り、ハインリヒに援軍を頼んだところそれが拒否されて以来、二人の仲は険悪となった。その後ハインリヒの高圧的な態度を不満としてザクセンの諸貴族が彼を宮廷裁判所に訴えたとき、彼は裁判所への呼出しを無視して出席しなかったので、帝国追放刑を受け、さらにこの不出頭は封臣としての国王に対する義務違反であるとして、二つの大公領を没収されてしまった（一一八〇年）。ハインリヒは北ドイツの根拠地に立てこもって国王への抵抗をつづけていたが、結局は翌年に宮廷会議へ現れて、国王に降伏した。彼には世襲の領地であるブラウンシュヴァイクとリューネブルク（Lüneburg. ハンブルクの南方の都市）の二市とその近辺の土地だけが遺され、追放刑の効果としては、サンチャゴ・デ・コンポステラ（スペインの北西隅）への巡礼を強いられ、その後姻戚関係のある（彼の妻は、リチャード獅子心王の妹であった）イギリスへと海を渡った（その後再び、故地へと戻ったが落馬が原因でブラウンシュヴァイクで死去した）。

しかし、シュタウフェン王朝とヴェルフェン家の確執はその後も続いた。ハインリヒの息子（オットー四世）が反シュタウフェンの貴族たちにかつがれ、同王朝の国王に対立する国王（反対国王）に選ばれた。そして、ローマ教皇によって、むしろ彼のほうが正式の国王として承認され、（ローマ帝国の）皇帝としての冠を受けた（一二〇九年）。けれども、それも束の間で、翌年には教皇との約束を反故にしたとして破門を宣せられ、彼はたちまちドイツ国内でも勢威を失ってしまった。

このオットー四世の死後、ザクセンにおけるヴェルフェン家の当主となったのは、彼の甥（オットー小児公〔Otto das Kind〕と呼ばれた）であったが、一二三五年、その領地を国王（皇帝）に移譲するとともに、その領地を国王からあらためてブラウンシュヴァイク＝リューネブルク大公領として授封された。ここにシュタウフェン王朝とヴェルフェン家の確執は解消して、後者は前者に完全に臣服した。(2)

（1）　同市の中心部には、今でもなお、ハインリヒの異名につらなる獅子像が立っている。一一六六年に彼が作らせたもので、西欧初の大型ブロンズ像といわれる。

（2） ヴェルフェン家に「大公」の地位が戻ってきたが、「ザクセン大公」の称号はついに戻らなかった。この称号は、旧大公領の東半分とともにアスカニア家（Askania）に与えられ、この家は相続によって分裂したが、そのうちの一家系に選帝侯位が授与された（一三五六年）。この家系が消滅したのち、テューリンゲン地方（ドイツ中東部）出身でマイセンの領主を起点として勢力を伸ばしていたヴェッティン家（Wettin）に選帝侯位とザクセン大公の称号が与えられた。以後、この家が支配する地方（ドレースデンやライプツィヒなど）をザクセンと呼び、もともとザクセン族の定住地帯であった地方はニーダー（低地）ザクセンと呼ばれるようになった（新しいザクセンは、オーバー〔上部〕ザクセンとも呼ばれた）。

もっとも、旧来のザクセン族の定住地帯は、政治的・国制的にはザクセンの名称を失ったが、法・言語・民俗にはザクセンの特色を残し、一二二一年から三五年にかけて、アイケ・フォン・レプゴウ（Eike von Repgow）によって法書「ザクセンシュピーゲル」が編纂された。

なお、獅子王が持っていたもう一つの地位「バイエルン大公」は、同地方で勢力を伸ばしてきたヴィッテルスバハ（Wittelsbach）家に与えられ、以後一九一八年ヴァイマル共和国が成立するまで同家が同地方を支配した。

二　選帝侯E・アウグストとその妻ゾフィー

右の大公領は、一二五二年、相続によってブラウンシュヴァイク侯国とリューネブルク侯国に分かれたが、それ以降のこの両侯国をめぐる離合集散ぶり（相続・戦争・売却などによる）は、それを跡づけようとする者をして目まいを感じさせるほどはげしい態のものである。ここでは、それを割愛して、一挙に三〇年戦争後の結果に移ろう。

(1)　三〇年戦争後のハノーファー

三〇年戦争は、ベーメン（Böhmen. ボヘミア。チェコの北西部）のプロテスタント系貴族が、カトリック系国王（のち皇帝）の弾圧に憤激して、その代官をプラハ城の窓から投げ落とした事件にはじまる。この戦争は、ドイツの国土を荒廃のきわみに陥れ、三〇年後の一六四八年に、やっと終結をむかえた。その頃のハノーファー地方は、カーレンベルク[3]（Calenberg）侯国（首都はハノーファー市）、リューネブルク侯国（首都はツェレ〔Celle〕．ハノーファー市の北東）、ブラウンシュヴァイク侯国（首都は同名の市）の三つに分れていた。そして、この三つの侯国を、二つの家系（いずれも、出自はヴェルフェン家）が治めていた。つまり、一つの家系が最初の二国を治め、もう一つの家系が最後の国を治めるという関係にあった。前の一つの家系が二つの国を治めるというのはいささか奇妙な形ではあるが、父が四人の息子たちに、交替で両国を治めるように遺言をした。長男が一六四一年からカーレンベルクを治め、四八年からその統治先をリューネブルクに換えると、同じ年から次男がカーレンベルクを治め、六五年に長男の死去にともなって次男がリューネブルクに統治先を換えると、同年から三男がカーレンベルクを治めたが、次男の生存中に三男が死去（一六七九年）すると、四男のエルンスト・アウグスト（Ernst August）がカーレンベルクの統治者となった。

(2)　選帝侯国へ

このエルンスト・アウグストが一つの転機をもたらした。一六九二年、彼はときの皇帝（ハープスブルク家）から、選帝侯（選定侯とも。Kurfürst）の地位を与えられた。選帝侯とは、ドイツ皇帝を選出する地位を有する貴族のことで、この地位を与えられることは、数多いドイツの聖俗貴族のうちでも最上位のグループに属することを意味する。[4] 彼の統治するカーレンベルク侯国は「選帝侯国ブラウンシュヴァイク＝リューネブルク」と呼ばれるようになった（実質はカーレンベルク侯国のままなのに）。

エルンスト・アウグストは翌九三年に亡くなり、その地位は長男ゲオルク・ルートヴィヒ（Georg Ludwig）によって承継された。ルートヴィヒは、リューネブルクを統治する伯父（前掲した次男）との約束に従い、伯父の亡くなった年（一七〇五年）に伯父の娘と結婚し、これを通じてリューネブルク侯国を、前述した「選帝侯国」に併合した。別の家系の治めるブラウンシュヴァイク侯国を除く（旧ザクセンの）ヴェルフェン家の領地を一手に束ねたことになる。[5]

選帝侯の地位にはいろいろな特権と義務をともなうが、特権の一つに、不上訴特権と呼ばれるものがあった。自国内でした裁判は、それに無効原因（今日でいう判決の再審事由と無効事由の双方を含む）がないかぎり、帝国の裁判所――帝室裁判所（Reichskammergericht）や帝国宮廷法院（Reichshofrat）――への不服申立ては認められない、という領主の裁判権を誇示する特権であった。しかしこの特権には、自国内に――三審制に従った――最上級（第三審）裁判所を設置するという義務をともなっていた[6]。

ゲオルク・ルートヴィヒは、その最上級裁判所としてツェレ（いまやリューベック侯国の首都の地位を失っていた）に上級控訴裁判所（Oberappellationsgericht）を設けた（一七一一年）。この裁判所は優秀な裁判官に恵まれ、ながくドイツ全土から高い評価を受けることになった[7]。

(3) イギリスの王位承継者

エルンスト・アウグストの妻で、ゲオルク・ルートヴィヒの母であるゾフィー（Sophie）の身の上に、一つの重大な変化が生じた。彼女は、なかなかの才媛で、物腰も優しく、彼女のサロンには哲学者ライプニッツや音楽家ヘンデルらが集まっていたが、彼女自身は、イギリス（このころ正確にはイングランド）のジェイムズ一世の孫娘であった。ジェイムズ一世には、チャールズ一世（次掲）のほか、エリザベス（ドイツ語読みならエリーザベト）という娘がいて、これがプファルツの選帝侯（宮中伯）フリードリヒ五世（注(4)参照）に嫁いだ。その間にできた娘が、ゾフィーである[8]。

イギリスでは、ピューリタン革命（清教徒革命）の際、ジェイムズ一世の子チャールズ一世を死刑に処したが（一六四九年）、その後、一世の子チャールズ二世の即位を認め（一六六〇年。いわゆる王政復古）、彼が死去すると、その弟のジェイムズ二世が即位することを認めた。しかし、二人の王ともカトリックに対して寛容であり、とくにジェイムズ二世はみずからカトリック教徒と称したので、プロテスタント、ことにイギリス国教会派で固めた議会は深刻な危機感を持った。そこで、ジェイムズ二世の（前妻の）子で、プロテスタントであるメアリーと、その夫オラニエ公ヴィレム（オレンジ公ウィリアム）をオランダから迎え、ジェイムズ二世を追放してしまった（一六八九年。名誉革命）。そのさい、メアリーとウィリアムには、イギリス人古来の権利の尊重と、今後王位を承継する者はカトリック教徒であってはならない旨の確認を求め、その承諾を得たうえで、二人をイギリスの共同統治者として認めた。この二人の承認した内容を議会立法によってまとめたものが、「臣民の権利および自由を宣言し、王位承継を定めた法律」、すなわち「権利章典」である。

メアリーが先に亡くなり、次いでウィリアムも亡くなったので（一七〇二年）、メアリーの妹アンが国王に就いた。このアンもプロテスタントで、デンマーク王子と結婚していたが、二人の間の子は夭折していた。そこで、すでに一七〇一年に議会で、「陛下（まだ健在であったウィリアム）およびデンマークのアン王妃にそれぞれお世継ぎのない場合には、新教徒の系統により、ハノーヴァーの選帝侯兼大公の未亡人であるソフィー大公后殿下およびその自然血族たる直系卑属で新教徒である者に、イングランドの王位と王政が与えられ継続されるものとする」という趣旨の法律、王位承継法が可決された。(9)

ゾフィー（ソフィー）は一七一四年六月に亡くなり、アンが同年八月に死去した。アンの後は、ゾフィーの「自然血族たる直系卑属」が王位に就くことになる。ゲオルク・ルートヴィヒはロンドンに乗りこみ、ジョージ（George）一世として、ハノーヴァー（Hanover）王朝初代の王となった。(10)

（3）　カーレンベルク（Calenberg）の名は、「ヴェーゼル河の上支流で、ゲッティンゲンとハノーファーの両都市を貫いて流れるライネ河（Leine）のほとり、ハノーファー市より南二〇キロ足らずの地に存し、一三世紀末に隣国ヒルデスハイム司教領に対する防衛の目的で建設された古城（Burg）の名に由来している」（黒田一四七頁）。なお、ハノーファー市はハンザ同盟に数えられるほどの繁栄した都市で、領邦君主に対して自治権も持っていたが、一六三六年（三〇年戦争の最中）、君主（侯）に強引に首都を移され、その支配に服することになった。

（4）　エルンスト・アウグストが選帝侯に選ばれた背景には、カトリック系対プロテスタント系のバランス論があったようである。

ベーメン（ボヘミア）のプロテスタント系貴族が国王の代官をプラハ城から投げ落とした事件が三〇年戦争ぼっ発の直接のきっかけになったことは前に述べたが、これらの貴族は国王（すでに皇帝に選ばれていた。カトリック系）の統治を認めず、プファルツ選帝侯フリードリヒ五世（プロテスタント・カルヴァン派）を自分たちの国王として選んだ。しかし同五世は、他の国々のプロテスタント君主の援助が得られないまま、バイエルン大公（カトリック系）の支援などを得た国王（皇帝）と一戦して、たちまち敗れ去った。

プファルツ（ファルツともいう。Pfalz）の本領は、ライン川中流の左岸（古都ヴォルムスやシュパイアー、近代都市ではルートヴィヒスハーフェンやカイザースラウテンがある）地帯であるが、右岸にも領域を拡げ、一三八六年にはハイデルベルク大学を創設している。さらに、本領からは遠く離れているが、上部プファルツ（Oberpfalz. 現在のバイエルン州の北東部）も領有していた。上部プファルツの東側はすでにベーメンであった。プファルツの領主はライン宮中伯と呼ばれ、選帝侯位を有していた。

選帝侯と、彼らによる皇帝（神聖ローマ帝国の）選挙手続は、慣習法的には定まっていたが、一三五六年の皇帝の勅書（皇帝の印璽に黄金が用いられたので、金印勅書と呼ばれる）によって成文化された。それによると、選帝侯はマインツ、トリーア、ケルンの三人の大司教、世俗諸侯としてはベーメン国王、ライン宮中伯、ザクセン大公、ブランデンブルク辺境伯（Markgraf von Brandenberg. ブランデンブルクはエルベ川とオーデル川にはさまれた地域で、現在のブランデンブルク州とベルリーン市に相応する。同辺境伯は一一三四年にはじまるが、最初のうちは領主の出身家系が転々としたものの、一四一一年以来ホーエンツォレルン（Hohenzollerm）家（のちのプロイセン王家）がその地位を収めた）の四人で、計七人。その宗派別は、三人の大司教がカトリックであることは当然として、世俗諸侯はベーメン王だけがカトリックであった。

ところが、既述のように、ライン宮中伯フリードリヒ五世が皇帝に抵抗したので、その選帝侯位（と上部プファルツの領地）が奪われて、皇帝を援助したバイエルン大公（カトリック系）に与えられた。しかし、三〇年戦争が終わったとき、宮中伯の地位を消滅させるのは適当でないとして、フリードリヒ五世の息子に宮中伯の地位を与え、同時に選帝侯とした。つまり、八番目の選帝侯が誕生したのである。が、この息子が亡くなると、宮中伯家は相続によりカトリックの家系へと移行した。けれども、それではバイエルン大公とあわせてあまりにカトリック系に偏する。そこで、プロテスタント系の補強としてエルンスト・アウグストが第九番目の選帝侯として選ばれたようである。なお、彼の妻ゾフィー（Sophie）がフリードリヒ五世の娘であったことがこのこととどう関連するのか、明らかにすることができない。

（5）「ブラウンシュヴァイク＝リューネブルク」という選帝侯国の正式名称のうち、後者は領地に入れることができたが、前者はまだ独立したままである（同侯（公）国は、一九一九年ヴァイマール共和国が成立するまで存続しつづけた）。それなのに人びとは、いつのまにか首都の名をとって、この国をハノーファー選帝侯国と呼ぶようになった。

（6）村上淳一『「良き旧き法」と帝国国政（2）』法協九〇巻一一号一四一二頁。

（7）黒田二一三頁。

（8）ゾフィーは彼女の居城（今も残るヘレンハウゼン Herrenhausen という見事な庭園を持つ離宮）に、彼女と同様に学術と芸術を好む長女ゾフィー・シャルロッテ（Sophie Charlotte）とともに、本文に紹介したようにライプニッツ、ヘンデルなどを集めて、サロン（ミューズの館 Musenhof ともいわれた）を開いた。長女はのちにプロイセンの初代国王フリードリヒ一世に嫁ぎ、二人の間に長男ヴィルヘルム一世（軍人王、兵隊王の異名をもつ）を生むが、その長男に自分の兄（Georg Ludwig. イギリス王としてジョージ一世）の娘（ゾフィー・ドロテーア Sophie Dorothea）を嫁がせ、この二人の間にはフリードリヒ二世（のちの大王）が生まれた。

ライプニッツは、たんなる哲学者にとどまらず、数学者、歴史家、法学者などとしても著名であるが、一六七六年にハノーファー家の司書官として採用されて以来、死去の年（一七一六年）まで一途に同家のために尽した。その間、ヨーロッパ各地のアカデミーの設置に関与したことでも有名であるが、右の長女の縁でフリードリヒ一世を説いて、ベルリーンにアカデミーを創設させ（一七〇一年）、その初代総長に招かれた。

ヘンデルは、一七一〇年二六歳の若さで、ハノーファー家の宮廷楽長として採用されたが、ライプニッツと異なり、その年すでに賜暇をとってイギリスに渡り、一旦帰国したものの、翌年も賜暇をとってイギリスに渡り、もう二度とハノーファーには戻ってこなかった。そのため数年後、彼が真っ青になる事態が生じるが、これについては後注に述べよう。

（9）このような内容の王位承継法を可決するために、言い換えると、「イングランド議会の議員をハノーファー側に獲得する」ために、ハノーファー家は莫大な金銭を費やしたらしい。そのしわ寄せは、一般領民がかぶることになった。黒田一四五頁。

（10）ドイツ語ではハノーファー（Hannover）であるが、英語ではハノーヴァー（Hanover）である。現在のイギリス王家も、このハノーヴァー王家の後裔であるが、王家名は後述するように途中で変更されている。

音楽家ヘンデルは、前注に述べたように、ハノーファー家の宮廷楽長の地位にありながら、渡英して、ロンドンで大人気を得、またアン女王に優遇されるなどして、有頂天になってしまい、二度とハノーファーへ戻らなかった。そこへゲオルク・ルートヴィヒがイギリス国王として乗り込んできた。ヘンデルの困った顔は目に見えるようである。彼の組曲「水上の音楽」は、新国王のテムズ川での船遊びを耳にした彼が、新国王の不興を和げるべく作曲、献呈したと伝えられる。しかしこの話は、どうも作り話らしく、ルートヴィヒが乗り込んで（一七一四年九月）から一〇日余りのちに、彼の臨席のもと王家礼拝堂でヘンデルの作品が演奏されたといわれるから、そのときすでに和解が調っていたのであろう。なお、ヘンデルは一七二七年にイギリスに帰化しており、彼の遺体が眠るウェストミンスター寺院の彼の大理石像には、その英国名 George Frederick Handel が刻まれている。

三　同君連合の関係

(1)　ジョージ一世

イギリス王国[11]とハノーファー選帝侯国は、それぞれ独立した国家でありながら、共通の君主を戴くことになった。いわゆる同君連合（Personalunion）の関係である。

イギリス国王としてのジョージ一世（Georg I, Ludwig）[12]は、イギリス国制のあり方に大きな足跡を残した。彼が国制のあり方に積極的に働きかけたわけではない。彼の消極的な態度がそのあり方に大きな影響を及ぼしたのである。彼はあまり英語がしゃべれなかった[13]。それに、渡英したときはすでに五四歳（一六六〇年生れ）。今さら慣れないイギリスの政治に関与する気力もなかったのではないか。そうかといって、ハノーファーから連れて行った側近たちを使っては、イギリス人たちの強い不満を招くことになる。彼はついに閣議に出なくなった。今まで閣議を主催していた国王が欠席すると、閣議のメンバー＝閣僚たちは、自分たちの手によって主催者を選ばなければならないし、その主催者のもとに自分たちだけで国政を処理していかなければならない。当時の閣僚たちのうちでは、第一次大蔵卿が予算と官職の配分権を持つので、いきおいリーダーシップを握り、右にいう主催者、つまりはのちの首相の地位に立つことになる[14]。しかも、彼が配分権を持つ予算は議会（ことに庶民院・下院）の承認を必要とするから、どうしてもそこに足場を持つ者が首相の地位に立たなければならない。かくて、ジョージ一世が閣議に欠席し、イギリス国政を顧みないことによって、同国に首相制が発生し、責任内閣制へと展開していく芽が生まれたのである。その後のイギリス王朝（ハノーヴァー家）のあり方「君臨すれども統治せず」は、その初代の国王によってすでに実行されたのである。

それでは、母国である選帝侯国の統治はどうしたか。従来と同様に貴族からなる枢密顧問会議（Kollegium der Geheimen Räte）と、（この当時六つの）地方議会（議員は、主として土地貴族＝騎士）に委ねられていた。[15] 前者は、選帝侯の不在がつづいたので、イギリスのように首相に相当する者が現れたのは当然であろう。ロンドンとハノーファーの相互の連絡には、当初イギリス駐在大使のような形でハノーファーから人を送っていたが、のちにはこのハノーファー人がドイツ問題担当者としてイギリス内閣の閣僚に加えられることになった。[16] ジョージ一世は、しばしばハノーファーへ戻った。やはり住み馴れたハノーファーがなつかしかったのであろう。この彼のしばしばの帰国が、イギリスの首相制発生の一つの原因をなしたといわれている。その何度目かの帰国からイギリスへ戻る途中、彼はオスナブリュック（Osnabrück）において急死した[17][18]（一七二七年）。

(2)　ジョージ二世

ジョージ一世の長男である（Georg II, August）。彼は父王と不仲で（注(17)参照）、皇太子時代の彼の館には、野党系の人士がよく集まったという。

彼もハノーファー生れで（一六八三年）、父王とともにイギリスへ渡ってきた。ハノーファーへはしばしば戻り、同国の発展に意を用いた。一七三七年のゲッティンゲン大学の創設は、その代表的な例といえる。[19]

しかし、ゲッティンゲン大学を創設したのちのジョージ二世は、まさに戦争につぐ戦争で、その対応に席の暖まるひまがなかった。その戦争の主要な敵は、つねにフランスであった。ヨーロッパ大陸で争い、海上で戦い、そして北アメリカ、インドの植民地をめぐって争った。ヨーロッパ大陸では、ハノーファーの安全を案ずるあまり、王自身が軍勢をひきいて上陸し、フランス軍に打ち勝ったこともあったが、多くの戦闘では利なく敗れ去っている。だが海上の戦いではつねに勝ち、植民地をめぐる戦闘でもおおむね勝った。[20] 以下では、ハノーファーの安否につながるヨーロッパ大陸での戦争だけを取り上げておこう。

(イ) オーストリア継承戦争

ジョージ二世が最初にぶつかった戦争は、一七四〇年にはじまるオーストリア継承戦争であった[21]。この年、ハープスブルク家を女帝のマリア・テレジアが相続した。女帝の相続は認められないとして、バイエルン、ザクセン、フランス、スペイン、プロイセンが反対し、同じ年に即位したプロイセンのフリードリヒ大王は、ハープスブルク家の領土シュレージエン（シレジア）に侵攻した（第一次シュレージエン戦争）。イギリスは、国王とフリードリヒ大王が伯父・甥の関係にあったにもかかわらず（注(8)参照）、オーストリアと同盟して、戦費を援助するむねを約束した。これは、ひとつにはイギリスの与論が孤立無援の女帝に同情的であったことと、いまひとつには反対側に立つフランスに対する対抗関係を貫くためであったといわれる。しかし、フランスは宣戦布告をしないまま軍にライン川を渡河させ、ドイツに侵入してきてハノーファーが危うくなったので、国王はやむなく大陸へ渡り、フランスと交渉して、ハノーファーの中立を宣言した（一七四一年）。だが戦況は、肩入れしているオーストリアのために一向好転しない。イギリスはオーストリアとプロイセンの間に立ち、両国の間に講和条約を締結させ（一七四二年六月）、オーストリアをしてシュレージエンをプロイセンに割譲させた。プロイセンとの戦闘が終了したオーストリアは、矛先を転じてバイエルンとフランスを攻めたが、ジョージ二世もこれを支援すべく、フランスとの和約を破棄して、大陸へ渡り、イギリス・ハノーファー軍にヘッセンからの傭兵を加えて[22]、ドイツの南西部でフランス軍と戦い、これを撃破した（一七四三年六月）。これが「イギリス国王が戦場で指揮をとった最後の機会となった」といわれている[23]。

一七四四年春になって、フランスははじめてイギリス、オーストリアに対して正式に宣戦布告をし、プロイセンと軍事同盟を結んだ。この軍事同盟を背景に、オーストリアからシュレージエンを奪回されることを恐れていたフリードリヒ大王は、再びオーストリアに挑戦し、ベーメン（ボヘミア）に侵攻した（一七四四年八月。第二次シュレージエン戦争）。ハノーファーの安全を脅かされることを恐れたイギリスは、またもプロイセンとオーストリアの仲をとりもって、両国間に講和条約を締結させた。プロイセンはこの条約によって確定的にシュレージエンを入手した。この二つの国の戦闘は終了したが、他の国々の間の戦闘はなおつづいていた。イギリスは、海峡をはさんで指呼の間にあり、ハノーファーの隣国でもあるネーデルラントにおいて、フランス軍に連戦連敗し（一七四五年、四六年）、その大半を占拠されるという憂き目にあった。(24)

しかしやがて、各国とも戦争にうんだ状況になり、一七四八年一〇月、ドイツのアーヘンで全面的な平和条約が結ばれた。

(ロ)　七年戦争

しかしこのアーヘンの和約による平和は、それほど長続きはしなかった。一七五四年にはすでに、北アメリカでフランスが原住民のインディアンと組んでイギリスに挑戦する「フレンチ・アンド・インディアン戦争」が起っていたが、ヨーロッパ大陸では、翌五五年イギリスがハノーファーの不可侵と引換えに援助金を提供する条約をロシアと締結し、さらに五六年一月にはプロイセンとの間に条約を結び、プロイセンはハノーファーの防衛に力を尽すと約束し、イギリスはプロイセンを、オーストリア、フランス、ロシアから防衛すると約束した。この条約に反発して、長い間宿敵関係にあったオーストリアとフランスが和を結び、攻守同盟を締結した。この同盟に、さらにスウェーデン、ザクセンなどが加わり、オーストリアと敵対するプロイセンは四面楚歌におちいった。フリードリヒ大王は乾坤一擲、五六年秋に突如としてザクセンに侵入、これより六三年まで続くいわゆる七年戦争となった。一七五七年のハノーファー領内での闘いでイギリス軍（指揮官はカンバーランド公）はフランス軍に敗れ、ハノーファーはフランスの手に落ちた。フリードリヒ大王は苦しい状況をはね返して、オーストリア・フランスなどの同盟軍を二度にわたって大破し、イギリスは再度プロイセンと条約を結び、多額の戦費援助を約束した。また、カンバーランド公に代わるイギリス＝ハノーファー軍の指揮官ブラウンシュヴァイクの公子フェルディナント（Ferdinand）がフランス軍を破り、同軍をハノーファーからライン川の対岸まで押し返したりもした。[25]

しかし、戦争はいつでもイギリス、プロイセンに微笑んでいたわけではない。一七五九年八月、フリードリヒ大王はベルリーン北東々方向で潰滅的な打撃を受けてしまった（その夜彼は自殺を考えたという）。イギリスからの戦費援助も打ち切られ（この点は後述する）、その後戦況は膠着状態におちいってしまった。これに転機を与えたのは、一七六二年一月のロシアでの皇帝交代であった。新帝ピョートル三世はフリードリヒ大王の熱烈な賛仰者で、直ちにプロイセンと和を結び、軍を本国へ戻させた。新帝は半年後には暗殺されたが、その後帝位についた皇后エカチェリーナ（二世。ドイツ人）も中立を保ったので、フリードリヒ大王はようやく東からの圧力をまぬがれた。一七六三年二月にはザクセンでプロイセンとオーストリアの講和条約が締結され、七年にわたる戦争は終結したが、この間のプロイセンの頑張りがドイツ国内での同国の地位を飛躍的に高め、今後はオーストリア、プロイセン二国の存在を抜きにはドイツのことが語り得なくなった。

他方、この講和に先立つ数日前、イギリス・フランス間にも条約が締結され、イギリスはカナダ、およびミシシッピ川以東のルイジアナ、フロリダを確保して、北アメリカからフランスの勢力を一掃してしまった。北アメリカにおけるイギリス植民地の確立である。

(3) ジョージ三世

七年戦争の最中、一七六〇年一〇月、ジョージ二世が亡くなった。後をついで即位したジョージ三世は、二世の子ではなく、その孫であった。二世の子フレデリック・ルイス（Fredric Louis, Friedrich Ludwig）は、すでに一七五一年に亡くなっていた。[26]三世は彼の長子である。

三世は、曽祖父（ジョージ一世）、祖父（同二世）、その父のように、ハノーファー生れではなく（父は一七〇七年生れで、一世、二世とともに一七一四年イギリスに渡ってきた）、イギリスに生まれ育った生粋のイギリス人である。彼の治世は一八二〇年まで実に六〇年間におよぶが、その間一度もハノーファーを訪問していない。王朝の母国であるハノーファーのことなど、彼の頭の片隅にも存在しなかったのではなかろうか。(27)

しかし、ハノーファー自体は、彼およびその臣下の内閣の対外政策によって、何度となく外国の軍隊によって占領され、そうかと思えば、選帝侯国から王国へ昇格するなど、目まぐるしい波瀾の時代を経験するのである。

ジョージ三世の治世の間にイギリスは、世界に先がけて産業革命を進行させ、その結果世界一の富める国となったが、その反面、アメリカの植民地を独立戦争で失い、フランス革命のぼっ発にともない同国と何度も戦争をくり返す、という激動の時代であった。次項では、最後に触れたフランスの革命にともなう同国との戦争を取りあげる。この戦争がハノーファーの運命を直接に左右したからである。なお、ジョージ三世の後をついだジョージ四世、その後のウィリアム四世については、この戦争の終わったところで触れよう。

(11)　イングランドは、一七〇七年、すでにアン女王の時代に、スコットランドと連合して、「大ブリテン」という名の連合王国を形成していた（United Kingdom of Great Britain）。その後一八〇〇年にはアイルランドを加えるが、本稿では、正式名称にこだわらず、単にイギリスと呼ぶ。

(12)　国王と選帝侯の両側面を持つので、その名の表示に困るが、本文に示したように、前者では英語名、後者（名の部分）はドイツ語名で表示していく。

(13)　まったくしゃべれなかったという説もあるが、ある程度の英語力はあったし、イギリス人閣僚とはフランス語によって意志を疎通していた、といわれている（今井宏編『世界歴史大系　イギリス史2近世』（一九九〇年）三一八頁注（1））。

(14)　ウォルポール（Robert Walpole.　一六七六～一七四五年）は、一七一五年に第一次大蔵卿となったが、一七年に一度辞職、二一年に再任されてからは四二年まで二一年間この職にあり、イギリス最初の「首相」といわれている。

(15)　ハノーファーは、イギリスのような全国的議会を持たず（持ったのは、一八一五年になってから）、各地方ごとに議会（Landschaft と呼ばれた）があり、これが侯国政府との間に租税の割当て、新法の施行、裁判官の推薦などについて交渉権を持った。しかもこれらの議会は、イギリスのような二院制ではなく、土地貴族・騎士、聖職者、都市代表からなる一院制、かつ身分制議会であり、農民の参加はほとんど認められなかった。当時のハノーファー（ことにカーレンベルク侯国）の議会のあり方を、イングランド議会との対比において詳述するのは、黒田一二九頁以下。

なお、ジョージ一世が渡英した当時、ハノーファーの地方議会は四つであったが、同王の在任中に、ブレーメン（帝国自由都市であるブレーメン市を除く）とフェルデン（Verden. ブレーメン市の南東）の二つの大公国を併合、それぞれに地方議会が設けられた。

この二国はもともと、三〇年戦争の結果スウェーデン領とされていたが、この二国を含めバルト海沿岸に覇を唱えるスウェーデンに対し、ロシア、デンマークなどが同盟して戦いを挑み（北方戦争という）、ジョージ一世も選帝侯としてこの戦いに同盟側で参戦、半年間ほどイギリスを留守にしたという。右の二つの大公国はデンマーク軍の占領するところとなり、ジョージ一世がこれを買収、北方戦争の終結にともない敗れたスウェーデンがこの事実を認め、両国の宗主権をハノーファーに移譲した（一七一九年）。

(16) ジョージ一世の長子、後述するジョージ二世が即位後、最初に選んだ閣僚のなかに、ハノーファー人のハノーファー問題を処理する人物が含まれており、それ以降イギリスの閣僚のなかにはかならずハノーファー問題を処理する人物が数えられたという。

(17) ジョージ一世の即位前、すなわち選帝侯ゲオルク・ルートヴィヒが、伯父のリューネブルク侯と約束して、その娘ゾフィー・ドロテーアと結婚することにより、リューネブルク侯国をカーレンベルク（ハノーファー）侯国に併合することができたことは前述した。彼は彼女との間に一男（のちのジョージ二世）一女（のちのプロイセン兵隊王の妻、フリードリヒ大王の母）をもうけたが、彼女がスウェーデン貴族を愛人としたことに激怒し、彼女をハノーファー北方遠く離れたところに幽閉した。他方、彼自身は、フランス人女性を愛人とし、渡英に際しては彼女も同行、その後彼女が政治に口をはさんではイギリス人を閉口させたという。王妃の幽閉は三二年間におよび、一七二六年に六〇歳で死去したという。それにともない、彼女の愛人もハノーファー王宮で殺されたという。何回目かの帰国ののち、イギリスへ帰ろうとしたジョージ一世は、オスナブリュックでその馬車のなかに王妃の遺書を投げこまれ、そのあまりにはげしい憎悪の言葉に驚死したと伝えられる。ジョージ一世とその長子ジョージ二世は不仲であったとされるが、それにはこの王妃の問題が大きくからんでいたのではないか。

(18) ジョージ一世が亡くなったオスナブリュックは、以後のハノーファーの歴史にもしばしば登場してくる地名なので、ここで簡単にその歴史について触れておこう。同市はハノーファー市の西方一〇〇キロばかりにある。もともとカトリックの司教都市で、宗教改革の当時は、領地内の騎士・市民たちがルッター派に傾き、司教との間に対立が生じて混乱していた。

しかし、三〇年戦争の結果、司教の座はカトリックと、プロテスタント（それもブラウンシュヴァイク公家のルッター派信者の王子）が交替につとめることになった。前述した選帝侯エルンスト・アウグストも、カーレンベルク侯家の領主としてハノーファー市に住む（一六七九年）までは、このオスナブリュックの司教の座にあった。オスナブリュックや司教領は世俗化（一八〇三年）によりハノーファー選定侯国に吸収されたが、世俗化については後に述べる。

(19)　ジョージ二世にゲッティンゲンに大学を創立するよう命ぜられたのは、彼によってハノーファーの首相格に選ばれたミュンヒハウゼン（Gerlach Adolph Freiherr von Münchhausen. Freiherr は男爵に相当か。一六八八～一七七〇年）であった。彼はベルリーンに生まれ、ザクセンで育ったが、ジョージ二世即位後はハノーファーで重用された。彼が大学創設の命令を受けたのは一七三五年であるが、彼はまず、街作りからはじめた。街路に舗石を敷きつめ、街燈や水道施設の整備などにつとめた。大学の教育目的には、実用教育（聖俗の官僚養成）を掲げた。また、貴族の入学を容易にするために、乗馬、フェンシング、ダンスなど、騎士（貴族）学校に見られると同様な教科を置いた。ゼミナール制を始めたのもこの大学であるといわれるし、プロテスタントのこの国でカトリックの礼拝も認めた。大学は一七三七年に開校したが（大学の正式名称は、創立を命じたジョージ二世のドイツ名をとり、ゲオルク・アウグスト大学という）、ドイツの他の国の出身者、貴族の入学が多く、後に触れる七教授追放事件を起こすまでは、ドイツ国内で随一の大学の評価を得ていた。ミュンヒハウゼンは、創立作業をはじめた一七三五年より彼の死去の年までみずから大学の監督官（Kurator）をつとめた。この大学に留学した日本人も多く、彼らによって「月沈原」大学というロマンティックな名を与えられたこともよく知られている。

なお、ミュンヒハウゼンの弟（Philipp Adolph M. 一六九四～一七六二年）も、ロンドンでのハノーファー担当大臣をつとめた（一七四九～六二年）。

(20)　北米における植民地戦争の一環として、彼の名を冠したジョージ王の戦争（King George's War）というのもある（一七四三～八年）。なお、アメリカのジョージア州の名も、彼からとられたといわれる。

(21)　もっとも、スペインとの間には、同国の沿岸警備隊によってイギリス人船長の耳が切り落とされるという事件があり、継承戦争のはじまる前年（一七三九年）、船長の名に由来する「ジェンキンスの耳の戦争」がぼっ発していたが、この戦争は継承戦争に吸収されていった。

(22)　この軍勢を、国事軍（Pragmatic Army, Pragmatische Armee）という。マリア・テレジアの父カール六世は、自分の子が男子であれ女子であれハープスブルク家の家領を相続するといった詔書（国事詔書 Pragmatische Sanktion）を発布し（一七一三年四月）、ドイツやヨーロッパの諸国の承認を得ていた。マリア・テレジアが即位したのもこの詔書に基づいている。

ところが、即位するや、オーストリア継承戦争の項の冒頭に述べたように、多くの国が前言をひるがえして反対したのである。これに対して、この詔書を守る軍勢という意味で、国事軍と呼ばれたのである。

ヘッセン・カッセル（Hessen-Kassel）の大公は、自国の軍隊を他国に貸し出すこと（兵士貿易といわれる）で有名で（後年のアメリカ独立戦争の折り、イギリス軍の大半は二万七千名にのぼるヘッセン・カッセル兵だったという）、大公は、その傭兵料によって、今もカッセル市に残る立派な宮殿を建てたりした。

(23) 今井宏編・前注(13)三〇四頁。

このようにジョージ二世（父親のジョージ一世も）がハノーファーのため、ヨーロッパ大陸の戦争に積極的に関与することに、イギリス人の間に不満がつのり、しばしば政情不安定をもたらしている。今井編・右掲二八四頁・二九三頁・三〇一頁・三〇四頁など。

(24) 連敗したイギリス＝ハノーファー軍の司令官はジョージ二世の三男（ウィリアム・オーガスト William August）で、カンバーランド（Cumberland）公という称号を持っていた。カンバーランドは、イングランドの北西部、現在のカンブリア（Cumbria）州の一部である。

この連敗を重ねている間に、名誉革命で追放されたジェームズ二世の孫がジャコバイト（Jacobite. ジェームズのラテン語つづり jacobees からきたジェームズ支持派）を率い、フランスの後押しを受けて、スコットランドに上陸してきた（ジェームズ二世はもともとスコットランドの王朝であったステュアート朝に属する）。そのため、ネーデルランドにいたカンバーランド公の一軍を本土に引き揚げさせ、これに対応させたが、一七四六年四月の闘いでカンバーランド軍が決定的な勝利を得た。その際、公が反乱軍をきびしく処罰したため、屠殺者（Butscher）の異名を頂戴した。ハノーファー史には、のちにイギリスとの同君連合解消の際にも同じ称号を持つ人物が登場してくるが、カンバーランド公としてはこの「屠殺者」のほうが著名なようである。

なお、ジャコバイトの内乱は、ハノーヴァー朝の初代ジョージ一世が渡英した翌年（一七一五年）にもスコットランドで起こっているが、多くの支持者を得ることができず、政府軍の前に一敗地にまみれている。

(25) フェルディナントの姉エリーザベト・クリスティーネ（Elisabeth Christine）はフリードリヒ大王の妻であり、その末弟であるフェルディナントは長くプロイセンで軍人としての教育を受けた。

(26) 実はこのフレデリック・ルイス（亡くなったときは皇太子。プリンス・オブ・ウェールス）と父ジョージ二世はきわめて仲が悪く、息子は父の宮殿で一緒に住むことを許されず、追い出されて別の場所に住んでいたという。ジョージ一世と二世の間も、実母の幽閉事件などがからんで仲が悪かったことは前述したとおりである。しかも、後述するようにジョージ三世も、その子四世と仲が悪く、後年彼の精神病が進んだのも、このことが大きな原因といわれる。彼ら（ジョージ一世から四世）の治政の間に、建築、家具、食器などにジョージアン（Geogian）様式とよばれる一個の新しい様式が形成されたといわれるが、彼らジョージ同士の仲の悪さは一体どうしたことであったろうか。

(27)　先に七年戦争の間にイギリスからプロイセンへの軍資金の提供が打ち切られ、フリードリヒ大王を窮境に立たせたことを紹介したが、これは、一方では対スペイン戦闘のために新たな軍資金が必要になったという事情があったが、基本的には、ハノーファーの保護の必要など感じていないジョージ三世にとって七年戦争などは「血なまぐさい、高価な戦争」にすぎなかったからである。今井編・前注(13)三二二頁・三二六頁。

四　対仏大同盟とハノーファー

大革命の示した急進性に驚き、その後につづくナポレオンの侵略戦争にさらされたヨーロッパ諸国は、フランスに対抗するため、何度となく同盟を結んだ。いわゆる対仏大同盟であり、ほとんどのヨーロッパ諸国がこれに参加したが、終始一貫してこれに加盟しつづけたのはイギリスだけであった。同盟は七度にわたって結成され、そのつどフランスに対して戦いを挑んだが、同盟側が勝利したのは最後の二回だけであり、その前の五回は、同盟国のメンバー（イギリスを除く）がフランス軍と戦って敗れ、勝手に講和条約を結んでは同盟が瓦解してしまっている。

(1)　第一次大同盟

一七八九年に革命のぼっ発したフランスに対して、最初に警告を発したのはオーストリアとプロイセンであった。やがて一七九二年、両国の連合軍がフランス領に侵入したが、たちまちフランス国民軍によって撃退され、フランス軍は勢いにのってオーストリア領ネーデルランド（のちのベルギー）を占領した。翌年二月にはフランスはイギリス、オランダにも宣戦を布告したので、ここに第一次対仏大同盟（イギリス、オーストリア、プロイセン、オランダのほかにスペインなど）が結成された。同年四月に、イギリスはプロイセン、オランダに軍資金の援助を申し入れたが、プロイセンは前掲の戦闘で戦争への意欲をなくし、フランスにライン川左岸の占領を認め、自軍を本国へ撤収させた。オランダもフランスと講和をし、スペインも和を結び、逆に共同してイギリスを攻めると約束した。一七九七年一〇月にフランスはオーストリアと、カンポ・フォルミオ（Campo Formio. イタリアの北西部、スロヴェニアとの国境近くの一寒村）で平和条約を結び、オーストリア領ネーデルランドの割譲を承認させた。これで第一次大同盟の加盟国はイギリスを除いてすべて脱落し、同盟は瓦解した。(28)

その後フランスは、ライン川左岸の占領地を自国に併呑するとともに、司法・行政ともにフランス式を施行させた。司法でいうと、貴族らの裁判特権やその家産（領地）裁判所の廃止であり、のちには破毀院の創設、ナポレオン諸法の導入などである。

(2) 第二次大同盟

一七九八年一二月に、イギリスはロシアと同盟し、これにオーストリア、トルコ、ポルトガルなどが加わり、翌年六月に第二次大同盟が成立した。しかし、その後ロシアは大同盟を脱退し、逆に一八〇〇年には、イギリス海軍のきびしい船舶臨検に反発して、スウェーデン、デンマークなどを糾合し、さらにプロイセンも加わって、北欧武装中立同盟を結成した。プロイセンは、この同盟を理由として一八〇一年四月、二万五千人の軍勢を急にハノーファーに侵攻させ、たちまち占領した。フランス軍の侵攻を今か今かと身構えていたハノーファー人にとっては、思いがけない軍隊の出現であった。(29) 右の同盟は、同年三月ロシア皇帝が貴族たちによって暗殺されたことから、(30) 自然解消へと向ったが、プロイセンは同年一〇月までハノーファーに駐留をつづけた。

同年二月には、すでにオーストリアがフランスとの間にリュネヴィル（Lunéville. フランス、ナンシー市の東南）の和約を結んだが、オーストリアはこの和約を神聖ローマ帝国皇帝の名において結び、またその和約も神聖ローマ帝国の議会において承認された。その後ポルトガルなどもフランスと和平条約を締結したので、イギリスだけが孤立してフランスと争うことになった。海上戦ではつねにイギリス軍が優勢なので、フランスはその植民地からの物産などの輸入に苦しみ、ついに一八〇二年三月イギリスとの間に和平条約を結んだ（イギリスは、セイロン島〔現在のスリランカ〕などを除いて、これまで占領したフランス領を返し、エジプトからは両軍が撤退した）。なお、この間一七九九年一一月ブリュメールのクーデターにより、ナポレオンが第一統領の地位につき、ここにフランス大革命はその幕を閉じた。

(3)　帝国代表者主要決議――「世俗化」と「陪臣化」

一八〇二年の英仏和平条約によってヨーロッパは久方ぶりに静ひつを取り戻したが、それも束の間、翌年五月にはまたもやイギリスとフランスの間に戦闘がぼっ発する。しかしそのほんのわずかな空白期に、ドイツではその聖俗諸侯を震かんさせた大事件が発生する。

オーストリアの国主（ハープスブルク家）が神聖ローマ帝国皇帝の名においてフランスとリュネヴィルの和約を締結したことは先述したが、その和約の内容として、ライン川左岸と従来のフランス国境の間にあるドイツの聖俗諸侯の土地をフランスに割譲する旨を約束した（同地はすでにフランスの占領するところである。なお、この割譲の約束は、すでに第一次大同盟の際のカンポ・フォルミオの和約で密約の形でなされていた）。そして、このようにライン川左岸の土地をフランスに割譲すると、その土地を失う諸侯への補償が問題となるが、(31) そのためには「世俗化」と「陪臣化」を行う旨が、この和約によって明らかにされた。

「世俗化」（ゼクラリザツィオン Säkularisation）とは、聖界領を世俗領主の支配下に移すことであり、「陪臣化」（メディアティジールンク Mediatisierung）とは、小諸侯領を他の国の領主の支配下に移すこと、つまり小諸侯が（皇帝直属の地位を失って）他の国の領主の陪臣となることを意味する。

リュネヴィルの和約は、神聖ローマ帝国の議会も承認していた。承認していたとすると議会は、右の「世俗化」と「陪臣化」を実行しなければならない。議会は、オーストリア、プロイセンをはじめ主要な諸国の代表を集め、この点に関する会議を行わせるよう、皇帝に提言した。一八〇三年二月、この会議の決定（主要決議Hauptschlußという[32]）が発表された。それによると、ライン右岸から一一二の聖俗諸侯領（都市領も含む）が失われた。三一六万人あまりの住民が所属する国を変えた。聖界選帝侯国では、最上位のマインツの大司教にレーゲンスブルク（バイエルン。ミュンヒェンの北々東）に居をおく小領が認められただけで、ケルン、トリーアの二国は消え去った。世俗選帝侯国ではプファルツがなくなった。帝国（直属）都市のうち、四一が領邦都市（領主の支配下に立つ）に転じて、わずかに六都市（ハンブルク、ブレーメン、リューベック、アウクスブルク、フランクフルト〔アム・マイン。以下、略す〕、ニュルンベルク）だけが残された。新たにヴュルテンベルク、バーデン、ヘッセン＝カッセル、ザルツブルクが選帝侯国となった。

ハノーファーは、ライン左岸に領土を持たず別に何も失っていないのに、オスナブリュック司教領を与えられた[33]。

(4) 第三次大同盟

一八〇三年五月、イギリスはフランスに対して宣戦を布告した。マルタ島やエジプトに関するナポレオンの挑発的な言動が、イギリス国民を激高させていた。

ハノーファーもいよいよ今度はフランス軍の侵入を覚悟しなければならない。国中の一五歳から五〇歳までの男子は戦闘に参加するよう要請され、にわか訓練も行われたようであるが、五月一六日に、オランダに待機していたフランス軍（ハノーファー軍団と称した）一万六千人が侵入してくると、わずかにヴェザー川（Weser. ブレーメンを通り、ハノーファーの西方を流れ、ニーダーザクセンを貫流する川）の渡河の際に一戦を試みた程度で、ハノーファー軍はエルベ川の向う（東方）に逃走してしまった。

フランス軍は、ハノーファーにフランス式の行政や司法を強制しなかった。フランス軍指令官は、われわれはハノーファーを解放しにきた（フランス的な改革を図る）のではなく占領にきたのだと言ったが、司法、行政などにはむしろハノーファー人を起用した。もっとも、フランス革命（とナポレオン統治）の法的象徴であるフランス民法（Code civil）はこの年まだ未完で、その完成には翌四年三月を待たねばならなかった。

一八〇五年四月イギリスはロシアと同盟し、すでにロシアと同盟しているオーストリア、さらにスウェーデンも参加して、ここに第三次大同盟が成立した。スペインは逆にフランスと同盟して、イギリスに宣戦布告をしてきた。

海上戦では、同年一〇月、ネルソンの率いるイギリス海軍が、フランス・スペイン連合艦隊をトラファルガル（Trafalgar. スペインの南端近くの大西洋岸）沖の海戦で徹底的に打ち破った（ネルソンがこの一戦で戦死したことは周知）。しかし陸上戦のほうは、そうはいかなかった。同年一二月、アウスターリッツ（Austerlitz. 現在チェコ領スラフコフ Slavkov）でのいわゆる三帝会戦（ロシア皇帝アレクサンドル一世・オーストリア皇帝フランツ一世対フランス皇帝ナポレオン――彼は四年五月帝位に就いていた）において、ロシア・オーストリア連合軍は潰滅的に敗れ去った。オーストリアはプレスブルク（Pressburg. ヴィーンの西方、現スロヴァキア領ブラティスラヴァ Bratislava）で和を乞わなければならなかった。第三次大同盟はここに崩潰した。

この和約（一八〇五年一二月一六日）の一日前、ナポレオンは、プロイセンとヴィーンのシェーンブルン宮殿で交渉して、ロシアとの同盟（プロイセンはこれを一八〇四年五月に結んでいた）の解消を条件として、ハノーファーの占領を認める旨を述べた。

一八〇六年一月、プロイセン国王は、ハノーファーの政府あてに、フランスとの協約によりハノーファーを占領管理する旨を通知し、同年二月にはプロイセン軍が進入してきた。しかしこの折りのプロイセン軍は、ハノーファー政府の行政などを監視するだけで、それ以上の立ち入った干渉はしなかった。この態度を生ぬるいとしたナポレオンは、イギリス船の（ハノーファーを含む）プロイセン諸港への入港を禁止せよ、その代りハノーファーの領有を認めると言ってきた。プロイセンはやむなくこの指示に従い、イギリス船の入港を禁止した。イギリスは激怒してプロイセンに宣戦を布告した。

(5)　ライン同盟

イギリスとフランス、プロイセンなどとの間に戦闘状態が続いているさなか、ドイツではライン同盟（Rhein Bund）が成立し、反面で、一八百年以上も続いてきた神聖ローマ帝国が消滅した。

ドイツにオーストリア、プロイセンに拮抗する第三の勢力をつくり、それを自己の支配下において、フランス防衛の緩衝地帯とするとともに、そこから必要に応じて軍事的援助も得たい、というのがナポレオンの年来の構想であった。そのため彼は、ドイツの西南諸邦、バイエルン、ヴュルテンベルク、バーデンに対してはつねに寛容であった(34)。先に述べた「主要決議」による「世俗化」・「陪臣化」の折にも（この決議は、フランスの圧力の下になされたので、フランスの承認を必要とした）、これら三邦の領土を飛躍的に拡大させ、また、ヴュルテンベルクとバーデンを選帝侯国に昇格させた（バイエルンはすでに選帝侯国）。さらに、オーストリアとのプレスブルク和約（前掲）の際には、オーストリア皇帝（同時に神聖ローマ帝国皇帝）に迫って、バイエルンとヴュルテンベルクに王国の地位を認めさせた。

フランスの外相タレ（イ）ラン（Talleyrand）とこれら西南諸邦との話合いがまとまり、ライン同盟規約が作成され、一八〇六年七月に各国の署名が行われた(35)。この同盟への参加国は一九か国にのぼった(36)。この規約の内容によると、各国はそれぞれに主権を維持するが、ナポレオンを保護者（プロテクトゥール）と仰ぎ、フランスとの間に攻守同盟を結び、その軍事上の義務としてフランス軍に同盟全体として約六万三千人の兵を拠出するというものであった(37)。

この同盟参加諸国は、翌八月はじめ、神聖ローマ帝国議会あてに同帝国から分離するむねを通知した。同帝国皇帝フランツ二世（ハープスブルク家）は、同月六日、同皇帝の座から退位した。「最近に生じた事態」は、「（ドイツ各邦の選挙により選ばれた）皇帝の義務を果たすことを不可能ならしめる」という理由によるものであった。

ここにオットー一世の戴冠（九六二年）以来八四四年間続いた神聖ローマ帝国は消滅した[38]。

ライン同盟参加諸国は、単にフランス軍の傘下にはいっただけではない。文化、法制などの面でも大いにフランスの影響を受けた。代表的なのは、ナポレオン諸法典、とくに民法（単独でナポレオン法典ともいう）である。たとえばバーデンなどでは、一八〇八年にフランス民法を直接施行し、その翌年には多少手を入れてバーデン国法（Badisches Landrecht）を公布したが、これが一九〇〇年にドイツ民法が施行されるまで同国で行われつづけた[39]。

(6)　第四次大同盟

一八〇六年一月、イギリスの首相で主戦派であった小ピット[40]が亡くなった。次の内閣の外相は、反主戦派で親仏家でもあったので、ナポレオンは彼の友人を介してイギリスに和平を申し入れた。ナポレオン側の提案のなかには、ハノーファーの返還も含まれていた。しかしハノーファーは、現にプロイセン軍によって占領されている。しかもそのことは、シェーンブルン宮殿での条約によってナポレオンによりプロイセンに認められたところである。このことは、いったいどうなるのであろうか。このナポレオン側の提案は、イギリスによってプロイセンにすっぱ抜かれた。プロイセンでは反仏感情が高まった。それでなくても、ライン同盟の結成によってプロイセンではナポレオンのやり方に反発が強まっていた矢先である。その火に油をそそぎ込んだ形である。プロイセンはロシアと同盟し、次いでイギリスとも同盟した。第四次大同盟の結成である。

プロイセンは一八〇六年九月、フランスに対して、その占拠する全ドイツの領土を一〇月八日までに返還せよと要求した。フランスがこの要求に応じないことはもとよりである。プロイセンは一〇月九日、宣戦を布告した。それからわずか五日後（一〇月一四日）、プロイセン軍とフランス軍は、イェーナ（Jena. 中部ドイツ、テューリンゲン地方の都市）とアウエルシュテット（イェーナの北二〇キロほどの小村）の二か所で同時に会戦、プロイセン軍はたちまちに敗れ、翌日休戦を申し込んだが、ナポレオンの要求があまりに過大なので、王室をベルリーンから避難させるとともに、抵抗はなお一応継続することにした。救援に駆けつけたロシア軍もプロイセンの地で敗れた（イギリスが財政難のためロシアに約束した軍費援助を十分にできなかったことが、ロシア軍敗戦の一因であるともいわれる）。プロイセン、ロシアはフランスに和を乞い、ティルジット（Tilsit. バルト三国の南隣りにロシアの飛地があるが、その北部に位置する町。ネマン川をへだててリトアニアに対する。現在のロシア名はソヴェック Sovetsk）において講和条約が結ばれた（一八〇七年七月）。この条約締結の際プロイセン王が屈辱的な取扱いを受けたことは有名な話であるが、その条約の内容もプロイセンにとっては屈辱そのものであった。①エルベ川以西の領土を放棄し、それにハノーファーの南部（ゲッティンゲンなど）、ブラウンシュヴァイク、ヘッセン＝カッセルを合わせて、ヴェストファーレン王国を創設、ナポレオンの末弟ジェロームをその王とする。②エルベ川以東でも、ポーランドの分割で得た土地を全部返還し、そこにワルシャワ大公国を建設、ザクセン王国との同君連合を認める（ライン同盟に加盟するザクセン選帝侯は、このさい国王に昇格した）。この①と②で当時のプロイセン領の約半分が奪われた。③プロイセンの歳入の約三倍の償金が命じられ、それを支払い切るまでフランス軍が駐留する。(41)

なお、ハノーファーにいたプロイセン軍は、イェーナなどでの敗戦後撤退し、代りにフランス軍が進駐してきた。

ナポレオンは、プロイセン軍に対する勝利後、ベルリーンに入城、いわゆるベルリーン勅令を発して、イギリスとの貿易・通信を一切禁止する、イギリスまたはその植民地からの船舶の入港を禁止する、などの大陸封鎖を断行した（一八〇六年一一月。翌年にはイタリアのミラノからさらに勅令を発して、この禁止令を中立国にまで及ぼした）。

(7) ヴェストファーレン王国

同王国は、当時のドイツ国内における革命フランスの展示場であった。一八〇七年一一月と一二月にわたって憲法を公布したが、フランス憲法をそのままドイツ語に直したようなもので、法の下での平等、貴族の裁判特権の廃止、司法と行政の分離、営業の自由、ツンフト強制の廃止などが謳われた。翌年一月の王令によってフランス式の裁判所組織の設置が定められた。治安裁判所（Friedensgericht. 少額事件を管轄）、地方裁判所（Distriktgericht. 通常民事・刑事事件の第一審裁判所）、県庁所在地に刑事裁判所（フランス語をそのまま使ってTribunal. 通常刑事事件の第二審裁判所、重罪刑事事件の〔陪審制をともなった〕第一審裁判所）、首都カッセルには控訴裁判所（Appellationsgericht）が設けられ、この裁判所はのちにツェレにも設けられた（同王国に含まれる旧ハノーファー地域のため）。破毀院は設けられず、国務院（Conseil d'Etat, Staatsrat）がその任務を兼任した。一八一〇年三月一五日には民訴法が公布されたが、公開主義・口頭主義に基づくフランス式民訴法が導入されたことはいうまでもない。ただ、若干ドイツ法固有の要素が含まれていたことは後にも紹介するとおりである。

ハノーファーの南半分が同王国に編入されたことは先に述べたが、その後一八一〇年一月には北半分も一旦は同王国に編入された（このために、ハノーファー選帝侯国は形式上は消滅してしまった）。ところが、同年末には、この北半分に、南半分の一部（主としてゲッティンゲン地方）も加えて、ふたたびフランス領へ戻された。ナポレオンは、大陸封鎖を強化するため、オランダから、右のハノーファーの部分、ハンザ三都市（ブレーメン、ハンブルク、リューベック）までの北海沿岸にある諸国・諸都市を強制的にフランス領に併合してしまったのである。これらの地方にフランス流の行政・司法が行われたことはいうまでもない（一八一一年八月からは、民訴法を含むフランス法が施行された(42)）。

(8)　第五次大同盟

ナポレオンの軍事力を背景とした相次ぐ侵略行為は、ドイツ諸国民をして自国への愛国心に目ざめさせ、反フランス感情を高からしめた。当時ドイツの指導的立場にあったオーストリアは、自国さえ起てば他のドイツ諸国もこれに同調するものと考え、イギリスから戦費援助の約束を得て、敢然とフランスに宣戦を布告した（一八〇九年四月）。これを予想していたナポレオンがいち早くヴィーンに到達したので、主戦場はヴィーンの東側に移された。オーストリア軍は一度は手ひどくフランス軍を痛撃したが（ナポレオンが敗戦を記録した最初の会戦といわれる）、結局は打ち負かされて全軍が崩潰、休戦を乞うた（同年七月）。正式の講和条約は一〇月にシェーンブルン宮殿で締結され、オーストリアはザルツブルクなどを（フランスの同盟軍であった）バイエルンに割譲し、また多額の償金を支払うなどの条件を呑まされた[43]。オーストリアの主戦派の外相は更迭され、代りにメッテルニヒがその地位に就いた。彼はさっそく皇女マリー・ルイズをナポレオンに嫁がせるなどの外交政策を展開した。

このころ、イギリス軍はイベリア半島でもフランス軍と戦っていた（半島戦争という）。ポルトガルが中立政策をとり、大陸封鎖に協力しないのに業を煮やしたナポレオンは、スペインと協定を結び、フランス軍の通過を承認させた上で、ただちにポルトガルを攻略、これをフランス領に併呑してしまった（一八〇七年一〇月）。次いで、スペインの国王父子間の争いに介入、一旦は王位を得ていた皇太子に父王に返還するよう求め、返還を受けた父王は、仲の悪い皇太子に王位を渡すくらいならとナポレオンに託し、ナポレオンはこの王位を兄のジョゼフ（当時ナポリ国王）に与えた（ジョゼフはホセ一世と称した。在位一八〇八～一三年）。この自国の神聖な王位に関するやりとりを侮辱と感じたスペイン国民は、いたるところで蜂起し、フランス軍に戦いを挑んだ。

このスペイン国民の蜂起を援助すべく、また自国に対して友好的であったポルトガルをフランスから解放すべく、イギリスはその軍をポルトガルに上陸させた（一八〇八年八月）。このことを聞いたナポレオンは、大軍を率いてスペインに来攻、スペイン領にはいっていたイギリス軍を打ち破り、その後フランスに軍を戻して、前掲したオーストリアとの開戦に備えた。一時敗色濃厚であったイギリス軍は、あらたにウェルズリ（Arthur Wallesley. 一七六九～一八五二年）を指揮官とする増援部隊をポルトガルに上陸させ（〇九年四月）、一進一退ながら、スペイン国民のゲリラ組織もたくみに利用して、徐々にフランス軍を圧迫、ついに、一八一二年になってからであるがイギリス軍は（友軍であるスペイン軍、ポルトガル軍とともに）マドリードに入城した（同年八月）。その間、指揮官ウェルズリは、一八〇九年七月の戦勝の機会に、ウェリントン（Wellington）という称号と子爵の爵位を授けられ、マドリード入城のときには伯爵に昇進した（以下では、この広く知られたウェリントンの称号を用いていこう）。

なお、ウェリントン軍は、一八一三年一一月にはピレネーを越えて南フランスに進入（ナポレオンが軍隊を指揮するようになってから、フランス本土に外国軍が進入したのはこれがはじめて）、翌年三月にはボルドーを占領した。同地においては、ルイ一八世（処刑された一六世の弟）がブルボン王朝の復活を宣言した（王政復古）。

(9)　第六次大同盟——ライプツィヒ会戦

ナポレオンの大陸封鎖令は、イギリスを主要な貿易先とする国々に大きな打撃を与えた。とくに農業国ロシアは、その穀物の七〇パーセントをイギリスに輸出していたので、その輸出を禁止されて、国家財政上大きな混乱を生じた。[44] そこでロシア皇帝は、密貿易を黙認するとともに、一八一〇年には中立国船旗を掲げた船の出入港の自由を認める旨の法令を発した。ナポレオンの大陸封鎖令では、たとえ中立国の船舶であれイギリスまたはその植民地から出発しもしくはそれに向う船の出入港は禁止する、という内容であった。それを無視し去ったのである。ロシア、フランス間は風雲急を告げることになり、一八一二年四月、ロシア皇帝はフランスに最後通牒を送りつけた。

ナポレオンは、六〇万の大軍を率いてロシアに進攻、同年九月にはモスクワ入城まで果たした。しかし、市の官民の大部分が逃げ去ったため糧食の調達はままならず、その上、市内の四分の三を焼失するという大火にあい、さらにきびしい冬将軍が到来して、さしものナポレオンも退却を決意し、一〇月から撤兵をはじめた。だが、酷寒に加えて、ロシア軍の執拗な追撃を受け、大兵を損じて、ようやくの思いでドイツ領を通過、パリへ帰りついた。

無敵将軍ナポレオンのかつてない敗北である。ロシア軍の進軍に際しプロイセンの将軍が抵抗するどころか黙って見送ったという事件を契機に、一八一三年二月ロシア・プロイセン間に攻守同盟が成立した。同年三月には、イギリスから軍事費を援助するという約束をもらったスウェーデンが加盟し、フランスに宣戦を布告した。同盟軍は、まずナポレオンにあくまでも忠実なザクセンを攻め、その首都ドレースデンを占拠した。これを聞いたナポレオンも出兵、一時は同盟軍を打ち破った。ここで休戦協定が成立し、オーストリアのメッテルニヒはなんとか両陣営を妥協させようとしたが、ナポレオンはその案を採用しない。その間にイギリス、スペイン、ポルトガルも同盟に参加、八月にはついにオーストリアも参戦して、ここに第六次大同盟が完成した。

同盟軍は巧みな攻防を重ねて、ナポレオン軍をザクセンのライプツィヒ北方において包囲、ここに有名なライプツィヒ会戦が開始された（一三年一〇月一六日～一九日。諸国民が同盟してナポレオンを攻撃したので諸国民戦争、ドイツをナポレオンの支配下から解放したので（ドイツ）解放戦争とも呼ばれる）。もともと同盟軍が多勢のうえ、ライン同盟のバイエルン軍、ザクセン軍などに寝返りが出て、フランス軍は惨敗、ライン川を渡って逃げ帰った。ライン川以東がはじめてドイツ諸国の手に戻された。ライン同盟の諸領主もプロイセンなどの同盟に参加、ここにライン同盟は解体した。

その後も戦闘がつづき、各国元首の思惑がくいちがったりして状況はなかなか進展しなかったが、一八一四年三月末にロシア皇帝、プロイセン国王がパリに入城、ナポレオンに退位要求をつきつけた。彼もこれに同意し、四月二八日にはイギリス軍艦に乗せられて、エルバ島へ向った。同盟は、王位に就くことが認められたルイ一八世との間に、五月末（第一次）パリ平和条約を締結したが、なおいくつかの事項について未決定に終わり、それらの事項についてはヴィーンで開く国際会議で決定されることになった。

⑽　第七次大同盟――ヴィーン会議

一八〇六年以来ハノーファーを占領していたフランス軍は撤退し、ヴェストファーレン国王ジェロームも遁走した。ハノーファー軍が祖国に帰還したのは、一八一三年一〇月二五日（二八日説も）であった。ライプツィヒの会戦の終了（同月一九日）から一週間もたっていなかった。[45]

選帝侯国の首席には、ジョージ三世の子のケンブリッジ公アードルフ（英語読みではアドルフ）が就任した。(46)

このころ、ジョージ三世が精神障害を起こして皇太子が摂政の地位に就いたことは前（注(44)）に述べたが、その摂政が一八一四年一〇月一二日、今後ハノーファーは王国と称すると宣言した。以前よりハノーファーに冠せられていた選帝侯国の名称は、神聖ローマ帝国がなくなり、選定すべき皇帝がいなくなると、もはや何の意味もない。そこで王国と称したものと思われる。もっとも、王国という称号は、もともと神聖ローマ帝国から付与されたものである。バイエルン、ヴュルテンベルクは、王号を実質上ナポレオンから付与されたが、形式的には最後の同帝国皇帝（フランツ二世）によって承認されている。ザクセンは、同皇帝の退位後、ティルジットの和約によって付与されたが、ともかく和約の相手方ロシア、プロイセンによって承認されている。どこからも与えられないまま、勝手に王国と称したのは、ハノーファーだけである。しかし、背後にいるイギリス王国の威力によるのであろうか、この勝手な名称変更は、どこからも異論はでず、ハノーファーは王国と称してヴィーン会議に臨むのである。

（第一次）パリ条約後二か月以内にヴィーンで会議を開く予定であったが、解放気分にひたった各国元首が外国に遊んだりして、実際に会議が開かれたのは、四か月後の一八一四年九月からであった。しかもそれが、「会議は踊る、されど進まず」という名文句で広く知られるように、のんびりムードにひたってゆっくり進行するうちに、一五年二月ナポレオンがエルバ島の脱出に成功、三月パリに帰着して、ふたたび皇帝と称した。会議の参列者は大いに驚いたが、フランス代表タレ(イ)ランの断乎たる主張により第七次大同盟を結成（三月二五日）、加盟国（イギリス、プロイセン、オーストリア、ロシア）はその軍隊をフランスへ向けて進発させた。(47)

このうち、イギリス、プロイセンの軍とナポレオン軍が対決したのが有名なワーテルロー（Waterloo. 現ベルギー、首都ブリュッセルの南一五キロほどの小都市）の会戦であった。ウェリントンの率いるイギリス軍が必死になってナポレオン軍の圧力に耐え、その間にいったんは退却したプロイセン軍が側面から反撃に出て、フランス軍は潰滅した（六月一八日）。ナポレオンはパリに逃れたが、議会の要求に基づいて退位した。ここに彼のいわゆる「百日天下」は終り、一七九二年オーストリア・プロイセンの連合軍がフランス軍とはじめて戦って（「ヴァルミーの戦い」という）以来、実に二三年ぶりにヨーロッパに平和が戻ってきた。(48)

ナポレオンの再起は、会議参列者のほうけた目を覚醒させ、以降会議は順調に進み、ワーテルローの会戦の前六月九日に、会議の議定書（一二〇を超える項目を持つ）へそれぞれの署名を終えた。

ハノーファーはこの会議を通じて、王国であることを承認され、さらに従来プロイセン領であった(49)ヒルデスハイム（Hildesheim. 旧司教領）、ゴスラー（Goslar. 旧帝国都市）、東フリースラント（Ostfriesland）などを得た。

会議の際、従来の神聖ローマ帝国に代わるものとして、ドイツにドイツ連邦（Deutscher Bund）が誕生したが、この連邦についてはまたのちに触れよう。ただ、ここでは、ハノーファーがこの連邦中オーストリア、プロイセンに次ぐ国家群（中等国家 Mittelstaaten と呼ばれた）に位置づけられたことを紹介しておこう。(50)

（28） この間、ナポレオンは総司令官としてエジプトへ遠征したが、追尾してきたネルソン指揮下のイギリス艦隊のためフランス艦隊が完全に敗れ（一七九八年八月）、ナポレオンは麾下の軍隊を置き去りにしてフランスへ逃げ帰っている。

英仏両軍は、この海上戦のほかにも、小規模ながら陸上戦を行っている。①一七九三年九月、ケント公（ジョージ三世の子 Edward〔Eduard〕）率いるイギリス・ハノーファー軍がフランドルでフランス軍に敗れる。②一七九五年六月、ブルターニュ地方で亡命貴族の起こした反乱を救うべくイギリス軍が上陸したが、翌月にはフランス軍に制圧された。③一七九六年一二月、逆にフランスはイギリスに反抗するアイルランドを援助するため軍を派遣したが、暴風にあい上陸に失敗した。④一七九八年八月、約千人のフランス軍がアイルランドに上陸したが、翌月にはイギリス軍に追い払われている。以上のように、両軍は陸上戦では、ボクシングでいえばジャブ程度の応酬を行ったのである。

（29） 占領したプロイセン軍は、ライン川左岸を占領したフランス軍のように、自国の法制を押しつけるようなことはしなかったようである。たとえば、一般国法とか一般裁判所法などは施行されなかった。

フランス軍には、市民革命の旗手、他国民への解放軍という自負があったのである。

（30） 暗殺された皇帝は、パーヴェル一世（前述したピョートル三世とエカチェリーナ二世の間の子）。後継皇帝はその長子アレクサンドル一世であった。パーヴェル一世は激情型で移り気、周囲の側近は戦々兢々としていたようである。
(31)　この地域には、マインツ、ケルン、トリーアの三大司教（＝選帝侯）領をはじめ、あわせて九七の聖俗諸侯と多数の帝国騎士の領地が混在し、まるで「領邦のモザイク」のようであった。大系2一八一頁。
(32)　正確には、特別帝国代表者会議（die außerordentliche Reichsdeputation）の主要決議をいう。以下に紹介するこの決議の概要は、大系2一三七頁、Huber, I, S. 42.
(33)　オスナブリュックは、三注(18)で述べたように、司教の座をカトリック派とプロテスタント派が交互につとめていたが、このハノーファーへの併合が決まったとき（一八〇三年）の司教は後者で、ジョージ三世の次男フレデリック（Frederick, Friedrich）であった。彼は生後六か月にしてこの地位についたため、メーザー（Justus Möser）を長とする政府がけんめいに補佐したという。坂井栄八郎「オスナブリュックとユストゥス・メーザー」『ドイツ　歴史の旅』増補（一九八六年）一八九頁、黒田二〇三頁(53)。
(34)　対仏大同盟では、オーストリアの国主、したがって神聖ローマ帝国皇帝がフランスに宣戦しているので、同帝国の議会でもこの戦争を「帝国の戦争」（Reichskrieg）と位置づけており、その関係でバイエルン、ヴュルテンベルクなどもやむなくフランスに対し戦闘行為に出ている。そのため、フランス軍によるミュンヒェン（バイエルンの首都）の占領という事態も生じている。
(35)　フランスのリードのもとにドイツ諸邦が同盟を結んだものとして、三〇年戦争を終結させた条約（一六四八年のヴェストファーレン〔ウェストファリア〕条約）の遵守と、反オーストリア勢力の結集をめざして一六五八年から六八年まで組織されたライン同盟がある。これとここでいうライン同盟を区別するため、後者をライン連盟と呼ぶ用語法もある。大系2六頁・一三九頁・一八四頁（坂井栄八郎）。
なお、ここでいうライン同盟の締結により、あるいはその後の同盟国間の条約締結により、「陪臣化」がさらに進んだ。たとえば、バイエルンは残されていた帝国都市ニュルンベルクや小貴族領バイロイトを獲得したし、ヴュルテンベルクは、都市ウルムを得た。
(36)　この参加国は、一八〇六年一二月にザクセン選帝侯国が加盟、さらに後述するティルジットの和約後は、ドイツの北・中部の諸国も参加して、計三九か国にものぼった。もとより、オーストリア、プロイセンは参加しなかったし、ハノーファーは、プロイセン軍、のちにはフランス軍に占領されて、独立国家には数えられなかった。
(37)　このライン同盟軍はその後、プロイセン、オーストリア、ロシア、さらにはイベリア半島と、フランス軍の行くところ、つねに同行を命ぜられて、かなりの犠牲者を出している。たとえば、後述するナポレオンがロシア遠征で大敗を喫したとき、バイエルンは三万三千人の軍兵を送ったが、そのうち生きて帰れたのはわずか三千人であったという。

(38) 帝国の最後の皇帝フランツ二世は、ナポレオンがフランス皇帝に推挙されると（一八〇四年五月）、その皇帝の称号を認めるとともに、自らもオーストリア皇帝と称することの承認を求め、オーストリア皇帝フランツ一世と称した。したがって、神聖ローマ帝国の消滅当時、オーストリア皇帝フランツ一世が、同帝国の皇帝フランツ二世であるという複雑さであった（反面でこのことは、オーストリア皇帝を名乗ったとき、すでに神聖ローマ帝国の消滅を覚悟していたということでもある）。

(39) ライン同盟に参加した諸国におけるフランス法の影響、および同法に対するドイツ人学者の評価などを詳述するのは、W. Schubert, Französisches Recht in Deutschland zu Beginn des 19. Jahrhunderts, 1977（同氏の教授資格取得論文である）。

(40) William Pitt. 同名の父（大）ピット（一七〇八～七八年）の次男として生まれた（一七五九～一八〇六年）。父親のピットも、七年戦争当時主戦派として、ジョージ三世を大いに助けた。

(41) この屈辱的な内容にプロイセン人が大いに奮起し、その指導者の名でよばれるシュタイン・ハルデンベルクの改革を次から次に実行していったことはよく知られている。シュタイン（Karl Reichsfreiherr vom und zum Stein. 一七五七～一八三一年）は、ナッサウ（Nassau）侯国の貴族出身であるが、ゲッティンゲンで法学を学んでいるし、ハルデンベルク（Karl August von Hardenberg. 一七五〇～一八二二年）も、ゲッティンゲンで法学を学び、しかも彼はほかならぬハノーファー出身であった。大学卒業後、ハノーファーの官庁に勤めたが、のちプロイセンの官僚に転じている。彼らはともに、ハノーファーを「ドイツのチャイナ」と呼び、その固陋さと地域偏狭を諷していたといわれる（黒田二〇六頁）。当時のチャイナは清国の時代である。

(42) この項の冒頭でもふれたように、ヴェストファーレン王国は革命フランスの展示場（モデル国家）として建設された。しかし、ナポレオンが王国内の土地を奪って、一族や、軍功によってあらたに貴族となった元帥たちに贈与したために、土地に附属した貴族の特権、その反面での農民たちの隷農的立場の解消が、どの程度進んだのか疑問視されている。ジェフリー・エリス著（杉本淑彦・中山俊訳）『ナポレオン帝国』（二〇〇八年）とくに一七一頁、岡本明「ナポレオン支配下のヴェストファーレン王国」服部春彦・谷川稔編『フランス史からの問い』（二〇〇〇年）一九九頁。

(43) この間、八月にイギリス軍がアントワープに上陸しているが、簡単にフランス軍に敗れ去っている。このことや、他のドイツ諸国がオーストリアの呼びかけに応じて参戦しなかったことが、オーストリア皇帝の戦争への意欲をなくさせたようである。

(44)　このころロシアはイギリスと国交断絶の関係にあった。前述のようにロシアはティルジットでフランスと和平条約を結んだが、その条約の内容は、ロシアはフランスとイギリスとの和平条約を仲介すること、イギリスは一八〇五年以来フランスおよびその同盟国から奪った領地を返還すること、その代りイギリスにはハノーファーを還付すること、イギリスがこの和平条約に応じないときはロシアはイギリスと断交すること、などがその主なものであった。ロシアは、とうていイギリスはこの和平条約に応じないと見て、一八一〇年一一月にはさっさとイギリスと断交してしまった。

それにしても、フランスがイギリスと交渉しようとするときは、つねにハノーファーの返還が交渉の材料とされている(すでにティルジットの和平条約をもたらした第四次大同盟のきっかけも、このハノーファーの返還を内容とするイギリスとの交渉であった)。このようにつねに交渉の対象とされるハノーファーにも、その交渉の相手方とされるイギリスにも、同君連合という関係はほんとうに重荷であったといえよう。しかし、イギリスに生まれ育ったジョージ三世以下にとってほんとうに重荷に感じられるほど、ハノーファーが重視されていたかは別問題である。もっとも、ジョージ三世は一七六五年ころから病気にともなう発作を起こすようになり、一八一一年二月ころからはまったく執務が不可能な状態となった。そこで、皇太子(のちのジョージ四世)が摂政となり、この摂政時代(Regency)が、三世の亡くなる一八二〇年一月まで一〇年間続くことになる。

(45)　ハノーファーの軍団は、一八〇三年、最初にフランス軍が進入してきたとき、たいした抵抗もせずに逃亡、その後大部分はイギリスに渡り、ドイツ軍団(King's German Legion, Königlich Deutsche Legion)として再編成され(兵数は約一万五千)、イギリス軍の一部として各地に転戦、「半島戦争」ではウェリントンの指揮下に従軍し、また後述するワーテルローの戦いでも彼のもとで善戦したという。

(46)　ジョージ三世とその妻の間には、九人の息子と六人の娘の計一五人の子がいたという。このうち、一般史書に登場してくるのは、次の六人の息子である。

①皇太子(プリンス・オブ・ウェールズ。後のジョージ四世。一七六二〜一八三〇年)、②フレデリック(フリードリヒ)(Frederick, Friedrich. ヨーク公。先述したように最後のオスナブリュック司教であった。一七六三〜一八二七年)、③ウィリアム(ヴィルヘルム)(Willam, Wilhelm. クラレンス(Clarence)侯。彼のために建築されたクラレンス・ハウスに住む。のちのウィリアム四世。一七六五〜一八三七年)、④エドワード(エードゥアルト)(Edward, Eduard. ケント公。ヴィクトリア女王の父。一七六七〜一八二〇年)、⑤アーネスト・オーガスト(エルンスト・アウグスト)(Ernest August, Ernst August. のちのハノーファー王。一七七一〜一八五一年)、⑥アドルフ(アードルフ)またはフレデリック・アドルフ(フリー

ドリヒ・アードルフ）（Fredric Adolph, Friedrich Adolf. ケンブリッジ公。一七七四～一八五〇年）。⑤と⑥の間に、サセックス（Sussex）公というのがいたが、貴賤婚、つまり平民の女性と結婚したために王位継承権を失い、そのために歴史に登場してこないといわれる。なお、⑤と⑥、それにこの人物は、ともに一七八六年から一七九〇年の間ゲッティンゲン大学で学び、ドイツ語の習得につとめたといわれる。九人の息子のうち、残る二人は早世したとのことである。

以上につき、Ernst von Meier, Hannoversche Verfassungs- und Verwaltungsgeschichte 1680–1866, Bd. I, S. 128, Bd. II, S. 192,（1898/99）.

(47) 幅健志『帝都ウィーンと列国会議――会議は踊る、されど進まず』（二〇〇〇年、講談社学術文庫）とくに二六九頁。

(48) この年（一八一五年）一一月、（第二次）パリ条約が締結され、フランスに多額の賠償金の支払いが命じられ、五年間北フランスに同盟軍一五万人が滞在すること、その滞在費もフランスが負担すること、などが約束された。

(49) 正確には、プロイセン軍に占領され、その後フランス領、ヴェストファーレン領となったが、解放戦争後ふたたびプロイセン領となっていた。

先に第六次大同盟が結成されたとき、イギリスは参戦するにあたりプロイセンに戦費の補給を約束するとともに、プロイセンもハノーファーの領土を今よりも拡大すると約束していた。

なお、本文に述べる地域のうち、東フリースラントは旧侯国で、エムデン（Emden）、アウリヒ（Aurich）などを主要都市とする地域である。現在でも北海のドイツ領沿岸に東フリースラント諸島が並び、その名を残している。

(50) ドイツ連邦に参加した諸邦は、三五のラントと四つの自由都市（フランクフルト、ブレーメン、ハンブルク、リューベック）である。一時は一八〇〇に近いといわれた神聖ローマ帝国における諸邦は、ナポレオン統治下の荒療治（一八〇三年の帝国代表者主要決議、一八〇六年のライン同盟結成）の陪臣化・世俗化を通じて計三九に減少していたのである。ラント中の強国とされたのはオーストリア帝国とプロイセン王国の二邦であり、中等国家とされたのはバイエルン、ハノーファー、ヴュルテンベルク、ザクセンの各王国、バーデン大公国、ヘッセン（＝カッセル）選帝侯国（神聖ローマ帝国が消滅し、選帝侯国という表現は無意味となったのに、なおこの表現〔Kurhessen〕にこだわった。このために、帝国消滅後のこの国を「クーアヘッセン侯国」と呼ぶ用語法〔村上淳一編『法律家の歴史的素養』（二〇〇三年）一七〇頁注6（村上）〕も提唱されている）、ヘッセン＝ダルムシュタット大公国などであった（連邦議会における投票権は、オーストリア以下ザクセンまでが各四票、バーデン以下ルクセンブルク大公国までが各三票であった）。

なお、右に中等国家としてあげた四つの王国中、面積、人口ともに最大はバイエルン、最小はザクセンであり、ハノーファーは、面積においてヴュルテンベルクにまさり、人口において劣っていた。

ヴィーン会議において、プロイセンは、国王が最後までナポレオンに忠実だったザクセンの自国への全部割譲を主張したが、北半分しか認められず、その代りフランス領とされていたライン川左岸（オランダ国境からビンゲン〔Bingen〕あたりまで。都市としては、ケルン、トリーア、コーブレンツなど）の割譲が認められた。ライン川左岸としては、これより上流の部分で旧プファルツ領とされた地域が二分され、バイエルン（都市としては、カイザースラウテン、ツヴァイブリュッケン、シュパイヤーなどの地域）とヘッセン＝ダルムシュタット（マインツ、ヴォルムスなどの地域）に分割譲渡された。これら地域ではフランス法（民訴法も含む）がそのまま行われ、そのことが一九世紀ドイツにおける民訴法立法に大きな影響をおよぼすことになる。

二　ハノーファー王国の変遷

一　「良き（?）旧《ふる》き法」への回帰

一八〇七年から一八一三年までハノーファーは、あるいはヴェストファーレン王国の一部となり、あるいはフランス（ナポレオン）帝国の一部として、フランス法（ないしはこれに準ずるヴェストファーレン法）の適用を受けてきた。このことを通じて、革命後フランスから多くの新しい（＝近代的）制度が輸入された。貴族の特権（領主裁判権 Patrimonialgerichtsbarkeit を含む）の廃止、農民の賦役からの解放、ツンフト強制の消滅、さらには司法と行政の分離、公開・口頭の裁判手続、重罪事件における陪審制度の導入などなどである。

ところが、権力を回復したハノーファー政府は、これらフランスから持ちこまれた新しい制度を否定し、一切を旧態に戻すという姿勢を示した。その徹底ぶりは、ハノーファーと同じ運命をたどり、ヴェストファーレン領・フランス領となったライン川以東（右岸）の諸国ではずば抜けていた。たとえば、隣国のブラウンシュヴァイクは、権力回復後に司法制度、裁判手続の改革を行い、そのさいフランス法にならって領主裁判制を廃止したのに、ハノーファーではこれを温存した(1)。

なぜこれほどまで徹底してフランス色の払拭を図ろうとしたのであろうか。この時期ハノーファーの戦後処理・復興を指揮したのは、ロンドンにいるハノーファー担当大臣ミュンスター伯(2)であった。彼は、「不当な外国支配によって押しつけられた法律は、すべて遡って無効とする」という基本方針を示した。同伯のもとで、現地にいて具体的な処理に当たったのは、内閣顧問レーベルク(3)であった。彼はもともと哲学者、歴史家として知られ、フランス大革命の急進性に反対し、ドイツ国内の親革命派からは最強の論敵と目されたという。その彼が戦後間もない一八一四年に、『ナポレオン法典とそのドイツへの導入』という論文を発表し、同法典（フランス民法のこと。フランス法〔ナポレオン諸法〕の象徴）をこっぴどく非難し、そのドイツへの導入に真向から反対した(4)。戦後復興を指導する為政者がこのような発想である。ハノーファーが後世の学者によってあきれられるほど徹底してフランス法を排斥したのも無理からぬことであった。いま一つの事情として、ハノーファーにとって同君連合の国としてイギリスがあった。そのイギリスは、今や王制のもと身分制を残しつつも内閣・議会のリーダーシップを得て、世界最大の強国として発展しつつある。国王をギロチンにかけるような過激な革命のもたらした産物に、なにほどの効用があるというのだろうか――。

（1） W. Schubert, Das französische Recht in Deutschland zu Beginn der Restaurationszeit (1814–1820), in Zeitschrift der Savigny-Stiftung für Rechtsgeschichte, Bd. 94 (1977), Germanische Abteilung, S. 134. この時期、ハノーファー政府の出した命令などの詳細は、Ahrens, S. 331.

（2） Ernst Graf zu Münster（一七七六～一八三九年）。一八〇五年から一八三一年までロンドン駐在のハノーファー担当大臣をつとめた。一八一四年・一五年のヴィーン会議では、イギリス代表の一人としてハノーファーの領地拡大のため辣腕をふるったといわれる。

（3） August Wilhelm Rehberg（一七五七〜一八三六年）。彼は一八一四年から二一年まで、貴族・良家の出身でないため内閣顧問（Geheimer Kabinetsrat）の地位に就くにとどまり、その内閣のメンバー（大臣）になることはできなかったが、実際上はその内閣のリーダー（総理大臣）の役割を果たしたといわれる。なお、彼の経歴については黒田一八七頁が詳しい。

（4） Über den Code Napoléon und dessen Einführung in Deutschland（本書の内容を紹介するのは、前注（1）のSchubert, S. 130）。このレーベルクの著作を批判したのは、ティボー（Anton Friedrich Justus Thibaut. 一七七二〜一八四〇年）の『ドイツにおける一般民法典の必要性』（Über die Notwendigkeit eines allgemeinen bürgerlichen Rechts für Deutschland, 1814）であり、そのティボーの論調を再批判したのは、サヴィニー（Friedrich Carl von Savigny. 一七七九〜一八六一年）の『立法および法学に対する現代の使命』（Vom Beruf unserer Zeit für Gesetzgebung und Rechtswissenschaft, 1814）であった。後世にまで名を残す「法典論争」が起ったのである。勝田有恒・山内進編著『近世・近代ヨーロッパの法学者たち』（二〇〇八年）二九〇頁以下（井上琢也）、三〇二頁以下（河上倫逸）。

二　同君連合の解消

一八二〇年、ジョージ三世が亡くなり、長男のジョージ四世が後をついだ。三世の治世は、一七六〇年以来計六〇年にもおよぶ（もっとも、一八一一年以来精神障害のために執務できなくなり、皇太子〔のちのジョージ四世〕が摂政をつとめたことは前述した）。そのジョージ四世も、一八三〇年には亡くなった。嫡出子がなかったので、次弟のヨーク公（既述のように最後のオスナブリュック大司教）が後をつぐべきだが、彼も嫡出子のないままですでに一八二七年には亡くなっていたので、三弟のウィリアム（クラレンス侯——一の四注（46））が王位についた（ウィリアム四世。即位時じつに六五歳）。しかし彼も嫡出子のないまま一八三七年に死去したので、[5] 順序からいくと四弟エドワード（ケント公）が即位すべきだが、彼もすでに一八二〇年に亡くなっていたので、その一人娘ヴィクトリア（Victoria. 当時一八歳）が即位した。しかし、イギリスとちがって、サリカ法系のハノーファーでは女子の王位継承は認められない[6]。そこでヴィクトリアは、イギリス王位のみを継承し、ハノーファー国王には五弟のカンバーランド公エルンスト・アウグストがついた（カンバーランド公については、一の三注(24)）。

ここに、一七一四年以来一二三年間におよぶイギリス・ハノーファー間の同君連合、同じ君主をともに戴くという関係は解消した。しかし、ハノーファー（選帝侯国）に由来するイギリス王朝（ハノーヴァー王朝）は、その後王室名を変えながらも、今日にいたっている[7]。

エルンスト・アウグストは、一七七一年に生まれ、ハノーファーの中興の祖・初代の選帝侯（一の二(2)）と同じ名が与えられた。対仏大同盟の初期にイギリスは二度ばかり軍隊をフランス領に上陸させた（そのつど、撃退されている）が、彼も従軍し、それなりの大胆さを示したといわれている。帰国後、父親（ジョージ三世）の時代の政権政党トーリー党に属した。ホイッグ党にくらべて保守色の強いといわれた同党にあっても、守旧派の最たる一人であったといわれる。アイルランドをグレート・ブリテンに併合（一八〇〇年）する代償としてカトリック教徒を解放する法案が議会に提出されたが、彼らがつねに反対し、法案はようやく一八二九年に実現した。さらに彼は、ホイッグ党に好意的であった兄ウィリアム四世から王位を奪うことを画策したが、その計画が暴露され、ついに海を渡ってベルリーンへ逃避したといわれる[8]。

彼は元来ハノーファーの元首になることは予定されていなかった。同国の「首席」の座にいたのは末弟のケンブリッジ公であった（一の四(10)）[9]。ケンブリッジ公は、対仏大同盟がはじまる前からハノーファーに住んでいたが、フランス軍の進攻にともない一時イギリスに逃避、ライプツィヒの戦いの後一八一三年一二月に帰国した。当初は軍事面だけを担当していたが、一八一六年からは一般政務を担当した。もっとも、内閣の首座（したがって総理大臣格）を占めるだけで、重要な問題はいちいちロンドンのハノーファー担当大臣ミュンスター伯（前注(2)）の指令を仰がねばならなかった。彼はこのことが不満で、仲のよいウィリアム四世が即位すると、ミュンスター伯を解任させて、みずからはハノーファーの副王（国王代理）の地位についた。しかし、前述した同君連合の解消から、兄エルンスト・アウグストが王位につくことになった。ケンブリッジ公は、見送るハノーファーの国民に惜しまれつつ同国を去らねばならなかった。

（5）　ジョージ四世も、ウィリアム四世も、非嫡出子はかなりの数いたが、嫡出子は存在しないか、または幼くして亡くなっている。初代のジョージ一世が正妻を領内の城に閉じ込めたまま愛人をつれてイギリスへ渡ったことは前の機会に述べたが、ジョージ二世も女性関係は複雑で、ジョージ四世、ウィリアム四世も右に述べたような事情である。この点、私的生活が清廉であったといわれるジョージ三世は、その弟妹や子供たちの異性関係にあきれはてて、王家の者たちの婚姻・離婚については王の同意を必要とするという法令を制定したといわれる。

（6）　久保正幡訳『サリカ法典』（復刻、一九五七年）一五九頁（第五九章五）。

（7）　ヴィクトリア女王の長男エドワード七世は、一九〇一年に即位後、王家の名をサックス・コーバーグ・ゴータ（Saxe-Coburg-Gotha）に改めたが、第一次世界大戦中当時の国王ジョージ五世がこの敵国ドイツ系の名前をいやがり、王城のあるウィンザーからその名をとってウィンザー家と称し（一九一七年）、今日にいたっている。

　ヴィクトリア女王の母は、ドイツのザクセン・コーブルク（Sachen-Coburg）家の出身であった。わずか一歳にして父（ケント公）を亡くしたヴィクトリアは、母とその実家出身の人びとによって育てられ（そのため彼女は、終生ドイツびいきであったという）、夫にも従弟にあたるザクセン・ゴータ（Sachsen-Gotha）家のアルバート（Albert）を迎えた。二人の間の長男として生まれたエドワード七世は、以上のことに敬意を表して前述のように改名したのである。もっとも、ヴィクトリアの同名の長女がプロイセン国王に嫁し、その間に生まれた長男ヴィルヘルム二世（プロイセン国王兼ドイツ皇帝）のときに第一次世界大戦がぼっ発し、それが王姓のさらなる改正の必要を生ぜしめたとは、歴史の皮肉であろう。

　ハインリヒ獅子王が奪われた「ザクセン大公」の称号は、現在のザクセン地方を支配するヴェッティン（Wettin）家に与えられたが（一の一注(2)。このとき同家は選帝侯位も得ている）、一五世紀後半になって同家は分裂、一方の家系は選帝侯位、さらには王位（ナポレオンによって与えられた）まで取得していくが、他の家系は、さらに相続によって多数の小国に分裂し、そのなかにザクセン・コーブルク家とザクセン・ゴータ家があり、両公家は一八二六年以来同君連合の関係にあった。ただ、第一次世界大戦後一九二〇年の住民投票の結果、コーブルクはバイエルン州に入り、ゴータはテューリンゲン州に属した（後者のゴータは、一八七五年にこの地でドイツ社会主義労働者党が結成され、その際発表されたゴータ綱領をマルクスがきびしく批判したことで知られる）。

（8） なぜ、ベルリーン（プロイセンの首都）に逃げたのか。彼の妻がメークレンブルク・シュトレーリッツ（Mecklenburg-Strelitz）大公国（首都である同名の市は、ベルリーン北方。現在のメークレンブルク・フォーアポンメルン州の南部）の大公家の出身で、その姉妹がプロイセン国王（フリードリヒ・ヴィルヘルム三世、在位一七九七〜一八四〇年）の妻であったことが影響しているのではないか（ちなみに、彼の母、つまりジョージ三世の妻も、同大公家出身であった）。

（9） ケンブリッジ公は、兄のエルンスト・アウグストと比較すると、理解力の豊かさ、意志の強さでは、つまり統治能力では劣っていたが、温厚で、やさしく、人好きのするタイプであり、ハノーファーでは絶大な人気を博していたという（Meier〔Ⅰの四注(46)〕Bd. I, S. 192）。このケンブリッジ公に対する人物評は、ハノーファー史家の一致して指摘するところである。

三　六つの憲法

ハノーファー王国は、一八一四年一〇月に王国になることを宣言し、一八六六年一〇月、プロイセンとの戦闘に敗れて同国に併合されるまで、わずか五二年ほどの寿命であった。

しかし、この短い期間に、同王国はなんと六つの憲法を持っている。同王国の国制の不安定性を偲ばすに十分である。この六つの憲法のうち、一つは有名なゲッティンゲン大学七教授追放事件を起こし、もう一つは、われらがレオンハルトに司法官僚としての登場の機会を与えている。

(1)　一八一四年の憲法——全国議会の設置

これらのうち、まず最初のものは、ハノーファーにはじめて全国議会の設置をもたらした。それまでの同国は、王国発祥の地カーレンベルク地方をはじめ、途中で併合したラントごとに、計七つにものぼる地方議会をもっていた。[10] これらの議会は、各地の土地領主（主として騎士階級）、聖職者、市参事会員らがメンバーとなり、その地方に対する領主からの租税の割当て、施行される新法への同意、などの権限を有していた。しかし、今やハノーファーは王国となった。範とするイギリスには古くから統一的な全国議会がある。[11] そのうえ、ハノーファーも署名したヴィーン会議におけるドイツ連邦規約（Deutsche Bundesakte）には、「すべての連邦加盟国は一個の全国的な議会制度（eine landständische Verfassung）を持つであろう」という――あいまいながらも――一か条を置いていた[12]（第一三条）。一八一三年八月、摂政（のちのジョージ四世）からハノーファーの大臣たちに、「従来の各ラントの議会はそのままにして、全土から代表を集めて一個の統一的な議会を作るように」という指令がきた。

この統一的（全国的）議会は、一八一三年一二月、首都ハノーファー市において開会された。開会の辞は、国王の代理として当時軍事首席の地位にいたケンブリッジ公によって述べられた。そのなかには、「（この議会には）金銭負担の同意権とあらゆる立法への協賛が委ねられ、それらに対しては、各ラントの議会の請願権（要望陳述権）が認められる」という表現があった[13]。全国議会とラント議会の権限のあり方を明らかにした表現であった。

(2)　一八一九年の憲法――二院制の採用

全国議会はその発足当時一院制であった。それが一八一九年一二月に二院制に改められた。設置された議院の組織は、大ざっぱにいうと、第一院（上院）は騎士院であり、第二院（下院）は市民院であった[14]。二院制は、イギリスをはじめ、当時ドイツでハノーファーと並んで中等国家と呼ばれた諸国、バイエルン、ヴュルテンベルク、バーデンもとるところであった。ところがこれらの諸国とちがって、ハノーファーの二院制の特色は、予算案について第二院の先議権が認められなかった。また、法律案を議会に提出するときは、政府の選択に従ってどちらかの院に先に提出するということは認められず、全国議会そのものあてに提出され、あとは両院で審議が行われた。すなわち、同じ法律案が両院で平行して審議され、両院の意見が一致しないときは、両院協議会が開かれそこで決定された。総じていうと、ハノーファーの二院制は、他の国のそれとくらべて、第一院、つまり騎士院、広くは貴族院の強さが目立ったといわれている[15]。

(3)　一八三三年の憲法――七月革命の影響

一八三〇年七月の末近くフランスに七月革命が起り、ドイツの諸国に大きな影響をおよぼした。ハノーファーでも、翌三一年の一月ゲッティンゲンなどに騒動が起り、市民・学生は貴族中心の前時代的な政治体制を批判し、リベラルな憲法の制定を求めて、市中にバリケードを築いた。結局は軍隊を出動させて騒動を押し切ったものの、市民の憎悪は、貴族派の首領ミュンスター伯とその支配下の大臣たちに向けられた。ウィリアム四世（七月革命の直前、一八三〇年六月に即位していた）は、ミュンスターを解任し、末弟ケンブリッジ公をハノーファーにおける副王（国王の代理者）に任命した。

副王は、一八三一年三月に召集された全国議会に、憲法の改正をはかった。第二院の提案で（第一院もしぶしぶこれに従った）、憲法改正のための委員会が両院から七名ずつの委員を出して組織された。政府は、第一院が委員会の設置に応じた段階で、当時著名なゲッティンゲン大学教授ダールマン（後述する七教授の一人）に憲法の起草を依頼した。

その後、副王は、選挙制度を改正して、隷農（土地領主に人格的・経済的に隷属している農民）を含む農民の議席数をふやすなどした[16]。新しい議会は一八三二年五月に開かれ、そこで一〇か月間かけてダールマンの憲法草案を審議し、さらにその後ウィリアム四世の裁可（彼はその際、一四か所の細かな修正を加えたという）などに六か月を要して、一八三三年九月新しい憲法が制定された。

今までの二つの憲法が、わずかに議会の組織、権限などを定めていたのにくらべ、新しい憲法は、王位の承継、臣民の権利義務、地方自治体、教会と国家の関係、財政、議会などについて定め、一六五か条にのぼる条文と結語からなっている。「保守とリベラルの折衷」と評される憲法ではあったが、これでハノーファーも一応立憲国家の仲間入りを果したのである[17]。

この憲法のうちから、目立ったものを二つ取り上げておこう[18]。

(イ)　司法　「裁判権は、国王より発し、国の通常の裁判所によって行使される。通常の裁判所に対する監督権は国王に属する。国王は裁判の進行を妨げてはならない。」「何人も法律の規定によらず、法律の形式をふまずに、訴追、逮捕されることはない。」「一審の裁判所は、国の全住民にとって同一である。この規則の例外をなすものは、早急に発布されるべき法律によって廃止されるべきである。」この廃止されるべき例外は、貴族、市参事会などの有する裁判権であった。

(ロ)　財政　この当時のハノーファーの国家財政は、次の二本立てとなっている（この問題は、次に述べるゲッティンゲン七教授追放事件と密接に関連する）。その一は、国王のもとにある王室金庫（Kammerkasse. のちGeneralkasse）の管掌する財政で、王室の所有地（御料地）、王位にともなう収益特権（関税、郵便、宝くじなど）からあがる収入に基づき、王室費、中央・地方の官公庁の経費、中級裁判所（Mittelgericht. 通常、第一審・第二審裁判所。詳細は後述する）の経費などを支出するもの。その二は、租税金庫（Generalsteuerkasse）の管掌する財政で、直接税（人頭税、土地税〔地租〕、家屋税）、間接税（ビール、塩、印紙など）を財源とし、議会費、軍事費、大学費、上級控訴裁判所（ツェレの Oberappelationsgericht）の経費などを負担したもの。

このうち、前者は国王の自由処分に委ねられていたのに対し、後者は議会の同意を必要とし、そのコントロール下に服していた。しかし、このような状況では、議会は前者の内容を知らないまま、後者の財源（租税）の増大の要求には、これに応じるかどうかを審議しなければならない。両金庫を一元化し、国王には一定の王室費を渡し、残りの財政はすべて議会のコントロール下に置いてはどうかという意見が、一八三一年の騒動後に議会に現れ、一八三三年憲法で明文化された[19]。

(4)　一八四〇年の憲法——E・アウグストの登場とゲッティンゲン大学七教授事件

(イ)　E・アウグストの就位と憲法改正　イギリスとの同君連合の解消により、ハノーファーの国王に就任したエルンスト・アウグストは、一八三七年六月二八日ハノーファーに到着した。翌二九日、国王の憲法遵守の宣誓を聞くために集まった議員（一八三三年の憲法には、「国王は勅諭によってその即位を公示する。……勅諭において、国王は憲法を固く守ることを宣誓する」という条文があった）があっけにとられているうちに、議会は停会とされた。

続いて、七月五日には勅令が発せられて、「現行憲法（一八三三年憲法）には、その形式の点でも、また実質の点でも、多くの不備が見出される。この憲法を修正するか、廃止して一八一九年の憲法を復活させるか、慎重な検討を必要とする」旨の見解が示された。この勅令には、大臣たちのうちシェーレ（騎士・貴族派の代表——注⒂）だけが副署したが、他の大臣はこれを拒絶した。国王は、現行憲法が有効かどうかを審査するための委員会を設けたが、この委員会において、ある国法学者が、現行憲法の制定時国王であったウィリアム四世が議会の審議後いくつかの修正を施したが（前述⑶）、この修正は議会の同意を得ていないから、その修正を受けた現行憲法は無効である、という意見書を提出した。[20] この意見書に力を得た国王は、一〇月三〇日、停会中の議会を解散し、翌三一日には内閣員を解任、腹心のシェーレだけを大臣に残した。そして一一月一日には、現行憲法は無効である、したがってすべての官吏は、この憲法を遵守する旨の誓約から解放される、との宣告がなされ（同憲法には、官吏の勤務宣誓は憲法の誠実な遵守にまで及ぶという条文があった）、ついで一一月四日には、すべての官吏はあらためて国王に忠誠を宣誓することを要求された。[21]

(ロ) 七教授の反対　この事態に猛烈に反対したのが、ゲッティンゲン大学の七教授である（各教授の姓名、生没年などは付注に記した）。[22] 彼らは、「私どもは自己の良心を傷つけることなしには、憲法が有権者の側からの一層の調査や弁護なしにただ権力によってのみ廃止されるのを黙視することはできない」との趣旨の抗議書を提出した。この抗議書は大学監督局（Kuratorium）に提出され、いちおう厳秘にされていたのだが、マスコミによって報ぜられ、国王やシェーレの知るところとなった。国王はシェーレの助言に従い、ただちに七人を解雇、そのうちの三人（ダールマン、グリム兄、ゲルヴィーヌス）には国外退去を命じた（三七年一二月一一日・一二日。他の四人もやがて国外へと去った）。

七人は、解雇の無効を主張し、したがってなお在任中であるとして俸給の支払いを求める訴訟をハノーファーの裁判所に起こしたが、裁判所は国王の命令に従い、この訴訟を門前払いとした（訴え却下の判決。彼らは、俸給そのものよりも、前提問題として解雇の有効・無効を争おうとしたのであるが)。

この事件は国の内外に大きな反響を呼んだ。王国外では、ザクセンのライプツィヒ市を皮切りに、各地に「ゲッティンゲン協会」が結成され、七人の全員が就職するまで援助の募金運動が行われた。また、その七人の就職のためには、各地から誘いの声がかかった。(23)

(ハ)　連邦議会への提訴　　王国内では、全国議会が、ドイツ連邦議会あてに、一八三三年の憲法を国王の命令だけで無効にするのは連邦の基本法に反するとして提訴した。(24)ただ、この全国議会は、一八三三年法が無効であることを前提として、一八一九年法に基づいて召集された議会であった。一八三三年法の無効を否定することは、自分たちの召集の基盤となった一八一九年法の効力を否定することになる。ここにこの議会の提訴の矛盾があった。そこで、議会に代って、当時王国内の自由主義派のリーダー、シュテューフェ(25)が市長をしているオスナブリュック市、ついでハノーファー市などが提訴したが、市や町村には提訴権がないとして却下された。

ハノーファー国民の窮状を見かねたバイエルン、ヴュルテンベルク、バーデンなど、当時のドイツで先進的な立憲主義に立脚している諸国から、ハノーファーの憲法問題を調査・審議せよという提案がなされたが、まだ憲法も定めていないオーストリア、プロイセンなどによってその提案が却下された。

憲法問題が一応鎮静化したのを見たエルンスト・アウグストは、全国議会に新しい憲法草案を提出、審議・可決させて、一八四〇年八月に公布させた。新しい憲法は、一八三三年憲法にくらべて、責任内閣制が国王に対してのみ責任をもつ制度に後退するなど、かなり君主権の強化が目立つが、最大の眼目である財政制度については、一八三三年憲法の成立前に戻って王室金庫と租税金庫とに分けられ、王室金庫は、「国王にのみ従属し、国王の発する命令により管理される」(26)と規定されるにいたった。エルンスト・アウグストはついに宿願を達したのである。

(二)　七教授事件とレオンハルト　　長い目で見ると、七教授を出現させたことはゲッティンゲン大学にとり栄光の歴史を加えたことになる。しかし、当面、ゲッティンゲン大学の人気はがた落ちとなり、学生数は激減した。一八三七年から三八年の冬学期（一〇月～四月）は学生総数九〇九人（うち王国外の学生、三八七人）であったのが、三八年の夏学期（四月～八月）は七二五人（二二三人）、三八年～三九年の冬学期は六五六人（二〇四人）という激減ぶりである。

アードルフ・レオンハルトは、一八三四年の夏学期から同大学に入学し、三六年にはいったんベルリーン大学に転じたが[27]、ふたたびゲッティンゲン大学へ戻ってきて、三七年から三八年の冬学期に在学している。まさに七教授（彼は法学部であったから、アルプレヒトやダールマンら）のゲッティンゲンにおける最後の講義を聴き、そして彼らに関して生じた罷免・追放事件をまのあたりにしたのである。彼はこの事件をどのように見ていたであろうか、またどのような影響を受けたであろうか。

彼がゲッティンゲン大学に在学中、もっとも親しくした教授は、ミューレンブルッフであった[28]。レオンハルトは、同大学に在学中ほとんど毎学期彼の講義を聞き、とくに民訴法の講義を二度にわたって聞いたという。ミューレンブルッフも彼を可愛いがり、一八三八年三月に司法修習生（Auditur）の申請をしたとき、大学より提出した証明書には、レオンハルトはまれに見るがんばり屋で、（法律について）生々とした関心を示している、と激賞したという[29]。ところがミューレンブルッフは、七教授事件については悪名をのこした。彼はあるパーティーの席上七教授の学問的無能をそしり、また国外追放された三教授（ダールマン、グリム兄〔ヤーコプ〕、ゲルヴィーヌス）を国境まで見送った学生を、「畜生よりも品位を落とした」と罵ったという[30]。その彼に親しく師事したレオンハルトの立場はおして知るべきであろう。

(5) 一八四八年の憲法――三月革命のぼっ発

一八四八年二月下旬フランスにぼっ発した二月革命は、すでに革命の気運の充満していたドイツに、起爆剤の役割を果たした。三月に入り、ヴィーンに、ベルリーンにと相次いで市民・学生の蜂起がおこり、結局は軍隊が導入されて、流血の惨事として終わった。ハノーファーでは、事態は異なっていた。あの超保守主義者のエルンスト・アウグストが、変り身早く、今までの忠実な保守主義内閣を総辞職に追い込み、三月二〇日には、中庸の貴族を総理大臣（兼外務大臣）とし、リベラル派の統帥シュテューフェ（注(25)）を内務大臣とする新内閣を発足させた。この前後には、三月一八日に検閲制を廃止し、三月二八日に議会の審議の公開を認めた。そして四月二〇日には、一八四〇年憲法を廃止し、一八三三年憲法の昔に戻ることを宣言した。この宣言は、九月五日の憲法を改正する法律として実現をみた。(31) この法律によると、第一院の貴族・騎士の既得権が縮小され、手工業者・農民の進出が認められたし、第二院の選挙権者は、親方・商人の家に寄宿する徒弟・小僧などを除いて、自分の収入で生活する労働者一般にまで拡げられた。この法律には、司法に関するものとして次のような条文があった。「裁判所の組織は、司法を行政から分離するという原則に基づく。（貴族の）裁判特権を廃止する。民事、刑事の事件においては、口頭および公開（の裁判手続）を認める。後者（刑事事件）には陪審制を導入する。以上（の建前）を法律によって明らかにする。」（九条）この条文によって、ハノーファーは裁判所構成法、刑訴法、民訴法を新しく立法する必要に迫られた。この局面の大転換期に登場し、ドイツ司法法史上に長く名をとどめることになったのが、アードルフ・レオンハルトである。しかし、彼のこの時期における活躍にふれる前に、第六番目の憲法に取り急ぎ立ち入っておこう。(32)

(6)　一八五五年の憲法——反動の季節

フランクフルトを中心に革命の熱気が舞い上がっているのに、ハノーファー王国の態度はクールそのものであった。超保守主義者エルンスト・アウグストが施政面で強腕をふるい、三月内閣（革命時に各地に生じた内閣がそう呼ばれる）のシュテューフェらがこれを押え切れなかったからである。

(イ)　強権的な国王　一八四八年暮近く、「ドイツ国民の基本権に関する法律」が告知されたとき、ハノーファーの第二院はその承認を求めたが（四九年初め）、国王は議会の停会をもって報いた。四九年三月「フランクフルト憲法」が発表されると、みずから審議を再開する権限をもたない第二院の議員たちは、院外に多数集まり憲法の承認を要求したが、国王はさっさと議会を解散してしまった（四九年四月）[33]。

国王が議会の総選挙を許したのは、三か月後の四九年七月、新議員による議会が開会されたのは四九年一一月。この間に国王は、プロイセン、ザクセンと三王同盟を結び（四九年五月）、同じ時期にフランクフルトの国民議会から自国の議員たちに引揚げを命じていた。

この国王の強権的な振舞いに、三月内閣はなすすべを知らず、もっぱら内政に励んでいた。その内政面での業績として、民訴法をはじめ司法諸法の制定がある。詳細は後に述べるが、ドイツ法史にながくその名を残した業績である。三月内閣の後半の業績といえば、これくらいであろうか。

(ロ) 三月内閣の退場　一八五〇年一〇月、三月内閣は総辞職して、保守色の比較的濃いミュンヒハウゼン（Alexander Freiherr von Münchhausen. 一八一三〜八六年）内閣と交替した。

前掲した一八四八年の憲法は、王国内の地方（ラント）議会で勢威を誇った騎士階級[34]に対してきびしい態度をとり、地方議会の組織を王国の法律で変更できる旨の条文をおき（三三条）、現に一八五一年五月、騎士集団の意見は聞いたものの、その同意なくして地方議会の組織を大幅に変える法律を制定した。各地の騎士集団はこれらの憲法の条文、法律は連邦法に違反するとして、連邦議会に対して救済を求めた（五一年九月）。事件の回付を受けた連邦の反動委員会（注(32)参照）は王国に騎士集団の意見に対する釈明を求め、王国は国内問題に連邦の委員会が干渉する権利はないと反発したが、連邦議会はその言い分を認めなかった。

(ハ) 国王の交替　この争いがまだ落着しないうちに、国王エルンスト・アウグストが死去し（一八五一年一一月一八日）、その長子のゲオルク五世が即位した[35]。内閣も交替して、より保守色の強いシェーレ（Eduard Freiherr von Schele. 一八〇五〜七八年。前王エルンスト・アウグストが即位したとき彼を支援したただ一人の大臣、ゲオルクの息子）の内閣となった。上述した連邦議会の干渉に対してどのような態度をとるかをめぐって内閣の意見は二派に分かれた。その一は、この干渉をあくまで排斥して、憲法を改正するとしても自国内の関係者（騎士集団と議会）の意見を聞いて自主的に行うとする意見（総理と、司法大臣ヴィントホルストら）、その二は、連邦議会の干渉を受け容れて直ちに四八年憲法の条文などを無効として取り扱うという意見であり、閣内では前者の意見が支配的となり、新国王もこれを支持して、後者の意見の閣僚は辞職していった。議会もこの二派の意見に分かれ、第一院は後者の意見を採用したが、第二院はこれに真向から反対した。内閣は議会を解散して、みずからも責任をとって総辞職した（五三年一一月）。[36]

㈡　連邦議会の干渉　　あらたにリュトケン（Eduard von Lütcken. 一八〇〇～六五年）を総理とする内閣が発足した。この内閣は、前内閣と異なり、連邦議会に対してきわめて弱腰で、その勧告には素直に従う旨を表明した。同議会の反動委員会は、一八四八年の憲法の条文、法律は騎士集団の同意を得ていない点で連邦法に違反すると報告したほか、さらに進んで、四八年の憲法にはその成立過程にそもそも疑惑があり（議員全員の同意を必要とするのに、多数の賛成しか得ていない）、また内容的にも、前掲の騎士集団の同意を得ていない点を含め、全一〇六か条中なんと七四か条も連邦法に違反していると指摘した。連邦議会はこの指摘を受け容れてそれに副った決議を行い、ハノーファー政府がこれらの憲法の条文を修正するには、議会の審議を要せず、国王の命令（勅令）だけで足りると付言した（五五年四月）。[37]

この連邦議会の決議を知らされたハノーファーの議会は猛烈に反対し、国王や王国の体面をいちじるしく傷つけ、その法制度をないがしろにするものとした意見をまとめ、これを国王に対する建白という形でいこうとした矢先、議会は停会とされ、内閣も総辞職に追いこまれた（五五年七月）。国王自身が、連邦決議の定めた権利（命令＝勅令による憲法変更）を行使したいと望んだのである。

㈤　ハノーファー政府の反動性　　新しい内閣が組閣され、その総理にはキールマンスエク（Eduard Graf von Kielmannsegg. 一八〇四～七九年）が指名された。新内閣の最初の仕事は、第二院を解散することであった。そしてその翌日（一八五五年八月一日）、国王の命令（勅令）によって、連邦議会から連邦法違反と指摘された憲法の各条文を廃棄または変更してしまった。議会不在のまま国王の命令だけによって憲法を変更するという、思いきって大胆なことが行われたのである。(38)

総選挙後新しく組織された第二院では、この国王（内閣）の暴挙がきびしい批判の的となった。批判勢力の中心は自由主義または穏健保守主義の元大臣たちで、先頭にはミュンヒハウゼン（前掲(ロ)）が立った。これに対して内閣は議会を解散した。しかし、そのまま総選挙をしてみても、同じ元大臣たちが選ばれ同じ反対がくり返される恐れがある。そこで政府は、年金付きで退職しているかつての政府官僚（元大臣も含む）が議員として活動するためには、国王の許可が必要であるという態度をとった。このため、やむを得ず許可申請をしたシュテューフェ、ミュンヒハウゼン、ヴィントホルストらの申請は片っ端から却下され、政府は第二院を意のままにすることができた。

以上の(イ)から(ホ)までのハノーファーの国王、政府のあり方は、同じころのドイツの他の国々では類を見ないほどの反動ぶりであったという。ハノーファー民訴法の背景を知るため同王国の歴史を追っている筆者にとっても、いささかあっけにとられるほどの事態であった。しかし、この反動の嵐の吹きすさぶハノーファー王国において、のちのドイツ自由主義の台頭に大きな影響を及ぼし、レオンハルトのプロイセン司法大臣の就任に一役買ったベニクセン（Rudolf von Bennigsen. 経歴は後述する）らの勢力が次第に有力になってきたことはせめてもの救いであった。(39)

(10)　ハノーファーのラント議会については、黒田一四八頁。同所には一八世紀末の七つのラント議会が紹介されているが、その後カーレンベルクとグルーベンハーゲン、ブレーメンとフェルデンのように合併されたものもあるし、ラウエンベルク（エルベ川以東）のようにヴィーン会議の結果ハノーファー領から失われた地域もある。これに対して、一八一五年までにオスナブリュック、ヒルデスハイム、東フリースラントのようにあらたに併合されたラントもあり、一八一五年現在で同数の七つの議会があった。

(11) ヴィーン会議でイギリス代表団に加わったハノーファー問題担当大臣のミュンスター伯は、「イギリス国王は、他のヨーロッパ君主と同様に、疑いもなく主権者（元首）である。このように言うことは、国際法的にはまったく正しい。しかし国内法的には、反対にまったく不当である。なぜなら、イギリス国王の地位は、議会のない、ないしは議会主義の行われていない国の君主とはまったく異なるからである」と大見得を切ったといわれる（Meier〔注(9)〕Bd. I, S. 323)。

(12) このドイツ連邦規約の条文については、大系2二二六頁（末川清執筆)。

(13) 黒田二〇八頁・二二一頁注(14)。なお、この議会は「全国議会」（Allgemeine Ständessammlung）と呼ばれた。

(14) 二院制も含めてこの年のハノーファー憲法については、千代田寛『『ゲッチンゲン七教授追放事件』の史的考察——国家権力と大学——（その二)』広島大学大学教育センター・大学論集第二集（一九七四年）五一頁。

(15) ドイツ憲法史家フーバーは、この年の憲法の成立経過を説明して、全国議会の創設当時多数の議席を与えられた騎士たちは強固な党派を結成し、この議会の権限をできるだけ縮小して元の地方議会中心の時代に戻そうとするので、同じ貴族派出身ながらハノーファー問題担当大臣のミュンスター伯が、騎士たちの横暴を抑えようとしてこの二院制を導入したという（Huber II, S. 86)。しかし、全体として見るとミュンスター伯は貴族派の統領として行動したといわれるし、また右の騎士たちの（強固な）党派のリーダー格は、彼の甥のシェーレ（Georg Freiherr von Schele. 一七七一～一八四四年）であった。このような人脈から見ても、この年の二院制の導入は騎士・貴族の優位のためであったと解するのが妥当であろう。現に、全国議会創設のときも、またこの二院制導入のときも、議院規則の起草にあたったレーベルク（注(3)参照）が、第一院（貴族院）の優位を防ごうとして最後まで抵抗するが、反対党の集中攻撃を受けてついに辞職のやむなきに至ったと伝えられている（黒田二〇九頁)。

(16) ハノーファーは、一八三一年一一月に隷農を解放する基本方針を示す法令を発令し、一八三三年九月（新しい憲法発布の三日前に）農民解放令（Ablösungsgesetz）を公布した。このこともすでに視野に入れて、農民の議席数もふやしたのである。農民解放は、フランス統治時代には実現していたのに、一旦はことごとく無効にしたが、いまや時勢に押されて、結局農民解放を認めたのである。農民解放の先例としてはプロイセンのそれ（一八〇七年の一〇月勅令）が有名であるが、ハノーファーの場合は、土地領主への代償を、プロイセンのように土地を主とするのではなく、金納を認めた点に特色がある。そのために一八四〇年には土地信用金庫が設けられたりした。

なお、隷農といっても、ハノーファーのそれがプロイセンのとくらべて土地所有者との関係においてかなり自由が認められていたことにつき、黒田一七一頁・一九七頁。

(17) この憲法の成立過程については、東畑隆介「ハノーファー王国の憲法紛争」『ドイツ自由主義史序説』（一九九四年）一一五頁、Huber, I, S. 87.
なお、この憲法は、一般にはStaatsgrundgesetz（国家基本法）と表記されている。
(18) この憲法の内容については、千代田・注(14)四五頁（本文に条文の体裁のまま引用しているときは、この論文の訳による）、東畑・前注一四七頁。
(19) この憲法の財政関係の条文については、千代田・注(14)第三集九五頁。
(20) この国法学者は、ライスト（Christoph Justus Leist）といった（一七七〇～一八五八年）。ゲッティンゲンで学んだのち、一八〇二年より同大学の国法学・教会法の教授となった。外交官を経験したのち、一八二九年よりシュターデのJustizkanzlei（国王が裁判官を任命する中級裁判所）の所長となった。一八三七年の政変の際、本文に述べたようにエルンスト・アウグストに有利な意見書を提出したのち、ツェレの上級控訴裁判所の（学者席側の）副長官に選任された。後述するように、一八二七年の下級裁判所民訴法の草案の起草者でもあった。
(21) この新しい忠誠宣誓の内容については、黒田二三六頁注(17)。
(22) 以下、ABC順に――①アルブレヒト（Wilhelm Albrecht. 一八〇〇～七六年。専門は国法学、教会法）、②ダールマン（Friedrich Christoph Dahlmann. 一七八五～一八六〇年。歴史、政治学）、③ゲルヴィーヌス（Georg Gottfried Gervinus. 一八〇五～七一年。歴史）、④ヤーコプ・グリム（Jakob Grimm. 一七八五～一八六三年。言語学、文学）、⑤ヴィルヘルム・グリム（Wilhelm Grimm. 一七八六～一八六九年。兄と同じ）、⑥エーヴァルト（Heinrich Ewald. 一八〇三～七五年。哲学、神学）、⑦ヴェーバー（Wilhelm Weber. 一八〇四～九一年。物理学）。
(23) 前注の①は、一八四〇年ライプツィヒ大学に就職、②は四二年ボン大学、③は四四年ハイデルベルク大学、④と⑤は、四一年ベルリーンのアカデミー（学士院）（プロイセン王フリートリヒ・ヴィルヘルム四世の招きによる）、⑥は三八年、ヴュルテンベルク王国の国王ヴィルヘルム一世の招きで同国のテュービンゲン大学へ（後年同国王がエルンスト・アウグストに会ったとき、彼から「陛下はなぜ私が追放した教授を雇われたのですか」という質問を受けたが、「他ならぬその理由です」とすまし顔で答えたという）、⑦は四二年ライプツィヒ大学。
(24) 一八一五年のドイツ連邦の規約（Bundesakte）は大枠を定めたのみで、個別的にはいろいろと解釈上の疑義を生じたので、連邦の小会議（Engerer Rat. 連邦の重要問題は、各加盟国が一票をもつ総会（Versammlung）で審議されたが、一般的な案件は、大・中規模のラントが一票、小規模ラントが数個で一票をもつこの会議で処理された）のメンバーである代表たち（ハノーファーはミュンスター伯）をヴィーンに集め、半年間かけて審議させ、その結果をヴィーン最終議定書（Wiener Schlußakte）としてまとめた（一八二〇年五月。この最終議定書の前に、有名なカールスバート決議（一九年九月）があるが、ここでは触れない）。連邦議会は、この最終議定書を満場一致で承認し、連邦規約と並ぶ同盟の基本法とした（二〇年七月）。

その最終議定書に、「現に有効なものとして行われている憲法は、その憲法に定められた方法に従ってのみ変更できる」という規定があった（五六条）。

(25) Stüve（Carl Bertram. 一七九八～一八七二年）。一八二〇年より生地のオスナブリュックの弁護士となる。二四年、第二院（下院）の議員となる。三三年、生地の市長となる。憲法争議のときにリベラル派として頭角を現わす。後述するように、三月革命期の内閣の内務大臣。内閣の実際上のリーダーと目される。一八五二年以降ふたたび生地の市長となる。

(26) 彼は国王に即位する前、イギリスおよび逃避したベルリーンでの政治活動で二五〇万ターラー（Taler は当時通用した銀貨。一ターラーはのちの三マルク）の借財を負っていたという。一八三三年法の成立前のように王室の御料地、関税、郵便などから挙がる収益が国王の勝手になるならばこの借財の返還も容易であったろうが、同法のように一定の王室料が渡されるだけで、あとは全部議会のコントロールに服するようでは、この返還も思うにまかせない。彼が一八三三年法の無効を主張した直接の大きな理由であったといわれる。

(27) 同大学ではサヴィニーの法学提要や古代ローマ法の講義を聞くなどの機会をもったが、後日ハノーファーで司法修習生を志望した折り、「かの地で支配的であった法律を純粋に歴史的に取り扱う方法は、法学教育の目的から必ずしも適切なものとは思いませんでした」と批判的に書いている。Ahrens, S. 437.

(28) Christian Friedrich Mühlenbruch（一七八五～一八四三年）。一八三三年よりゲッティンゲン大学の教授。七教授事件後声望の落ちた同大学法学部にあってフーゴー（Gustav Hugo. 一七六四～一八四四年。一七九二年より死の日まで同大学教授）と並ぶ看板教授で、その講義室はつねに満席であったともいう。いわゆるパンデクテン法学者。著作の一つに、Entwurf des gemeinrechtlichen Civilprozesses mit beigefügten Anmerkungen（注釈付き普通民訴法草案）, 2. Aufl. 1840 がある。

(29) Ahrens, S. 437.

(30) 東畑・注(17)一六八頁。

この項については、レオンハルトの部分を除き、千代田・注(14)第一集五二頁、第二集四五頁、第三集八四頁、第四集九七頁、東畑一五二頁より多くの教示を得た。学恩に感謝しておきたい。

(31) Das Gesetz, verschiedene Änderungen des Landesverfassungsgesetzes betreffend（憲法のいろいろな変更に関する法律）。憲法の法律に対する上位性はまだ確立していなかった。

(32) 三月革命（一八四八年の革命ともいわれる）について触れた以上、フランクフルトにおける国民議会と、それに対するハノーファーの関わりについても言及しておかねばなるまい。

一八四八年三月五日ハイデルベルクに地元のバーデンをはじめドイツ各地から五一人の自由主義者（立憲王制派）、民主主義者（人民共和制派）が集まり、彼らはさらに全ドイツに向けてドイツ統一のために議論をしようと呼びかけ、五七四人の人びとが集まって、三月三一日からフランクフルトのパウロ教会（Pauluskirche）で審議をはじめた。五七四人の人々の内訳は、プロイセンの一四一人を先頭に、ヘッセン＝ダルムシュタット八四人、バーデン七二人など西南ドイツが多く、ハノーファーは八名、オーストリアにいたっては僅か二名であった。また、この集まりは準備（予備）議会（Vorparlament）と呼ばれ、その議長にはミッターマイアー（Karl Joseph Anton Mittermaier. 一七八七～一八六七年。ハイデルベルク大学教授。刑事法学者として著名であるが、民訴法の分野にも数多くの著書・論文がある）が選ばれた。

他方、同じフランクフルトにあるドイツ連邦議会でも、すでに二月二九日に委員会を設置し、この委員会の提案に基づき三月三日には各加盟国に検閲を廃止する自由を認め、同月九日には黒・赤・黄の三色旗を連邦の旗として承認し、さらに翌日には連邦憲法の改正を準備するため「公共の信頼を得ている」一七人を選出するように求めた。プロイセンからはダールマン、他の国々からはアルプレヒト、ゲルヴィーヌスが推されるなど、かつて国外に去った人びとが選ばれ、ハノーファーからは（当初は別人だったが）ツァハリエ（Heinrich Albert Zachariae. 一八〇六～七五年。ゲッティンゲン大学教授、刑事法、国法学）が選ばれた。

連邦議会は、準備議会の要求を受け容れ、憲法を制定する議会を召集することになり、その議員の選挙方法として、「独立した」成人男子を有権者、その五万人を一選挙区とするという方法を定めた（四月七日）。しかし、その具体的な実施の仕方は、各加盟国の判断にゆだねられた。ハノーファーでは、「独立した」という表現にこだわり、日傭労務者などは除き、またいわゆる間接選挙の方法をとり、その結果として穏健な自由主義者が当選し、急進的な民主主義者をしりぞけたという。選挙は五月一日に施行され、新議員は同月一八日パウロ教会に集まった。

新議会は、従来の連邦議会に代わるドイツ連邦の中央権力機関を設けることにし、六月二八日に第一次内閣を発足させ、翌日にはオーストリアの公子を摂政に選んだ。内閣は第三次まで続いたが、第一次・第二次内閣の司法大臣には、有名な国法学者モール（Robert von Mohl. 一七九九～一八七五年。テュービンゲン大学教授。彼の大臣時代に、ドイツ連邦のための手形法〔一般ドイツ手形条例 Allgemeine Deutsche Wechselordnung〕が制定された）が選ばれ、第三次内閣のときは、ハノーファー（市）の弁護士デトモルト（Johann Hermann Detmold. 一八〇七～五八年。当初は尖鋭な自由主義者として当局の監視の的であったが、三月革命のころは保守主義者に転じていたという）が選ばれた。この内閣・摂政制が設けられた以上、連邦議会はその存在意義を失った形で、七月一二日に活動の停止を宣告した。

新議会（Nationalversammlung〔国民議会〕と呼ばれた）に集まった議員のうちには、統一ドイツとして、オーストリア（ただしドイツ人系の地方に限る）を含んでドイツを考える（大ドイツ主義）か、多民族国家のオーストリアを排して、プロイセンをリーダーとするドイツを考える（小ドイツ主義）かの対立があり、議会では最初前者の考え方が勝利したが、自国の統一が失われることを恐れたオーストリアに拒否され、後述する憲法が制定されたのち、同法に定める皇帝の冠をプロイセン国王に奉呈したところ、受領を拒否され、この議会が崩潰するきっかけとなった。

憲法に関しては、議会内に三〇人からなる起草委員会が設置され（ミッターマイヤー、ダールマン、モール、デトモルトらがメンバー）、政体や国の組織よりも「国民の基本権」から審議にはいり、これが一二月二七日に可決されたのち、残りの問題の審議をはじめ、翌四九年三月二七日最終的に可決された。ところが翌日、プロイセン国王に帝冠を奉呈したところ前述のように拒絶され（正確には、連邦加盟国全部の同意を戴冠の条件とされた）、あまつさえ新憲法の承認まで拒否された。プロイセンのみではなく、オーストリア、バイエルン、ヴュルテンベルク、ザクセン、ハノーファー、つまり加盟国中の帝国・王国のすべてが新憲法の承認を拒否した。そして、これらの国々は、オーストリアを皮切りに相次いで議員を自国へ引き上げてしまい（ハノーファーは五月二三日）、ここに国民議会は事実上解体してしまった。残った急進派の議員は、五月三〇日、残骸となった議会をシュトゥットガルトへ移転させたが、ヴュルテンベルク政府により活動を禁止された。

プロイセン国王は、帝冠を拒絶したものの、小ドイツ主義の夢を捨てきれず、ザクセン、ハノーファーの両国王と三王同盟を結び、新しいドイツ憲法を制定しようとしたが、両国王がオーストリア以外の各邦国の参加を条件とし、しかもバイエルン、ヴュルテンベルクが参加を拒否したので、この同盟は瓦解した。その後もなおプロイセンは、小ドイツ主義に基づく統一ドイツの実現を目指したが、オーストリアはもちろん、バイエルン、ヴュルテンベルク、それにザクセン、ハノーファーの賛成を得られず、結局はオーストリアに妥協してドレースデン（ザクセン）に諸国の大臣たちを招集し、ドイツ国制のあり方をその会議の判断に委ねることにした。一八五〇年の暮からはじまった会議は、翌年五月、ドイツ連邦議会の復活を決議し、三月革命の前（三月前期 Vormärz）の状態に戻ることになった。もっとも、その後のドイツ連邦は、オーストリア、プロイセン両国のはげしいヘゲモニー争いに、その運営がぎくしゃくすることになる。ただ、この連邦議会の復活直後は、両国とも三月革命の残滓排除にけんめいで、革命を契機に各加盟国に設けられた憲法や法律で、以前（三月前期）の連邦法に違反するものを調査し、これを無効と宣言する態度に出た。議会内にそのための委員会（反動委員会 Reaktionsausschuß と呼ばれた）を設けたほどである（一八五一年八月。委員は、オーストリア、プロイセン、バイエルン、ザクセン、ヘッセン＝ダルムシュタットの派遣）。

なお、フランクフルトの国民議会が解体したため遂に施行をみなかった同議会の新憲法は、正確にはドイツ帝国憲法（Verfassung des Deutschen Reichs）といい、のちのドイツ帝国の憲法と同一名称でまぎらわしいが、一般にはフランクフルト憲法といいならわされている（その訳、高田敏＝初宿正典編訳『ドイツ憲法集』第六版（二〇一〇年）二一頁以下）。裁判権の裁判所への専属、特権的裁判籍・領主裁判権の否定、裁判官の独立、裁判手続の公開・口頭、刑事事件における陪審制度などを明記している。

(33) オーストリアのほか、プロイセン、バイエルン、ヴュルテンベルク、ザクセン、ハノーファーの五王国もフランクフルト憲法の承認を拒否したことは前注で述べたが、これに対して、各王国、および承認はしたもののバーデン大公国でも、民衆、ときには軍をまき込んで、反対闘争が盛り上がった（帝国憲法闘争と呼ばれる）。ザクセン、プロイセン、バイエルン、バーデン（ここでは二度も）で流血の惨事をひき起こし、ヴュルテンベルクとハノーファーでもあわやという事態になり、ヴュルテンベルク王はついに憲法の承認にまで追いこまれたが、ハノーファーではそこまでには至らなかった。固陋な国王を有した国らしい（大系2三二二頁）。

(34) 一七九〇年ころであるが、王家発祥の地カーレンベルクの地方議会で、騎士身分の者が九〇パーセントを占めたといわれる。黒田一六七頁。

(35) Georg V（一八一九～七八年）。一四歳のとき（一八三三年）に視力を失っている。愛想のよい、人好きのするタイプで、芸術、とくに音楽を愛好し、作曲に見るべき作品があったという。ただ、精神的に不安定な面もあり、政治上の立場を急変させ、それにともなって内閣を次から次に交替させたことは以下に見られるとおりである。

(36) Ludwig Windhorst（一八一二～一八九一年）。オスナブリュックの近郊に弁護士の子として生まれる。ハイデルベルク、ゲッティンゲン各大学に学び、一八三六年よりオスナブリュックにて弁護士を開業。騎士集団の法律顧問、カトリック宗務組織の主任顧問を経て、一八四八年一〇月よりツェレの上級控訴裁判所の裁判官となる（同裁は従来、裁判官を貴族出身と学識者出身に二分していたが、四八年七月にこの区別を撤廃した。しかし、裁判官に就任するには国王または地方議会の推薦を必要とする点は変りがなく〔黒田二二八頁〕、彼はオスナブリュックの地方議会の推薦を得た）。一八四九年より第二院の議員を兼ねた。彼はのちに、中央党のリーダーとして、ビスマルクとの間に文化闘争をたたかい抜くなど、一九世紀末近くのドイツ政治史上著名な人物となるが、本稿でも以下にしばしば顔を見せる。

(37)　以下のことは、騎士集団が連邦議会に救済（判断）を求めたことではなく、反動委員会が自ら進んで、職権で判断を示したことである。

(38)　この政府（国王）による強権発動に対して、王国内でいくつかの反発が見られた。目につく反発の一つとして、東フリースラント地方の主要都市アウリヒ（Aurich）の裁判所で、この五五年八月の命令による憲法変更は無効とする判決が言い渡された。言い渡したのはゴットリープ・プランク（Gottlieb Planck. 一八二四〜一九一〇年）である。

プランクは、ゲッティンゲンの生まれ。ゲッティンゲン大学とベルリーン大学に学び、前者では（レオンハルトと同様に）ミューレンブルッフより大きな影響を受けたという。一八四八年よりハノーファー市の裁判官試補となったが、フランクフルト憲法の承認を強く主張したため、オスナブリュックの裁判所に転勤を命じられ、五二年より同地選出の第二院議員となった。第二院での言動が政府に嫌われて、アウリヒへの転勤となったが、同地で前掲のような判決をしたため、王国の東端の小都市の裁判所へ左遷され、五九年同裁判所が廃止されると、無期休職処分に付され、弁護士となることも禁止された。後年ドイツ帝国民法の成立に関与し、第一草案では家族法の起草者、第二草案では総括責任者となった。彼の功績をたたえて「民法の（育ての）父」と呼ばれることもある（以上、主として平田公夫「ドイツ民法典を作った人びと（2）」岡山大学教育学部研究集録五八号〔一九八一年〕二九頁による）。なお、彼の父ゲオルク・ヴィルヘルム（Georg Wilhelm P.）、従兄で高名な訴訟法学者ユリウス・ヴィルヘルム（Julius Wilhelm P.）は、本稿においてのちに登場する。

(39)　以上、Huber, III, SS. 209-217 による。

なお、ハノーファーはこのあと、一八六二年暮にハマーシュタイン（Wilhelm Freiherr von Hammerstein. 一八〇七〜七二年。総理兼内相）、ヴィントホルスト（法相）という穏健リベラル派の内閣を発足させ、国内に高まってきたリベラル色に対応しようとしたが、功を奏さず、六五年一〇月からより保守色の強いバックマイスター（総理兼内相。彼については後述する）の内閣（その法相はレオンハルト）と交替させたが、この内閣がハノーファー王国にとって最後の内閣となった。

三　ハノーファーの一八五〇年法（H50）

一　一九世紀前半のハノーファー法

(1)　当時の審級制度

ハノーファーの三月革命期の憲法、一八四八年九月五日の憲法に、「裁判所の組織は、司法を行政から分離するという原則に基づく。（貴族の）裁判特権を廃止する。民事、刑事の事件においては、口頭および公開（の裁判手続）を認める。後者（刑事事件）には陪審制を導入する。以上（の建前）を法律によって明らかにする」という条文（九条）があった。この条文は、――連邦議会の干渉による――一八五五年の憲法によっても削除されなかった。それほど、右記の司法制度に関する建前は全ドイツ的規模において承認されていたのである。

ただ、この憲法の条文を忠実に実現しようとすると、ハノーファーは、新しい裁判所構成法、民訴法、（陪審制を伴った）刑訴法を、それぞれ立法しなければならない。これだけの大事業を、しかも驚くべき早さで実現したのが、A・レオンハルトであった。そしてこのことが、彼およびその母国ハノーファー王国の名を、ドイツ立法史上に大きく残すことになったのである。

われわれにとって当面の関心事は、右のうちの民訴法で、一八五〇年一一月八日に公布され、一八五二年一〇月一日から施行されている。

この法律の特色を明らかにするためには、この法律に先立ってハノーファーで立案された民訴法を見ておくことが有用であろう。しかし、それらの民訴法は、以下に見るように、裁判所の審級が異なるごとに各別に立案されている。そこで、以下では、各審級（第一審から第三審まで）にどのような裁判所が位置づけられていたかを、

ごく大ざっぱにではあるが見ていくことにしよう。（1）

(イ)　下級（第一審）裁判所　(a)　国王直轄地の訴訟を処理したのは、Amtsgericht（管区裁判所）である。国王直轄地の行政・司法を取り扱う機構として、Ämter（管区庁）とよばれる組織が各地にあった（一八三一年の段階で計一四九。過半数が管轄人口一万人以下だった）。管区庁の役人（Beamte）は、管区内の租税、小作料などの取立て、学校の運営、道路・橋の設置などを担当したほか、原則として民事事件（非訟事件も含む）の裁判を担当した（刑事事件は、捜査・審理は担当しても、判決の言渡しは後述するJustizkanzlei（法務庁）が取り扱った。このような管区庁の役割は、江戸時代の代官所を想像すればよいようである）。役人の資格は、一八世紀後半から法学部出身を要求されるようになり、一八二三年からは最少限二人構成となり、第一の役人が裁判事務を担当し、第二の役人が行政事務を担当して、司法と行政の分離が曲りなりにも実現した。前者の存在が管区裁判所と呼ばれるようになるが、この管区裁判所が管区庁から切り離されて、はっきりと下級裁判所と位置づけられるのは、一八五〇年一一月八日の裁判所構成法の実現を待たねばならなかった。

(b)　貴族・騎士・都市の支配する区域では、それらの経営する裁判所が、区域内の訴訟に対する裁判権を持った（Patrimonialgerichtsbarkeit．家産または領主裁判権と訳される）。それらの区域に対して持つ支配権の現れである。この支配権は、民事裁判に対してのみならず、刑事裁判にも及んだ。国王直轄地の管区庁の権限が、刑事裁判については制限されていたのにくらべて、対照的であった。もっとも、この種の裁判所には、閉鎖的（排他的geschlossenes）と非閉鎖的（非排他的ungeschlossenes）の二種類があり、前者は民事裁判権、刑事裁判権の双方を有していたが、後者は民事裁判権のみをもっていた（王家の故地カーレンベルク地方で、一八世紀末ころ、閉鎖的が二三、非閉鎖的が一八あったといわれる）。しかし、これらの裁判所は、一八三〇年代から、とくに一八四八年以降は、国王側に譲渡されて、管区庁への吸収合併が行われた。司法は国家権力により統一的に行われるべきであるという考え方が強くなり、この種の裁判所は、国家（国王）によって代償なしに廃止されるべきであるという意見が一般的となったためである。[2] この意見を明文化した裁判所構成法が施行されたとき、この種の裁判所はごく僅かしか残っていなかったという。[3]

(ロ) 中級（第二審）裁判所　(a) 国王の直轄地では、Justizkanzlei（法務庁）が中級裁判所として活動した。[4] ハノーファー、ツェレ、ゲッティンゲンなどの各地方の中心都市に設けられ、裁判官は国王により任命された（地方議会が候補者の推薦権を持ったことは後述する）。民事事件では、通常は第二審裁判所であったが、特権を有する人・事件については、第一審裁判所として機能した。刑事事件については第一審裁判所であったことは、前に管区庁に関連して言及した。これらの法務庁は、裁判所構成法の施行とともに Obergericht と改称された。

(b) 一八世紀までは、各地方議会（議員は、貴族・騎士・都市の代表）の経営する Hofgericht（Hof は通常、貴族・騎士の居住する館をいう）と呼ばれる裁判所があった。フランスの占領から解放されたのち、ハノーファー政府は「良き旧《ふる》き」司法制度の全面的復帰を認め、上掲した管区庁や家産裁判所などはそれに応じて復活してきたのであるが、Hofgericht は復活されなかった。その代りに、各地方議会は王国政府と交渉して、法務庁の裁判官の候補者の一部を推薦する権利を認めさせた。

(ハ) 上級（第三審）裁判所　ツェレに、上級控訴裁判所（Oberappellationsgericht）があった。この裁判所は、ハノーファーが選帝侯国の地位を得、領民に帝室裁判所（Reichskammergericht）への上訴を禁止する特権（不上訴特権）を得たことの代償として、国内に第三審（最上級裁判所）を設置することを義務づけられたことにより、設置されたものであることは前述した。一七一一年に開設され、この裁判所のための法規が制定された（一七一三年）。その法規が帝室裁判所をモデルとして、貴族席（貴族出身の裁判官により構成される）と学者席（出自を問わずその学識により選抜される）に二分し、とくに後者の活動を通じて、全ドイツにおいて高い評価を得ていたことについては、すでに黒田忠史教授のすぐれた研究がある。[5]

(2)　一八二七年の下級裁判所法（H27）

(イ)　成立の経過　一八一三年にフランスの支配から解放されたのち、ハノーファーが「良き旧き法」への完全な復帰をめざしたことは前に述べた。近代的な（当時としては最新の）フランス法には一顧だに与えなかった。しかし復活した「良き旧き法」は文字どおりの「旧い」、かびの生えたような法律であった。たとえば、ハノーファー市の法務庁で適用されたのは、一六五六年と一六六三年の法律であった。(6) 一世紀半も前の法律である。他の都市においてもハノーファーと同じような古い、しかもまた別の法律が適用されたのである。(7) すなわち全国的な統一がなく、まったくバラバラの状態であった。

当然のことであろう、議会から政府に、全国的な統一訴訟法を立案するよう要請があった。政府はまず、下級裁判所（前掲した管区裁判所や家産裁判所）の訴訟手続に関する草案を提出した。草案の起草者はライストであった（のち一八三七年にエルンスト・アウグストが憲法の改変を強行した際、彼のために有利な意見書を書いた人物。二注(20)参照）。この草案を政府側二名、議会両院それぞれ三名の計八名の委員会で検討し、その意見に基づいて議会で審議し、さらに国王（ジョージ四世）の裁可を得て、一八二七年一〇月五日公布、翌年一月一日から施行された。(8)

法律はほぼ王国の全国的規模で適用をみたが、長い間プロイセンの支配下にあり、一八一三年に至ってハノーファーに併合された東フリースラント地方などでは、例外としてプロイセン法がそのまま行われた。

(ロ)　法律の内容　同法は、通常手続と略式手続の二種の手続を認め、前者はさらに、口頭手続と書面手続に分けられている。訴訟の開始は、口頭、書面（訴状提出）のいずれでもできるが、訴状を提出し、しかも当事者が書面手続を希望するときは、その希望に副わなければならない（三〇ターラー以下の少額事件は口頭手続によることが必要的である）。下級裁判所だけに裁判所の釈明権が強化され、被告側の抗弁を基礎づける事実が明らかとなり、しかも被告がその抗弁を主張してこないときは、裁判所は職権でこれを斟酌すべきである、などという規定も見出される。書面手続による場合、口頭手続ほど裁判所が積極的に釈明活動ができないので、訴状提出後の書面交換が（再々抗弁まで）終ったのち、当事者本人の出頭を求め（弁護士がついていても）、必要な釈明を行う期日を指定することができる。(9)

訴訟の開始後は、当事者は同じ種類の事実は、同一期間内に主張しないと失権する（主張できなくなる）という制限を受けた（いわゆる同時提出主義。口頭・書面の手続の種類を問わない）。証拠の申出も、書証こそ事実主張と同じ段階で認められたが、他の証拠は裁判所の証拠裁判（これに対して独立した上訴が許された）の確定をまって、はじめて申し出ることが認められた（いわゆる証拠分離主義の採用）。

法律の内容の紹介として、右のような訴訟開始の手続と証拠裁判の二点を取り上げたのは、以下の理由によっている。まず、このうちの訴訟開始の手続は、原告が裁判所に訴状を提出し、裁判所がこれを被告に送って、はじめて訴訟は成立（訴訟係属が発生）すると考えるのが、伝統的なドイツ法（Gemeines Recht 普通法）の考え方である。これに対して、フランス法は、原告がまず被告に訴状を送達し、原告・被告間で書面を交換し合った（原告の再抗弁書の送達まで）のち、当事者のどちらかが裁判所に申し立てて、そこではじめて裁判所での訴訟手続が開始される。訴訟開始の段階での、裁判所と当事者のイニシアティヴのとり方に大きな差がある。後にご覧いただくように、この伝統的なドイツ法の考え方をとるか、それともフランス法の考え方をとるかをめぐって、帝国民訴法（CPO）成立の前段階（ことにハノーファー草案など）では激しい争いとなる。そこで、このハノーファー法の紹介の段階において、すでにこの論点を取りあげて法典紹介の一つの基準としたわけである（なお、拙著・日本において、冒頭に「目安糺」を取りあげた関連もあり、「明治民訴法」に先立つ諸草案の異同の紹介にこの訴訟開始の手続という基準を用いた。そのことの延長の要素もあるとご理解いただければ幸いである）。

次に、証拠裁判（の効果）に関する問題であるが、証拠裁判の前に、書証のほかに、他の証拠の申出を認めるか、あるいは証拠裁判後にかぎって証拠の申出を認めるか、いいかえると証拠結合主義か証拠分離主義かという争いは、割合に早く決着して前者に軍配があがった。長くもめたのは（CPOの草案をめぐる議会の審議の場まで）、証拠裁判後に新たな事実や証拠の主張・提出を認めるか否か、いいかえると、随時提出主義を認めるか、それとも（証拠裁判を基準時として）同時提出主義を認めるか、という争点であった。CPOの成立に重要な影響を与えたレオンハルトが、最後の最後まで悩みぬくのである。この争点は、CPOの成立過程における最大の争点であったといっても言い過ぎではあるまい。以下の法典、草案を紹介する際にこの視点も加えた所以である（ちなみに、H27は、証拠裁判に新たな事実、証拠の主張・提出を禁じる効果〔失権効〕を認めていた）。

(3)　一八三五年の草案（プランク草案）

右に掲げた一八二七年の法律は、下級裁判所、したがって管区裁判所（Amtsgericht）や家産裁判所の手続を対象にした法律であった。当然のことのように議会は次に、中級裁判所、つまりは法務庁（Justizkanzlei）の手続を統一する法律の起草を求めた。各地のこの名の裁判所の手続がバラバラで、しかも準拠する法律が一世紀以上も前のかびくさい法律であることは前に述べた。

政府は、一八三〇年六月、ゲッティンゲンの法務庁の裁判官G・W・プランク(10)にその起草を依頼した。プランクがその草案を提出したのは、一八三五年三月の終り近くであった。ほとんど五年近い歳月がかかっている。それもそのはず、全条文数は二七三〇か条にのぼっている。判決手続のみならず執行手続にまで及んでいるし、依頼されたはずの中級裁判所の手続のみならず、下級裁判所や上級裁判所の手続にまで及んでいる。条文の内容は、期日・期間、欠席だけで七〇か条、当事者、代理人の訴訟適格だけで一〇六か条という具合で、わが国の今日的感覚では最高裁規則に譲られるような内容まで法律に含まれている。政府は、この草案は実用に適しないとして議会への提出を断念した。

なお、この草案の定める中級裁判所の手続は、書面審理を原則とし、ただ下級裁判所法からヒントを得て、裁判所の裁量により釈明のための口頭期日を開催できるとしている。訴訟の開始は、原告による訴状の提出、裁判所によるそれの被告への送達という、伝統的な方式によっている。手続を主張段階と立証段階に二分し、その中間に証拠裁判を位置づけている。厳格な同時提出主義がとられ、証拠裁判後に新しく事実・証拠を提出することは禁止される。証拠申出は事実主張と同時にしてよいという証拠結合主義がとられている。証拠裁判には独立した上訴が許されている。(11)

(4) 一八四七年の民訴法（H47）

(イ) バックマイスターの草案　一八三七年夏、ハノーファーはイギリスとの同君連合関係を取り止め、エルンスト・アウグストが新国王として乗りこんできた。

彼は、たった一人大臣として認めたシェーレ（Georg von Schele）を通じて、司法部（大臣がいなくなったため、省ではなくなった）に、プランクが打ち出した基本方針、すなわち下級・中級・上級の全審級を通じる訴訟法の立法は可能かを問い合わせ、肯定の返事に、その立法を行うよう命じた。ただ司法部はその後の憲法争議などにとりまぎれ、作業への着手がおくれているうちに、議会から早く訴訟法の立法をするようにという催促があった。一九世紀前半のハノーファーの訴訟法立法には、つねにこの議会による要請がその原動力となっている。

司法部は各法務庁に意見を問い合わせるなどしたうえ、ハノーファー市の法務庁の裁判官であったバックマイスターにその起草を依頼した（一八四四年六月）。(12)

バックマイスターは、プランクの草案を参照しながら、それと同じ基本的な方向、執行手続までも含み、三審級全部を通じる訴訟法案の起草につとめ、一八四五年四月には国王あてにその完成が伝えられた。総条文数二七六条、プランクの草案のほぼ一〇分の一の量であった。(13)

この草案で定めている訴訟開始の手続や、訴訟を主張と証拠調べの二段階に分け、その中間点に上訴可能な証拠裁判を置くという点は、プランクの草案と異ならなかった。(14)

(ロ) 審議委員会　このできあがった草案を受けて、司法部内にこれを審議する委員会が設置された。委員長には、そのころ上級控訴裁判所の副長官で、前述した一九二七年法（H27）の起草者ライスト（Leist）が選ばれ、委員には、司法部からバックマイスターを含む二名、議会の第一院からは、のちにも（司法大臣として）登場するデューリンク（Düring）、第二院からは弁護士でもある一名、下級裁判所からは二名の裁判官が参加した。報告委員（Referent. 草案の根拠を説明し、変更の必要があるときはその提案をする者）には、バックマイスターが選ばれた。議会への提出が急がれていたので、委員長は彼を含む――バックマイスター以外の――他の委員を何十条ずつかに分けて、バックマイスターを助ける副報告委員とした。

委員会の審議は、一八四五年七月から九月までの二か月間で終了した。その後も、委員長と二人の司法省側委員で検討を加えたが、結局、計二八四か条、内容的にもバックマイスターの草案とほとんど変りがなかったが、一か所だけ大きな変更が行われた。

それは、書面手続において、当事者間で書面の交換が終わると、「事件の状態」（Stand der Streitsache）と呼ばれる一種独得の手続が行われたことである。事件の主任裁判官が、これまでに提出された当事者たちの書面をみて、自白などによって争いのない事実（「事実」と呼ぶのが訴訟法の慣例）、争いのある事実（「争点」）を整理した書面を作成、(15)これを当事者に送達する。当事者にこの整理について異議があるときは、それを、あるいはそれに対する相手方の反論を聞くために、特別の期日を指定する。今日のわが国流にいえば、裁判所側の示した「争点の整理」案を確定させる手続である。前にも述べたバイエルン草案や、バーデン法、プロイセン法にヒントを得たものである。

この特別の手続の採用を提案したのは、委員会中の下級裁判所の裁判官のうちの一人であった。バックマイスターはあまりよい顔をしなかったし、司法省から派遣されたもう一人の委員はまっこうから反対したが、(16)結局はこの案がとおり、この案を含む草案が――理由書を付して――議会に提出された（一八四六年二月）。

(ハ)　議会側の修正意見　　議会は、草案を審議するために第一院・第二院で合同の委員会を設置した。委員にはバックマイスターも含まれていた（彼はこのころ、第二院の議員となっていた〔前注(12)〕）。委員会では、上掲した「事件の状態」手続に大きな変更が加えられた。この手続が行われる期日には、まず和解の勧試、釈明権の行使が行われ、ついで主任裁判官による「事件の状態」説明（争点整理案の提示）、これに対する当事者の意見陳述とつづいていく。しかもこの手続は、中級裁判所のみならず下級裁判所にも拡大された。もともと政府側の案では、この手続は中級裁判所以上では認めても下級裁判所では必要ないという意見であった。下級裁判所では口頭審理が原則として行われるので、裁判官と当事者はつねに直面していて、このような手続をとくに行う必要性は高くなく、それに下級裁判所の構成裁判官は多くないので、その負担の軽減をはかる必要があった。

(二) 政府の態度　この委員会の提案（一八四六年六月）に対して、政府側は強く反発した。ふたたび両院の合同委員会が設けられ、第一院からは前掲したデューリンクなど、第二院からはバックマイスターなどが加わった。この委員会は一八四年一月から三月まで審議をつづけたが、その結論は先の合同委員会とは大逆転、すっかり政府案になびいてしまった。「事件の状態」は、「短縮手続」（Abkürztes Verfahren. 口頭審理が行われる。原則として下級裁判所を念頭においている）では行う必要がない（成文法一〇四条五号）。「事件の状態」のための期日には、判決裁判所（受訴裁判所）の全員が出席する（九九条末段）。（下級裁判所法以来の）釈明のための期日は、中級裁判所以上においても行われる（九八条）。この期日と「事件の状態」のための期日を併合してもよい（九九条五段）。

議会を通過した法案は、国王（エルンスト・アウグスト）の裁可を得て、一八四七年一二月四日に公布された。ほぼ半年後の翌年五月一日に施行されることになっていたが、次に述べる劇的な状況により、ついに施行をみなかった。法典の正式名称は「ハノーファー王国のための一般民事訴訟法」という[17]。

（1） 詳細は、Meier I の**四**注(46) Bd. I, SS. 288, 422, Bd. II, SS. 312, 377, 417 などに見られる。訳語については、黒田二一七頁を参照させていただいた。

（2）　ドイツ連邦の直接の基礎となった連邦規約には、かつて陪臣化を強いられた貴族たちの民事・刑事の裁判特権を認める旨の規定（一四条C項四号）があったが、一八四九年のフランクフルト議会の憲法には、家産（領主）裁判権は補償なしにこれを廃止する旨の規定（一六七条一号）がおかれた。

（3）　Karl Gunkel, Zweihundert Jahre Rechtsleben in Hannover, 1911, S. 226; Sabine Werthmann, Vom Ende der Patrimonialgerichtsbarkeit, 1995, S. 59.

（4）　この法務庁、次述するHofgerichtの名称の由来については、カール・クレッシェル（村上淳一訳）「司法事項とポリツァイ事項」法協九九巻九号一四一七頁。

（5）　黒田二一三頁（第三章「司法の自律性」の歴史的一類型）。なお、同裁判所において行われた手続の概要は、Ahrens, S. 337.

（6）　一六六三年のカーレンベルク地方の法律を主に、一六五六年のツェレ地方の法律を従として適用した。両法につき、J. C. Schwartz, Vierhundert Jahre deutscher Civilproceß-Gesetzgebung, 1898, SS. 342, 339.

（7）　各地の法務庁で適用された法律については、Ahrens, S. 343が詳細。

（8）　法典の名称は、Proceß-Ordnung und Sportel-Taxe für die Untergerichte des Königreichs Hannover. Sportel-Taxeは手数料規則の意。この法典の成立過程および次述する手続の規制については、Ahrens, S. 363.

（9）　このころドイツでは、当事者間の書面交換が終わったのち、当事者（本人または弁護士）を呼び出してその意見を聴く、という手続がアイデアとして有力に主張された。これは、ドイツでも採用が熱心に求められだしたフランス式の口頭審理とドイツに伝統的な書面審理を折衷する方法として考え出されたのである。バイエルンの一八二五年の草案（草案のままで終わったが）で最初に具体化され、三一年のバーデン法や三三年のプロイセン法で実定法化されるにいたった。ところが、これらとハノーファー法（二七年）との違うところは、前三者では当事者の「弁論」を聴くために期日を設定するのに対し、ハノーファー法では裁判所の「釈明」のために期日を開くのである。現実にどれほどの差があるかは別にして、基本的な姿勢に差があるといわなければならない。

右のうち、プロイセン法について、拙稿「当事者による『手続結果の陳述』」石田喜久夫ほか還暦記念下『金融法の課題と展望』（一九九〇年）四一一頁。

（10）　Georg Wilhelm Planck（一七八五～一八五八年）．彼の父（Gottlieb Jakob P.）は、ゲッティンゲン大学の神学・教会史の教授であった。彼は同大学で法律学を学び、一八〇六年には博士号を得た。一八〇九年には、ゲッティンゲンの第一審裁判所（Tribunal）の陪席判事に就任するかたわら、ゲッティンゲン大学で非常勤講師をつとめ、フランス民法の講義などをした（同地は一八〇七年以来ヴェストファーレン王国に吸収されていた）。一八一一年冬から翌年夏にかけてヴェストファーレン王国より給付金を受けてパリに研修のため出張している。一八一四年のフランスからの解放後は、ゲッティンゲンの法務庁の判事補、一八一七年からは同庁の判事となっている。一八三〇年に民訴法草案の起草を依頼されたのも、この経験が買われたものである。右の草案を起草中の一八三三年には、国王の推挙によりツェレの上級控訴裁判所の判事（学者席）に選任されている。一八四七年にはゲッティンゲンの法務庁に戻り、その所長となっている。

彼は、その周囲に有名な法律家に恵まれていた。①彼はオェスターライ（Oesterley）家の娘と結婚したが、その娘の兄の息子（彼にとっては義理の甥）には、ゲッティンゲン市の助役をつとめ、他方で『ドイツ公証人制（Das deutsche Notariat）』の大著（一八四二〜四五年）を著したフェルディナント（Ferdinant O.）がいる。②彼がその妻との間に生んだたった一人の息子が、ゴットリープ（Gottlieb P.）である。のちにドイツ民法の起草に従事し、ドイツ民法の父とも呼ばれている（二注（38）において触れた）。③双子の兄として生まれたが、その弟（ハインリヒ・ルートヴィヒ Heinrich Ludwig P. 父と同様にゲッティンゲン大学の神学教授となった）の長子（彼にとっては甥）が、民訴法、刑法・刑訴法の学者として有名だったユーリウス・ヴィルヘルム（Jurius Wilhelm P.）であった（もう間もなく一八五〇年のハノーファー法に関連して登場してくる）。

以上、主として、Frensdorff, Gottlieb Planck, 1914, S. 33; Ahrens, S. 378 Anm. 422 を参照した。

（11）　G・W・プランクが、二七三〇か条にのぼる厖大な民訴法草案を起草したことは、前の Frensdorff の伝記などでも触れられているが（S. 37）、その成立、内容をくわしく紹介したのは、Ahrens（S. 377）の功績である。

（12）　Georg Heinrich Justus Bacmeister（一八〇七〜九〇年）。ハノーファーの良家の出身。法律学を修めたのち、一八三七年ゲッティンゲンの法務庁の試補、四一年よりハノーファーの法務庁の陪席判事。この当時に草案の起草の依頼を受ける。四四年一二月国務院に起用され、官庁間の権限争議の裁判を担当。四七年にはオスナブリュックの新教宗務会に推されて第二院の議員となる。四八年の三月内閣には、自分の意見と合わないとして辞表を提出したが、却下されかえって刑訴法の立案を命じられた。上級検察官をへて、五一年より文部大臣、五二年財政経済大臣、東フリースラントの地方長官などののち、六五年より総理大臣兼内務大臣となり、後述するようにハノーファー王国最後の総理大臣となった。

（13）　プランクの草案を直接見ていないので、正確なことは言いにくいが、バックマイスターの草案に基づき成文化された一八四七年法（後述）を参照すると、後者の条文には相当長文にわたるものが多い。

(14)　バックマイスターの草案の成立経過、内容については、Ahrens, S. 389ff.
(15)　この書面は、その後のドイツでいうレラチオーンステヒニクのうち、報告書（Sachbericht）にあたる。拙稿「争点整理の方策について」原井龍一郎古稀祝賀『改革期の民事手続法』（二〇〇〇年）二九八頁注(12)。
(16)　この委員会の活動については、Ahrens, S. 404.
(17)　Allgemeine bürgerliche Proceßordnung für das Königreich Hannover. 最初の allgemein（一般の、共通の）とは、この法典が第一審から第三審までの規定を含み、したがってハノーファーの全種の裁判所に適用される、という意味をこめて用いられている。この法典の名称は、次のこの法典に代わる一八五〇年の民訴法典でも用いられているので、混乱を避けるために、その略称もこの法典はABPO、一八五〇年の法典はBPOと呼ばれているが、正直いってまぎらわしい。本稿では一八二七年に成立した下級裁判所法も視野にいれて、H27、H47、H50という表現を用いている。
　この法典は、レオンハルトによって、各章・各条ごとに関連する政府の理由書、議会の意見書をピックアップして（さらに、脚注には関係法規、教科書、論文なども引用して）、法典成立の翌年（一八四八年）に刊行されている。彼は同年の四月に司法省に官吏として採用されているが、この書物の序文の終りに同年一月と記載されており、まだ弁護士時代の産物である。

　このレオンハルトの書物が、その後ダールマンスによって復刻・解説を付して刊行されている（Dahlmanns, Neudrucke, Ⅰ)。ただし、レオンハルトの書物にはある破産手続に関する条文がこの復刻本では省略されている（二九〇条以下）。ダールマンスの解説は、この法律を普通法に基づいたドイツ民訴法立法の最終段階のものであると位置づけ、まず普通法の内容を紹介し、ついでこのH47が普通法からかい離している点を例外として指摘するという方法をとっている。例外とされているのは、①裁判所の職権・釈明権の強化――当事者の明示的に主張しない抗弁などの斟酌、釈明期日への当事者本人の出頭――、②前述した「事実の状態」、③証人尋問を受訴裁判所において行い、そのさい当事者の立会いを認める――普通法では、受任裁判官が尋問し、当事者の立会いですら許さなかった――（なお、ダールマンスによるH47の要を得た紹介として、ほかに Handbuch, S. 2619がある）。

二　レオンハルトの登場

(1)　三月革命のぼっ発――H47の失効

一八四八年二月下旬フランスに発生した革命は、隣国ドイツに大きな影響を及ぼした。ハノーファーでは市民集会が開かれ、同年三月一七日、国王に対して陳情書を提出、そのなかで検閲の廃止、集会の自由、議会の公開などを求めるとともに、「司法の抜本的にして迅速な改革、すなわち司法と行政の厳格な分離、完全な公開主義・口頭主義に基づく手続の実現――とくに刑事事件において――、新訴訟法（H47）の憲法の定める手続に従った廃棄、商事裁判所の設置」もあわせて請求した。新訴訟法（H47）の廃棄を求めたのは、同法が公開主義・口頭主義に基づかず、密行主義・書面主義の建前をとっていたためである。

ときの総理大臣は、「司法の抜本的な改革は、慎重な検討なしに性急に判断すべき問題ではないし、また議会の審議を必要とする事項である」と、その場しのぎの言い方で請求を回避した。この総理大臣をいただく内閣は、三月一九日に総辞職し、リベラル派のシュテューフェ（Stüve）を内務大臣・副総理格とする中庸リベラル派内閣が発足したことは、前の機会に述べた（二の三(5)）。この内閣では、司法大臣にデューリンクを選んだ。(18)

内閣は最初の閣議の日（三月二二日）に、前記の市民集会の要請を容れることにし、したがって、公開主義・口頭主義に基づく新民訴法を制定し、これらの主義に基づかないH47は、施行を取り止め、廃棄することに決定した。この閣議で決められた方針に、法相デューリンクは従いがたい思いをしたであろう。彼自身、政府委員、のちには議会委員としてH47の制定に関与したからである。しかし、刑訴法について公開主義・口頭主義に基づく手続法を立法することは、当時のドイツにおいて時代のすう勢であった。民訴法だけまるっきり手続原理の違うものとしておいておけなかったのであろう。

他方、国王はすでに三月二八日を開会日として議会を召集していた。その開会日の冒頭、総理大臣は、公開主義・口頭主義に基づく新民訴法を制定し、その反面でH47を廃棄する旨の内閣の意向を示した。議会はこの意向をよしとし、H47を廃棄する旨の法律を可決し、この法律が施行されたのが四月二二日、H47に本来予定されていた施行日五月一日まで、あと一〇日もない時点であった。[19]

(2)　レオンハルトの司法省入り

H47を廃棄したのはよいが、それに代わるものとして公開主義・口頭主義に基づく民訴法典を立法しなければならない。それだけではない。同じ手続原理に基づく刑訴法典（それも陪審制をともなった）も導入しなければならない。さらには、司法の行政よりの分離、貴族たちの裁判特権の廃止も実現しなければならない、後二者のためには新しい裁判所構成法を立法する必要がある。[20] かくて、ハノーファーの司法省はとんでもない忙しさに追いこまれてしまった。

同省の官僚の一人バックマイスターは、大臣デューリンクに対して、民間よりアードルフ・レオンハルトを起用することをすすめた。大臣はこの意見を採用して、レオンハルトに省の書記官（Ministerialreferent）[21]の地位を与えた（四八年四月一九日）。ハノーファーでは、弁護士から起用してこの地位を与えられた先例はなかった。このころのハノーファーは、まだ身分制社会の色合いを濃く残し、貴族か「良家」の出身でないと、政府の高・中級官僚には採用されなかった。[22] たかだか収税吏の息子であり、裁判官とは差別されていた弁護士の出身である。このレオンハルトの思いきった起用は、ハノーファーの司法官たち（本省官僚や、裁判官たち）の羨望と嫉妬の眼にさらされたであろう。後述するようにレオンハルトは同省内をうなぎ登りに昇進し、ついには大臣の地位までたどりつくが、その昇進にはつねにこの司法官たちの眼が向けられていたことであろう。

しかし、われわれにとって意外であったのは、バックマイスターがレオンハルトを推薦したのは、民訴法の立法のためではなく、刑訴法の立法のためであったことである。刑訴法に熟達した人物であるとして、彼を推薦したのである。[23] 民訴法のためには、ハノーファーの出身ながら、当時プロイセン領の大学の教授であったJ・W・プランク[24]を推薦している。だがそのプランクが任に就くことを断わってきたので（四月二四日）、レオンハルトが民訴法をも担当することになったのである。

(3)　民訴法草案要綱

一八四九年秋、ハノーファー司法省は民訴法草案要綱[25]を作成し、これを国内各地の司法官庁に送ってその意見を尋ねた。この要綱は、将来立法されるべき民訴法のモデルとなる手続の概要を示し、その手続をとらない場合の対案、関連して生ずる問題点を指摘して、右述のように司法官庁の意見を問う形になっていたという。モデルになる手続が、すでに憲法上の要請となっている（注(20)参照）公開主義・口頭主義に基づいていたことはいうまでもないが、全体としてフランス法、とくにその修正形式であるジュネーヴ法に傾いていたといわれる（ジュネーヴ法については後述する）。

この要綱の作成に関与したのは、レオンハルトのほか、司法次官格の参事官シュミット（Schmidt）、それに、プロイセン領ライン左岸の検察官で、この当時臨時にハノーファー司法省に助言者として招かれていたオッペンホフ[26]の三人であった。当初は三二九か条あった要綱の原案が、一八四九年九月末の三人の討議によって二九二か条に減らされ、印刷に付されたという。この最初の原案の起草者がレオンハルトかオッペンホフか、資料上はっきりしないので、後世の学者に意見の対立がある。[27]いずれにせよ、要綱に対する各地の司法官庁の反応は、あまり好ましいものではなかった。憲法上の要請である公開主義・口頭主義に基づくことはやむをえないとしても、従来のハノーファーの手続法のあり方を無視して一八〇度フランス法系に転向することに、強い反情が示されたのである。

要綱に示されたモデル手続は、大幅な修正を余儀なくされた。その修正を施した民訴法案が議会に提出されたのは、一八五〇年一月一四日であった。

(4)　議会の審議、法案の成立

(イ)　議会の審議　議会への提出にともない、レオンハルトは政府委員に任命された。このあたりから、彼の

H50成立への関与が、大きくクローズアップされてくる。政府委員としてはほかにバックマイスターが任命され、また司法大臣デューリンクも議会での説明、応答に当っているが、レオンハルトがずば抜けて多かったという。議会の審議は、このころの他国の議会でも、のちの帝国の議会でもそうであったが、本会議での第一読会通過後は、特別の委員会に付託され、その委員会の報告に基づき本会議の第二読会、第三読会をへて法案は可決される。第一院と第二院の審議をくらべると、後者の方が法案に対する異議が多かったこと、それでも異議の数はH47――条文数はその倍以上なのに――の五分の一にとどまったこと、第二院の特別委員会の民訴法の報告委員には後述するヴィントホルスト（Windthorst）が選ばれたこと、などをここでは記述するにとどめよう。(28)

議会に提出された法案は、まだ完結したものではなかった。この法案にはいわゆる経過規定や法律の適用範囲を明らかにする条文が欠けていた。それらを明らかにする条文は一八五〇年の七月に入って議会に提出された。プロイセン法が適用されてきた東フリースラントなどの地方はH50の適用範囲から除く、と規定されていた。議会は、これらの条文も含めて法案を可決し、それに対する異議も明らかにして、政府に対して法案を送り返した（一八五〇年七月九日・二三日）。後は国王の裁可を待つだけとなった。(29)

(ロ)　公布の後れ　　このころのハノーファーの司法省も、議会の両院も、相次ぐ司法関係法の立法に多忙をきわめていた。裁判所構成法が一八四九年二月に議会に提出され、最終的に五〇年七月に政府に送り返されている。刑訴法が四九年一一月に議会に提出され、五〇年七月に政府に送り返されている。(30) ところが、前掲の民訴法も含めてこれらの諸法が、なかなか国王の裁可が得られず、公布にいたらないのである。相次ぐ進歩的な――フランス法に傾斜した個人主義・自由主義に基づく――これら諸法に保守的な国王エルンスト・アウグストがつむじを曲げた形である。国王は一八五〇年八月に特別な委員会を招集し（その委員のなかには、ライストやバックマイスターなどもいた）、その意見を聞き、同年一一月八日ようやくこれらの法律は法令集（つまり官報）に掲載された。しかしその掲載された各法律には、施行日が記載されていなかった。国王は、施行日を記入しないで法律を机の引出しに入れたまま、五一年一一月一八日に死亡した。

後はゲオルク五世が継いだが、それにともなって内閣も（シュテューフェらの内閣はすでに総辞職し、別の内閣となっていたが）総辞職して、新しい内閣の司法大臣には、ヴィントホルストが任命された。ヴィントホルストは新王を説得して、訴訟法二法および裁判所構成法の施行日を、一八五二年一〇月一日と定めさせた。議会を通過してから二年あまりの年月が経過していた。[31]

(18) Otto Albrecht von Düring（一八〇七～七五年）。シュターデ市近郊の土地領主の子。ゲッティンゲン大学で学んだのち、地方の管区庁勤務を経て、一八三二年より、シュターデの法務庁で修習生、司法官試補を経験、三九年より裁判官となる。三三年より第一院の議員となる。いつのころか時期は不明だが、国王エルンスト・アウグストの強引な憲法改正に反対して、従来の一八三三年憲法を有効と宣言する判決に関与したため、第一院の議員として活動するための有給休暇（Urlaub）を数年間停止されたことがある。このシュターデの裁判官時代、第一院議員の兼職という有利さもあって、バックマイスターの草案の審議に関与したことは前述した（**三の一(4)**(ロ)・(ニ)）。同草案が法律になった一八四七年末には、ツェレの上級控訴裁判所の貴族席の裁判官となった。しかし、その席の暖まるひまもなく、本文に述べたように翌年三月には司法大臣に任命された。

なお、一八五〇年一〇月の末近く、内閣が総辞職すると、デューリンクは、上級控訴裁判所の副長官に任命され、五九年一一月には同裁判所の長官に昇進した。ハノーファーは一八六六年プロイセンに敗れて同国領となり、上級控訴裁判所も「上級」がとれプロイセンの控訴裁判所の一つに格下げされたので、彼はツェレの上級控訴裁判所の最後の長官となった。格下げされたのちも、一八七五年死去の年まで右の控訴裁判所の長官であった。

(19) 以上につき、Ahrens, S. 430. 簡単ながらすでに、Dahlmanns, Neudrucke, I, S. 23.

(20) 一八四八年九月五日に制定された憲法改正法には、「裁判所の組織は、司法を行政から分離するという原則に基づく。（貴族の）裁判特権を廃止する。民事、刑事の事件においては、口頭および公開（の裁判手続）を認める。後者（刑事事件）には、陪審制を導入する。以上（の建前）を法律によって明らかにする」（九条）という条文があったことは前述した。

(21) Referentという言葉は多義的である。独和辞書を見ても、（学会などでの）報告者、（官庁・企業などの）専門部局担当者、係官などとある。法律案の起草などで用いられるときは、起草担当者（その根拠の説明者）の意で用いられている。ここでは、司法省内の司法参事官（Justizrat. バックマイスターもその一人）に次ぐ地位を示しており、その意味で書記官の語を仮にあてておいた（わが国の官僚制では、書記官が参事官を上回る地位にあることもあるが）。

（22）黒田一八八頁・一九六頁参照。

（23）レオンハルトには、高い評価を受けた刑法に関する注釈書（Commentar über das Criminal-Gesetzbuch für das Königreich Hannover, 2 Bde., 1846/51）があるほか、ハノーファーの弁護士会の機関雑誌などに、刑法・刑訴法関係の論文が多くのせられており、それが刑訴法の専門家として推薦される理由となったようである。

もっとも、民訴法関係の著作もないことはない。代表的なのは、H47に資料を付して公刊したことである（注(17)）。なお、レオンハルトの著作上の業績については、Ahrens, S. 671がくわしい。

（24）Julius Wilhelm Planck（一八一七～一九〇〇年）．前にプランク草案の起草者Georg Wilhelm Planckを紹介したとき、彼に双子の弟がおり、彼らの父と同じくゲッティンゲン大学の神学の教授となったと紹介したが（注(10)）、その弟（Heinrich Ludwig）の長子がここで取り上げたJulius Wilhelmである。伯父の一人息子であるGottliebはドイツ民法の起草者として著名であるが、この二人は従兄弟の関係にあった（J. W. のほうが年上であった）。

ゲッティンゲンに生まれ、高校まで過ごしたが、大学は最初にザクセン領のイェーナ（Jena）を訪れた。彼地には叔母（母の妹）の夫であるマルティーン（Christoph Martin. 一七七七～一八五七年。ゲッティンゲンの近郊に生まれたが、フランスからきたユグノーの家系なので、マルタンと呼ぶべきかも知れない）が民訴法の教授でいた（彼の普通民訴法の教科書は、一九世紀の最初の四半世紀、ドイツで最も有名な教科書であった）。その後、ゲッティンゲン大学へ転じ（一八三四～五年）、ミューレンブルッフのパンデクテン、アルプレヒトのドイツ私法、ダールマンの国家経済学などを聴いたのち、再びイェーナ大学に転じて、義理の叔父の民訴法、刑法の講義などを聴講した。一八三七年、ゲッティンゲン大学の懸賞論文に応募、当選したが、この論文に基づいて博士号を与えられた。ハノーファーの国家試験を受け、ゲッティンゲンの管区庁で修習生生活を送った。一八三九年、ゲッティンゲン大学で教授資格を取得した。同大学で私講師をつとめた後、一八四二年のはじめバーゼル大学への招聘を受けた。この地で最初の結婚をしている。このバーゼル時代には、彼の著名な作品のうちの最初のもの、『訴訟法における紛争の多数』（Die Mehrheit der Rechtsstreitigkeiten im Prozeßrecht, 1844）を刊行している（その紹介、岡徹「ドイツ普通法時代における共同訴訟論の展開（二・完）」民商法雑誌七〇巻一号七五頁）。一八四五年、グライフスヴァルト（Greifswald. ドイツの北東隅、当時プロイセン領）の大学に転じ、ここで著名な第二の作品『証拠判決論』（Die Lehre von dem Beweisurteil, 1848）を出版している。前の著作ではローマ法源を重視しているが、この著作ではザクセン法などのドイツ法の発展に注目している。プランクは一九世紀のドイツ訴訟法学者として珍しいゲルマニストに属したとされるが、その傾向がここで示されはじめている。なお、この書物は後述するH50の構造に重要な影響を及ぼしているが、出版の年の一八四八年というのは、彼がハノーファー司法省から招聘を受けた年でもある。出版と招聘のどちらが先かは、明らかにできない。

一八五〇年プランクはキール大学（キールはホルシュタイン公国の首都であった）へと転じた（ホルシュタイン公国は当時デンマーク王の統治下にあり、その統治をめぐってデンマークとオーストリア・プロイセンの間に戦争が生じ、その結果ホルシュタインはオーストリア、隣国のシュレースヴィヒはプロイセンの支配に服することとなったが、今度はその支配をめぐる争いが一八六六年のプロイセン対オーストリアの戦争の発端となった。この間プランクはキール大学にあり、三度学長に選ばれて苦労を重ねる）。一八六七年にプランクはミュンヒェン大学の招聘を承諾した。当初は刑事法の担当者として赴任したが、一八七六年、著名な訴訟法学者バイヤー（Hieronymus Bayer. 一七九二〜一八七六年）の死により民訴法講座の担当者となった。その後プランクは、これも有名な『中世ドイツにおける裁判手続』（Das deutsche Gerichtsverfahren im Mittelalter, 2 Bde., 1879）と『ドイツ民訴法教科書』（Das Lehrbuch des deutschen Civilprozeßrechts, Bd. 1, 1877, Bd. 2, 1896）を発表している。一八九四年から九五年にかけての冬学期で最後の講義を行い、一九〇〇年九月、八四歳の生涯を閉じた。

彼はグライフスヴァルト大学時代に、第二子の誕生後最初の妻を失い、同地で再婚して、さらに五人の子に恵まれている。キール大学時代に生まれた息子に、マックス（Max. 一八五八〜一九四七年）がおり、量子力学への道をひらいた高名な物理学者として、一九一八年にはノーベル賞を受賞、一八九二年からはベルリーン大学の教授であった。さらに一九三〇年から三七年までは、ドイツの学術、とくに自然科学の振興のために設置されていたカイザー・ヴィルヘルム（皇帝ヴィルヘルム）研究所（一九一一年に設置）の総裁となり、第二次世界大戦後この研究所の名称が適切でないとして、彼の名を冠することになり、マックス・プランク研究所としてわが国でも周知の研究組織となった。

以上、主としてミュンヒェン大学の講座の後継者となったゾイフェルト（Rothar Seuffert. 拙著・日本2一八八頁（6）に略歴）のドイツ民訴雑誌（Zeitschrift für Zivilprozeß）二八巻五号に掲載した追悼文によった。

（25）Grundzüge zum Entwurfe einer bürgerlichen Proceß-Ordnung.

（26）Friedrich Christian Oppenhoff（一八一一〜一八七五年）の経歴に入るまえに、このころのプロイセン領ライン左岸の概要を説明しておくと——、

フランスは、対仏大同盟をはね返して、比較的早い時期からライン左岸地方を占領し、これをフランス領に併合した（一

七九五年）。このことは、その後の相次ぐ敗戦によって、オーストリア皇帝（したがって神聖ローマ皇帝）もフランスとの講和条約によって認めざるを得なくなった（ライン左岸の領地を失った貴族たちのために、ライン右岸の聖俗領の世俗化・陪臣化が行われた（一の四(3)）。一八一四〜五年のヴィーン会議によって、フランスから取り戻されたライン左岸地方の大部分がプロイセンに与えられ（ライン川中流のビンゲン Bingen あたりまで）、それより上流のプファルツはバイエルンとヘッセン＝ダルムシュタットが分割して取得した。フランス領時代、これらの地方にフランス流の法律と裁判（手続）が行われたことはいうまでもないが、プロイセンなどが取得したのちは、とくにプロイセンが自国の面子にかけても同国流の法律と裁判を施行しようとしたところ、同地方の市民たちの猛烈な反対にあい、国王直轄の委員会を設けて検討したが、ついに折れてフランス流の法律と裁判をそのまま温存することにした。つまり、ハノーファーが民訴法の立法などを行おうとしたころ、ドイツ（連邦）の一部ではフランス法が現行法として行われていたのである。

さて、オッペンホフは、一八一一年当時のヴェストファーレン王国内に生まれた。ゲッティンゲン、ボン、ベルリーンの各大学で学び、司法官試補を経て、一八四四年アーヘン（Aachen. プロイセン領ライン左岸）の検察官となり、一八五〇年にはトリアー（Trier. 同上）の上級検察官となっている。この間一八四八年には、ハノーファーの司法大臣デューリンクに招かれ、同国の立法、ことに公開主義・口頭主義に基づく刑訴法（フランス法がその典型とされていた）の起草に助力した。そのほかに、民訴法の起草にも関与したことは本文に述べたとおりである。五三年にはベルリーンの Obertribunal（当時のプロイセンの最上級裁判所）の上級検察官となっている。彼のプロイセン刑法についての注釈書は、一八五六年に出版後七〇年までに六版を重ね、七一年に帝国刑法が公布されてからは同法に関する注釈書と体裁を改めたが、死去の前年の七四年まで四版、死去後は弟（Theodor Franz O. 一八二〇〜九九年。アーヘンの地方裁判所長）が手を入れて出版を継続し、九六年までに一三版を数えている。プロイセン、のちにはドイツ全土の刑事裁判官たちは、何か法解釈上の疑問にぶつかると、「オッペンホフ、助けてよ（Oppenhoff, hilf!）」と叫んでは、この注釈書をひもといていたという。

なお、オッペンホフは、一八六四年のプロイセン民訴法草案（プロイセン草案。後述）の起草にも関与している。

(27)　レオンハルトとするのは、ハノーファーに残された公文書のなかから「要綱」を発見しこれを最初に世間に公表した Schubert, HEP, SS. XIV, XXIX 6 である。九月末に行われた三人の討議の様子から見て、レオンハルトを起草者と判断したようである。これに対して、オッペンホフと判断しているのは、Ahrens, S. 443 で、「要綱」の示した手続があまりにフランス法に傾いていること、レオンハルトがこれほどまでにフランス法に通じていないであろうこと（現に彼は一八四八年夏ライン左岸地方に実情調査のために出張している）、後年レオンハルトがフランス法にむき出しの敵意を示しており、要綱の示したフランス法への傾斜とは辻褄が合わないこと、などを挙げている。

もっとも、シューベルトも別の機会（Schubert, GVG, 1981, S. 211 Anm. 29）には、レオンハルトをハノーファーの司法諸法の決定的な起草者と見ることには疑問があり、残されているハノーファー司法省の資料も不十分なものでそれによってかく断ずることはできない、と述べている。

民訴法草案要綱の執筆は、なるほどレオンハルト一人の努力ではなく、三人の協働によることは確かであろう。しかし、本文で次述するように、この要綱はハノーファーの各司法官庁の反撥を受け、その内容をすっかり一新して議会に提出された。私は、その変り身のすばやさと、アイデアの鋭さに、議会に提出された草案の起草者はレオンハルトであったと推測している。現に、議会における政府委員としては、彼がもっとも活躍したといわれている。そして、その後もH50のプロパガンダと擁護に彼のついやしたエネルギーと努力に敬意を表して人々は、彼をH50と結びつけてその創始者（起草者）と評しているのであろう。

(28) 議会における民訴法の審議状況については、Ahrens, S. 448.

(29) 議会の可決だけでは法案は成立せず、政府に送り返して、政府において国王の裁可を得、公布するという手続を踏むのであった。

(30) 驚いたことに、これだけ大量の立案、議会審議を担当しながら、このころ（一八四九年現在）、ハノーファーの司法省に名をつらねていたのは、大臣以下わずかの九人であったという。①大臣デューリンク、②次官格の司法参事官シュミット（彼の経歴は分からない）、③司法参事官バックマイスター、④省書記官レオンハルト、⑤レオンハルトより下位の書記官三名、⑥オッペンホフ、⑦秘書（Ahrens, S. 431 Anm. 782による）。

(31) 以上につき、Gunkel 注(3) S. 307; Ahrens, S. 451.

三　H50の手続構造

(1) 裁判所・検察官・執達吏

以下ではH50の示した手続構造の特徴について述べていくが、そのまえに、この手続の適用される裁判所の種類、手続に関与する検察官、執達吏について大略を述べておこう。(32)

(イ)　裁判所　裁判所は原則として下級、中級、上級の三種類に分かれた。

(a)　下級裁判所　司法と行政の峻別が宣せられ、管区庁（Ämter）から（管）区裁判所（Amtsgericht）が分かれて、下級裁判所（単独制）となった。民事では、訴額一〇〇ターラーを超えない事件を担当した。(33)

(b)　中級裁判所　司法権は、国家の設営した裁判所によってのみ行使される、と規定されたために、貴族などによる家産裁判所（Patrimonialgericht）は姿を消した。残るのは国家（国王）の設営した法務庁のみとなったが、この裁判所はObergericht（直訳は、上級裁判所）と名を改めた。ハノーファー（市）やオスナブリュック、ゲッティンゲンなどの大きな都市に設けられた大規模裁判所（一二か所）と、小さな都市に設けられた小規模裁判所（四か所）の二つに分かれたが、前者は所長と副所長のほか最低八人の裁判官からなり、後者は所長と四ないし五人の裁判官により構成された。Obergerichtは小法廷（kleiner Senat）と大法廷（grosser Senat）とに分かれ、前者は三人の裁判官が、後者は五人の裁判官が定足数であり、大規模裁判所は一つの大法廷と一つまたは（必要に応じて）二つの小法廷を持つことができたが、小規模裁判所は小法廷のみであった。二種類の法廷ともに、区裁判所の管轄外の第一審裁判所を担当したが、控訴事件も担当し、区裁判所の裁判に対する控訴（一〇ターラーまでの事件を除く）はObergerichtの小法廷へ、同小法廷の第一審事件に対する控訴は大法廷へ、(34)大法廷の第一審事件に対する控訴は上級控訴裁判所へ提起することができた。

(c)　上級裁判所　ツェレの上級控訴裁判所が王国唯一の上級裁判所であった。ただし、同裁判所が取り扱えた通常の上訴は、右のObergerichtの大法廷事件だけであった。区裁判所の事件の控訴は小法廷どまり、小法廷の事件の控訴は大法廷どまり。つまり、一八五二年の裁判所構成法以来、ハノーファーは伝統的な（普通法によった）三審制を捨て、二審制をとったのである。これはフランス法の模倣である。

(ロ)　検察官　検察官の制度を認めたのは、ライン右岸でもハノーファーが最初ではない。一九世紀中ごろまでにバーデン、ヴュルテンベルクなどがすでに認めていた。しかし、その検察官に民事事件（身分事件に限らず、通常事件にまで）に関与を認めたのはハノーファー（H50八一条以下）が最初である。[35] これもフランス法の真似である。[36]

(ハ) 執達吏　フランス法は執達吏（huissier）制度を設け、訴訟書類の送達や強制執行の実施をゆだねていた。ハノーファー法もこの制度（Gerichtsvoigt と呼んだ）を採用した（H50一一八条以下・五三一条）。ただ、強制執行に際して、執行債権の判決確定や条件成就を書記官・公証人に判断させ、執行文を作成・付与したのちに、執達吏に執行させるという工夫をしたため、執達吏にそれほど法律知識を要求せずにすみ、人材育成のコストを削減することができた。[37] このような裁判所以外に執行を担当する機関を設けたのは、一八七七年のドイツ帝国民訴法（CPO）の成立まで、H50とバイエルンの一八六九年の法律（八三七条）の二つの法律だけであった。

このように見てくると――裁判所構成（広くは司法組織）を含めて――ハノーファー法は、フランス法の大きな影響を受けている。次述する公開主義・口頭主義は、自国の憲法でも規定しているところで、この二つの主義について先例であるフランス訴訟法を範として仰ぐのはわからないでもないが、審級の二審制や検察官による民事事件の関与、執達吏の執行機関としての起用など、ライン右岸の国ではまだどこもやっていないことであった。ナポレオンからの解放後あれほどフランス色の払拭につとめたこの国が、なぜ他の国に先だってフランス法制を採用したのであろうか。それほど、当時のライン右岸の国々にとってフランス法制の採用は抗しがたい時の勢いとなっていたのであろう。その時の勢いにさらされながらも、それでもH50は、執行文制度を活用して執達吏の権限を制約したり、次述するように公開主義・口頭主義をフランス法より徹底させ、あるいは普通法の証拠判決制を残留させるなど、いくつかの思い切った工夫を試みた。その工夫が当時のドイツの立法者たちに斬新な感じを与え、その頃の民訴法の最先端を往くもの――今日からすれば、近代ドイツ民訴法の鼻祖――という高い評価が与えられたのであろう。

(2)　手続構造の特色

以下では、すでにH27などにおいて試みたように、訴訟手続の開始と証拠裁判の二つの部分に限って、H50の特色を見ていくことにしたい。H50について触れる以上は、その口頭主義と公開主義のあり方——それが周辺の国々によって高く評価されたのであるが——に関して言及しないと、H50の手続の特色を明らかにしたとはいいがたいのであるが、これら——とくに口頭主義——については前に述べる機会をもったので[38]、以下では次のように簡単に述べておくにとどめたい。

当時のドイツの国々では、従来の普通法流の手続を急に改め、フランス法流の口頭主義・公開主義を導入することに、つよい躊躇が示された。そこで、それに代えて、まず当事者間で訴状、答弁書、ときには再抗弁書、再々抗弁書まで交換させ（裁判所が仲介して、書面を受け付け、相手方へ送達した）、次いで、その書面交換の結果明らかになった争点（争いのある事実）につき、当事者に証拠提出を命じる証拠裁判を行う——これが普通法の示した基本的な手続である。しかし、右の証拠裁判の前に、裁判所は期日を指定して当事者双方を呼び出し、従来の書面交換の結果を要約する主任裁判官の報告を聴取させる。当事者にこの報告に異議のあるときはその旨を、また相手方がこの異議に反対のときはその反論を陳述させる。このような当事者間の口頭のやり取りを目して、口頭弁論と呼び、このことを行う期日を一般公衆に公開して、公開主義の要請も充たしたものとする。この後に証拠裁判、証拠調べ、終局判決と続けて訴訟が終わるが、右の手続を目して、「口頭による最終弁論をともなう書面手続」と呼んだ。

そして、この手続では、公開される口頭弁論期日に、受訴裁判所の裁判官全員が出席して、主任裁判官の報告、当事者の陳述を聞くことを通じて、事件の全貌を知り、また疑問に思ったことは、釈明を促して、事件についてフレッシュな印象をもったまま終局判決に臨むことができる、という直接主義のメリットも合わせ持つ、と喧伝された[39]。

しかし、H50は、そのようなメリットがあるとしたら、訴訟のはじめから、受訴裁判所の全員が出席して、当事者間の口頭による弁論を聞いたらどうか。当事者が口頭で述べ、裁判官が聞いたところだけが、裁判の基礎となる——そのような訴訟手続を構想すれば、直接主義も、口頭主義も、さらには（これらの口頭弁論期日はすべて公開されるので）公開主義も、より徹底されるではないか——と主張して、その訴訟手続を法文上全面的に展開した。フランス流の口頭主義・公開主義を称讃する声に引きずられながら、なお書面主義を残した右述の手続を認めていたドイツ（ライン右岸地方）において、はじめて口頭主義・公開主義を貫徹した手続が示され、しかも（一々示すことはできないが、たとえば後述する証拠裁判など）ドイツ人のナショナリズムをくすぐるような工夫もなされて、周辺の国々から斬新な法律と受け取られ、その注目の的となったのである。(40)

そして、このH50に示された手続構造が、その後のドイツ帝国民訴法（CPO）、ひいてはわが国の民訴法のモデルとなったことはいうまでもない。H50がドイツ近代民訴法の出発点とされる所以である。

(3) 特色Ⅰ——訴訟開始の手続

(イ) フランス法　まず、右の公開主義・口頭主義のモデルとしてH50に大きな影響を与えたフランス法から、その訴訟開始の手続を見ていこう。(41)

同法によると、訴えを起こそうとする原告は、執達吏に委任して呼出状を被告に送達してもらう（五九条）。その呼出状には、原告・被告の住所、氏名のほか、代訴士（avoué）の名も記載しておかなければならないから（六一条）、原告はまず代訴士を訪問して、事件を依頼しなければならない。呼出状には、請求の趣旨および原因を記載する（同条）。被告に応訴するか否かの判断の資料とさせるためである。請求の原因に関連する書証があるときは、その写しも同時に送達をしておく必要がある（もっとも、これを後から送達しても、原告はその部分の費用を負担するだけである）。(42)

被告が応訴するときは、自分も呼出状の受領後八日以内に代訴士を選任し、その代訴士から原告の代訴士に選任された旨を通知する（七五条・七二条）。その通知から一五日内に、被告は、自分の選任した代訴士が作成して署名した答弁書を原告に送達する（七七条）。原告は、それから八日以内に被告に再抗弁書を送ることができる（七八条）。

当事者間の書面交換は、これで終わる。次に、原・被告どちらかの代訴士が裁判所に届け出て、書記官により事件簿に登録される。この登録後、裁判所長により事件の配転が行われ、配転を受けた部が弁論期日を指定する。その弁論期日に登場するのは、代訴士から弁論の依嘱を受けた弁護士（avocat）である。彼らは最初に「理由づけられた申立書（conclusion motivée. 判決を求める一定の申立てのほか、それを根拠づける事実関係、法的観点を略述した書面）」を朗読する。担当裁判官は、この朗読を通じてはじめて事件の内容を知り、以降はこの「理由づけられた申立書」に従って当事者間の弁論が展開される。

原告が被告に訴え提起の意思を示してから、裁判官の前で双方が弁論を展開するまでフランス法では、なんと時間、そして（間違いなく）費用がかかることであろうか。口頭主義・公開主義のモデルとして評価されたフランス法も、この弁論開始前の事前手続に関してはこっぴどく批判された(43)。

(ロ)　ジュネーヴ法　　しかし、このフランス法の持つ大きな欠点をまず改めたのは、フランス法圏下にある一八一九年のジュネーヴ法であった(44)。

(a)　一七九八年五月ナポレオン軍に占領されたジュネーヴは、フランス領に併呑された。同地で行われる法律も、フランス民法、同民訴法が相次いで施行された。一八一三年ライプツィヒの会戦でナポレオンが敗れると、その年末ジュネーヴは独立して、盟約者団体（Eidgenossenschaft. のちのスイス連邦）への加盟が認められ、そのカントンの一つとなった。スイスの各カントンは、それぞれに独自の法律をもっている。ジュネーヴも、フランス民法はそのまま施行させることにしたが、評判の悪い民訴法は廃止して、独自の立法を行うことにした。その立法担当者に起用されたのが、ジュネーヴの弁護士で、議員でもあり、のちにジュネーヴ大学教授となるベロであった[45]。

ベロは、フランス民訴法における通常事件と簡易事件の区別、それにともなう手続の軽重に注目した。通常事件には右に紹介した事前手続が適用されるが、簡易事件、たとえば債権に基づく請求で、その請求につき書証があり、しかもその書証の成立につき争いがないような事件は、原告から被告へ呼出状が送達され、被告が原告に代訴士を選任したむね連絡すると、もはやそれ以上の答弁書、再抗弁書の送達は行われず、どちらかの代訴士が裁判所に事件を登録すると、それだけで審理（弁論）が開始されるのである（四〇四条以下）。

以上のようなフランス法における手続の差異を前提として、ベロによると、しかし民訴事件の多くは簡易事件ではなかろうか。それなのに、簡易事件の範囲を狭く限って、略式の手続をこれらの事件にしか認めず、その範囲からはみ出した事件には重い手続を認めている。物事の順序が逆ではなかろうか。フランス法の略式手続を通常手続とし、重い複雑な事件に限ってフランス法の一般的な事前手続を認めるべきではないか。

(b) ジュネーヴ法の通常手続は、次のとおりである。原告から被告に執達吏を通じて呼出状が送られるが、その呼出状には出廷の日時、請求の趣旨および（簡潔な）その原因が記載され、書証の写しが添付されている[46]（五〇・三二条。呼出状の受領から出廷の日時まで、被告がカントン・ジュネーヴに居住するときは、三日間とされる。五三・五一条）。記載された日時に、原告、被告、またはその代訴士・弁護士[47]が出頭したときは、そのときから直ちに弁論が開始される（六二・八七・八八条）。もっとも、事件が複雑なときは、事前手続として裁判官の裁量により、次の二つのうちのどちらかを命じうる。①訴状、答弁書、および書証の写しを、当事者間で交換させる（交換は、裁判所の書記局を通じてか、または代訴士間で直送させる。六三・八二条）。②とくに「事前手続」とよばれる手続で、訴状、答弁書のほか、再抗弁書、再々抗弁書の交換まで行われる。各書面の提出期間は裁判官が定め、また、この手続によるときは代訴士の選任が強制される（六三・七一条以下）。

(ハ) H 50

(a)　H50は、このジュネーヴ法に従った。正確には、同法に見られる例外のうち、①を採用したといってよいであろう[48]。すなわち、原告は訴状を裁判所の書記局に提出する。書記局を通して、裁判長に口頭弁論期日を指定してもらう（一一四条）。訴状には、請求の趣旨、原因事実、請求の目的物、自己の選任した弁護士の氏名[49]、そのほかにも、被告が口頭弁論期日に出頭すること、弁護士を選任すべきことなどを記載し、その訴状を被告に送達する（一八四・一八八条）。あわせて、裁判所の期日指定書、事件に関連する書証の写しなども送達する（一八七・一八八条）。送達を担当するのは執達吏（前述(1)(ハ)）であるが、弁護士強制が行われる中・上級裁判所では弁護士間の直送も許される（一一八以下・一三三条）。

訴状の提出と口頭弁論期日の間は、被告が王国内に居住するときは最低三週間とし（一八九条）、被告の弁護士はその口頭弁論期日の一週間前までに、答弁書を原告の弁護士に送達し、またその写しを裁判所に提出しなければならない（一八九・九四・一九二条）。

口頭弁論期日は事件の呼上げによってはじまるが、その後両弁護士は請求の趣旨、答弁の趣旨を申し立て、ついでお互いの口頭弁論へと移っていく。その際、書面の朗読は許されるが、書面の引用は許されない（九八・九九条）。この当事者双方が口頭で弁論した内容だけが——たとえそれが書面の記載と違っていても——裁判の資料となる、という口頭主義の原則が宣せられている（二〇一条）。

(b)　以上が、H50の認める口頭弁論の通常形式である。これに対して、次の二つの例外が認められている。その一は、当事者双方または被告一方の申立てに基づいて、書面交換を再抗弁書、再々抗弁書まで許す手続である。再抗弁書の交換には二週間、再々抗弁書の交換には一週間までの期間が許され、その期間の裁定と同時に、それが終ったのちの口頭弁論期日まで定められる（二〇六〜二一三条）。その二は、この手続でも処理しきれない複雑多様な事件で、受訴裁判所の決定で担当（受命）裁判官を定め、彼の指揮のもとで行われる——このころのはやりの言葉でいうと——「口頭による最終弁論をともなう書面手続」、つまりは後にいわれる「準備手続」である

（二一四・四六〇条以下）(50)。

このように、H50は、口頭弁論を開始する前に当事者間で訴状と答弁書の二通の書面を交換させるのを通常の手続とした。フランス法のように、再抗弁書までの書面交換、さらには「理由づけられた申立書」の提出まで求めるという様式はとらなかった。この後のドイツ帝国法、ひいてはその影響を受けたわが法のとるところである。このH50の口頭弁論開始前の通常手続は、その後のドイツ帝国法の方向がこのH50のときに定まったわけではない。しかし、この二通の書面交換というその後のドイツ法の方向がこのH50のときに定まったわけではない。その後はげしい動揺を経たうえでこの方向に落ちつくのである。そのことについては後に述べることにしよう。

(4) 特色Ⅱ――証拠裁判

(イ) 制度の内容　証拠調べ、ことに人証の証拠調べに入る前には、その人証から何を聞き出したらよいのかを知るために、当事者間で争われている事項（いわゆる争点）を明らかにしなければならない。この争点こそ、人証から聞き出して、当事者のどちらの言い分が正しいのかを判定すべきことがらだからである（争点は、法律問題を含むこともあるが、多くは事実の真偽であるので、以下でも争点＝事実〔の真偽〕として説明していきたい）。争点を明らかにする方法として、当時のドイツでは、通常、次のような方法がとられていた（フランス法施行地域を除く）。

まず、原告が訴状に被告に対する請求を根拠づける事実（請求原因事実）を記載して提出する。受け取った裁判所はその写しを被告に送達する。被告は答弁書を提出するが、そこには請求原因事実に対する認否、および抗弁事実があるときはそれを記載する。原告の再抗弁書には、抗弁事実に対する認否および再抗弁事実を、被告の再々抗弁書には、再抗弁事実に対する認否および再々抗弁事実を記載する。右の原告の請求原因事実、被告の抗弁事実などについては、それらを主張すべき時期が定まっており、たとえば原告が複数の請求原因事実（契約と時効取得）を主張しようとするときは、それらは同時に主張しなければ（契約、もしくはこれが認められないときは時効取得、という形で）、のちの時点では主張が許されなくなる（同時提出〔強制〕主義。もっとも、その事実が時期の経過後に発生したり、時期の経過前に、当事者が責めなくして主張しなかった場合には、例外的に原状回復〔追完〕が許される）。

このようにして当事者間で書面交換が終わったのち、あらかじめ事件の担当を命じられている裁判官（主任裁判官）が、当事者間で争われている事実（争点）と争われていない（自白された）事実とを区別し、これを受訴裁判所に報告する。(51) 受訴裁判所はこの報告に基づいて、証拠により明らかにすべき事実（立証〔または要証〕事実）、その証拠を提出すべき（立証責任を負う）当事者、その提出時期（立証期間）を明らかにした裁判をする。この裁判を証拠裁判（Beweisinterlokut. Interlokut は中間裁判を指し、証拠裁判も、事件に対する最終的判断〔終局判決〕の前になされるので、中間裁判と呼ばれる）という。証拠裁判後は、その判断を示した方向で証拠の提出・取調べが行われ、終局判決へといたる。

(ロ)　制度をめぐる論争　この証拠裁判というアイデアは、一七世紀に入って法制上目立つようになり、一八世紀には広くドイツ各地の法律、実務において認められるようになった。一五世紀ころよりドイツで有力になったといわれるローマ＝カノン法系からではなく、むしろゲルマン法の色合いを残すザクセン法系から由来したものである。(52) H50が立法された時代（一九世紀半ば）から見るとまだ歴史の浅い制度である。それだけにその手続上の取扱いをめぐっていろいろな論争、立法が行われた。この混沌とした状況に一石を投じたのは、前に紹介したJ・W・プランクの『証拠判決論』（一八四八年）であった（二(2)注(24)）。しかし、沿革からはじまり、現在の状況、将来の立法論まで詳細に論じた本書をもってしても、証拠裁判をめぐる争いの決定打とすることはできなかった。以下、そのころ論じられていた証拠裁判をめぐる論点を紹介しよう。

(a)　証拠の申出は、事実主張を行う段階ではまだ許されず、証拠裁判を待ってはじめて許されるのか（証拠分離主義）、それとも、すでに事実主張の段階で行っておくことがむしろ望ましいのか（証拠結合主義）。前説をとる者は、事実主張の段階（手続の第一段階とも呼ばれた）を複雑にしないためにも、また、あらかじめ証拠申出をしても、その証拠によって明らかにされる事実が相手方によって自白されたら証拠申出をした意味がなくなるではないか、と論じ（ただ例外的に、書証〔文書〕は裁判官があらかじめ目を通しておくと、のちに立証事実を選択する際に有用である、という見地から事実主張の段階で提出しておくことを認めていた）、これに対して後説をとる者は、事実主張の段階ですでに証拠申出を認めておかないと、その事実主張に対して相手方が不当であると争い、当事者間に争いありと裁判所が立証事実に選んだのに、その後になってようやく証拠がないことが明らかになり、それまでの相手方・裁判所の努力が無駄になる恐れのあること、略言すると、当事者の事実主張の真剣さを明らかにするためにも、あらかじめ事実主張とともに証拠を申し出させる必要がある、と論じた。一八世紀の末近く、オーストリア法とプロイセン法が後者の見解をとったことが、のちにこの見解が支配的となることに大きな影響を及ぼした。プランクもまた、この見解であった[53]。

(b)　証拠裁判は、判決か、それとも、訴訟指揮的な処分か。前者とするのが圧倒的であった。のちには、判決でなく決定であるとする見解も現れたが、それでも、事実や理由を記載することを要求して、形式上は判決と同格であった。訴訟指揮的な処分とする者は、ごく少数にとどまった[54]。

(c)　証拠裁判に対しては、独立して上訴することができるか。それとも、のちに事件に対する終局判決がなされるのを待ち、それに対する上訴とともに不服申立てをすることができるだけか。プランクは、強く前説をとることを主張した。しかしこの説では、証拠裁判に対する上訴が尽きてから、すなわち裁判が確定してから、証拠調べに入ることになり、手続が遅延することは目に見えている。後説をとる者が有力となってきた[55]。

(d)　証拠裁判後、裁判官が先に立証事実とした事実が、じつは事件にとって重要な事実ではなく、重要な事実は別にあることを発見したとき、さきにした証拠裁判を取り消して、あらたにその別の事実を立証事実とする証拠裁判をすることができるか。また、当事者が先に主張した事実とは別の――事件にとって――重要な事実があることに気づき、あるいは証拠裁判後にそのような重要な事実があらたに発生したことに気づいたとき、これらの事実を主張して裁判所に証拠裁判を申し立てることができるか。

別の言葉でいうと、証拠裁判は、（裁判所に対して）自己拘束力を有するか、また（当事者に対して）既判力を有するか。さらには、これらの効力はその効果を上訴裁判所に対しても及ぼすか。上訴裁判所も、（証拠裁判に対して直接不服が申し立てられたときは除いて）原裁判所の証拠裁判を取り消して、別の事実を重要として証拠調べを命じることができるか、あるいは当事者も上訴審では、原審で主張しなかった事実（証拠裁判後に発生した事実も含む）を自由に主張することができるか、すなわちいわゆる更新権が無制限に認められるか。プランクはこれらの点を厳格に解して、判決の自己拘束力、既判力を認め、更新権を制限する――原判決に再審事由があるときに限り新事実の主張を許す――という立場をとった。

しかし、このように厳格に解する見解は少数にとどまり、証拠裁判に拘束力を認めるとしても、裁判所にではなく、当事者に限るとか、その当事者にも上訴審での更新権は無制限に認めるとか、ゆるやかに解する見解が有力であった。

(ハ)　フランス法・ジュネーヴ法　これらの点、上の二つの法律はどうであったろうか。両法ともに、事実主張を聞き、必要ならば申し出られた証拠を取り調べ、その後また事実主張の段階に戻って審理をつづけた。あとの事実主張の段階で当事者は、証拠調べの時点までに主張できた事実、申し出られた証拠を提出できた。いわゆる随時提出主義がとられていたのである。しかし、時機に後れた攻撃防御方法は裁判官の権限により却下された（実務上認められていた）。さきになされた証拠調べを命ずる裁判（証拠裁判）には、裁判所も当事者も拘束されなかったが（裁判所につきジュネーヴ法は一五一条に明記する）、独立した上訴を認めるかどうかについて、フランス法は認めるのに（一五一条一項、四五一条二項）、ジュネーヴ法は認めなかった（三〇七条）。ちなみに、両法ともに、実体法で証人尋問をきわめて制限していたので、とくに証拠調べが命じられて証人尋問などが行われることはごくまれであった。[56]

㈡　H50の態度　それでは、H50は証拠裁判をどう律していたであろうか。

H50は事実主張段階と証拠調べ段階を分け、中間に証拠裁判をおいた。この基本構造は従来のドイツ法（普通法）と同じである。しかし、事実主張段階が、普通法とはまったく異なっていた。当事者は、その段階（口頭弁論）の終結までいつでも事実を主張できたし、普通法のように請求原因事実、抗弁事実などという種類によって提出時期の制限はなかった（同時提出主義に対する随時提出主義。二〇四条前段）。提出の方法はもちろん口頭で、受訴裁判所の全員の前で行われ（口頭主義、直接主義）、書面により提出し主任裁判官が整理して報告するという普通法（書面主義、間接主義）とは異なっていた。

しかし、この事実主張（口頭弁論）の段階が終結すると、そこで証拠裁判がなされ、立証事実、立証責任、立証期間が定められた（二一五条。もっとも、当事者は口頭弁論の段階で証拠の申出をすることができたが、それで直ちに証拠調べが行われるわけではなかった。二二〇条）。[57]右の口頭弁論終結後（したがって証拠裁判後）、当事者はもはや事実を――再審の訴えと同じ事由があるときは別として――主張することは許されなかったし（二〇四条後段）、裁判所も自己のした証拠裁判に拘束された（二一八条一項）。当事者は証拠裁判に対して独立して上訴できなかった（同条二項）。ただし、当事者は控訴審では更新権を自由に行使することができた（四一八条一項）。

㈭　レオンハルトによる根拠論　それではなぜ、H50はこのような手続の証拠裁判を認めたのであろうか。レオンハルトはその理由を次のように述べている。[58]

口頭弁論は、両当事者を対席させて、口頭で意見を述べさせるが、当然のことのように論点があちらに飛び、こちらに帰り、新しい主張が展開されたかと思うと、前にした主張がむし返される。つまり口頭弁論は、活気には富むが、反面で混乱におちいる危険もある。当事者同士、それに裁判官の整理力、記憶力を考えるなら、口頭弁論はできるだけ簡明で、しかも早期に終わることが望ましい。そのために、口頭弁論は事実の主張を中心にし、それが一通り終ったところで、裁判官に当事者の主張事実を整理させ、どの事実が事件にとって重要であり、それについて当事者のどちらが証拠を提出する負担を負うのか、などの判断を示させることにした。これによって当事者は、事件にとって重要でない事実について、本来なら証拠提出の負担を負わないのに証拠を提出する、という無用な努力から解放される。フランス法のように、事実主張のあとに証拠調べを行い、また事実主張にもどり、さらに証拠調べを行う……という連続では、口頭弁論が複雑化、長期化して、当事者同士、裁判官が事件に対する全体的な展望を見失い、とくに裁判長が適切な訴訟指揮をできないという危険がある。また、証拠によって証すべき事実はどれか、当事者がその立証責任を負うか、を当事者の判断にゆだねる結果、先述した無用な努力を払わせることになる。(59)

証拠裁判に自己拘束力（裁判をした裁判所はもはや撤回できない）を認めるのは、裁判に対する当事者の信頼を保障するためである。証拠裁判がされたのち、事件の担当裁判官が交替して、新任の裁判官が前任者とは別の見地から証拠裁判を行い、当事者をとまどわせる、という事態を招かなくてすむ。(60)また、証拠裁判に独立した控訴を許さず、のちになされる本案判決に対する上訴とともに不服申立てを認めるというのは、証拠裁判ごとに控訴の提起を許し、その裁判が確定してから手続を進行させていては、訴訟遅延がはなはだしくなるのを恐れたためと、控訴によって証拠裁判が取り消されるのはまれである、という経験的事実に基づいている。(61)

㈥　G・W・プランクとの関係　一八四八年にJ・W・プランクが『証拠判決論』を公刊して、証拠裁判をめぐる論争に重要な一石を投じたことは前に述べた。このプランクがハノーファーの出身で、H47が三月革命によって失効した直後、ハノーファー司法省より新民訴法の起草の依頼を受け、彼がこれを断わったこと（一八四八年四月）も先に述べたとおりである。彼がこれを拒絶したため、はじめは刑訴法起草のために司法省に採用された（同年同月）レオンハルトが民訴法起草も担当することになり、オッペンホフやシュミットとともに「改正要綱」を作成し、これを国内の司法官庁に送付したが、あまりにもフランス法に偏しているとして強い反撥をうけた。この要綱によると、事実と証拠の同時提出（証拠結合）が要求されるが、その提出の時期そのものは随時提出が許され、証拠裁判は当事者間に立証事実、立証責任などに争いある場合に限ってなされ、しかもこれがなされても裁判所への自己拘束力や裁判への独立上訴は許されなかった。[62] ところが、国内の司法官庁からの反対にあうや、事実主張段階と証拠調べ段階を区別し、その中間に証拠裁判をおき、その裁判には独立上訴は認めないものの、裁判所への自己拘束力は認める、と草案の内容を書き改め、それを国会あてに提出したのである。この変り身の早さ、内容の急変は、上記のプランクへの配慮に基づくものであろうか。自国出身で評価の高い論考を発表した学者に敬意を表することによって、各地の司法官庁の官僚や国会議員の歓心を買おうとしたのであろうか。詳しいことはもとより分からない。

ともかく、「口頭弁論」を導入することによって、各国の憲法上の要請となっていた「口頭主義・公開主義」を実現し、他方において、従来のドイツ法の大きな特徴となっていた手続の二分制、その中間に拘束力を持つ証拠裁判をおくという方式を温存したのであるから、憲法上の要請はやむを得ないとしても、フランス法の単純な移植にナショナリズムを刺激されていたドイツ各国の司法人は、大きな歓声をあげてH50を迎えたのである。それとともにレオンハルトの名も一躍知られることになった。

(32) これらのことについては、主としてH50と同日に施行された裁判所構成法に規定があるが、同法を直接参照できなかったので、ここではGunkel注(3) S. 308; Schubert, GVG, S. 32などを参照した。なお、この法律は、一八五九年三月三一日に大きく改正されており、H50に関する次の諸文献はこれによっている。

① Leonhardt, Die bürgerliche Proceßordnung und deren Nebengesetze, 3. Aufl., 1861. この書物は、レオンハルトが冒頭に政府側の理由書、議会側の意見書を付し、また適宜に文献を注に引用しながらH50について記した注釈書で、同法に関する必読の書といえる（なお、H50の正式名称については注(17)参照）。この書物は、Dahlmanns, Neudrucke 1の後半に収録され、本稿もこれを参照しているが、裁判所構成法については前述のとおりである。

② Leonhardt, Civilproceßverfahren des Königreichs Hannover, 1861. HEの施行後、その運用の実際について王国内の

各裁判所からの報告書をまとめたもので、後述するハノーファー草案（HE）の審議のさい、H50がモデル法案とされることに備えて発表されたものである。なお、①・②ともに一八六一年に出版されているが、この当時レオンハルトは司法省の上級参事官（Oberjustizrat）であった。彼は一八五三年五月からこの地位についている。

なお、Leonhardt, Die Lehre von der Berufung, 1855 は、H50の定めた控訴制度について解説したものだが、本文で述べる審級制度などについては深く立ち入っていない。

(33)　いくつかの特別裁判所が認められており、その一つにゲッティンゲンの大学裁判所があった。この裁判所は、教職員、学生、学生の寮の舎監、それらの妻子に関する懲戒処分、軽微な刑事事件、区裁判所の管轄に服する民事事件などについて裁判をすることができた。

(34)　小法廷しか構成できない小規模な Obergericht の判決に対する控訴は、大規模なそれの大法廷へとなされた。たとえば、ハーメルン（Hameln. 笛吹き〔ねずみ取り〕男の伝説で有名）の裁判所の判決に対する控訴は、五〇キロほど北東のハノーファー（市）の裁判所へとなされた。

(35)　このハノーファー法の条文は、テヒョー草案起草当時のわが国にも伝えられ、同草案四八条以下（明治民訴法四二条。検察官の立会いを認める）の起草の一つの資料とされた（拙著・日本一八六頁（68））。

(36)　フランス法の影響を受けて、検事総長による破毀申立て（裁判所の職務活動に法律違反を認めた場合、検事総長が独自の立場でする破毀申立て）も認めていた（H50四四三条）。ただし、フランス法とちがって、独立した破毀院を設けず、ツェレの上級控訴裁判所に破毀部を設置していたので、そこへ申し立てることになっていた。破毀部は、民事第一部と同第三部から部長と各三人の裁判官を出した民事部と、民事第二部と刑事部（一部のみ）から部長と各三人の裁判官を出した刑事部、の二つの部に分かれていた（一八五九年の改正で一部に統合された）。

(37)　竹下守夫「強制執行の正当性の保障と執行文」小室直人・小山昇還暦記念『裁判と上訴』下（一九八〇年）三五一頁（のち、『民事執行における実体法と手続法』〔一九九〇年〕一九一頁）、拙稿「私権の強制的実現」『岩波講座基本法学8紛争』（一九八五年）二三二頁。

(38)　「当事者による『手続結果の陳述』」石田喜久夫ほか還暦記念下『金融法の課題と展望』（一九九〇年）四一一頁。なお、H50からドイツ帝国法（CPO）までの口頭主義の展開を精緻に描くものとして、竹下守夫「口頭弁論の歴史的意義と将来の展望」講座民事訴訟(4)（一九八五年）三頁。

(39)　この「口頭による最終弁論をともなう書面手続」という方式を最初に提案したのは、バイエルンの一八二五年の草案

（その内容、Ahrens, S. 505）であったが、成文法化した最初は、バーデンの一八三一年法（その一一一三条）であった（Dahlmanns, Neudrucke 3 に復刻されている）。ついで、プロイセンの一八三三年法（略式訴訟に限定して）、一八四六年法（通常訴訟にまで拡大）の両法がこれを認めた（Ahrens, SS. 185, 248. 本書三九五頁。プロイセンではＣＰＯが施行されるまでこの二つの法律が行われた）。Ｈ47が「事件の状態」という類似した手続を認めたことにつき、一(4)(ロ)参照。

(40) Leonhardt Reform 2, S. 4 によると、理由書付きのＨ50の条文集が、ハノーファー以外の国で二千部近くも購入されたという。レオンハルト自身の筆になる前掲の注釈書（注(32)①）は、第一版が一八五二年、第二版が五三年、第三版が六一年、第四版が六七年に出版されているが、その前年の六六年にはすでにハノーファー王国は消滅している。また、Reform 1, S. 84によると、ドイツ全土から多数の法律家、とくにオーストリアやヴュルテンベルクの法律家がハノーファーに集まり、なかには数か月滞在して研究する者も現れたという。

(41) 私は、一八〇六年四月二四日公布のフランス民訴法（Code de procédure civil）と、その直後の改正で口頭弁論開始前の手続に影響を与えた一八〇八年三月三〇日のデクレは、直接参照することができなかった。初期のフランス法の和訳としては、箕作麟祥の『佛蘭西法律書・訴訟法』（文部省版・一八七六年）が有名であるが、ここでは、術語のこなれている『和訳欧州各国民事訴訟法』（司法省版・一九二六年）所収の和訳を参照した（この後の文献、とくにフランス法の部分は、松本博之他編著『日本立法資料全集46：民事訴訟法〔明治36年草案〕(4)』（一九九五年）三頁以下に再録）。

(42) フランス法は、訴えを起こす前にまず治安判事の面前で和解を試みること（勧解前置）を要求していた（四八・四九条）。そのために呼出状の送達に際しては、和解が不調に終わったことを証明する調書の添付を要求した（六五条）。

(43) 当時の著名なドイツの法学者で、フランス法のことを知る者は、この欠点を筆をそろえて批判した。

Mittermaier (Karl Joseph Anton), Der gemeine deutsche bürgerliche Prozeß, Beitrag 2, 1821（一九八七年に復刻版）, S. 65; Feuerbach (Paul Johann Anselm), Betrachtungen über Öffentlichkeit und Mündlichkeit der Gerechtigkeitspflege, Band 2, 1825（一九六九年に復刻版）, S. 315（フォイエルバハは、一八二一年に裁判官として勤務するバイエルン政府から、パリ、ブリュッセル、ライン川左岸地方の視察旅行の機会を与えられ、本書はその帰国報告である）.

(44) Loi sur la procédure civile du 29 septembre 1819 pour le Canton de Genève. その翻訳、堤龍弥「一八一九年のジュネーヴ民事訴訟法(1)」神戸学院法学三〇巻一号一八七頁。

(45) Pierre François Bellot（一七七六〜一八三六年）。彼の経歴については、堤・前注論文の(2)（同三〇巻二号四七頁）にくわしいので、ここでは概略を述べておくと、ジュネーヴに生まれ、一七九八年弁護士となり、一八一四年以来カントン議会の議員、一九年民訴法立法、同年ジュネーヴ大学名誉教授（＝非常勤講師）、二一年同大学教授（民訴法、民法を担当）、三六年在職のまま死亡（六〇歳）。

堤教授もふれておられるが、彼は、レオンハルト、クライン（Franz Klein. 一八九五年のオーストリア法の立法者）と並んで、ヨーロッパにおける一九世紀民訴法の三大立法者に数えられることがある。この三人に共通しているのは、立法担当以前は在野法曹であり（ベロ、レオンハルトは弁護士、クラインはヴィーン大学の法務担当職員）、その才能を認められて民訴法の立法に関与、その後は司法大臣（レオンハルト、クライン）、教授（ベロ）の栄職に進んだことである。

なお、ベロは、ベンサム（Jeremy Bentham）の良き理解者であり、その著作の出版を通じてその名をヨーロッパに知らしめたデュモン（E. Dumont）と親友であり、彼を通じてベンサムの立法技術に関する論稿を読み、それをジュネーヴ民訴法の立案に役立てたというが、ベンサムの理論に通じない私には、どの点がそうなのかを指摘できない。

(46)　フランス法のように訴え提起前に和解の試みを強制することは、すでに一八一六年の司法組織法によって廃止されていた。

(47)　本文に紹介したように、本人訴訟が許され、また代訴士・弁護士の区別を認めながら、代訴士にも口頭弁論をする権能が認められた。

(48)　ジュネーヴ法の原則のように、あらかじめ被告の都合を聞かないで原告が一方的に期日を指定し、そこに被告を呼び出していては、いきおい期日の延期が多くなるという当然の配慮が働いたのであろう。

(49)　Obergericht 以上では、弁護士の利用が強制された（弁護士強制）。

(50)　準備手続の語が登場するのは、北ドイツ草案（七四一条）以降である。

(51)　このような争点の整理――争点と自白事実の選別――は、当事者間の事実主張の終了段階で行われるが、この部分に当事者の意見陳述の方式を取り入れた手続、当時の言葉で「口頭による最終弁論をともなう手続」がこのころ行われていたことは、すでにしばしば言及した。

(52)　ザクセンといっても、ライプツィヒ（法理論と法実務の中心地であった）などを含む上部ザクセン地方であり、ハノーファーなどを含む低地ザクセン地方ではなかった。このザクセンで行われていた事実主張と証拠調べの分離、その中間に証拠裁判をおくというシステムが、一六五四年の最終帝国決議（Der Jüngste Reichsabschied. JRA と略される）によって採用され、帝国法となった。ここに帝国とは、神聖ローマ帝国のことであり、同帝国の議会には皇帝、選帝侯、その他の諸侯などが出席していたが、右の一六五四年の議会以降彼らは出席しなくなり、その代りに彼らの使節が出席するようになった。

その意味でこの年の議会は帝国最後の議会といわれ、そこで行われた議決だけに「最終帝国決議」と呼ばれるのである。

この帝国には、系統を異にする二つの裁判所があり、一つは、帝国議会の議員であった諸侯により維持される帝室裁判所（Reichskammergericht）、いま一つは、皇帝直属の宮廷顧問会議から由来する帝国宮廷法院（Reichshofrat）である。帝国議会は前者のためにしばしば法令（Ordnung）を定め、あるいは決議を行った。あとの場合には、決議そのものが法令と同様の拘束力をもった。一六五四年の決議も帝室裁判所の組織と手続の改正を内容としていた。そして、これらの法令、決議は学説や各ラント（領邦）の立法に大きな影響を及ぼした（現に一六五四年の決議一三七条も、帝国の諸侯がこの決議を尊重すべき旨を要求している。全一九九か条）。その決議において前述のように証拠裁判制を採用した。このことが以降のドイツの学説・立法に決定的な影響を及ぼした、と解するのが通説である（たとえば、アルトゥール・エンゲルマン著、小野木常・中野貞一郎編訳『民事訴訟法概史』〔二〇〇七年〕三六六頁・三六八頁）。しかし、これに対して異を唱えるのは、Wolfgang Sellert, Prozessgrundsätze und Stilus Curiae am Reichshofrat, 1973, S. 147.

（53） Beweisurteil, S. 386. 私は前にプランクの説を紹介したおりに、あやまって証拠結合には反対であると述べた（「争点整理の方策について」原井龍一郎古稀記念『改革期の民事手続法』〔二〇〇〇年〕二八一頁）。お詫びして訂正しておきたい。

（54） 政治家としても法律家としてもその名を知られたハッセンプフルーク（Ludwig Hassenpflug. 一七九四〜一八六二年）がこの見解をとったといわれる（Hans-Ulrich Engel, Beweisinterlokut und Beweisbeschluss im Zivilprozess, 1992, S. 67）。ただ、その論拠としたのは、上訴は終局判決に限って許されるというローマ法以来の伝統を墨守して、証拠裁判は終局判決ではないから独立した上訴は許されず、上訴が許されないときは拘束力も認められないから証拠裁判は訴訟指揮の裁判である、というきわめて単純なものであり、とうてい説得力は持たなかったと思われる。
ハッセンプフルークはヘッセン＝カッセルの名家の出身で、ベルリーンのObertribunal（プロイセンの最上級裁判所）の判事（一八一四年〜）、グライフスヴァルトの上級控訴裁判所長官（四六年〜。プランクは同地にある大学で『証拠判決論』を書き上げた）などをつとめたが、他方で二度にわたってヘッセン＝カッセルで総理大臣（兼内務大臣・司法大臣）となり（一八三二〜三七年、五〇〜五五年）、つねに超保守的な言動でリベラルな改革派と対立した（Huber II, SS. 70, 908）。

（55） ハノーファーのツェレの上級控訴裁判所の裁判官に、曾孫にいたるまで連綿として一〇〇年余にわたって任命されつづけた一家がある。プーフェンドルフ（Pufendorf）一家である。初代をエサイアス（Esaias. 在任期間一七三三〜三八年）といい、有名な自然法学者ザムエル（Samuel）の甥である。その子息フリードリヒ・エサイアス（Friedrich E. 一七三九年〜）は、一七六七年より副長官に選出されている（八五年まで）。孫は、ルードルフ・フリードリヒ・ヨーハン（Ludolph F. Johann. 一七八六～一八二八年）といい、曾孫はヴィルヘルム・カール・ルートヴィヒ（Wilhelm Carl Ludwig. 一八二九～三八年）である。いずれも学者席の裁判官として選ばれ、死去の年まで勤務し、その翌年には子が選ばれている。このうち、初代とその子息は、著作を通じても他国に知られていた（以上、黒田二四四頁）。初代は、証拠裁判について、独立した上訴を認め、反面で裁判所に強い自己拘束力を及ぼしたが、子息のほうは、証拠裁判後も、新しい立証事実を見出したらその事実について証拠裁判をしてよいし、また先にした証拠裁判が誤っていたと考えたときには、いつでもこれを取り消すことができる、という態度をとった。自国・他国の学者のなかに、この子息の意見に賛成して同じようなゆるやかな態度をとる者が見出されるようになったという（Otto Mühl, Beweisinterlokut und Beweisbeschluss im hannoverschen Prozessrecht und der geltenden Reichszivilprozeßordnung, ZZP (Bd. 66, Heft 3), S. 169)。

(56) ヴェストファーレン王国法について一言しておきたい。

王国が、ドイツ諸国に対する革命フランスの展示場として建国（一八〇七年）されたことについては前に触れた（**一の四(7)**）。法制面においても、憲法、司法制度組織法（裁判所構成法）、民法（ナポレオン法典）などが相次いで施行され、一八〇八年から九年にかけて、全九六六か条にのぼる民訴法が公布・施行を見た。一八〇六年のフランス法を模倣していることはいうまでもない。しかし、いくつかの点でフランス法から離れる試みをしている。その重要な一つとして、ドイツ法に似た証拠裁判（interlokutorische Erkenntniss. 立証事実・立証責任・立証期間を明示する裁判）を認め、かつこの裁判に対して独立した上訴を許していた。問題は、この裁判が確定し証拠調べが行われたのち、新事実・新証拠の提出が許されたかであり、明文の規定がなかったこともあって、後代の学者の見解は分れている（肯定— Schubert Ⅰの注(39) SS. 108, 508, 否定— Ahrens, S. 72)。なお、このヴェストファーレンの証拠裁判は、フランス法系でもドイツ法系の証拠裁判の優秀さを認めたものとして、レオンハルトによっても、次述するH50のあり方を擁護するために引用されている（Reform I, S. 32）。

(57) もっとも、書証（文書）については、当事者の手もとにあったり、訴状などの準備書面において引用したときは、相手方にその写しを送付するなりして閲覧させることが要求された（一三三条・一八八条二項・一九一条三項）。このような書証の取扱いは、その後CPOをへて、わが国にも伝えられた。

(58) Leonhardt, ① H50, SS. 159, 165, ② Reform I, S. 10.

(59) その他、証拠に関して、フランス法とH50のいちじるしい相異点としては、①証人尋問を制限的に認めるか、それとも広く一般的に許すか。②その尋問を受任裁判官にゆだね、非公開の場所で行うか、受訴裁判所の面前において、一般人に公開して行うか（これは、ジュネーヴ法に学んだものである。同法一五六条）。③フランス法は刑訴法の影響のもとに自由心証主義をとったが（この点はジュネーヴ法も同じ。一五一条）、H50はまだ法定証拠主義をとっていた（たとえば、証言につき、二五二～四条。ただし、損害額の算定については、裁判官の自由な心証による算定を認めた。二三八条）。自由心証主義は、近代ドイツの民訴法において、もっとも導入の遅れたものである。

(60) レオンハルトは、裁判官が交替したとき、弁論をはじめからやり直すべきである、と考えていたようである。この考え方は、その後もドイツで根強く行われ、そのために、わが国のような当事者が従来の弁論の結果を要約して陳述するという便法は法律上認められずにきている。しかし、実務では当事者（または裁判長）が従来の弁論の結果を陳述するという方法がとられている。

(61) レオンハルトは一八五五年に、『控訴論』（Die Lehre von der Berufung）と題して、H50の認めた控訴に関する解説書を刊行している（前注(32)）。証拠裁判について、なぜこのような本案判決に対する控訴とともにする不服申立て（これを留保控訴 vorbehaltene Berufung と呼んでいる）を認めるのか、それに関するくわしい説明はない。なお、留保控訴という呼び方は、H50が考案したものではなく、当時かなり一般的であった。

(62) Schubert, HEP, S. XIV; Ahrens, S. 443.

四 ハノーファー草案（HE）

一 ドイツ連邦議会の議決

(1) ヴィーン最終規約六四条

一九世紀におけるドイツの政治的統一には、経済的統一が先行した。

「ハンブルクからオーストリア、ベルリーンからスイスに向けて通商を行うためには、一〇の国を横ぎり、一〇の関税制度を学び、一〇度通過関税を支払わなければならない」とは、関税同盟を提唱したフリードリヒ・

リスト(1)の嘆きの言葉であった。

関税同盟は、プロイセンの主導のもとに、次第にその範囲を拡大し、一八三四年には「ドイツ関税同盟」(Deutscher Zollverein) が成立した(2)。各邦間の関税の壁が取り払われ、通商取引がドイツ全体の規模で進展しはじめると、次に望まれるのは、この取引を規律する統一的な法制度の実現である。

しかし、当時のドイツ連邦には、このような法制度を実現する権限がなかった。少くとも、そのことを明示する法的根拠がなかった(3)。そこで利用されたのが、ヴィーン最終規約(4)における次のような条文であった。「全加盟国の協力があってはじめて目的を達成できるような共益的な措置（Anordnung）が、個々の加盟国により連邦議会に申し立てられ、その中立ての合目的性と実行可能性が一般的に承認されたときには、議会はその措置を完全に遂行するための手段を慎重に考慮し、必要とされる加盟諸国の任意の合意が首尾よく得られるよう努力を傾けるべきである」（六四条）。長ったらしい条文を、しかも直訳調で訳したので、分かりづらいと思うが、要するに、連邦加盟国の一部が連邦議会あてに、連邦全体を通じる法律の制定ならその制定を申し立て、議会がこの申立てを適当であると承認したときには、その制定のために必要な手段、たとえば加盟各国から専門家を集めて委員会を設置し、その審議し作成した草案を議会に提出させる。しかし、議会にはこの草案を立法化する権限はないので、加盟各国に呼びかけて、自国内にこの草案どおりの法典を作るよう合意させる（条約を結ばせる）、というのである。このことを通じて、連邦全体に同じ内容の法律が行われることになる。

以下では、ドイツ連邦時代に連邦規模で作成された法律ないしは草案（法律にならず草案のままで終わった）を紹介しておこう。いずれも、私法関係のもので、法律には手形法、商法があり、草案のままで終わったものに債務法、民訴法がある。このうち、民訴法の草案が、世にいうハノーファー草案である。

(2)　手形法・商法・債務法・民訴法

(イ)　一般ドイツ手形法典（Allgemeine Deutsche Wechselordnung. 略称ＡＤＷＯ）

名称のうち、一般（allgemein）とあるのは、ドイツ全般を通じる、の意である。ドイツ関税同盟から出た声に応じて作られた法典である。一八四六年の同同盟の総会において、加盟国を通じる手形法を作って欲しい、ついては同同盟のリーダーであるプロイセンが音頭をとり、審議のたたき台となる草案を作って欲しいとの要望があった。プロイセンは、翌年、関税同盟加盟の諸国のみならず、ドイツ連邦の全加盟国に対して専門家を送るよう呼びかけ、たたき台となる草案も用意して、ライプツィヒ（ザクセン王国。当時、商業都市として有名）で起草委員会を開いた。関税同盟に参加していないオーストリアやハノーファーまで委員を送り込んだ（ハノーファーは、財務〔大蔵〕参事官と銀行家）。審議は、一八四七年一〇月から同年一二月まで三五回の会合を開いて行われ、ここに一般ドイツ手形法の草案が完成した。

プロイセンは先にドイツ連邦全加盟国に呼びかけた際、委員として専門家を送り込んでも、そのことは、当該国家に対して完成した草案を受諾することを強制するものではない、これを自国の法律として取り込むか否か、取り込むとしても手直しを加えて取り込むかは、当該国家の自由である、と伝達していた(5)。翌年の一八四八年には、この草案を無修正のまま自国の法典として取り込む国も出てきた。

ところが、ここに思いがけないことが起った。右の一八四八年は三月革命の年である。ドイツ国民議会の選挙が行われ、議会はフランクフルトで開催された。ドイツ連邦議会はこれに権限を譲って、同年七月には解散した。このドイツ国民議会において、手形法を制定しようという動きが起こり（同議会の議員には、先のライプツィヒの手形法会議の委員たちもいたし、フランクフルトの商工業協会からも要望があった）、同年一〇月、ドイツ一般手形法の草案を無修正のまま可決し、翌月、ドイツ法（帝国法）として公布した（公報には、ドイツ各国はこの法律を勝手に修正してはならないと命令されていた）。しかし、ドイツ国民議会には、このような手形法を立法する権限はなかった。注(3)で紹介したように、同議会が制定した憲法（フランクフルト憲法）には、民法、商法および手形法などを制定することを、帝国のむしろ責務としていたが、この憲法が制定されたのは翌年四月であり、手形法が制定されたころ（四八年一〇月）には、まだこの憲法は存在しない。そのうえ、三月革命の失敗により、国民議会も、この憲法も、消滅（失効）してしまった。右の手形法も、理論上は失効したといってよい。

この手形法が公布されたころ、各国の態度は基本的に二分されていて、この法典を自国の法律として認めると公示する国（プロイセン、ハノーファーなど）と、帝国法として同法典の公布があったとだけ自国民に公示する国とに二分されていた。そのうえ、右に述べたような事情が加わったため、その裁判所が手形法は権限なくして制定された無効な法律と宣言する国まで出てきて、きわめて混乱した状況におちいった。(6)

のちに述べるように一八六六年、北ドイツ連邦が成立し、同連邦の憲法には、債務法や刑法、商法に並んで手形法も制定する権限が議会に認められた（四条一三号）。同連邦の議会では、一般ドイツ手形法をそのまま手形法として採用しようという提案がなされ、政府もこの提案を受けてその趣旨の法案が提出され、議会で可決後、六九年に公布、七〇年一月から施行された。

その一八七〇年の一一月、北ドイツ連邦に南ドイツの諸国（バイエルンなど）が加わって新たな国家連合を結成し、翌七一年一月にはドイツ帝国と称し、皇帝にはプロイセン国王が就位した。そして、手形法など北ドイツ連邦の法律はそのままドイツ帝国法となる旨の法律が制定された。一般ドイツ手形法（形式上は北ドイツ連邦法）はここにドイツ全土を適用範囲として持ち、はじめて「一般」ドイツ法の実質をそなえたのである。

(ロ)　一般ドイツ商法典（Allgemeines Deutsches Handelsgesetzbuch. 略称ＡＤＨＧＢ）

一八五六年二月、バイエルンからドイツ連邦議会にあてて、一般ドイツ商法典を起草するために委員会を設置してはどうかという提案がなされた。これをバイエルンによるスタンドプレーとみたプロイセンは、当初は態度を留保していたが、このままでは同国が孤立すると恐れた同国の派遣議員（使節。当時は、のちの宰相ビスマルク）は、バイエルンの提案に同意するが、現在ドイツでは各国の私法がばらばらであり、この上にのっかって商事の部分を抽出するときは、きわめて困難をともなうであろう。その点プロイセンは、当時の私法の三大潮流、普通法、フランス法、プロイセン固有法（一般国法 Allgemeines Landrecht）を自国内にかかえており、この三大潮流を基礎とした商法案を現に起草中であるから、その完成を待ってこれをたたき台としたほうが審議しやすいであろう、と提案した。やがて一八五六年一二月プロイセンの草案が完成し、連邦議会もこれを受けて商法案の審議をニュルンベルク（バイエルン領）で行う旨を決議した（開催場所としては、フランクフルトを押す意見もあったが〔オーストリアなど〕、議会開催地であると政治・外交上の影響を受けやすいというプロイセンの意見がとおりニュルンベルクと決定した）(7)。

委員会の第一読会が一八五七年一月から七月、第二読会が同年九月から翌年三月まで行われたのち、会場をハンブルクに移して、海商法の審議が行われた。一八五八年一一月から一八六〇年八月にかけて第一読会、第二読会を開いて海商法の内容を確定した上、ふたたびニュルンベルクに移って、第三読会に入った（この第三読会を開くことは、当初はプロイセンが反対し、のちにはバイエルン、ヴュルテンベルクも反対し、両国の同調をきらって、今度はプロイセンが開催を主張した）。一八六一年三月には第三読会も終わり、商法の草案が連邦議会に提出された（この草案には、もともとプロイセンの作った草案にくらべて、保険〔海上保険を除く〕、破産、商事裁判所の部分が除かれていた。これらの部分も審議・立案せよというバイエルン、ヴュルテンベルクの提案は、多数決により否決された）。連邦議会はこの草案を可決し、連邦加盟諸国にこの草案を自国法として施行することを求めた(8)。

この要請に基づいて、プロイセンは早くも六一年六月には施行を公示し、ついでザクセン（同年一〇月）、バイエルン（同年同月）、オーストリア（六二年一二月）、遅れてハノーファー（六四年一〇月）、ヴュルテンベルク（六五年一〇月）が施行を決めた。

その後、この一般商法典が、北ドイツ連邦、ドイツ帝国においてそれぞれの商法典とされたことは、前述した一般手形法典と同じである(9)。

(ハ) 債務法草案（ドレースデン草案）、民訴法草案（ハノーファー草案）

(a)　ヴュルツブルク連合からの要請　一八五九年一二月、バイエルンやその他一〇か国の代表から、連邦議会に対して、全ドイツを通じる民事法、刑事法の立法が必要かどうか、（必要だとしたら）どうしたらうまく実施できるか、を議会内に設置されている連邦裁判所委員会（Bundesgerichtsausschuß）に検討させて欲しい、という申立てがあった。

これには、次のような事情がある。それまでのドイツ連邦では、オーストリアとプロイセンが、二大強国として、何かにつけてヘゲモニーをにぎってきた（もっとも、両国の間は、三月革命の前までは協力関係にあったが、革命ののちは対抗関係に変っていた）。そこで、バイエルン、ザクセン、ヴュルテンベルクなど、いわゆる中等国家（Mittelstaaten）と呼ばれる国々や、その他の小国家が集まり、第三の勢力を結集しようとした。その会議の折り、連邦の権力機構を強化して、もっと中央集権化しようという提案がなされた（それによって、オーストリア、プロイセンの行動を抑制しようとした）。そして、その一端として、連邦裁判所の設置のほかに、共通の民事法、刑事法の制定が議題にのぼった。バイエルンなどが連邦議会に右掲のような提案をしたのはこのような事情によっているのである。この会議は、五九年の一一月にヴュルツブルク（バイエルン領）で開かれたので、このグループはヴュルツブルク連合と呼ばれた[(10)]。

(b)　連邦裁判所委員会　先に連邦裁判所委員会という名が出てきたが、これは次のような委員会であった。連邦内には、そのときどき（アド・ホック）に設けられる仲裁裁判所があったが、連邦法違反に対して判決をもって裁判できる恒常的な裁判所、さらには、共通の立法（手形法、商法など）の違反に対する最上級裁判所を設置できるか、できるとしてどのような構成であるべきか、などを検討する委員会であった。一八五一年七月に設置されていたが、積極的な活動を示さないので、五九年一一月にバーデンからその活動の促進を求められたばかりであった。

ヴュルツブルク連合から要請を受けた連邦議会は、連邦裁判所委員会にその意見をたずねたが、同委員会から提出された最初の意見書は、連邦裁判所を設置せよ、この裁判所は連邦の行う立法の適否を審査する委員会の役割を果たすであろう、という内容であった。しかしこの意見書は、司法機関と立法機関の区別を無視しているのではないか、と反対され、連邦裁判所の構想も一緒に吹き飛んだ形であった。(11) ついで、民事立法に関する意見が示され、民法については、親族・相続の分野は各国に固有の制度があり統一を図るのは容易ではないが、債務（Obligation）の分野なら技術的性格が強く、共通性も見出しやすいから、これからまず立法を行うべきである（物権の分野はこれに次ぐ）と提案され、民訴法も同様に、技術的性格が強く、各国の個性（土着性）をあまり顧慮する必要がないから、これも共通の立法を行うべきである、と提案された。

(c) プロイセンの反対　この連邦裁判所委員会の提案に対して、プロイセンが反対の意見を表明した。プロイセンによると、ドイツ連邦にはこのような重要な立法を行う権限はない。前掲したヴィーン最終規約六四条にいう「共益的な措置」とは、もっと細やかかな措置をいうのであって、債務法や民訴法のような重要な立法を認めたものではない。もしこれらの立法を行おうとすれば、連邦の組織の枠外で各国が立法について自由な合意を行い、この合意を広くつみ重ねることによって全国的な立法を実現すべきだ、というのである。

しかし、このプロイセンの意見は、われわれから見てもおかしい。現にプロイセン自身が、自国の草案を基礎とした一般ドイツ商法典を連邦議会の決議をとおして実現しているではないか。ヴィーン最終規約六四条は、連邦議会が決議をしただけでは、法典を全加盟国に強制することはせずに、最終的には各国の自由な判断を尊重し、その判断が合致して連邦内に同じ法典が施行されることを期待しているのである。この方法と、プロイセンのいう連邦の枠外の自由な合意とは、どこがどう違うのであろうか。あるいはプロイセンは、立法を連邦の枠外に置くことによって、自国の実力を背景に他国に自国にとって有利な立法を押しつけようとしたのではないか。事実プロイセンは、連邦裁判所委員会の提案した民訴法の立法委員会には入らず、自国独自の民訴法草案の起草に着手（六一年二月より。この草案はのちにプロイセン草案と呼ばれる）、草案完成後は他国との「自由な」合意の基礎としようとしたのである。

このプロイセンを説得するために、ヴュルテンベルクの司法大臣などがいろいろと働きかけたが、うまくいかなかった。プロイセン内部でも、これではプロイセンの言い分が勝手にすぎる、連邦内で孤立するのではないかという危惧も表明された。しかし、当初の連邦外の自由な合意によるという議論が適切でなかったとしても、いまさらこれを撤回しては、バイエルンなどの中等国家に対して、プロイセンが面目を失ってしまう、という意見が多数を占めた。つまり、プロイセンは、その体面にかけて、この筋のとおらない議論をつっぱりとおしたのである。(12)

(d)　連邦議会の議決　プロイセン以外の——オーストリアを含む——諸国は、いまはやむなしとして、一八六二年二月、次のような議決を行った。「①ドイツ連邦加盟諸国のために、共通の民訴法と、法律行為および債務関係法（債務法）（Gesetz über Rechtsgeschäft und Schuldverhältnisse（Obligationsrecht））の草案の起草を開始する。②前者のための専門家の集まりを、ハノーファー（市）において開催する。③後者のための専門家の集まりを、ドレースデン（ザクセンの首都）において開催する予定である。④各国は自国の専門家をこの二つの集まりに出席させることができるが、その費用は各国において負担する。」　文中、ハノーファーでの開催とドレースデンでの開催とに表現のちがいが見られるが、後者の開催は議決当時にはまだ確定的でなく、その確定までなお九か月（六二年九月）を要したのである。

民訴法草案のためにハノーファーが選ばれたのは、H50の評判がきわめて高く、草案起草の際には同法を下敷としよう、そのためには現地に赴いていろいろ見聞しながら作業するのがよいだろう、ということで選ばれたのである。(13)　どの国が自国の専門家を委員会に送り込んだか、またその委員会の活動が具体的にどのように行われたかについては、次項にその詳細を述べることにしよう。

ここでは債務法の草案にしぼっておくと、開催地として確定したドレースデンに委員たちが集まり、その活動を開始したのは一八六三年一月、第一読会を終わったのが六五年六月、第二読会が開始されたのが同年一〇月、六六年五月にその審議を終了した。委員を送り込んだのはオーストリア、バイエルン、ザクセン、ハノーファー[14]、ヴュルテンベルク、ヘッセン＝ダルムシュタット、フランクフルトの七か国であった。審議回数は三二四回、それを記録した審議録は六巻、四六六三頁にのぼっている。草案は、一八六六年六月一一日連邦議会に提出され、議会は連邦裁判所委員会へ意見を求めるため送付した。しかしこの意見はついに報告されずに終わった。同月一五日、プロイセンとオーストリアの間に戦争（普墺《ふおう》戦争）がぼっ発し、ドイツ連邦が解体に追いこまれたからである。委員たちの汗の結晶である草案は、草案のままで終わってしまった。開催地の名をとり、ドレースデン草案という[15]。

（1）Friedrich List（一七八九～一八四六年）. ヴュルテンベルク王国の生れ。一八一七年より生地近くのテュービンゲン大学の教授となり、邦国間関税の撤廃を主張して、フランクフルトにドイツ商工業協会（Deutscher Handels-Gewerbsverein）を結成させ、自らは顧問となった。本文に引用したのは、その年四月同協会から連邦議会に提出した請願書で彼が述べたものである（大系2二五五頁〔末川清〕）。その急進的な立場が母国政府に嫌われ、国外追放となってアメリカへ渡ったが、三〇年にはライプツィヒ駐留のアメリカ領事として帰国、なお関税同盟の発展に尽力した。

（2）プロイセンは、当初自国内の地域ごとによる関税を撤廃し（一八一八年）、次いで自国領内に小島のように点在する小侯国と関税同盟を結び、さらに一八二八年にはヘッセン＝ダルムシュタットと北ドイツ関税同盟を結んだ。同じ年、バイエルンとヴュルテンベルクが南ドイツ関税同盟を結成、さらにザクセン、ハノーファー、ヘッセン＝カッセルなどが「中部ドイツ通商同盟」（Mitteldeutscher Handelsverein）を結成した。このうち、ヘッセン＝カッセルが脱落して一八三一年プロイセンとの間に関税同盟条約を結んだ。このことは中部ドイツ通商同盟に打撃を与えたし、反面プロイセンは、この国を回廊としてプロイセン本土とヴィーン条約で手に入れたライン左岸領を結ぶことができた。一八三三年にはプロイセンとバイエルン、ヴュルテンベルク両国が条約を締結、さらにザクセンなどがこれに加わり、一八三四年一月には「ドイツ関税同盟」（Deutscher Zollverein）が発足した。その後三五年にはバーデンなど、三六年にはフランクフルト市が加わり、同同盟は逐次その範囲を拡大していった。もっとも、オーストリアはついに加盟しなかったし、ハノーファーが加盟したのは一八五四年、ハンザ三都市（リューベック、ハンブルク、ブレーメン）が加盟したのは一八八〇年になってからであった（以上につき、主として大系２二五四頁〔末川清〕）。

（3）一八四八年の三月革命の折り、連邦議会が職務を停止し、その権限を譲った形の国民議会は、その制定した憲法（制定地の名をとりフランクフルト憲法と呼ばれる）のなかに、「帝国権力は、民法、商法と手形法、刑法、および裁判手続に関する一般法典を発布することによって、ドイツ国民のなかに法的統一を確立する責務を有する」という規定（六四条）を有していた。しかし、連邦議会の基本法典（次注参照）にはこのような規定は見あたらなかった。

（4）すでに前に（二の注(24)）述べたことであるが――一八一四年から一五年にかけてのヴィーン会議の折りに、ドイツ連邦の基礎となるドイツ連邦規約（Deutsche Bundesakte. 一八一五年七月）が制定されたが、大枠を定めたのみで多くの疑義を生じたので、一八一九年一一月から一八二〇年五月まで（メッテルニヒの主導のもとに）ヴィーンに主要加盟国の代表が集まり、のちにヴィーン最終規約（Wiener Schlussakte）と呼びならわされる規約を作成した。その後この規約は連邦議会の承認を得て（二〇年七月）、連邦規約と並ぶ効力が与えられ、連邦の基本法となった。連邦規約は、Huber, Dokumente 1, S. 75, 最終規約はS. 81.

（5）このように伝達した態度からみて、プロイセンにはヴィーン最終規約六四条を使うつもりはなく、事実、使っていない。この点で、後述する法律、草案とは異なっている。

（6）以上については、主としてUlrich Huber, Das Reichsgesetz über die Einführung einer allgemeinen Wechselordnung vom 26. November 1848, Juristenzeitung, 1978, S. 787を参照した。なお、筆者は、本稿にいうHuber（Ernst Rudolf）の子息で、父親の七五歳の誕生日を記念して、右の論文を執筆している。二〇〇一年にボン大学の教授を定年退職している。

（7）ニュルンベルク（次述するようにハンブルクも）には、ハノーファー派遣の委員として、ゲッティンゲン大学教授トェールが送り込まれ、第三読会の終り近く（第五五六回。最終回は第五八八回）からは、上級司法参事官（Oberjustizrat）レオンハルトが委員として参加している。

トェール（Johann Heinrich Thöl. 一八〇四～八四年）は、後述するL・ゴルトシュミットと並び称せられた当時の代表的な商法学者であった。一八三七年にゲッティンゲン大学で教授資格をとったのち、四二年よりロストック大学教授となり、同大学を保持するメクレンブルク＝シュヴェリーン大公国から派遣されて一般ドイツ手形法の審議に参加した。一八四八年にはドイツ国民議会の議員に選出された。翌四九年よりゲッティンゲン大学教授となり、前述のように今度はハノーファー派遣の議員として、一般商法典の審議に参加したのである。

(8) 正確にいうと、商法草案が連邦議会の総会で可決されるまえに、同議会内に設置された通商政策委員会（Handelspolitischer Ausschuß）に付託され、その意見が求められたが、提出された意見書には少数意見が付されていた。連邦議会の総会では、この少数意見に賛成する国々があり、そのなかにハノーファーも数えられていた。しかし、少数意見がどのようなものであったかを明らかにできないのは残念である。

(9) 以上については、① Levin Goldschmidt, Handbuch des Handelsrechts, 2. Aufl. Bd. 1 (1875), S. 57, ② Schubert, Protokolle der Commission zur Berathung eines allgemeinen deutschen Handelsgesetzbuches, Bd. 1. (1984), S. IX を参照した。

なお、①の筆者L・ゴルトシュミットは、前にも触れたが一九世紀後半のドイツを代表する商法学者である（一八二九〜九七年）。ハイデルベルク大学教授ののち、一八七〇年よりライヒ上級裁判所の判事となり、一八七五年よりベルリーン大学の初代商法担当の教授となる。同年より七七年まではドイツ帝国の議会（Reichstag 帝国議会）の議員に選出され、一八七七年の同帝国の破産法の審議にも関与している。

(10) 同じく中等国家と呼ばれながら、ハノーファーやバーデンなどはこのヴュルテンベルク連合には参加しなかった。この連合に参加した中等国家には、反プロイセン、親オーストリアと目される国々が多く、両強国に対して中立的な立場に立っているハノーファーや、このころは親プロイセン的行動を多くとっていたバーデンは、この連合に参加しなかったのである。

それとともに、この連合に対するプロイセンの反撥も強く、後述するように、この連合の提案に対し、筋のとおらない議論までして反対したのには、この感情的な反撥もあったことに注目しなければならない。

(11) この意見書の草案を起草したのは、リンデである（Justus Timotheus Balthasar von Linde. 一七九七〜一八七〇年）。一八二四年よりギーセン大学の教授となり、その普通民訴法に関する教科書（Lehrbuch des deutschen gemeinen Zivilprozesses）は、一九世紀中葉の代表的教科書の一つである（初版一八二五年、第七版一八五〇年）。また、当時までの上訴制度の沿革をくわしく書いた『上訴理論提要』（Handbuch über die Lehre von den Rechtsmitteln, 1831）は、普通民訴法学の残した記念碑的業績といってよいであろう。一八四八年ドイツ国民議会の議員となり、連邦議会が復活されてからは同議員となるが、派遣されている国が（いずれも小国だが）次から次に変っているのに驚く。冒頭の原案を起草したのは、リヒテンシュタイン（Lichtenstein）の派遣議員の時代であった。

(12) もっとも、プロイセンが反対の態度を固執した背景には、次のような事情もあったようである。連邦裁判所委員会の提案のように起草委員会を設置し、そこへ各国が委員を送り込んでくると、その各委員は平等に一票ずつの投票権をもつ結果、四つの自由都市（リューベック、ハンブルク、ブレーメン、フランクフルト）の一致した票が三つの強国（オーストリア、プロイセン、バイエルン）の反対票を上回るという事態になる。そうかといって、草案が完成してしまうと、始めから終りまで反対票を投じつづけたという異常な場合はともかく、草案が連邦議会で審議されたときには、いまさら反対というわけにはいかない。このことは、一般商法典を導入するときにプロイセンの下院で問題とされたようである。このような事情があるため、一般商法典の起草の際にプロイセンの委員となった者から、債務法、民訴法の起草に賛成するなら、せめてオーストリア、プロイセン、それにバイエルンなどの投票権を二票とさせた上で賛成すべきであるという意見がプロイセン政府に提出されていた。

なお、連邦議会の本会議においては、連邦規約（Deutsche Bundesakte）第六条によりオーストリア帝国、プロイセン、バイエルン、ザクセン、ハノーファー、ヴュルテンベルクの各王国に四票、バーデン、両ヘッセン大公国などに三票、ザクセン・ヴァイマル大公国、四つの自由都市などに一票の投票権が認められていた。

（13）　前掲した連邦議会の六二年二月の決議は、連邦裁判所委員会が六一年八月に提出した意見書に基づくものであるが、この意見書はH50を目して次のように言っていたという。「他国の法律や草案にくらべて、口頭主義をより純粋に貫徹しているし、フランス法から得られた経験を適当に斟酌し、そうかといっていくつかの国の法律のように同法の無条件の影響に立つことから免れ、ドイツ国民の物の見方と法慣習に顧慮を与えている」（Schubert, HEP, S. XXIII による）。

（14）　ハノーファー派遣の委員となったのは、リューダー（Georg Gustav Lüder. 一八〇六または七～七二年）であった。彼は、一八四八年一一月ツェレの上級控訴裁判所の判事となり、一八五二年から五九年まで、ハノーファーの初代検事総長（Ober-staatsanwalt）に選ばれた。委員として派遣された当時は、フェルデン（Verden. ブレーメンの東南の都市）の Obergericht の所長であった。

（15）　この草案については、① Justus Wilhelm Hedemann, Dresdner Entwurf von 1866（1935），② Schubert, Protokolle der Commission zur Arbeitung eines allgemeinen deutschen Obligationenrecht, Bd. 1（1984）, S. XII, ③ なお、ヴュルツブルク連合からの申立て以降、ドレスデーン草案、ハノーファー草案をめぐるプロイセンの動きについては、Schubert, HEP, S. XVII.

なお、①の著者ヘーデマン（一八七八～一九六三年）は、一九〇九年イェーナ大学、一九三〇年よりベルリーン大学教授、一九四六年退職している。民法、商法、法史の著作で知られる。

二　HEの審議

(1)　委員会の構成とその活動

(イ)　委員会のメンバー

民訴法を起草する委員会は、一八六二年九月にハノーファー（市）に集まり、同月一五日からその活動を開始した。

この委員会に各国から派遣された委員は、次のとおりである。[16]

①　オーストリア帝国　リッチィ（Franz Theobald Freiherr von Rizy. 一八〇七〜八二年）

ヴィーン大学で博士号を取ったのち、弁護士、一八四九年より下エンス地方の上級地方裁判所所属の検事長、[17]五六年に同裁判所の副長官、六一年にオーストリア司法省の局長、HEの審議中上記の裁判所の第二長官となる（副長官と第二長官の区別はよく分からない）。その後七一年には議会上院（貴族院）の議員となり、翌七二年には最上級裁判所の部長に就任した。「オーストリア裁判所時報」（Allgemeine österreichische Gerichtszeitung）の創刊者で、同誌上に多くの論文を掲載したという。

②　バイエルン王国　ボムハルト（Eduard Peter Apollonius von Bomhard. 一八〇九〜八六年）

ミュンヒェン大学などで学んだのち、一八五二年にはライン左岸のバイエルン領（ラインプファルツ。そこではフランス法が行われていた）の地方裁判所長となり、五七年にはミュンヒェンの上級控訴裁判所（最上級裁判所）の裁判官。[18]五九年にはアムベルク（Amberg）の控訴裁判所付きの検事長となり、六三年にはバイエルンの下院議員に選出された。HEの審議に関与した最中、六四年八月より司法大臣に任命され、委員の席を後述するピクシスと交替した。大臣としては、検察官の裁判官監視機能を強調するなど反動的な言動が多かったため、六七年五月ルートヴィヒ二世により解任された。もっとも、HEが法典化されず、六九年にバイエルンに独自の民訴法典が公布されたとき、その法案の上院での審議の際には特別委員会のメンバーとして活躍している（彼は六七年に上院の終身議員に選ばれていた）。

ボムハルトが司法大臣に選ばれたときは、HEの第一読会と第二読会の間の休止期間中であった。休止期間明け（六五年二月一七日。審議期日二四九回、HEP〔審議録〕一三巻四五五二頁。第二読会は正確には三月一五日〔二六〇回、HEP一三巻四七二九頁〕より開催）からはピクシス（Daniel Friedrich von Pixis. 一八〇二〜八四年）が委員として登場した。ラインプファルツ地方の検事、地裁所長を経たのち、一八四七年ころからミュンヒェンにある（ライン）プファルツ地方のための破毀院の判事・検事総長の地位についた。

③　ザクセン王国　タウフニッツ（Christian Theodor Tauchnitz. 一八一二〜七〇年）

一八五四年以来ザクセンの司法官となり、五八年ころにライプツィヒの控訴裁判所の裁判官。ニュルンベルクの一般商法典の審議に派遣され、一八六六年にはドレースデン（首都）の上級控訴裁判所の判事となる。後述するように、北ドイツ草案（NE）の審議にも参加したが、途中で亡くなった。

④　ハノーファー王国　上級司法参事官のレオンハルト

ただし、一八六三年三月一三日には、司法大臣ヴィントホルスト（Windthorst）のもとで司法次官に起用され、さらに六五年一〇月二一日には、彼の後任として司法大臣に就任したので、委員を辞任。後任には、HEの審議録の執筆者の一人ペーテルセンが選ばれた（第二読会の途中、三二五回から。ペーテルセンについては後述）。

⑤　ヴュルテンベルク王国　シュテルネンフェルス（Carl von Sternenfels. 一七九八〜一八七八年）

ハイデルベルク、テュービンゲンに学んだのち、一八四八年の直前にはシュトゥットガルト（首都）の最上級裁判所（Obertribunal）の裁判官となっていた。同年三月の革命の折りには、各国に誕生したリベラル派の内閣が連邦議会に同じリベラル派の議員（代表）を送りこんだが、シュテルネンフェルスも同年四月ヴュルテンベルク派遣として連邦議会に送りこまれた。革命が失敗に終わり各地の「三月内閣」が退場（ヴュルテンベルクは四九年一〇月）したのちは、シュテルネンフェルスも最上級裁判所にもどり、間もなくその副長官となった。

事情はよく分からないが、第二読会の途中（三〇七回、六五年九月六日）から、委員がホルツシュアー（Emil Freiherr von Holzschuher. 一八七八年に五二歳で没している）と交代している。彼は最上級裁判所判事で、鉄道関係その他行政的職務も担当。

⑥　バーデン大公国　シュトエッサー（Carl Wilhelm von Stoesser. 一八二二〜一九一三年）

バーデンの裁判官の道を歩み、一八六四年にはレォェールラハ（Lörrach. バーゼル近郊）を皮切りに、ドイツ帝国が成立してからもカールスルーエ、マンハイム、コンスタンツの地裁所長、八四年にはカールスルーエの上級地方裁判所の部長判事となっている。HEの審議に参加している一八六三年末には前掲したバイエルン派遣のボムハルトの娘と結婚したといわれる。

彼がHEの審議に参加したのは、その前半（六四年七月二五日〔二四八回、HEP一二巻四五三九頁〕まで）だけで、半年余の休止期間（ボムハルトの項参照）後は姿を消している。のみならず、六五年二月二八日（二五三回、HEP一三巻四六一三頁）にはヴュルテンベルク派遣の委員から、バーデンの立場も代理するよう同政府から渡された委任状を提出されている。バーデンは、プロイセンも参加していないHEの行先きに見切りをつけ、人材を派遣するほどの意欲を失ったのではあるまいか。

⑦　ヘッセン（＝ダルムシュタット）大公国　ザイツ（Joseph Franz Eduard Seitz. 一八一四〜六八年）

ゲッティンゲン、ギーセンに学び、ギーセンで裁判官生活を送り、一八五一年よりダルムシュタット（首都）の控訴裁判所（Obergericht）の裁判官、五三年よりマインツの控訴裁判所の検事長、六七年からダルムシュタットの上級控訴裁判所（最上級裁判所）の検事総長となった。最後の資格で北ドイツ草案（NE）の審議に加わったが、途中で亡くなるという③のタウフニッツと同じ運命をたどっている。

⑧　メクレンブルク＝シュヴェリーン大公国[19]　シェーフェ（Hermann von Scheve. 一八一九〜八四年）

ボン、ロストックなどで学んだのち、メクレンブルクで司法官の道に入り、一八五六年には司法省の上席参事官、六五年にはシュヴェーリンの裁判所の所長、ドイツ帝国成立後はシュヴェリーンの地方裁判所の所長となった。

シェーフェは国内の用務の多忙さに追われてか欠席しがちであって、第二読会でアムスベルク（Justus von Amsberg. 一八三〇〜一九一〇年）と交代した（六五年六月一九日。二九四回、HEP一四巻五三六七頁）。アムスベルクは、弁護士を経験したのち、一八五八年より司法省参事官（HEの審議にはこの資格で参加）、六六年には内閣参事官（この資格で北ドイツ草案＝NEの審議に参加）、七三年から七六年にかけてドイツ帝国宰相府第四部（のちの司法部。帝国司法省の前身）の部長に選ばれ、帝国民訴法（CPO）の成立に大きく寄与する。このことの詳細は後に述べることにしよう。ともかく、ドイツ近代民訴法の成立過程でレオンハルトに次ぐ存在となったアムスベルクがこのときはじめて登場したのである。

⑨　ナッサウ公国[20]　ヴィンター（Wilhelm Winter. 一八〇三〜九五年）

マールブルク、ボン、ゲッティンゲンで学んだのち、ナッサウ各地の行政管区長（Amtmann）をつとめ、一八五四年にはヴィースバーデン（首都）の上級控訴裁判所（最上級裁判所）の裁判官、六一年にはディレンブルク（Dillenburg. マールブルクの西方で、ヴェッツラー〔かつての帝国裁判所の所在地〕の北方）の宮廷控訴裁判所の長官、六六年ヴィースバーデンの地域官庁（Landesregierung）の長官、翌年退職。

⑩　フランクフルト自由都市　ネストレ（Gustav Eduard Nestle. 一八〇六〜七四年）

一八四三年にフランクフルト市の立法会議のメンバー、四五年に市参事会員、五二年と五五年に市助役、五七年に控訴裁判所（上級控訴裁判所＝最上級裁判所は、フランクフルト、リューベック、ハンブルク、ブレーメンの四自由都市共通で、リューベックに所在）の裁判官、六五年には同裁判所の長官。

このフランクフルトの委員も、先のバーデン大公国の委員と同様、長い休止期間明けの六五年二月からは姿を見せなかった。当人は控訴裁判所長官の任務に忙殺されるし、政府も、彼に代わる人材を送りこむほどの委員会でもないと見たのであろう。

このように派遣された委員が途中で姿を消す国もあったが、反面で、審議の途中であらたに委員を派遣する国もあった。

⑪　ヘッセン（＝カッセル）選帝侯国　ビュッフ（Georg Ludwig von Büff. 一八一一〜六九年）

六二年一一月二〇日（三二回、HEP二巻四〇四頁）より登場。マールブルクとハイデルベルクで学び、一八四一年より検事、五一年に上級裁判所判事、五九年よりカッセル（首都）にある上級控訴裁判所の判事。母国がプロイセンに併合されたのちは、カッセルの控訴裁判所のメンバー。著作も多いという。

⑫　ザクセン＝マイニンゲン公国(21)　アルブレヒト（Albrecht. 生歿年不詳）

検事長兼控訴裁判所判事。六三年一月二三日（五三回、HEP三巻七四五頁）に登場したが、驚くべきことに、その日の夜に急死したのである。

同国が、彼の代りの委員としてリープマン（Liebmann）を送りこんできたのは、六三年四月二九日（八八回、HEP五巻一三五一頁）になってからである。彼については、控訴裁判所長官という以外詳細は不明である。

⑬　シュレースヴィヒ、ホルシュタイン、ラウエンブルク各公国(22)　ブリンクマン（Heinrich Rudolph Brinkmann. 一七八九〜一八七八年）

六五年一一月一五日（三三三回、HEP一六巻六一一九頁）に登場した。ハノーファー領の生れ。ゲッティンゲン大学で学んだのち、同大学の私講師、弁護士。ゲッティンゲン大学で博士号取得。公証人をへて、一八一九年にキール大学のローマ法の准教授、二二年に正教授。三四年から五五年までシュレースヴィヒ・ホルシュタイン・ラウエンブルクの上級控訴裁判所の判事。委員会登場当時も同じ肩書であった。

以上、委員の氏名と経歴、その委員を派遣した国々を紹介してきたが、注(16)で述べたように、HEPでは発言をした委員の姓、派遣国が明らかにされることは——ごく初期を除いて——きわめて数が少なく、普通は単に委員と表現されている。これは、審議の第二回期日（六二年九月一九日、HEP一巻一三頁）において審議のあり方が議論された際、審議録には個別的に委員から希望があったときにその姓、派遣国名をのせると決定したことによる。そのわりに、レオンハルトの名が出たり、ハノーファーの委員と記載されたりして、彼の発言であることが明瞭になっているのは、彼が希望したためであろうか（そのほかに、彼は後述するように報告委員に選ばれているので、その資格での発言として明らかにされていることも多い）。このようにどの委員の発言なのかよく分からないことが多く、とくに議決の際に単に賛否の票数だけが示されて、どの委員が賛成したのか反対したのか不分明な状況になっているが、ハノーファーの公文書館には記録が残されているらしく、シューベルト氏が――はげしく争われた重要な問題に限ってであるが――その記録を紹介していて貴重である。(23)

(ロ)　委員の役割

委員会はその活動の冒頭、開催国ハノーファーに敬意を表して、同国の司法大臣（当時はバー〔またはバール〕G. E. von Bar）を名誉総裁に選んだ（以降、ヴィントホルスト、レオンハルトと交替する）。委員長（審議の際には、座長）としてオーストリア派遣のリッチィを選んだ。「彼の属する政府の（ドイツ連邦内における）高い地位と、彼の人柄」がその推薦理由であったが（HEP一巻四頁）、オーストリアは当時の最大の強国として、連邦議会の議長の座を占め、既述した一般手形法典や一般商法典の審議の際にも、つねに委員長に選ばれた（リッチィに支障があるときは、バイエルンの委員が代行をつとめた。連邦内の順序はオーストリア、プロイセン、バイエルン……であったが、プロイセンが出席していないため）。

後にも述べるように、採用すべき訴訟原則についておおむねの審議を経たのち、第六回期日（六二年九月二七日、HEP一巻四七頁）において報告委員（Referent）と副報告委員（Coreferent）二名を選んだ。報告委員は、審議のたたき台となる草案を起草し、審議に際してはその説明にあたる役割を担当し、副報告委員はこれを援助する役割である。前者にはレオンハルトが選ばれ、後二名にはバイエルンのボムハルトとザクセンのタウフニッツが選ばれた。しかしこの副報告委員、とくにボムハルトはレオンハルトにとってはむしろブレーキ役であり、この二人の反対にあってレオンハルトの原案が通らなかったり、かりに通っても審議の席でボムハルトの反対に悩まされることがしばしばであった。

同じ第六回期日に、審議の結果をとりまとめ必要に応じて報告委員提出の草案の修正にあたる整理委員会（Redaktionsausschuß）と、作成された審議録が正確かどうかを検討する審議録委員会（Protocollcommission）を発足させた。前者には、報告委員と副報告委員がそのまま選ばれ、後者の役割には、この三者を除く他の委員が交代であたることになった。

(ハ) 審議の期間

審議は前掲のように一八六二年九月一五日から開始され、六六年三月二四日をもって終結した。三か年半あまりで、審議回数は三七四回にのぼった。もっともこの間、委員たちはずっとハノーファーに滞在したわけではない。前に委員会のメンバーの項で紹介したように、六四年七月二五日（二四八回、HEP一二巻四五三九頁）から翌年二月一七日（HEP一三巻四五五二頁）まで七か月近くも休んでいるし（これは、休み前の期日に第一読会をおえ、休み明け後の期日に第二読会をはじめる予定であったが、休み明け後に強制執行に関する議論が引き続きなされ、第二読会は六五年三月一五日〔二六〇回、HEP一三巻四七二九頁〕から開始されている）、ほかに毎年夏休みとして二か月ほど、さらにクリスマス前から正月明けまで休暇がとられている。また、委員のなかには、所用のために故国へ戻り、しばらく戻ってこないという例も珍しくない。

三七四回という審議回数も、全部が全部審議にあてられているわけではない。開会・閉会の期日が終始セレモニーにあてられたことは別としても、数期日に一度先立って作成された審議録の承認をめぐって期日が（ときには一期日が丸ごと）ついやされている。そのほか、審議の結果、原案を修正した整理委員会（前掲(ロ)参照）からその修正案が提出され、これをめぐって――前になされた議論が蒸し返されるなどして――数期日がとられることが少なくない（しかもそれが、現在進行中の議論を中断して行われるので、審議録を読む者をして困惑を覚えさせる）。それでは、以下その審議録に目を移そう。[24]

㈡　審議録（HEP）

審議録は、委員会の開会から閉会までその活動を追った部分が総計六七二四頁、全一七巻。それに別巻として、各時期の草案、各草案の条文番号の比較、事項索引などが掲載されている。[25] 各巻ともにフォリオ判（二つ折り判）の大型本で、委員会の活動をフォローした部分は各頁、右半分に印刷し、左半分はときに条文の変動、項目をあげているが、大むねは白紙としており、おそらくは読者の記入の便宜を図ったのであろう。ともかく、ぜいたくな組み方である。

審議録は五〇〇部印刷され、その費用は、委員を派遣した国々の分担となったようである。

審議録の執筆者は、つぎの二人がハノーファーから提供され、彼らは委員会の秘書（書記）の立場で活動した。二人は就任当初、いずれもハノーファーの Obergericht 所属の司法官試補（Assessor）であった。

①　ペーテルセン（George Rudolph Peterssen. 一八二六～一九〇三年）　前にも述べたように、レオンハルトが六五年一〇月司法大臣に就任したため、彼が代って委員の地位についた（同月二五日、三二五回、HEP一六巻五九六七頁より）。それとともに Obergericht の裁判官に昇格した。その後プロイセン対オーストリア戦争の結果、ハノーファーが消滅し、プロイセンに併合されてからは、ベルリーンの上級控訴裁判所（併合された諸国の最上級裁判所）、プロイセンの最上級裁判所（Obertribunal）の裁判官となり、ドイツ帝国成立後は帝国大審院（ライヒスゲリヒト）の裁判官、同院の部長をへて、一九〇二年に退職した。

②　シュトルックマン（Johannes Struckmann. 一八二九～九九年）　ペーテルセンと同じく、オスナブリュックの生れである。彼地では著名な法曹一家だったらしく、父は（彼はその長男）オスナブリュック法務庁（Justizkanzlei）の裁判官をつとめ、彼の次弟は弁護士をへてヒルデスハイム（Hildesheim）の市長となる。三弟

(Hermann. 一八三九〜一九二二年）は、ドイツ民法の成立時に盲目となったプランク（前掲。Gottlieb Planck）の補助者となり、その第二草案の審議のときには委員に就任した。のち、帝国大審院の判事などをつとめた。長兄である当人は、一八六七年にベルリーンの上級控訴裁判所判事、プロイセンの下院議員となり、七〇年にはケルンの控訴裁判所判事、七二年にはプロイセンの最上級裁判所判事。七四年にはドイツ帝国の議会（帝国議会。Reichstag）の議員に選出され、CPO（ドイツ帝国民訴法）の議会での審議の際には論客として活動する。八六年にはキールの上級地方裁判所、翌年にはケルンの同裁判所の各長官を歴任、後者に在任中死亡した。わが国にはコッホ（Richard Koch. 後述）との共著のCPOのコンメンタール（第一版は一八七八年）で知られる。ペーテルセンが委員に昇任した後は、彼がひとりでHEPの執筆者となった。

HEPの記述は、詳密でしかも整然としている。「間接話法で書かれていることがかえって読者には有用であり、とくにしばしばの繰返しにもかかわらず、緊張感を失わずして読むことができる」と高く評価されているが、その評者は、これはペーテルセンの筆力のお陰であり、シュトルックマンひとりになってからは表現が窮屈で、色あせたものになっていると酷評している。[26] 私などにはそこまで読みとれない。

いずれにせよ、HEPには、フランス法と普通法を折衷したH50を下敷に、各国の専門家がうんちくを傾けてはげしい議論をした経過が示されており、しかもその成果であるHEがのちのNEやCPO、ひいてはわが国の民訴法に重大な影響を及ぼしているだけに、われわれにとっては逸すべからざる文献である。問題は、どのようにしてこのHEPに接近し、読者にとって必要とする事項の掲載頁を探すかである。

ⓐ 一つには、HEの条文番号を手がかりに、その条文が規律する事項がHEPのどこで議論されているか、別巻の草案の比較表（その最後のもの）に記載されているから、そこからさぐる方法である。[27] しかし、必要とする（関心を寄せる）事項がHEの何条によって規律されているか、知らないことが多い。

ⓑ そこで、同じ別巻に掲載されている事項索引を利用する方法である。その事項がHEPのどこで議論され

たか、関連する頁数が記載されている（私は、この詳細な事項索引を作ったことだけでもシュトルックマンを高く評価したい）。

ⓒ　その三は、CPOの理由書や、CPOに関するコンメンタール類に、関連するHEの条文番号や、HEPの掲載頁が出ている（一八九八年にCPOに代ったZPOでは、その初期のコンメンタール類）。そこからも調査することができる（以上、老婆心から書いたことを許されたい）。[28]

(ホ)　基礎となる訴訟原則

審議をはじめて間もなく、草案によって描かれる訴訟手続の基礎となる諸原則をあらかじめ定めておこうではないか、そうすることがのちに選ばれる報告委員にとっても便宜であろう、という意見が多数を占めた（この意見が採用されたのは第二回期日であり、レオンハルトが報告委員に選出されたのは第六回期日であった）。

次の四つの問題が取りあげられ、それぞれについて二人の委員が報告者に選ばれた（口頭で、できるだけ簡潔にすることが望まれた）。[29]

(a)　裁判所の構成など　　合議制、単独制のいずれにするか、審級の数をどのくらいにするか、などが取り上げられた。報告者は（前掲した順序では）⑧のシェーフェ（メクレンブルク＝シュヴェリーン派遣）と⑨のヴィンター（ナッサウ派遣）の二人であった。第一審では合議制を原則とし、少額または迅速を要する事件などが単独制とされた（少額が具体的にいくらぐらいを指すかは、各ラント〔領邦〕で通貨表示が異なるので、ラントの法律にゆだねられた）（以上につき、最終の草案〔HE〕では四条以下）。審級の数、またそれが事実審か法律審かは、各ラントでばらばらであったので、その法律にゆだねられた（審議の結果、最終のHEでは三審制を原則とし、少額事件につき第一審限りとするか、適用法律の誤りを第三審の申立理由とするかなどが、ラントの法律にゆだねられた。五六七条二項、六一〇条）。さらに、貴族などのもつ裁判特権――どの裁判所を第一審裁判所とするかに関する――、司法と行政の分離などは、民訴法の枠を超える大きな政治問題なので、草案では言及しないことにした。

(b)　口頭主義　この主義を採用することは、委員全員にとって自明のことなので、この主義の採用を前提とした具体的な問題、たとえば準備書面の役割などについて報告してほしいと望まれた。報告者には、③のタウフニッツ（ザクセン）、⑦のザイツ（ヘッセン＝ダルムシュタット）が選ばれた。タウフニッツは、「口頭弁論期日において当事者が、従来の主張を変更したり、まったく新しい主張を行い、しかもそれがその期日のために提出された準備書面に記載がないときは、当該期日の調書に記載するか、または後日に補充の書面を提出してこないかぎり、その主張を裁判の際に斟酌しない」という建前の採用を提言した。下敷とされたH50には、口頭主義を宣言するとともに、当事者の口頭陳述が書面の記載とくいちがっても、その口頭陳述が判決の基礎となる旨の規定があった（一〇一条）。もっともそのH50も、重要な事実の主張が書面の記載とくいちがっているとき、裁判長は当事者、相手方当事者、陪席裁判官の中立て、それらがなくても職権によって、その主張を期日の調書か後に提出される書面により明確にすべきである、と規定していた（一〇二条）。しかし、この手続を欠いても当事者の事実主張（口頭陳述）を優先させるというのが、口頭主義を強調するレオンハルトの立場であった(30)。タウフニッツの提案はこの立場に反対するわけである。タウフニッツに批判が集中し、この段階では「判決の基礎は当事者の陳述した事実関係に基づく」という原則を宣言するにとどめ、タウフニッツの提案は排斥すべきであると決議された（HEでは、基本的にはH50のあり方が採用された〔一三〇条、一三一条〕）。なお、事実関係が複雑・広範囲に及ぶときは「口頭による最終弁論をともなう書面手続」によるなどの提案は、異論なく承認された（五四六条以下）。

(c)　訴訟指揮　報告者には、②のボムハルト（バイエルン）と⑤のシュテルネンフェルス（ヴュルテンベルク）が指名された。この問題でとくに注目されたのは、口頭弁論開始前に行われる当事者間の書面交換において、裁判所の指揮権を認めるか否か、すなわち、ⓘ原告が被告に訴状を送達する前に、訴状を裁判所に提出し、口頭弁論期日の指定を受けてから、送達を行うべきか。被告から答弁書の送達を受けたときに、裁判所の許可をえて再抗弁書、被告から再々抗弁書を送達すべきか（これはH50の立場である、前掲三の三⑵）、それとも、ⅱ当事者間で訴状の送達から再々抗弁書の提出までを行い、当事者の一方から裁判所に申し立てて、期日の指定を受け、その期日前には「理由づけられた申立書」を提出し、該期日にはこれを朗読すべきか、これはフランス法の立場である（前掲同所）。ボムハルトを派遣したバイエルンは、後述するように民訴法草案を用意しており、このフランス法の立場を採用していた。ボムハルトは当然のように後者の立場を主張し、シュテルネンフェルスも基本的にこれに賛成した。この二人の提案に対しては、つよい反撥が見られた。H50のすぐれた特色は、フランス法に全面的に迎合せず、訴状を裁判所に提出させ、以降の審議は裁判所の指揮にゆだねる、というドイツ普通法の伝統を（部分的であれ）巧みに採用したことにあるが、この長所が失われるではないか、という反撥である。レオンハルトも反論に参加している。票決の結果二人の提案はしりぞけられた。しかし、この点はのちの審議の結果大きな変化を呼ぶことは後述するとおりである。

なお、この訴訟指揮の問題が議論されたおりに、裁判所は提出された訴状の記載から原告の請求がそれ自体理由がないと認めたときには請求を棄却できるか（訴状を返却することができるか）というテーマが取り上げられた。口頭主義のもとでは当事者の口頭弁論を聞いたのちに請求の当否について判断すべきなのに、まだこの口頭弁論のはじまっていない段階でそのような処置はとれない、というのが一致した意見で否定された。(31)

(d)　検察官の関与　検察官に、民事訴訟法への関与を認めるか、認めるとして、どのような形でか、という問題である。報告には、⑥のシュトエッサー（バーデン）と⑩のネストレ（フランクフルト）が選ばれた。検察官の制度自体も、またそれに民事訴訟への関与を認めるのも、いずれもフランス法に由来する発想である。検察官はすでに多くのラント法で認められていたが、それに民事訴訟への関与を認めるのは、H50をはじめハノーファーの隣国であるブラウンシュヴァイクとオルデンブルクの計三つのラント法と、まだ草案ではあるが、後述するバイエルンの草案だけであった。(32)それだけに、報告を担当した委員も、検察官に民事訴訟への関与を認めるかどうかは各ラントの判断にゆだねてはどうかという引け腰の提案をした。しかしこれには異論が出て、最終的には各ラントの採否にまかせるにしても、この草案において、どのような場合に検察官を起用すべきか、そのモデルの案を示すことになった。このような基本的立場をとり、その後審議を重ねていったが、結果において検察官の関与すべき場合を個別的に列挙していたH50にくらべ、HEはこの関与を認める包括的な規定を設け、検察官の権限をより強く認める形となってしまった。(33)

(2) モデル法（H50）をめぐる争い

(イ) バイエルンの異論

ドイツ連邦のための民訴法の審議がハノーファーで行われたのは、H50の評判がよいのでこれを基礎として審議しよう、そのためには法律の行われている現地に行くのが適当であろうというので選ばれたのであった。もっとも、H50を基礎（Grundlage）とするといっても、他国で当時行われていた法律、起草されていた草案を無視するわけではない。審議に参加した委員たちも、それぞれに自国の法律、草案を参考資料にと提出した。(34)そのなかにあって、自国の草案のほうがH50よりまさっている、この自国の草案をHEの審議の「基礎」とするよう本国政府から指示を受けているとがんばる委員が出てきた。前掲②のバイエルンのボムハルトである。

これに噛みついたのは、⑥のバーデンのシュトェッサーであった。そもそも連邦議会において、民訴法の草案を立法しよう、それにはハノーファーで委員会を開くのがよいと積極的に発言したのは、バイエルン派遣の議員ではなかったか。その上、委員たちはH50については多かれ少なかれ精通しているが、バイエルン草案（HEの審議開始の前年の一八六一年に作成）についてはほとんど知るところがない。そのような草案を基礎にどうして審議がスムーズに進みえようか、というのである。(35)

これに対して、バイエルンの委員の立場に同情してか、H50をGrundlageではなく、Leitfaden（導きの糸、目《め》途《ど》）にとどめよう、という意見が出された。Grundlage と Leitfaden では、語感として比重に差異があるようである（私にはうまく表現できないが）[36]。この案が、一票のみの反対で可決された（この反対票はおそらくはボムハルトの票であったろう）。このようにバイエルン草案をしりぞけ、H50をLeitfaden にとどめることに成功したものの、レオンハルトは審議中ボムハルトのバイエルン草案に基づく反論にしばしば悩まされることになる。

(ロ)　バイエルン草案（一八六一年）

右に議論の的となったバイエルン草案と、同国の近代民訴法の歴史を、以下にひもといておこう（後にも述べるように、この草案に基づく一八六九年のバイエルン民訴法は、帝国民訴法〔CPO〕に重大な影響を及ぼした）。

バイエルンの近代民訴法史は、一七五三年のバイエルン裁判所法典（Codex Juris Bavarici Judiciaris）にはじまるとされる。これは普通訴訟法を採用した法典であった[37]。一九世紀に入って、バイエルンはナポレオン支配下のフランスの同盟国となった（一八〇六年のライン連盟結成）。いやおうなしにフランス法への傾斜がはじまる。一八一五年には（ヴィーン会議により）、バイエルンにライン左岸のプファルツ地方が割り当てられた。この地方では、フランス統治時代の司法制度、民訴法などがそのまま行われた。普通訴訟法に基礎をおくバイエルンの旧来の領土の民訴法との間に大きなかい離が生じた。

このかい離の解消のために、断を下したのは、一八四八年三月の革命の折りに公布された法律であった[38]。この法律によると、「民事事件の手続は、判決裁判所の面前で行われる口頭公開の弁論をその基礎としなければならない。この弁論に先立って書面による導入手続を行い、その手続において当事者間の争点を確定し、つづく口頭弁論の枠組みとしなければならない。以上のシステムについては、ライン左岸で行われている制度のうち、経験上よしとされているものを主として参考にしなければならない」。明らかに、ラインプファルツ地方の法律、すなわちフランス法に軍配をあげたのである。しかし、この法律ののちも、容易にフランス法に基礎をおいた法案が実現せず、この一八六一年の草案にいたってはじめて法律の要請をみたした草案が実現したのである。ここにいたるまでバイエルンの立法は、普通法に基礎をおく在来法を維持しようか、新しく領土となった地のフランス法をとろうか、と大きく揺れうごき、この一八六一年の草案ができるまでに、実に七つの草案と二つの在来法を修正する法律が現れた[39]。

結局、バイエルンでは、この一八六一年の草案に基づいて、一八六九年に法典が作成・施行されるまで、――部分的修正をともないながらも――一七五三年の裁判所法典が行われ続けた。

(ハ) 同草案の特色

バイエルン草案は、HEの審議委員会への提出を急いだため、一八六一年の暮近くの国会閉会前に、しかも施行法の草案もなく提出され、やっと可決される始末であった。一八六三年に、間にあった施行法とともに印刷され、公表されている[40]。以下、同草案の特色を、例によって手続開始部分と証拠裁判の部分にしぼって一瞥しておこう。

(a) 訴訟手続の開始　原告の弁護士が訴状を被告に送付することによって、訴訟手続が開始される。フランス法のように、執達吏[41]によって送達するわけではない。手続の迅速化をねらってであろう。訴状で被告に弁護士を選任するよう促し、その選任された弁護士が原告側弁護士に通知し、やがて答弁書を送ってくるのも、フランス法と同様である。事件の裁判所への登録は、原告側弁護士が行う（どちらかの弁護士が行うフランス法とは異なる）。書面の交換は再抗弁まで行われる。指定された口頭弁論期日前に、双方の弁護士が「理由づけられた申立書」（Schlußanträge）を交換するのも、フランス法と同じである。フランス法のようにこの手続を行う代訴士と口頭弁論を行う弁護士とを区別する二分制はとらず、弁護士一元制である。以上、いくつかの点でフランス法の修正は見られるが、口頭弁論前に――裁判所の介入なしに――当事者間で書面を交換させ、争点の確定を行わせる点では、フランス法そのものである。もっとも、この書面の交換は、単なる準備書面の交換であり、そのさい提出しなかった事実・証拠を後日の口頭弁論で補充することを認めている点は、特に記しておく必要があろう。

(b) 証拠裁判　証拠結合主義がとられ、事実主張とともに証拠を添付するか、証拠の取調べを求める必要があった。もっとも、フランス法をまねて、少額の法律行為を除いては証人を認めなかったので、(42)証拠のほとんどは書証であった。それゆえ、証拠の取調べを命ずる証拠判決（と呼んでいた）はごく稀であったが、ドイツ普通法の同時提出主義は当事者の訴訟活動の自由を妨げるとして毛嫌いしており、この証拠判決に失権効を認めて、主張段階と証拠調べ段階を二分化する方式はとらず、当事者はこの判決後も自由に事実・証拠を提出できた（もっとも、時機に後れた提出は、それによって生じた訴訟費用を負担させられた）。裁判所も、いったんした証拠判決は撤回できなかったが、判決後に事情の変更が生じたときは新たな見地から証拠判決ができた。ただし、この証拠判決には、フランス法と異なって、独立した上訴をすることは許されなかった。

（16）　各委員の経歴については、主としてSchubert, HEP, S. XIff. また、①から⑩の委員の記載順は、それぞれの派遣国のドイツ連邦内の順位による（連邦規約四条・六条）。第一回の開催日には委員全員が出席したが、その氏名もこの順でＨＥＰに記載されている（一～二頁）。

ＨＥＰには、委員の個人名が記載されることはきわめてまれで、せいぜい委員の派遣国名が記載されるにとどまるので、本文でも派遣国名に重点をおいて紹介したが、ＨＥＰの読者にとっては、派遣国の連邦内の順序などあまり関心事ではなく、むしろそのA・B・C順の表示であると考えられるので、左にその順序を表示しておく（国名の後の数字は、本文に示した数字である）。

Baden⑥, Bayern②, Frankfurt⑩, Hannover④, Hessen（Großherzogtum）⑦, Hessen（Kurhessen）⑪, Mecklenburg-Schwerin⑧, Nassau⑨, Österreich①, Sachsen③, Sachsen-Meiningen⑫, Schleswig・Holstein・Lauenburg⑬, Würtemberg⑤.

（17）　オーストリアの主要都市の一つリンツ（Linz）の東南にエンス（Enns）という名の町と湖がある。

（18）　ニュルンベルク東方の小都市。当時はオーバープファルツ（Oberpfalz）地方の政治的中心であった。オーバープファルツはバイエルンの北方、ベーメン（Böhmen. 現在のチェコやスロヴァキア）の西隣に位置していたが、もともとはバイエルンの王家と同一家門（ヴィッテルスバッハ家）に属するプファルツ選帝侯（本拠はライン川沿岸）の所領地であった。三〇年戦争のはじめプファルツ選帝侯が新教派の指揮官となったが、オーストリア・バイエルンなどの旧教派軍の前に敗れ、オーバープファルツと選帝侯位はバイエルンの王家に与えられた。以上については、一の注（4）で触れたことがある。

（19）　Mecklenburg-Schwerinは、ドイツの北東部、バルト海に面し、ハンブルク、リューベックなどの東側に展開する地方。

領主はスラヴ人種より由来するというドイツでは珍しい存在であった。相続により離合集散をくり返すが、一七〇一年に、領地の大半をもつM-Sと、東の一部分を領有するM-Strelitz（シュトレーリッツ）に分かれた。両邦とも一八一五年に大公国に昇格が認められた。M-Schwerinの首都は、同名の湖の西南端に位置するシュヴェリーン市である。領内に一四一九年創立のロストック大学をもつ。

(20) Nassau公国は、ライン川中流、その右岸に位置した小国である。コーブレンツ（Koblenz）のやや上流、その対岸に東から流れこむラーン（Lahn）川の両岸に領地を展開（今でもラーン川の沿岸にナッサウという名の小市がある）、首都は最南端のヴィースバーデン（Wiesbaden. 温泉地として有名）。なお、ナッサウは、今日のオランダ王家（オレンジ家）のもとになったナッサウ＝オラニエン家の発祥の地であり、プロイセン改革で有名なカール・シュタインもここに城をもつ帝国騎士の家系の出身である。

(21) Sachsen-Meiningenは、テューリンゲン地方の一小国で、首都マイニンゲンはアイゼナハ（Eisenach）の五、六〇キロ南にある。ドイツ連邦内では公国として投票権が一票与えられているが、取るに足らない小国が委員を送ってきたのは、一八六二年に独自の民訴法典、執行法典を制定していた自負と、領主である公爵がプロイセン嫌いで、プロイセンが反対したHEの審議にあえて委員を送りこんできた、という事情があるかも知れない。なお、この国の控訴裁判所は首都マイニンゲンに並ぶもう一つの都市ヒルトブルクスハウゼン（Hildburgshausen. マイニンゲンとコーブルクCoburgの中間）にあった。

(22) Schleswigは、ユトランド半島の中部、Holsteinは同南部（反対側の同北部はデンマーク領）、そしてLauenburgは、エルベ川右岸、ハンブルクの四、五〇キロ上流に位置している。この三国は、もともとデンマーク領だった。SとHは、デンマークと同君連合の関係を結び、デンマーク国王を統治者としていた。ただ両国にはドイツ人居住者も多くいたので、ドイツ連邦への加盟も認められていた。一八六三年デンマーク国王がSを強制的に併合したため、両国は連邦に救済を求めた。オーストリアとプロイセンが派兵して、デンマーク軍を破り、デンマーク国王にSとHの支配権をオーストリアとプロイセンに譲る旨を認めさせた。当初はSとHが両国の共同管理下に服していたが、複雑なので、翌年の条約でSはプロイセンが、Hはオーストリアが管理することになった。

Lは、一七〇五年以来相続によってハノーファー領に属していたが、ヴィーン会議の折に（ハノーファーが他の領域を得る代りに）プロイセンへ譲渡され、プロイセンはさらにデンマークとの領地交換のために、Lをデンマークに譲渡した。右のオーストリア、プロイセンとの和約の際に、デンマーク国王はLも両国に譲り、プロイセンがオーストリアに代償を払って単独管理した。

S、H、L三国は、このようにオーストリア、プロイセンの管理（＝支配）に服したが、形の上では領邦としての独立が認められたので、三国が共同して委員を派遣したのである。

(23) Schubert, HEP, SS. XXIV-XXVIII. ほかに、審議の経過を紹介するものとして、Ahrens, S. 563ff.

(24) 審議録にはいる前に、HEそのものの公刊について述べておくと、その公刊は、委員会にハノーファー政府から派遣され、審議録の執筆の任にあたったシュトルックマン（J. Struckmann）によって行われている。彼の労にむくいるために、委員会（形式的には連邦議会）が許可を与えたものである。このシュトルックマン刊行のものは、Dahlmanns, Neudruck 2において復刻されている。ところがそれに、「ハノーファーにおけるドイツ民訴委員会によって行われた第二読会および最終読会での諸決議に従って」という副題が付されている。しかしその最終読会が行われた形跡は、HEPのどこにも見あたらない（第二読会の開催は、HEP一三巻四七二九頁に明記されている）。三読会制に辻つまを合わせるための表現に過ぎないのであろうか。

(25) HEPは、HEと同様に委員会の決議によりシュトルックマンに刊行が許されたが、これがその後、シューベルト氏の編集によって復刻を見ている（一九八五年）。
なお、本文で述べた別巻の部分は、Schubert・HEPでは、第一八巻として一巻にまとめられているが、私がかつて参照した神戸大学所蔵本（旧版）では、事項索引と各草案の条文の比較が第一八巻に、各時期の草案が第一九巻にと、二巻に分けられている。

(26) Schubert, HEP, S. XXV.

(27) 草案の比較表も、報告委員の草案と第一読会時の諸決議に従った草案の比較にはじまり、多様な比較が行われているので、注意を要する。最後の第二読会時の諸決議に従った確定草案（つまりHE）と第一読会時のそれとの比較表を参照するのがよい。

(28) CPOの条文の邦訳としては、高木豊三翻訳編纂『日独民事訴訟法対比』（明治二五年。近時復刻されている）が関連するわが明治民訴法との対比も行っていて便宜であるし、ZPO（ドイツ民法の制定にともないCPOに修正を加えたもの）の邦訳は、松本博之ほか編『日本立法資料全集45民事訴訟法〔明治36年草案〕(3)』三五九頁以下にも見られる。

(29) 以下は、いずれもHEP第一巻に掲載されているが、(a)は一四～二一頁、(b)は二一～二六頁、(c)は二七～三四頁、(d)は三四～四六頁。担当した委員に、前掲した①のリッチィと④のレオンハルトの名が見られないが、リッチィは議長であり、レオンハルトは報告委員に選出されることが予定されていて、各委員の報告に基づいて草案を起草する側に回るためであった。

(30) Leonhardt, H 50, S. 80.

(31) （書面主義による）普通法下では広く認められていた訴状却下が、このころには口頭主義を理由として否定されてしまったが、最近ではむしろそれが復活していることについて、拙著・日本二九頁・三二五頁注(58)。

(32) 前にも触れたが、このうち、H 50（八一条以下）とオルデンブルク法は、フランス法とともに、わが国の明治民訴法の制定過程で検察官の立会いを認める際の参考資料とされていた。拙著・日本一八六頁注(68)。

(33) HE（一四九条）には、H 50には認められない次のような規定があった。「検察官は、この法律に別段の定めのないかぎり、審尋を除く他のすべての（したがって、口頭弁論による）手続において、法律の維持または一般的に公益のために必要と考えたときは、口頭弁論の終結後意見書を提出し、その提出のために記録の送付、期日の指定を求めることができる。」文中に審尋と訳したのは、〈in berater Sitzung〉という表現部分であるが、フランス法にいう〈Chambre de conseil〉のドイツ語訳である。拙著・日本七二頁注(46)。

(34) 審議の第一期日から、オーストリア、バイエルン、ザクセン、バーデンの諸国の草案が提出され、その後もヴュルテンベルク（商事裁判所法）やヘッセン＝ダルムシュタットなどの法律、草案が提出されている。これらの諸国の法律や草案については、Schubert, HEP, SS. XIV-XVII に要をえた紹介がある（もっとも、H 50や、審議に参加していないプロイセンの草案の紹介まで含まれている）。

これらの諸国のうち、いずれも同じくシューベルト氏の手になるものであるが、㋑ザクセンについては、一八六四年と六五年の草案が復刻され、そのさい一九世紀における同国の民訴立法史が紹介されている（Entwürfe zu einer bügerlichen Prozeß-Ordnung für das Königreich Sachsen von 1864 und 1865, mit einer Einführung in die Reformgeschichte des sächsischen Zivilprozesses im 19. Jahrhundert, 1997）。㋺バーデンについては、一八五一年と六四年の法律が復刻され、同国の民訴立法史が付記されている（Prozeß-Ordnung in bürgerlichen Rechtsstreitigkeiten für das Grossherzogtum Baden von 1851 und 1864〔副題略〕, 1997）。㋩ヴュルテンベルクについては、一八六八年の民訴法の復刻の第一巻として、一八一八年から二二年の民訴法、一八六五年の商事裁判所法の復刻が行われ、その冒頭に同国の一九世紀における民訴法史が紹介されている（Die Civilprozeßordnung für das Königreich Württemberg von 1868, Band 1〔副題略〕, 1997）。ほかに、Dahlmanns, Handbuch において、ザクセンについて SS. 2659-61, バーデンについて SS. 2626-34, ヴュルテンベルクについて SS. 2662-63.

(35) このシュトェッサーのボムハルトへの批判は、審議の第二期日（一八六二年九月一九日）において行われた。翌年、前者は後者の娘と結婚し義理の親子関係に立った。

（36）　HEの審議と並行して行われていた債務法の審議（ドレースデンで開催）では、「バイエルンの草案はつねに顧慮する（unter steter Berücksichtigung）」「ヘッセン＝ダルムシュタットとザクセンの両草案は Leitfaden とする」と表現に差がつけられていた。

（37）　この法典（略してCJBJという）は、起草者クライトマイアの解説付きで一七七一年に修正版が出ているが、この版がのちに法典の部分修正を試みた一八一九年と一八三七年の二法典とともに、シューベルト氏の編集で復刻されている（Codex Juris Bavarici Judiciarii von 1753, mit den Anmerkungen von W. X. A. Kreittmayr und den Novellen von 1819 und 1837, 1993）。クライトマイア（Wigläus Xavaerius Aloysis Kreittmayr. 一七〇五～九〇年）は、のちには宰相にまでのぼりつめたが、法律家としても裁判所法典のほか刑法典、民法典の起草を担当し、バイエルンに貴重な業績を残した（小林孝輔監訳『ドイツ法学者辞典』（一九八三年）一五九～一六三頁〔芹沢斉〕）。

（38）　いささか長ったらしい名の法律で、「裁判所組織、民事・刑事事件の手続、刑法に関する立法の基礎に関する法律」（Gesetz, die Grundlagen der Gesetzgebung über die Gerichts-Organisation, das Verfahren in Civil- und Strafsachen und über das Strafrecht betreffend. Grundlagengesetz と略称される）。三月革命の当初、当時の国王ルートヴィヒ一世（Ludwig I. 一七八六～一八六八年。在位一八二五～四八年）は、出版の自由、公開・口頭の裁判手続の導入などを約束して、その圧力をまぬがれようとしたが、もともと愛人の舞姫（モンテス）との関係などで国民の不評をかっていた国王は、結局三月二〇日に退位に追いこまれ、息子マクシミーリアン二世（Maxmilian II. 一八一一～六四年。在位一八四八～六四年）に譲位した。新王は六月四日に、上記した法律のほか、責任内閣法、出版の自由法、領域裁判所の廃止法など、一連の改革立法を公布した。なお、彼の息子がルートヴィヒ二世である（Ludwig II. 一八四五～八六年。在位一八六四～八六年。狂王と呼ばれる）。

（39）　七つの草案は、一八一二年、二五年、二七年、三一年、三六年、四八・四九年、五四・五五年に作成されている。このなかには、広くドイツに名を知られたバイエルンの理論家により起草されたり、あるいはその意見書を尊重して起草されたものがある。一二年の草案は、ゲンナー（Nikolaus Thaddäus Ritter von Gönner. 一七六四～一八二七年。弁論主義・職権探知主義の対概念の考案者としても著名）が起草にあたり、二五年の草案は、フォイエルバハ（Paul Johann Anselm Feuerbach. 一七七五～一八三三年）の意見書に基づいて起草された。また、二五年と三一年の草案は、それぞれシューベルト氏によって復刻されており、とくに二五年の草案には同氏の「一九世紀におけるバイエルン民訴の歴史」が付記されていて有益である（Entwurf der Prozeßordnung in bürgerlichen Rechtsstreitigkeiten für das Königreich Bayern von 1825. Mit einer Einführung in die Geschichte des bayerischen Zivilprozesses im 19. Jahrhundert, 1993)。二つの在来法を修正した法律については、前注(37)参照。ほかに、バイエルンの民訴法史として、Dahlmanns, Handbuch, SS. 2634-45; Ahrens, SS. 488-556.

(40) この草案は、強制執行、破産に関する条文も含めて、その総数は一一七七か条。要点ごとに説明をまとめた理由書（Motive）が後尾に付されている。一八六三年に修正された部分、および施行法草案も合わせて、シューベルト氏により復刻されている（Entwurf einer Prozeßordnung in bürgerlichen Rechtsstreitigkeiten für das Königreich Bayern (mit Motiven) von 1861: Modifikation und Entwurf eines Gesetzes über die Einführung der Prozeßordnung von 1863〔以下略〕, 1993)。

(41) フランス法に教示を受けた執達吏制度は、H50も認め、Gerichtsvoigt と呼んだが、バイエルン草案（これに基づく一八六九年の法律）は Gerichtsvollzieher と呼び、この呼び方がHE（一一二条以下）でも帝国裁判所構成法（GVG）でも採用された。

(42) 上田徹一郎「ドイツ民事訴訟法における証人無制限原則の成立」中田淳一還暦記念『民事訴訟の理論』上（一九六九年）二三〇頁・二四〇頁など。

三 HEの内容とレオンハルトの反論

(1) HEの内容

以下では、HEの内容を、訴訟開始の手続と証拠裁判の二点にしぼって紹介していこう。

(イ) 訴訟開始の手続

(a) HEの審議が行われたころ、訴訟開始の手続としては、次の二つのタイプが存在していた。その一つは、普通法・H50のとるタイプで、最初に裁判所に期日を指定してもらい、その後に当事者間で書面を交換するタイプ、いま一つは、フランス法・バイエルン草案のとるタイプで、最初のうちは当事者間で書面を交換し、その後にはじめて裁判所に期日を指定してもらうタイプである。

HEの審議では、比較的早い時期に、今後の審議のためどちらのタイプをとるか一応決めておこうということになり、報告者二人（バイエルンのボムハルトとヴュルテンベルクのシュテルネンフェルス）は後のタイプに賛成したが、他の委員からいっせいに反対されて前のタイプに決まったことは前述した。このようないきさつがあったので、レオンハルトの作成した報告委員草案は――他の二人の副報告委員（ボムハルトとザクセンのタウフニッツ）は反対（後のタイプに賛成）であったが――いわば安んじてH50の方式をとった（二二四〜二四三条。HEP五巻一三五一頁以下）。

ボムハルトはそれでも、バイエルンの破毀院の後者に賛成との意見書を紹介したり（HEP同巻一三六〇頁以下・一三八三頁以下）、訴状・答弁書交換のあと、「理由づけられた申立書」を提出することはどうか、と提案したが、前の二つの書面で一定の申立てとそれを根拠づける事実を明らかにしているのに、なおこの書面を必要とするのか、とその提案は却下された（HEP五巻一五二九頁以下。評決の結果は七対五（一五五四頁））。ボムハルトはなおこりずに、訴状、答弁書の交換後、さらに準備書面が再抗弁、再々抗弁のために交換されたときは、その時間的経過の間に当事者が当初に考えていた申立て、それを根拠づける事実などに変更を加える必要を感じるかもしれない、その場合のためにも「理由づけられた申立書」の提出を認めるべきではないか、と提案した（このような訴状、答弁書の交換後、再抗弁、再々抗弁の書面を提出することは、H50でも（前述三の三(3)(ハ)(b)）、HEの報告委員草案でも（二三九条）、例外的な手続としながら認めていた）。この提案は、――レオンハルトの反対があったにもかかわらず――多数（七対四）の賛成を得た（HEP五巻一六〇九頁以下、評決は一六一二頁）。ボムハルトとしては、暗夜に燭光を見出したような思いをしたであろう。彼は、「ハノーファー法の聖域に一つの突破口を開いた」と本国政府に書き送った(43)。

(b)　ところが、このような状況に急変をもたらす事態が生じた。事実を主張するときに、それを裏づける証拠方法も提示すべきか、それとも事実主張の段階と証拠方法の提示（それにともなう証拠調べ）の段階は原則として分離し、後者の段階は裁判所の証拠裁判を待ってはじめるか、つまりは、証拠結合か証拠分離かをめぐって、レオンハルトと二人の副報告委員との間に意見の衝突が生じ、レオンハルトは後者を主張し、副報告委員たちは前者を支持した。この問題は、前掲した訴訟開始手続のように、H50方式をとるとあらかじめ決まっていなかったので、両意見が衝突したまま、報告委員提出の草案としては、証拠に関する章の冒頭に、「口頭弁論の終結時に重要な事実をめぐってなお争いがあるときは、裁判所は当事者に証拠の申出を促さなければならない」（二七八条）という一見なんの変哲もない規定をおかなければならなかった。レオンハルトによると、この規定は証拠結合を前提とし、ただ当事者への促しこそが証拠裁判を意味し、副報告委員たちによると、この規定は証拠結合を前提とし、この裁判所の当事者が事実主張だけをして証拠の申出をうっかりしているときに裁判所がそれを促す釈明の規定だ、というわけである。レオンハルトは、よりはっきりと証拠裁判であることを明らかにする規定への変更を提案し、副報告委員は右掲の説を展開して譲らず、議論が長くつづいたが、評決の結果――七対四で――レオンハルトが敗れた（HEP六巻一七五四頁以下、評決の結果は一八四〇頁）。

レオンハルトは、自説の主張では敗れたが、相手方の主張する証拠結合の立場に立てば、訴状、答弁書の交換など、口頭弁論前の書面の交換において、事実主張のほか、証拠の申出も記載すべきだと主張した。それが事実主張と証拠申出を同時に行うという証拠結合の精神に合致するし、相手方に不意打ちを与えないという準備書面の機能からみても証拠の申出の記載は必要だとした。他の委員のなかには、証拠結合の立場をとったからといって、訴状などの準備書面への記載まで必要とするのかという疑問も聞かれたが、少なくとも口頭弁論前の書面交換の段階で証拠の申出の記載を必要とする点では多くの意見の一致をみた。

問題は、このように口頭弁論前の書面への記載は必要だとして、それをどのような方式でするか、であった。レオンハルトは、すでに訴状の段階から記載すべきだとしたが、相手方の争わない事実にまで証拠申出の必要はないし、例の「理由づけられた申立書」への思い入れもあって、証拠の申出は別の書面で行うべきだという説もあり、なんと一五の提案が相次いだ（審議は一八六三年の夏休みの前後七期日を要した）。そのうちの一日は、委員長が提案の整理のため、各提案者に審議録への記載なしの話合いを要請したほどであった）。その結果は、（レオンハルトにとっては意外な結末であったろうが）――訴訟開始の手続における――バイエルン草案方式の復活であった。すなわち、原告・被告間で訴状、答弁書、さらには再抗弁書（被告の反訴に原告が抗弁を出したときの被告の再抗弁を含む）まで交換したのち、原告側から裁判所に申し出て口頭弁論期日を指定してもらう。その弁論期日前に、当事者双方はなお争いのある事実につき証拠方法の開示を相互に書面により行う。なお、当事者がその申立てを変更する必要を感じたときはその旨の書面を相手方に交付する。これらの書面は終結書面（Schlußschriftsätze）と呼ばれた。当事者間で書面を交換したのち、裁判所に弁論期日の指定を申し立てることも含めて、完全にバイエルン草案寄りであった（HEP六巻一八五〇～一九四三頁。評決の結果は七対五。第一読会後の確定草案二三一～二四〇条）。

(c)　第二読会の開始（一八六五年三月一五日）後、ふたたび証拠結合の問題が取り上げられ、レオンハルトは反対の証拠分離を主張したが、多数の賛成が得られず敗れ去った（HEP一四巻五三一六～四三頁、評決の結果は六対三）。ところが、この問題に関連して、訴訟開始の手続＝口頭弁論前の書面交換について、またもや大きな変化が生じた。発言したのは、オーストリアの委員リッチィであった。彼によると、訴状や答弁書などに証拠方法の提示ができないという第一読会後の草案には納得がいかない。訴状、答弁書、その後の書面、したがって広く準備書面一般において、証拠方法の提示（記載）を認めるべきである。そして、この訴状、答弁書、その後の書面交換についていうと、まず原告から訴状の送達に先立って、裁判所に口頭弁論期日の指定を申し立てるべきである。訴状の送達を受けた被告は、指定された口頭弁論期日前にその答弁書を提出すべきである。開始された口頭弁論期日において、当事者から申立てがあり、裁判所も事件にとって必要であると認めたときは、再抗弁、再々抗弁まで書面の交換を認める。このときでも裁判所は、その交換の期間を定め、かつ交換後の新しい口頭弁論期日を指定する。ただし、この手続が行われたときは、最後に当事者から終結申立て（Schlußanträge）を行い、そこには、求める一定の申立て、書面交換後もなお争いの対象（争点）となっている事実、その事実に関する証拠方法を掲記すべきである。以上が、リッチィの提案である。この提案は、基本的にはH50に従いながら、証拠結合の建前をとり、しかも再々抗弁書までの交換を認めてそのときには終結申立ての提出を要求するなど、バイエルン草案の発想も取り入れた文字どおりの折衷案であった(44)。レオンハルトはこの案に賛成した。バイエルン、ヴュルテンベルクの委員は反撥した。結局、賛成多数（六対三）でこの案が採用され、第二読会後の確定草案（＝HE）となった（二三一〜二四一条、一二〇条。HEP一四巻五三六八〜五四〇〇頁(45)）。

(ロ) 証拠裁判

すでに右にふれた証拠結合・証拠分離の問題で見られたように、この草案ではレオンハルトの証拠に関する立場ははなはだ弱いものであって、証拠裁判にいたっては完敗してしまった。まず、(i)証拠裁判（この草案ではBeweisverfügung〔直訳すれば、証拠命令〕と呼ばれた）の自己拘束力をめぐって、レオンハルトは自己拘束力を認めるH50（二一八条）を引用し、ボムハルトはこれを否定するバイエルン草案（二八〇条。裁判所は裁判を撤回できないが別の証拠を取り調べることができるという一見分かりにくい規定）を援用し、断をくだす立場に立ったタウフニッツは、裁判所は一度言い渡した証拠裁判に拘束されないが、別に証拠裁判を行うとしても当事者が適時・適法に提出した証拠に限るという案（オーストリア草案の案）を提示した。議論の結果、レオンハルトの提案は九対二の大差で否決され、原則として裁判のもつ自己拘束力を否定した案が七対四で可決された（HEP六巻二〇三二〜六三三頁。HE三〇九条）。

(ii) 証拠裁判に失権効を認めるか、すなわち、証拠裁判後に新しい証拠申出を認めるか、をめぐっては長い議論が展開された。報告委員提出の原案には、「当事者は事実の立証または反証のためにいくつかの証拠を有するときは、その全部を（そろえて）提出すべきである」という規定があった（二七九条二項）。この規定の適否をめぐってはげしく争われた（HEP六巻一九四四頁以下）。レオンハルトは、自分は証拠結合主義に反対だが、しかしこの主義をとるなら、当事者は事実主張の段階で証拠を申し出るべきで、時機に後れた証拠申出は失権するのが当然である、と論じた。他の委員からは、論理的にはそのとおりであろうが、実際上当事者にとって酷にすぎる、という反論が相次いだ。結局、適時に（口頭弁論終結までに）提出されない証拠はその審級かぎりで失権する（斟酌されない）という規定が置かれるにとどまった（HEP六巻二〇〇八頁）。レオンハルトは、第二読会において、前述した証拠裁判の自己拘束力や、この失権効に関する自説をくり返したが、つねに惨敗を喫して終わった（HEP一四巻五三〇五～三七頁。HE二四八条・三〇九条）。

(2)　レオンハルトの反論

レオンハルトは、一八六五年に、『ドイツにおける民事訴訟の改革のために』（Zur Reform des Civilprocesses in Deutschland）という二巻本を出版している。一八六五年というと、その前年の六四年七月にHEの第一読会の大半を終わり、六五年にはその残部をへて三月から第二読会へと進んだ時期である。レオンハルトはこの第一読会と第二読会の中間の閑暇を利用して本書を執筆したと思われる。内容的に見ても、第一巻は、H50、フランス法、ジュネーヴ法、さらにはHEの審議委員会に簡単に触れたのち、証拠結合、それの訴訟開始手続に対する影響、証拠裁判の効力の問題などを主に論じている。つまりは、HEの第一読会で敗れた論点を取り上げ、それに対する再反論を試みているのである。議論の要点はすでにHEの審議の席での発言のくり返しなので（HEPは、一般の書店を通じて公刊されていなかった）、ここでは再録を避けておこう。また、第二巻は、前年（一八六四年）に公表され、HEの第二読会でもたびたび引用を見るプロイセン草案に対して、先回りをして批判を加えたものである。同草案については後述する。いずれにせよ、近代ドイツ民訴法の父と目されるレオンハルトの基本的立場を知る上で見逃すことのできない文献である（なお、本書を刊行した当時の彼の官位は司法次官であった）[46]。

（43）　Schubert, HEP, S. XXVI.

（44）　オーストリアは、一八六〇年あたりから民訴法改革への顕著な動きを見せはじめ（少額事件手続などについてはすでに注目すべき改革を行っていた）、一八六一年には司法省が民訴法改革の新方針を明らかにし、翌六二年にはこの新方針に基づく民訴法案を発表した。基本的にはH50に学んだ草案であったが、訴状・答弁書交換後に行われる再抗弁、再々抗弁のための書面交換は、H50では例外とされていたが、オーストリア草案では訴状・答弁書交換と並ぶ一般的手続とされ、ただその書面交換を許すかどうかを裁判所の裁量事項とした。さらにオーストリアでは、一七八一年の「一般裁判所法」以来、証拠結合を伝統的なあり方としてきた。そこで新草案でも、右の訴状から再抗弁書までの書面には、当事者の申立て、その根拠となる事実関係、それを裏づける証拠方法を記載すべきことを求めていた。

レオンハルトは、証拠分離主義に立つ立場が敗れ、証拠結合主義と決まったとき、証拠申出を事実主張と同時にすべきなら、訴状からそのことを認めるのが純理的であるとし、オーストリア草案の条文を採用することを提案した。その提案は何度にも及んだのに、リッチィはその誘いにのらず、むしろ第一読会ではつねにボムハルトに賛成する立場にたった。ところが、第二読会後は本文に紹介したように態度を急変した。二つの読会の間の時期に本国において周りから注意を受けたのであろうか。

なお、一八六二年草案を含む一九世紀のオーストリアの民訴立法については、上田理恵子「一八九五年オーストリア民事訴訟法成立の背景」一橋研究二一巻三号一五五頁以下。

(45) 第一読会では、当事者間で書面を交換したのち、裁判所に申し立てて口頭弁論期日の指定を受けるというバイエルン草案（フランス法）の方式をとりながら、なぜ第二草案では、まず裁判所の期日指定を受けてから訴状の送達、答弁書の提出をするとし、オーストリア草案の方式をとったのであろうか。要因の一つに、バイエルン草案の方式では弁護士の怠慢により手続が遅延するという、ドイツでも以前から広く知られていた危惧があげられるであろう。第二読会でヴュルテンベルクの委員がバーデンの委員の代理として（第一読会後バーデンの委員がハノーファーから姿を消し、ヴュルテンベルクの委員に代理を依嘱したことは前に述べた）バーデンの司法省の意見書を紹介している。それによると、「（第一読会後に発表された草案によれば）弁護士に訴訟遅延を許す余地を与えている。ジュネーヴ法、ハノーファー法（H50）と同じように最初から裁判所の関与を認め、手続を迅速に処理するよう管理させるべきである。当国の新民事訴訟法はこの立場をとっている（一八六四年のバーデン民訴法一〇一四条以下）」と述べている（HEP一四巻五三九二～九五頁）。口頭弁論前の当事者間の書面交換が、弁護士のタクティックを許して手続の遅延をもたらすフランス法の大きな欠陥であることは、すでにミッターマイヤーやフォイエルバッハなど、著名な法律家によって指摘され（三注(43)）、ドイツにおいて広く知られているところであった。それにもかかわらず、バイエルン草案がフランス法方式をとったのには、同法が行われているバイエルン領ライン左岸地方出身の議員のねばり強い主張があったといわれる。

（46）レオンハルトは、本文で次述するように、六五年一〇月にハノーファーの司法大臣に任命され、その後ＨＥの審議委員会の名誉総裁の称号を与えられ、六六年三月の最終審議の期日には、この立場で各委員に慰労の謝辞を述べた。しかし、それまでの審議委員の一人としての活動は――ＨＥＰの記載を通じて――後代の学者によってどのように評価されているのであろうか。シューベルト氏は、次のように彼を高く評価している。「ＨＥＰが生彩に富み、明晰さに恵まれているのは、なんといっても審議に参加したハノーファーの委員レオンハルトの賜物である。（中略）彼にとって大事なことは、ある原理が正しいかどうかよりも、その原理を徹底的につき進めることであった。立法に際しての中途半端な態度は『きわめて具合いの悪いことだ』と言っている。こう言っているときの彼は、一つの原理にかたくなにこだわるというよりも、複雑で、明瞭さを欠いた規定は実務のために避けるべきだということを念頭においている。変な修正を加えて実務的に通じなくするよりも、原理を貫き通した際の不利益をむしろ甘受すべきだとしている。また彼は、議論をしている相手方の立場に立って考え、議論がつねに中心問題にたち帰るよう配慮した。このような彼の態度は、第一読会、第二読会を通じて、とくに証拠結合、証拠裁判、合議裁判所の通常手続への導入部分［訴訟開始の部分］をめぐる複雑な議論の際に見られた。（後略）」（Schubert, HEP, S. XXV）

たまたま、本稿が取り上げた各論点におけるレオンハルトの態度に言及されている。たしかに、彼は頭の回りが早く、かつ一つの問題をつっ込んで考える能力を持っていたようである。文中に紹介されている「立法の際の中途半端な態度はきわめて具合いの悪いことだ」という発言は、証拠分離主義をとる彼の見解が敗れた途端、証拠結合主義をとるなら訴状の段階から事実主張と証拠の提示を同時に行うべきだと主張し、後者の主義をとる委員から、そこまで厳格に考えなくてもよいのではないか、と反論されたのに対し、きびしく言い返した言葉である。ただ、私は、シューベルト氏が高く評価されるほどに、ＨＥＰにおけるレオンハルトの発言を丹念に読みこんだわけではない。とにかく、一つの問題解決に一五の提案（そのなかのいくつかはレオンハルトのもの）が飛び交うほどの精緻かつはげしい議論である。私は読み疲れて、早く委員会の結論を知りたいなとだけ思ったものである。

四　ＨＥの結末

一八六六年三月二四日、ＨＥの委員会はその午前中に最後の審議を終え、午後三時から委員会の解散式に臨んだ（ＨＥＰ一七巻六七二〇～二四頁）。六五年一〇月二一日司法大臣に任命され、ＨＥの委員の席から離れたレオンハルトは、六六年三月一〇日（最後の日のほんの二週間前）委員会の名誉総裁に選ばれていたが、その立場から大略次のような挨拶をした。「私が委員の席を脱けてからも、委員会がなお真剣な努力を重ねられ、ここに草案を完成されたことは、大変な喜びであり、また深い敬意を表するものである。もっとも、この草案がドイツ連邦全加盟国にとって共通の法律となるかどうかは期しがたいことである。しかし、そうであってもこの草案が、あらゆる方向にわたって立法の指針となり、将来に期待される全ドイツのための民訴法典の基礎となることは疑いのないところであろう。私個人にとっては、この草案の審議に参加できた日々は、生涯にとって最良の時間であった。」

文中彼が、この草案がドイツ連邦全加盟国にとって共通の法律となることは期しがたいと言っているのは、連邦の強国の一つプロイセンがこの草案の審議に参加せず、むしろ独自の草案を起草している状況を念頭においてのことであったろう。

事実、HEは草案のままで終ってしまった。委員会を解散した翌月（一八六六年四月）、委員長リッチィは報告書をそえてHEを連邦議会に提出した。議会総会は草案の可否の検討を連邦裁判所委員会に付託した。委員会は草案を可とし、これを採用するか、するとしてどのような条件のもとにするか、それを加盟各国に問い合わせるべきであると答申した（同年六月二一日）。しかしこの答申がなされた日から一週間前（六月一四日）、プロイセンはドイツ連邦を脱退し、連邦に加盟するオーストリアをはじめいくつかの国と戦闘状態におちいっていた。いわゆる普墺《ふおう》戦争（プロイセン対オーストリア戦争）のぼっ発である。ドイツ連邦からはプロイセンだけではなく、その圧力を受けた主として北ドイツの諸国が脱退し（上の答申がなされた日にも、両メクレンブルクやオルデンブルクが脱退している）、議会はその体をなさなくなった。大モルトケの用兵の妙をえたプロイセン軍の精鋭の前に、オーストリア軍などはあっけなく敗れ去り（七週間戦争といわれた）、オーストリア皇帝は同年八月二三日のプロイセンとの講和条約において（すでに七月二六日に仮条約）ドイツ連邦の解散を承認せざるをえなかった（議会は七月二一日、戦火の危険を避けて、所在地をフランクフルトからバイエルンのアウクスブルクに移したが、解散まで連邦にとどまったのはオーストリア、バイエルン、ザクセン、ハノーファー、ヴュルテンベルク、ヘッセン＝カッセル、ヘッセン＝ダルムシュタット、ナッサウ、そしてリヒテンシュタインであった[47]。

（47）　Huber, III, SS. 563-72. なお、この戦争については、とくにハノーファーとの関係も含めて、後にも触れる。

五　ドイツ法律家大会（ＤＪＴ）とプロイセン草案（ＰＥ）

ＨＥの審議の第一読会、第二読会において委員たちよりときおり引用を見たものに、ドイツ法律家（法曹）大会の決議があり、公表の時期の関係で主として第二読会において引用を見たものに、プロイセン王国の民訴法草案（プロイセン草案）がある。以下では、この二つの概要を見ていこう。

一　ドイツ法律家大会（ＤＪＴ）

ドイツ法律家（法曹）大会は、ドイツの法律家たちの交流組織で、一八六〇年に組織され、途中いく度かの中断期間をはさみながらも、今日まで活動をつづけている[1]。

(イ)　大会の発端

(a)　一八五九年五月、「プロイセン裁判所時報（Preussische Gerichtszeitung）」（同年四月より刊行）の編集者がベルリーンの市裁判所の裁判官と語り合い、一四人の法律家に呼びかけて、交流の機会を持とうと提案した[2]。提案に応じた人たちはその会合を「（ベルリーン）法律家協会（Die Juristische Gesellschaft（zu Berlin））」と名づけ、会の目的を「理論と実務の間の活発な交流」と定めた。会の初年度の終りには会員数は一〇〇人を超えるほどになり、メンバーの一員となったベルリーン大学教授のグナイスト（Rudolf Gneist）の講演（「〔行政と司法の〕権限争議」）を聞く機会を持ったりした。

(b) 翌一八六〇年春、右の「法律家協会」の役員の一人ホルツェンドルフ（Franz Holtzendorff. 一八二九〜八九年。刑法、刑事政策で著名。のちミュンヒェン大学教授となるも、当時はベルリーン大学私講師）が「プロイセンだけではなく、全ドイツ的規模における法律家の交流の組織を持とう」と提案した。この提案は、「協会」の役員会でも総会でも承認され、その交流実現の手続も一任された。そのための委員会（メンバーには、グナイスト、ホルツェンドルフなど）が組織され、上述した「プロイセン裁判所時報」を通じて、一八六〇年八月二八日から三〇日にかけてベルリーンに集まるよう呼びかけられた。期間中には全ドイツを通じてなんと約八〇〇人の法律家たちが集まった。プロイセン王室も経済的に多額の援助をし、集まった法律家たちを王宮に招待して宴会を開いたりした。

会議は「ドイツ法律家（法曹）大会（Deutsche Juristische Tagung）」と呼ばれた（略してDJTという。以下でもこの略語を用いる）。規約も定められ、「①ドイツの法律家たちの活発な意見交換と人的交流、②私法、訴訟法、刑法の分野において法統一の促進への関心をたえず高めること、その統一を妨げる事情を指摘すること、法統一への適切な提案をすること」が目標と定められた（第一条）。メンバーは、「ドイツの裁判官、検察官、弁護士、公証人、それぞれにおける採用予定者（試補）、各ラント法で右の裁判官等の有資格者とされている者、高等教育機関における教師、法学博士、官庁の構成員で法学既修者」とされた（第二条）。総会のほか、四つの部会が設けられ、第一部会は「私法、とくに債務法と担保法、法学教育と実務修習」、第二部会は「商法、手形法、海法および国際法」、第三部会は「刑法、刑訴法および監獄制度」、第四部会が「裁判所構成と民訴法」を担当した（第六条）。

ＤＪＴには、前総会の会長（Präsident）と一九人の委員からなる常置的な運営委員会が設けられ、この運営委員会が、次回総会の開催場所、時期（毎年開催が原則だが、二年に一度でもよい）を定め、そこで取り上げられるテーマを選択、適当な者に意見書（Gutachten）の提出を求め、またそれについて口頭で意見（Referat）を述べる者を選択・依頼した。

第一回の総会の会長には、ヴェヒターが選出された。(3)

(ロ)　ＤＪＴの業績

(a)　ＤＪＴは、後の時代から思うと、きわめて危うい時期に成立した。他民族をかかえるオーストリアをも含めてドイツに統一国家を実現すべき（大ドイツ主義）か、同国を除いてプロイセンを中心にドイツに統一国家を実現すべき（小ドイツ主義）か、はげしく対立していたさなかである。その折りに、プロイセンの法律家たちが提唱して全ドイツ規模の法律家団体を作るというのである。オーストリアやそれに好意的な諸国政府が、はたして自国の法律家にベルリーンへの参集を認めるかどうかが案じられたが、この点は難なく通過した。

各国政府に趣意書を送ったところ、オーストリアの司法大臣からも、バイエルンの司法大臣からも、ＤＪＴの発足を祝福し、発展を期待する旨の返書が到着した。法律家の交流と全ドイツの法統一という大義名分の前には誰も反対することができなかったのであろう。

ＤＪＴも政治的立場には大変気をつかった。第一回総会の第四部会で、ベルリーンのある弁護士が「ＤＪＴは、ドイツ各国政府に、一般的な民訴法典を制定するよう懇請する」という決議をしようと提案したところ、総会では、ＤＪＴは直接的に各国政府に働きかけるべきではないという意見が出て、この提案は、「一般的な民訴法典が制定されることは、しかも公開主義、口頭主義に基づいた法典が制定されることは、望ましいことである」と名宛人を消した形に修正された上、総会で決議された（「しかも」以下の部分については総会で追加された）。

ところが、ＤＪＴのこのような気のつかい方にもかかわらず、翌年、ドイツ連邦を介して各国に統一民訴法典を施行するか（オーストリアなどの意見）、連邦外において各国が個別交渉で統一民訴法典を施行するか（プロイセンの意見）の対立があらわになってしまった（四の一(2)(ハ)(c)・(d)）。DJTは、翌一八六一年、ドレースデン（ザクセン）で開かれた第二回総会において、会長（議長）に選ばれたブルンチュリの報告に基づき[4]、「ドイツ諸国間にみられる意見の対立は、決して法典の成立を左右するような決定的なものではなく、その解決のために各方面から尽力されるよう強く期待するものである」、「現在行われようとしている作業は、当座の準備作業にすぎず、その作業の完成後統一法典として施行されるよう、ドイツ各国が努力されることを確信するものである」と決議した。

DJTの各部会の審議対象は前にも紹介したとおりであるが、行政法が対象に加えられたのは一九〇六年のキール（ホルンシュタイン）での総会であったし、憲法が加えられたのは一九二一年のバンベルク（バイエルン）での総会であった。

(b) 統一法典の実現への助力を目的としていただけに、DJTはその法典の審議の過程にきわめて敏感で、そこで取り上げられるであろう論点、または取り上げられた論点を、自分たちの総会でも取り上げ、議論をし、決議を行った。そしてまた、この議論や決議が、法典の審議の過程にそれなりに重要な影響を及ぼしたのである。ここでは、その議論や決議を、訴訟開始の手続部分と証拠裁判の部分にかぎって紹介しておこう[5]。

① 「公開主義、口頭主義に基づく民訴手続の重点は、口頭弁論にあるのか、それとも、それに先行する（そして基礎ともなる）書面手続にあるのか」という問題提起に対して、書面交換後に口頭弁論を行うかどうかは合目的的考慮によるとか、書面によって認識できる当事者の陳述のみが裁判に斟酌される、などの議論もあったが、総会は、「公開主義、口頭主義に基づく民訴手続の重点は、合議制裁判所の手続では口頭弁論にあるべき」と決議した（第二回、ドレースデン、一八六一年）。

② 「当事者の主張を明らかにする証拠方法の提示は、第一審においては、文書を例外として、証拠裁判の後

に行われるべきか」という証拠分離に関する問題提起に対して（第一回）[6]、第四部会では肯定的意見が目立ったが、総会は時間の関係で次回へと持ち越した。次回（第二回）には、シュテルネンフェルス（ヴュルテンベルク。HEの委員の一人）やハノーファーの弁護士が肯定する意見書を提出し、プランク（「証拠判決論」の著者）は、手続の態様によるので一概に答えられない、という慎重な態度をとったが、第四部会、総会は肯定した。ところが、第六回（ミュンヒェン、一八六七年）の総会において、「民訴の口頭手続にとって、当事者間に争いのある事実についての証拠の申出は、口頭弁論、準備書面において行うのを是とするか」という問題提起がなされ、あらたにデューリンク（レオンハルトをハノーファーの司法省に起用した司法大臣で、この当時はプロイセンに併合されたのちのツェレの高裁長官）らが意見書を提出、デューリンクは訴訟の迅速、費用の節約などの点から好ましくないとしたが、総会は是とする決議を行った。

③「証拠裁判に対して、上訴は許されないのではないか」という問題提起に対して（第一回）、総会は決議を第二回に持ち越したが、その第二回では、「裁判官により命じられた証拠の取調べは、上訴の提起によって妨げられてはならない」と決議した。上訴の手続停止効は否定したが、上訴そのものを拒否したわけではない。

④「裁判官は、終局判決の際、先に言い渡した証拠裁判に拘束されるか」という問題提起（第三回、ヴィーン、一八六二年）に対して、ヘフター（August Heffter. 一七九六〜一八八〇年。ベルリーン大学教授。普通民訴法の体系書もある）などが意見書を提出し、総会では、「裁判所は、理由をともなった決定で立証責任の所在を定め、（当事者に）立証を命ずべきである。裁判所は終局裁判の際にこの証拠決定に拘束されるものではない」と決議した。

⑤「第一審における事実や証拠方法の提示には、原則として失権期間が存在するか」という問題提起が第六回総会（ミュンヒェン、一八六七年）においてなされた。証拠裁判に失権効を認めるか否かをめぐる論争を念頭においてのことである。二人の弁護士の意見書が提出された（うち一人は、ハノーファーの弁護士）。二人はともに、証拠裁判に（裁判官への）自己拘束力を認めるかどうかで結論が異なるとした。認めるなら、証拠裁判後の事実

主張は排除（失権）されてしまう。証拠裁判に自己拘束力を認めないときは、終局判決に接続する口頭弁論の終結まで許され、特別の失権期間は存在しないとした。第四部会は、「第一審における事実や証拠方法の提示には、失権期間は存しない」と決議した。しかし、証拠裁判に自己拘束力（失権効）を認めるハノーファー法・普通法系の立場をとるか、それを認めないフランス法・HEの立場をとるか、という問題の重要性にかんがみ、部会は総会に、総会としての決議をするか、それとも次回に持ち越すか、の判断をゆだねることにした。総会は、後者の案を選んだ。その次回（第七回、ハンブルク、一八六八年）では、もはや意見書の提出を求めず、一人の弁護士（ミュンヒェンの）の口頭による意見を聞くにとどめたが、意外にも総会の決議は、「第一審における抗弁や証拠方法の提出には、原則として失権期間が存在する」というのであった。この総会の決議は、第九回総会（ヴュルテンベルクのシュトゥットガルト、一八七一年）で帝国民訴法（CPO）の最初の草案の可否を論じた際、「新しい事実および証拠方法は、終局判決に接続する口頭弁論の終結まで提示することができる。ただし、草案の基準に従う」という決議によって実質的にくつがえされた。

(ハ)　その後のDJT

規約によると、DJTは、原則として毎年開催するのが建前とされていたが、一八六四年の第五回総会（ブラウンシュヴァイク）から、一八六七年の第六回総会（ミュンヒェン）までとんでいる。これは、その間に発生した普墺戦争と、その後の政治的な結果によるのであり、一八六九年の第八回（ハイデルベルク）から一八七一年の第九回（シュトゥットガルト）にとんでいるのは、普仏戦争のぼっ発による。一九一四年から二〇年の間の中断は、第一次世界大戦、そこでのドイツ敗戦から生じた混乱によるのであり、一九三三年にはミュンヒェンで開催される予定であったが、ナチスの圧力の前に無期延期のやむなきに至った（一九三七年には、公務員の集会に関するナチスの法令により、法形式上も解散の事態に追い込まれた）。一九四九年にケルンで開かれた第三七回総会より復活し、今日に至っている。

（1）以下の「ドイツ法律家大会」および「（ベルリーン）法律家協会」の歴史については、① Thomsen, Gesamtbericht über die Thätigkeit des deutschen Juristentags in den 25 Jahren seines Bestehens, 1860–1885, 1885; ② Th. Olshausen, Der deutsche Juristentag — Sein Werden und Wirken, Eine Festschrift zum fünzigjährigen Jubiläum, 1910; ③ Andreas Fijal, Die Geschichte der Juristischen Gesellschaft zu Berlin in den Jahren 1859 bis 1933, 1991を参照した。

（2）編集者はヒールゼメンツェル（Carl Christian Hiersemenzel. 一八二五～六九年）。ベルリーン市裁判所の裁判官はヴァルテンスレーベン伯爵（Julius〔Cäsen Leopold Carl Wilhelm Emil Bernhard〕Graf von Wartensleben. 一八〇九～八二年）。二人の経歴については、前注の③ SS. 48–50, 66–68.

（3）Wächter（Carl Georg. 一七九七～一八八〇年）は、もともとヴュルテンベルク王国の出身で、当初は同王国のテュービンゲン大学の教授、学長をつとめ、一八三九年から四八年まで同王国の下院議長もつとめたが、世紀の中ごろから拠点をザクセン王国に移し、一八五二年よりライプツィヒ大学の教授、北ドイツ連邦の憲法制定議会のメンバー、ザクセン王国の枢密顧問官などを歴任した。刑法やヴュルテンベルクの私法に関する著作などで知られる。初代の会長（Präsident）にプロイセン人を避けたのは政治的配慮によるのであろう（ヴェヒターの経歴については、小林孝輔監訳『ドイツ法学者事典』〔一九八三年〕三一七頁〔猪股弘貴〕参照）。

なお、ヴェヒターは、その後も第三回総会より第六回総会まで連続して会長に選ばれている。もっとも、会長をより頻繁につとめたのはグナイスト（プロイセン）で、第七回、第九回～第一四回、第一六回～第一八回、第二〇回、第二二回まで計一二回も選ばれ、彼の存在の大きさを示している。

（4）Bluntschli（Johann Casper. 一八〇八～八一年）は、スイスのチューリッヒに生まれ、同地で法律学を学んだが、一八二七年から二九年まではドイツのベルリーン、ボンでも学んだ。生地の大学教授となり、私法典の編纂に従事し、三八年から四八年には同地の上院議員となった。四八年にミュンヒェン大学に招かれ、六〇年にはハイデルベルク大学の教授となり、同時に同大学の所在するバーデン大公国の上院議員に補された。彼の国法学、国際法に関する著作は、わが国でも明治の早い時期に平田東助、加藤弘之などの翻訳に恵まれ、明治憲法の起草者の中心、井上毅につよい影響を与えたといわれる。山室信一『法制官僚の時代』（一九八四年）――同書末尾の「人物略伝と人名索引」のブルンチュリの項参照。ブルンチュリの経歴については、前掲『ドイツ法学者事典』三三頁以下〔長尾龍一〕。なお、ブルンチュリは第八回総会（ハイデルベルク、一八六九年）の会長にも選ばれている。

（5）DJTは、毎総会ごとに、そこで行われた問題提起、議論、決議などを収録した一ないし複数巻の議事録（Verhandlungen）を刊行している。

ちなみに、HEの審議委員たちも多くがこのDJTに参加、オーストリアのリッチィは、第三回総会から第八回総会にかけて常設運営委員会のメンバーとなり、ヴュルテンベルクのシュテルネンフェルスも、第二回総会に意見書の提出を求められるなど活躍が目立ち、常設運営委員会には第四回総会から第八回総会まで入っている。常設委員会といえば、バーデンのシュトェッサーは、HEのほうは第一読会にしか参加しなかったのに、この委員会には第一回総会から連続して（手元の記録によると）第二九回まで委員として参加、第二五回総会（一九〇〇年、バイエルンのバンベルク）では会長にも選ばれている。

（6）この問題提起は、当時進歩的な政治的立場で有名であったヴァルデック（Franz Leo Benedict Waldeck. 一八〇二～七〇年。プロイセンの最高裁判事）のしたものである。第一回総会の議事録によると、彼の「統一民訴立法に関する若干の先決問題」と題する意見表明が、巻頭論文のような形で掲載されていることは前の機会に紹介した（拙著・日本二七頁）。後述の③も、この意見表明の際の問題提起である。

二　プロイセン草案（PE）

(イ)　国内の法分裂の克服

(a)　先にHEに関係して紹介したことだが、一八五九年末、ドイツ連邦の議会で全ドイツに共通の民訴法典、債務法典の起草が問題になったとき、プロイセンは、連邦議会にはこのような共通の法典に関与する権限はなく、各加盟国は議会の枠外で、個別に共通の法典について交渉を行い、その合意を積み重ねることによって共通の法典を実現すべきだ、という立場をとった。ヴュルテンベルクの司法大臣などはこのプロイセンの立場を変えさせようとして努力したが、プロイセンはついに譲らなかった。オーストリア、バイエルン、ヴュルテンベルク、ハノーファーなどはあきらめて、共通の民訴法典、債務法典、つまりHEやドレースデン草案の起草に着手したが、プロイセンはそのための委員を送らなかった（四の一(2)(ハ)）。そして、民訴法典については、独自の法典の起草に着手した。それがプロイセン草案である。

(b)　一八六一年二月、プロイセンの政府は、次のような趣旨の意見を国王に上奏した。(7)「①プロイセン国内には、民訴法に関して三つの法系がある。固有法、普通法、フランス法である。このような混乱ぶりは、ドイツの他の国では類をみないものである。この混乱を早く解消する必要がある。②今現在、ドイツ各国には全ドイツの共通法典を求める動きがある。現に昨一八六〇年、ＤＪＴの第一回総会が、ほかならぬわが国（首都ベルリーン）で統一民訴法典の制定を希望する旨の決議を行っている。ヴュルテンベルク、ザクセンの司法大臣がわが国に呼びかけ、わが国がオーストリアとともにイニシアティヴをとって共通の民訴法典を制定するよう要請している。わが国がすぐれた民訴法典を制定し、これをモデルとするよう仕向ければ、わが国の全ドイツにおける勢威を高めることにもつながろう。ただし、連邦議会の枠外で、個別交渉を積み重ねる、という方式は譲るわけにはいかない。③民訴法起草のための委員会を設ける必要があるが、その委員長には、わが国の最高裁判所（Obertribunal）の第二長官ボルネマン（Bornemann）氏を推薦する。彼は全ドイツに実務家としても理論家としても名を知られた存在である。」

右の①の三法系の併存については、多少の説明を必要とする。固有法は、ライン右岸にひろがるプロイセンのもともとの領地で行われた法系で、民訴法では一七九三年の一般裁判所法（Allgemeine Gerichtsordnung）を出発点とし――これは普通法を基礎とするも、それを職権主義的に大幅に改造したものである――、これに一八三三年、四六年の二つの法令で口頭主義・公開主義の見地から修正が加えられた。その結果生まれてきたのが「口頭による最終弁論をともなう書面手続」であるが、この手続については前に紹介の機会をもった（三の三(2)）ので、ここでは割愛しておきたい。

次にフランス法とは、プロイセンは一八一五年のヴィーン会議を通じてライン左岸地方のかなりの部分をその領地としたが、ここに右の固有法を適用しようとして住民からはげしい抵抗にあい、やむなくフランス占領時代からのフランス法の適用をそのまま認めていた。

第三に、普通法が行われたのは、プロイセンの領域でも前部ポメルン（Vorpommern）と呼ばれた地方のうち、バルト海に浮かぶドイツ最大の島リューゲン（Rügen）島とその対岸地域（大学のあるグライフスヴァルト（Greifswald）などを含む地域）である。もともとスウェーデン領であったのを、一八一五年にプロイセンが手に入れたのである。[8]

前掲した①で見たように、この三つの法系の併存を解消して、一つの民訴法典にまとめ上げようとしたのであるが、このほかにもプロイセンは、②で示されているように、この法典を全ドイツのモデル法典とすることによって、ドイツ連邦内の勢威を高めようともくろんだ。しかしこのもくろみは、議会外の交渉の積み上げという方式にこだわったために、ついに果たすことができず、結局は①の自国内の法統一という目標だけをめざすことになったのである。

(ロ)　起草委員会のメンバーと活動

(a)　政府から国王へ上奏した意見書のなかで、ボルネマンが委員長に推挙されていたことは前述したが、委員会はほかに、固有法地域からパーペ、普通法地域からキューネ、フランス法地域からオッペンホフを起用した。

①　ボルネマン（Friedrich Wilhelm Ludwig Bornemann. 一七九八～一八六四年）　ベルリーン大学で法律を学んだのち、国家試験を受け、優秀な成績で合格。一八二五年より三一年までグライフスヴァルトの裁判所に勤務、その間に同地の大学で非常勤講師をつとめ、名誉博士号を贈られる。三一年よりベルリーンのカンマーゲリヒト（Kammergericht. 高等裁判所に相当）の裁判官、財務省勤務などをへて、一八四四年には司法行政担当の司法省の局長となる（この当時のプロイセンの司法省は、司法行政担当と立法担当の両省に分かれ、後者の司法大臣はサヴィニーであった。両省はしばしば敵対者として現れた）。一八四八年の革命時にはいわゆる三月内閣の司法大臣に選ばれたが、わずか三か月の短命に終わる。その後、前にも勤務していた最高裁判所（Obertribunal）の第二長官（Zweiter Präsident）に就任した。なお彼は、一般手形法典・同商法典の起草に関与し、またベルリーン法律家協

会（一八五九年）、ドイツ法律家大会（DJT。一八六〇年）の設立にも尽力した。

②　パーペ（Heinrich Eduard Pape. 一八一六～八八年）　ヴェストファーレンの生れである。ボン、ベルリーン両大学で学び、国家試験にこれまた優秀な成績で合格。以降プロイセンの司法官として活動、一八四九年には同国の下院議員にも選ばれたが、五〇年にはシュテッティン（Stettin. オーデル川川口、現在ポーランド領）の海事裁判所判事、五六年にはケーニヒスベルク（Königsberg. 現在ロシア領）の控訴裁判所判事となる。五九年にはプロイセンの司法省参事官に起用され、以後立法活動が顕著となる。一般ドイツ商法典が起草されたとき、海法の部分をハンブルクにおいて審議したが（一八五八年より六〇年まで）、彼は途中からであるがその報告委員（Referent）になっている。六一年以降はここに述べているように民訴法案の起草委員会に加わったが、六八年からはじまった北ドイツ草案（北ドイツ連邦の民訴法案）の起草の際には報告委員をつとめ、七〇年には、手形法・商法の適用を保障するためライプツィヒに設けられた連邦上級商事裁判所の長官に選出された。(9) さらに一八七四年にはドイツ民法の（第一草案）起草委員会の委員長となった。(10)

③　キューネ（Kühne. 姓のみで名は不詳）　グライフスヴァルトの地方裁判所、のちに同地の控訴裁判所の判事になったという。

④　オッペンホフ　一八四〇年代末ハノーファーに招かれ、H50の立法にも関与したあのオッペンホフである（三注(26)）。このプロイセン草案の起草に参加したときは、プロイセンの最高裁判所（Obertribunal）付きの上級検事（Oberstaatsanwalt）であった。

起草委員会の書記役は、当時司法官試補のボルネマン・ジュニア（委員長の息子）とマコヴァー（Hermann Makower. 一八三〇年ころの生れ）であった。

(b)　プロイセン司法省は、すでに一八六〇年一一月ころから、上級参事官フリートベルク(11)を長とし、司法官試補ボルネマン・ジュニア、同バロン(12)を加えた委員会を組織し、民訴法草案の下ごしらえをはじめていた。翌六一年三月、フリートベルクは草案起草に際し基本となる諸原理に関する自分の意見書を提出した。[13] 起草委員会は、この意見書を下敷きとしながら審議を開始したのである。なお、委員長のボルネマンは、その審議の開始に先立ち、ときにキューネを同行させながら、ハノーファー、ケルン（プロイセンのライン左岸地帯を管轄する控訴裁判所があった）を訪れ、H50、ライン左岸法（＝フランス法）の実地視察を行った。

一八六四年一月には、ボルネマンが病気のため死去したが、もはや委員長を置かず、オッペンホフがその事務を代行した。同年六月に草案は完成し、七月に報告書を付して司法大臣に提出された。草案は正式には「プロイセン国の民事紛争に関する訴訟法草案」（Entwurf einer Prozeß-Ordnung in bürgerlichen Rechtsstreitigkeiten für den Preußischen Staat）と呼ぶが、一般にはプロイセン草案（Preußischer Entwurf）と呼ばれている（以下では、PEと略記する）。草案は、強制執行、公示催告手続まで含んで全一三三七条、理由書（Motive. 正誤表を除いて全三四二頁）とともに公刊された。[14]

(ハ) 草案の内容

内容は、いちじるしくフランス法に傾斜している。

(a) 訴訟開始の手続　訴訟は、裁判所を介さずに、当事者間で書面を交換することによって始まる。原告の弁護士が被告あてに、執達吏を使って訴状を送達し、同時に弁護士の選任を要求する（二九五条・二九六条）。被告は訴状受領後、一四日（同じ裁判所の管轄だと八日）以内に弁護士を選任し、その弁護士がその旨を原告側弁護士に通知する（二九八条）。

被告側弁護士は、右の通知後一四日以内に原告側弁護士に答弁書を送る。後者は前者に、八日内に再抗弁書を送る（三〇〇条・三〇一条）。こののち、いずれかの側の弁護士が裁判所に弁論期日の指定を申し立て、相手側弁護士を期日に呼び出す（三〇三条）。

双方の弁護士は、弁論期日までに互いに「当事者申立書」（Parteiantrag）を交換し、またその写しを裁判所に提出する。この申立書には、本案の申立て、証拠調べを命ずる裁判の申立てなどを記載し、それを根拠づける事実関係、取調べを申し立てる証拠方法なども記載する（二四一条・三〇六～八条）。

右の当事者申立書は、フランス法の「理由づけられた申立書」（conclusion motivée）に相当する。[15] このことも含め、右の弁論期日前の手続はフランス法そっくりである（執達吏による送達状〔exposé〕の作成を必要としない点が違うくらいである）。立法者は、このようなフランス法式の事前手続のあり方が、当事者追行主義（二三五条）を貫徹するのに望ましいと考えたのである（当事者追行主義に関する本草案の立場につき、理由書五～一〇頁）。

(b)　証拠裁判　この部分は一見したところ分かりにくい規定となっている。証拠「判決」と呼ばれ、終局判決と同じような告知、主文・理由などの方式をふみ（三五六条・三五七条）、主文には立証事実、立証当事者などを記載し（三九六条）、理由には証拠を重要と判断するにいたった事情を記載する（三五四条）。しかし、その法的取扱いは終局判決などとまったく異なる。証拠判決は判決をした裁判官に対する拘束力（自己拘束力）を持たないし（三六三条・三六四条二号）、また、独立した上訴を許されなかった（五九三～九五条）。

ＰＥは、終局判決を準備するのに必要な事項を命ずる裁判、つまり訴訟指揮的な裁判として、先行決定（仮訳、Vorbescheid）というカテゴリーを認めているが（三四八条一号）、証拠判決はこのカテゴリーに入るとされている（たとえば三五六条）。

当事者は、この証拠判決後でも自由に、新しい事実、証拠を提出できる。つまり、失権効も認められないのである。もっとも、野放図に事実、証拠の随時提出を認めているのではない。裁判所が新しい中間判決や先行決定を必要とするような攻撃防御方法の提出で、事件の混乱を目的としているものと確信したときには、その裁量で却下できるとしている（三二四条・四九四条）。理由書は、その冒頭で同時提出主義を口頭主義と合致しないものとし、口頭主義をとりながら証拠裁判に失権効を認めているH50にはげしい批判を浴びせているが（九～一〇頁）、右の後れた攻撃防御方法を却下する条文では、「同時提出主義を全面的に排除する訴訟立法があるだろうか」という言葉をもってはじめ、裁判官の威厳と尊敬を維持するためにはこのような条文が必要だと説明している（六九〜七〇頁）。フランスの裁判実務で認められ、学説もこれを支持している裁判官の権能を明文化したものである。

(c)　以上のようにPEは、訴訟開始時の書面交換といい、証拠判決の取扱いといい（フランス法も証拠「判決」と呼んでいた）、フランス法をそっくり継受しているが、証人制限を認めなかった点（四六三条・四六四条、理由書一〇四頁）、検察官の関与に抑制的でもあった点など、一八六一年のバイエルン草案とくらべると、フランス法にある程度の距離をおいている。しかし、それにしても、なぜプロイセンやバイエルンなど（当時の）ドイツでオーストリアにつぐ強国が、このようなフランス法に傾斜した草案を起草したのであろうか。

この問題提起に答えるためには、このころの両国の政治的・経済的背景にまで視野を広げねばならず、とうていわたくしなどの手に負える問題ではないが[16]、目を民訴法に限定していうなら、次のようにいえるのではなかろうか。当時の民訴法の大原則は、口頭主義であった。この口頭主義の見地からすると、この両国の法制はきわめて不備であった（何度か改革を試みたが、そのつど挫折をくり返した。ようやくたどりついたのが、プロイセンでは「口頭による最終弁論をともなう書面手続」であった）。口頭主義を認める以上、書面主義による普通訴訟法の残滓はできるだけ排除しなければならない。訴訟手続を証拠裁判で二分化し、同裁判後は新事実・新証拠を排除するという失権効は認めるべきではない。また当時、訴訟法上の原則として注目されていたのに、当事者による訴訟進（追）行のたてまえがある。夜警国家の発想の反映でもあろう。訴訟進行のヘゲモニーは当事者にゆだね、裁判所はその結果を受けて裁判することに徹すべきであるという考え方である。訴状を裁判所に提出し、弁論期日を指定させ、その上で被告への訴状の送達、期日への呼出しも裁判所にさせるというのは、これとまったく反対の裁判所（職権）進行主義である。

ハノーファー王国の民訴法（H50）は口頭主義を採用し、自国はもとより全ドイツ的に名声をほしいままにしているが、証拠裁判に失権効を認める普通法の残滓を残し、訴訟開始の手続部分でも裁判所進行主義をとり、やはり普通法の残滓をとどめている。その点、両国のそれぞれのライン左岸部分、すなわちラインプロイセン（ラインラント）、ラインプファルツで行われているフランス法は、口頭主義を貫徹し、当事者主義を固く守っている。この自国の一部で行われている法律によるべきではないか。以上が両国の草案起草者がいだいた考え方ではなかったろうか。もとより、当時オーストリアに次ぐ第二、第三の強国であった両国のハノーファーに対するプライドの問題もからんでいたかもしれない。

㈡　草案のつまずき

(a)　ＰＥが公刊されたのは、一八六四年七月であった。この時期はハノーファー草案（ＨＥ）の審議が第一読会をほとんど終え、翌年二月までの長期の休暇に入ろうとする時期であった。その空白の時期にＰＥを発表して、休暇後に予定されているＨＥの第二読会に影響を与えようとした、といわれることもあるが、真偽のほどは定かではない。ともかく、ＨＥの審議委員会は、右の長期の休暇に入るまえ、議長リッチィ（オーストリア派遣）の提案に基づいて、第一読会の草案完成後はそれを公表するとともに、（ドイツ）連邦議会に請願して、今まで審議委員を送っていない国にも委員を送るよう要請してもらうことを決議した（一八六四年七月二五日、第二四八回、ＨＥＰ一二巻四五三九頁）。

これを受けてオーストリア政府は、プロイセン政府に向けて、ＨＥの第二読会に委員を送るよう勧誘した。しかし、プロイセン政府は司法大臣リッペ[17]の意見を容れてこの勧誘を拒絶した。リッペによると、「いまさらＨＥの審議に参加しても、ＰＥの見解は採用されないであろう。採用されるよう努力しても、第一読会で見解はほぼ統一されているので、異なる見解は多数の団結の前に敗れるだけである。このように見解を容れられないまま、プロイセンが統一ドイツの立法に参加したという外観を与えることは、プロイセンの政治的立場上まずいことである」というのである[18]。同じような勧誘は、ハノーファーの司法大臣ヴィントホルストからも寄せられようであるが、やはりプロイセン政府は拒絶している。

PEがこの時期に公表されたことに、レオンハルトは神経を尖らせた。第一読会で彼の意見が敗れた部分の反論を第一巻として載せた書物『ドイツにおける民事訴訟の改革のために』（Zur Reform des Civilprocesses in Deutschland）を公刊した（一八六五年）ことは前に述べたが、続けて第二巻を公刊し、ここではPEを真っ正面から名指しで批判している。[19] これはPEがHEの第二読会の審議に影響することを恐れたためであるが、なるほど第二読会でときおり引用を見ているものの、すでに第一読会で審議ずみであり、決定的な影響を与えて変更をきたしているような箇所は見あたらないようである（端々まで精読したわけではないので断定は避けておく）。PEがその影響力を発揮するのはNE（北ドイツ連邦の草案）においてである。

(b)　司法大臣リッペは、六四年の一一月司法省刊行の雑誌に訓令を載せ、各裁判所・大学にPEに関する意見書を提出するよう求めた。翌年のはじめに一四の控訴裁判所、四〇余りの第一審裁判所、ハレ（Halle）大学の法学部から意見書が寄せられたが、その結果はまことに惨憺たるものであった。

控訴裁判所レヴェルで賛成の意見をよこしたのは、グロガウ（注(17)参照）の裁判所一か所だけで、第一審裁判所は一六（ライン左岸のボン＝ケルン地方裁判所を含む）、ハレ大学の法学部のみであり（ほかに、三人の裁判官個人）、反対（消極）の意見をよこしたのは、控訴裁判所で一三（ベルリーンのカンマーゲリヒト、ライン左岸一帯を管轄するケルンの裁判所、グライフスヴァルトの裁判所も含む）、第一審裁判所で二六（そのほか、一〇人の裁判官）など。

司法省はこの結果を見て唖然としたであろう。大臣リッペは次のような意見書を内閣に提出している。[20]「反対意見は、新しい原理に基づく新しい訴訟法典を急に導入することに反対している。しかし、わが国の大部分で今まで行われてきたラント法（口頭による最終弁論をともなう書面手続）や普通法が古すぎたのである。現在に通用する新しい訴訟原理（口頭主義）に基づいて立法しようとすれば、個々の制度の点でも今までと違う制度に直面するのは当然のことである。それを避けようとするのは裁判官の墨守的傾向の現れである」という論調を基礎に、「草案があまりにフランス法に傾斜し、ドイツ法の伝統を無視していることを非難し、口頭主義をとりながらもドイツ法の伝統を残すハノーファー法（H50）に好意を示す者もいるが、同法は証拠裁判で手続を二分化し、その裁判に失権効を認めるなど、近時批判の対象となっている同時提出主義を残すものである」などとつよく反撥した。

しかし、上述した各裁判所の反応などを見た他の閣僚からは、草案に反対、HEが完成するまで待て、などの意見が出たので、閣議で採用されず、したがって議会にも上程されないままで推移しているうちに、同年（六六年）に普墺戦争がぼっ発し、立法化は雲散霧消してしまった。

（7）Schubert. NEP, S. XXXIV に掲載されている。
　この意見書は、六一年二月一四日に国王に上奏され、同月二五日に裁可を受けている。

（8）スウェーデンからデンマークへ割譲したのを、プロイセンがデンマークからラウエンブルク（Lauenburg. エルベ川畔、ハンブルクの南東）と交換で手に入れた。ラウエンブルクは相続でハノーファーが自国領としていたが、プロイセンと東フリースラント地方と交換した（一八一五年）。そのために、H50を施行したときも、東フリースラント地方は例外としてプロイセン法の施行を認めざるをえなくなった。

（9）連邦上級商事裁判所およびその設立の経過については、後掲（**六**の注(49)）参照。

（10）石部雅亮編『ドイツ民法典の編纂と法学』（一九九九年）二四～九頁は、「とりわけ、パーペは、委員長として、第一草案の内容と形式に決定的な影響を及ぼした。かれは『議事運営の名手』といわれ、原案と修正案を正確にまとめ、議論の最後になってようやく自分の意見を示すことが多かった。そのような意味でパーペに対する信頼は大きく、ヴィントシャイト（注・同じ起草委員会の委員）も後に、『パーペの精神力に絶大な尊敬を払った』と述懐している。かれの学問的重要性、豊富な実際的経験および人柄と、三拍子揃って、草案の作成に大きな影響を及ぼしたのである。けれども、草案の特徴であるドグマーティシュな面での保守性は、主にパーペによるといわれている」と描写している（石部担当）。

（11）Heinrich Friedberg（一八一三～九五年）。ユダヤ人だがキリスト教に改宗していた。ベルリーン大学で学んだのち、プロイセンの司法官生活に入り、一八四八年にはベルリーンのカンマーゲリヒト付きの下級検事、五〇年にはグライフスヴァルトの控訴裁判所付きの上級検事を経たのち、五四年よりプロイセンの司法省の参事官に任用され、プロイセン草案の下準備に関与したのもこの職にあるときである。一八七三年には司法省の次官（当時の司法大臣はレオンハルト）、七六年には帝国司法庁（のちの帝国司法省の前身）の長官、七九年よりレオンハルトの後継としてプロイセンの司法大臣となり、八九年退職している。主として刑事立法の分野で活躍したので、民訴法史にはあまり登場してこない。

(12) Julius von Baron（一八三四～九八年）。一八六〇年ベルリーン大学で教授資格をとり、プロイセンの司法官生活を送ったのち、六九年ベルリーン大学の非常勤教師、八〇年にはボン大学の教授になったという。講壇社会主義に近い立場にいたともいわれる。以上、Schubert, NE, S. XXXV, 3. なお、彼の協力者のボルネマンの息子（Bornemann jr.）の生没年、経歴などは不明のようである。

(13) この意見書には、プロイセンのラント法のとる「口頭による最終弁論をともなう書面手続」に反対し、口頭主義の全面的な採用、証拠結合への反対、自己拘束力のない証拠裁判などを強調し、フランス法（自国のライン法）への接近をすすめているが、同時にH50を委員会の審議の基礎とするよう提言していたともいう。Schubert, NEP, S. XV, 2.

(14) Schubert, PE として復刻されている。

この草案の成立の経緯については、Hellweg, SS. 99–103; Schubert, PE, SS. XXVII–XLVI. ほかに Schubert, NEP, SS. XIII–XVI にもその概要が見られる。このように Schubert 氏の著作には、資料の復刻のスピードにその解説の執筆が間に合わないためか、ときに解説が意外なところに現れてくることがある。

また、次に述べるこの草案の内容については、Schubert, Das Streben nach Prozeßbeschleunigung und Verfahrensgliederung im Zivilprozeßrecht des 19. Jahrhunderts, Savignys Zeitschrift, Germ. Abt., 85 (1968), S. 156; Ahrens, S. 293ff.

(15) この「当事者の申立書」に記載する申立ては、訴状、答弁書に記載した申立てと食い違っていてもよいし、口頭弁論の第一回期日に双方の弁護士がこの「申立書」を朗読し、それで期日が終ってしまう点（三一一条）も、フランス法と同じであった。

(16) ライン左岸地帯でも、プロイセン領（オランダ国境から中流のビンゲン〔Bingen〕まで）は、一八三〇年代から対岸のルール地方が石炭や鉄に恵まれ、近代的工業地帯に変貌していくにともない、その商工業も発展したので、その発展を支えたフランス法制が高く評価されたという見方もできないではないが、バイエルン領であったプファルツ地方（ビンゲンから狭いヘッセン領を経て上流の地域）は現在でも、若干の工業都市はあるものの、ワイン畑と森林が目立つ地方である。商工業の発展を支えるものとしてのフランス法、という評価は成り立ちにくいようである。

（17）　Leopold Graf zur Lippe-Biesterfeld-Weissenfeld（最初の一語が名で、後は全部姓。Graf は伯爵と訳される。一八一五～八九年）。一八四九年よりプロイセン各地の検事。とくに五一年にはポツダムの検事。一八六〇年にグロガウ（Glogau）の控訴裁判所の判事。翌年ベルリーンのカンマーゲリヒト付き上級検事。一八六二年三月司法大臣に任命、同年九月にビスマルクがプロイセンの新首相に就任したが、彼は留任した。しかし六七年、後述するような事件のために解任され、後任にはほかならぬレオンハルトが就任した。リッペは、もともと保守主義者だったが、解任されたのちはその立場からビスマルクを攻撃したといわれる。

なお、彼が控訴裁判所判事をつとめたグロガウは、後にも出てくる地名なので紹介しておくと、オーデル川中流に面した町で、同川畔のフランクフルトの東方にあたる。現在ポーランド領。

（18）　このリッペの意見書（一八六四年一〇月二九日付け）を紹介するのは、Schubert, HEP, S. XXII.

（19）　とくに、「当事者申立書」に対する批判（九頁以下）、訴訟開始時の書面交換も含んで当事者進行主義に対する批判（四八頁以下）、事件を混乱させる（時機に後れた）攻撃防御方法の却下に対する批判（三七頁以下）。レオンハルトはこの攻撃防御方法の却下を弁護士職に対する侮辱であるとして大いに嫌い、Ｈ50はもちろん、ＣＰＯの立法にいたるまで採用しなかった。

（20）　このリッペの意見書（一八六六年二月一四日付け）を紹介するのは、Schubert, PE, SS. XXXVIII-XLVI, NEP, SS. XV-XVI（いずれも抜粋）。

六　北ドイツ草案（ＮＥ）

一　普墺戦争とハノーファー王国の消滅

(1)　普墺戦争

一八六六年六月の普墺（プロイセン対オーストリア）戦争のぼっ発により、ＨＥも、ＰＥも、法典化の陽の目をみず、雲散霧消してしまったことは前に述べた。

(イ) 戦　端

戦争の近因は、シュレースヴィヒ＝ホルシュタイン問題にあった。ユトランド半島をデンマークと二分するこの二つの国は、もとデンマークと同君連合の関係にあったが、デンマーク王家がシュレースヴィヒを強制併合し、ホルシュタインには納税義務を課そうとしたことから、両国はドイツ連邦に救済を求め、プロイセンはオーストリアを誘って出兵し、デンマークを打ち破って両国の解放に成功した。当初はプロイセンとオーストリアが両国を共同管理していたが、のちにはプロイセンがシュレースヴィヒを、オーストリアがホルシュタインを管理することになった（一八六五年のガシュタイン条約による。Gasteinは、ザルツブルクの南方、オーストリアアルプスの山中にある保養地）。ここまでは、先にHEの審議の第二読会に両国とラウエンベルクの代表が参加したことに関連して紹介した（四の二(1)・注(22)）。

もともとこの二つの国には、統合して一個の国家となり、ある貴族を共通の国王に迎えようという動きが強かった。この動きが、六六年一月ホルシュタイン内での決起集会となり、その決起集会にはオーストリア側の長官が許可を与えていた。この運動に反対で、二つの国は統合すべきでないと考えていたプロイセンは、右のオーストリア長官の態度はガシュタイン条約（この条約は二つの国の分離を前提としているので、右のような動きは本来許されないはず）に違反するものとして、はげしく批判し、ホルシュタインの統治権をプロイセンに譲渡するよう求めた。両国の関係は一挙に緊張し、同年二月のプロイセンの御前会議では首相のビスマルクや参謀総長のモルトケは「開戦やむなし」と主張したという。

ただし、すぐには開戦にふみ切ったわけではなく、フランスのナポレオン三世に戦時中の中立を約束させ、イタリアには、開戦時にオーストリアと戦うのなら、目下はオーストリア領であるヴェネチア地方（ヴェニスを中心とする地方）を割譲すると約束した。他方オーストリアもナポレオン三世にはたらきかけ、軍事的中立を守るならヴェネチア地方を譲渡するなどの約束をした。さらに六月はじめにはドイツ連邦議会に、プロイセンが挑戦してくるならオーストリアも応じざるをえない、全ドイツの平和のためにシュレースヴィヒ＝ホルシュタイン問題を処理してほしいと申し立てた。

六月五日、シュレースヴィヒのプロイセン側長官マントイフェル（Manteuffel. 経歴は後述する）あてに本国政府から、ガシュタイン条約は破毀された、ホルシュタインに対するプロイセンの権利を実現するように、という電信がとどいた。この指令に基づいて、七日マントイフェルは軍隊を率いてホルシュタインに進攻、オーストリア軍はなんの抵抗もせずにハノーファーへと撤退した。

この報に接したオーストリアは連邦議会にはたらきかけ、プロイセンの行動を、加盟国間の問題解決を実力に訴えてはならないとする連邦法違反と決めつけ、これに対して連邦軍を発動する旨を提案した。これに対してプロイセンは、連邦からの脱退を主張し、あわせて連邦は解消されたと宣言した。プロイセンへの制裁が審議されたのは六月一四日の連邦議会であったが、その際オーストリア側に立ったのは、バイエルン、ザクセン、ハノーファー、両ヘッセンの中等諸国、それにナッサウ、フランクフルトなどであり、プロイセン側に与したのは、ブラウンシュヴァイク、オルデンブルク、両メクレンブルク、ハンザ三都市など、地方の小国が多かった（なお、バーデンは、当初中立の立場に立っていたが、のちオーストリア側に転じた）。

翌六月一五日、プロイセンはザクセン、ハノーファー、ヘッセン＝カッセルに対して、プロイセンと同盟するか、軍事的中立を守るか、プロイセンのドイツ議会創設の提案に賛成するか、の三点について本日の夕刻までに返答せよ、さもないとその後は戦闘状態に入るという最後通牒を突きつけた。三国はいずれもノーの返事をした。ただちにプロイセン軍が侵攻してきた。普墺戦争がぼっ発したのである。[1] もっとも、オーストリアがプロイセンに宣戦布告をしたのは六月一七日、プロイセンがオーストリアにそれをしたのが二一日、イタリアがオーストリアに宣戦布告をしたのは二〇日であった。

(ロ) 戦　況

(a) ハノーファー軍の戦闘状況

プロイセンがまずザクセン、ハノーファー、ヘッセン＝カッセルに宣戦布告をしたのは、これらの国の軍隊を放置しておくと、主たる敵とするオーストリア軍やバイエルン軍を攻撃するときに腹背を襲われる危険があったからである。しかし、これら三国の軍隊は、プロイセン軍にくらべてあまりにも弱勢であった。ここでは、ハノーファー軍のプロイセン軍に対する戦闘状況を見ておこう。

六月一五日の夕、開戦の報が伝わると、各駐在地にいたハノーファー軍は、ホルシュタインから撤退してきたオーストリア軍とともに、首都ハノーファー市を守ろうともせず、鉄道を利用して南部のゲッティンゲンへと集結した。盲目の国王ゲオルク五世も、妻女はそのままに、太子とともにゲッティンゲンへと逃れた。プロイセン軍は、ヴェストファーレン地方（ハノーファーとライン河右岸の間。一八一五年のヴィーン会議によってプロイセン領となっていた）から一六日の早朝ハノーファー領に入ったが、右に述べたような状況であったので、翌日にはハノーファー市を占領した。マントイフェルの率いるプロイセン軍（シュレースヴィヒ＝ホルシュタイン軍を含む）は、鉄道を破壊されたりして到着がおくれたが、一九日には同じくハノーファー市に到着した。他方、ゲッティンゲンに集結したハノーファー軍はその陣地を固めたりしたが、それ以上積極的な攻勢に出ようとせず、軍首脳が協議した結果はむしろ南西方面に撤退し、マイン川畔からその方面に進出してきているバイエルン軍などに合流しようという策をとった。ハノーファー軍は二〇日にゲッティンゲンを出発したが、プロイセン軍の巧妙なかけ引きに乗ぜられたりして、追撃を受け、ついに二六日にランゲンザルツァ（(Bad) Langensalza. ゲッティンゲンの南東、ゴータの北方）で正面衝突するにいたった。戦況は一進一退で、ときにハノーファー軍の砲撃が功を奏して、プロイセン軍をゴータ方面に退却させる場面もあったが、同軍に多数の応援部隊が来着したことを知って、ハノーファー軍の首脳はついに断念し、国王に和を乞うことを勧めた。二九日にハノーファー軍は武器を差し出して降伏、国王は太子とともに、ザクセンを経て、ヴィーンへと逃亡した。

(b)　ケーニヒグレーツの戦い

腹背のおそれを絶ったプロイセン軍は、ザクセンを経てベルリーンへ向おうとしていたオーストリア軍を、ザクセンの南方ベーメン（ボヘミア）において迎え撃った。有名なケーニヒグレーツ[2]（Königgrätz. 現在はチェコ領 Hradec Králové〔フラデツ・クラーロヴェ〕。プラハの東方約一〇〇キロ、エルベ川畔）の戦いである。

この戦いに参加したプロイセン軍は約二五万人（二二万人とも）、オーストリア（・ザクセン連合）軍約二四万人（二一万人とも）。七月三日に激突したが、戦闘の結果はプ軍死傷一万人、オ軍の死傷三万、捕虜一万三千。人的損害だけでもオ軍はプ軍の四倍以上もこうむった。

退却するオ軍を追ってプ軍の本隊は、ヴィーンまであと七、八〇キロのニコルスブルク（Nikolsburg. 現在はオーストリアとの国境に接するチェコ領 Mikulov〔ミクローヴ〕）まで迫った。そのままヴィーンへ突入しようとした国王以下を、総理大臣ビスマルクは押しとどめた。隣国に強大な国家が実現することを嫌ったナポレオン三世が軍事介入してくるのを恐れたのと、いずれナポレオン三世軍とは対決しなければならないが、そのときにオーストリアとその連合国（バイエルンやザクセンなど）の援助を受ける必要があると考えていたからである。

(c)　講和条約

案の定というべきか、七月五日ナポレオン三世は、プロイセン、イタリア、オーストリアの休戦と講和交渉を提案してきた。七月二六日ニコルスブルクで締結された仮講和条約の骨子は大よそ次のようなものである（本講和条約は、八月二三日プラハにおいて締結された[3]）。

① オーストリアは、ヴェネツィア地方をイタリアに割譲すること、シュレースヴィヒ・ホルシュタイン両国に対する権利を放棄すること以外、領土的な影響をこうむることなく、ただ賠償費の支払いを義務づけられた。

② オーストリアは、ドイツ連邦の消滅を承認し、今後のドイツのあり方（neue Gestaltung Deutschlands）に

関与しないことを約束する（この条項のために、オーストリアは長年勢威をほこってきた「ドイツ」圏から追放された）。

③　オーストリアは、プロイセンがマイン川（マインツにてライン川に合流する最大の分流）以北に結成する連邦（後述する北ドイツ連邦）を承認し、またこの連邦と、同川以南の諸国（バイエルン、ヴュルテンベルク、バーデンなど）が親密な関係を結ぶことを承認する。他方においてオーストリアは、プロイセンが北ドイツにおいて領土変更を含むいかなる処置をとることも是認する（この条項が、ハノーファーなどの北ドイツの諸国にとって重大な影響を及ぼすことは、後にも見るとおりである）。

もっとも、この条約において、プロイセンはオーストリアに対し、同じ北ドイツでもザクセン（最後までオーストリア軍とともに戦った）の地位は安全であることを保証した。

プロイセンは、戦争中オーストリアに味方したバイエルン、ヴュルテンベルク、バーデンなどと、六六年八月中に講和条約を結び、と同時に相互防衛の――さしあたりは秘密――条約を結んだ。(4) このあとの条約が、後年の普仏（プロイセン対フランス）戦争の際に威力を発揮してくる。

(2)　ハノーファー王国の消滅

(イ)　プロイセンへの併合

プロイセン（その統率者のビスマルク）は、オーストリアや南ドイツの諸国に対しては寛大であった分、北ドイツの国々に対しては冷酷をきわめた。オーストリアが権利を放棄したシュレースヴィヒ、ホルシュタインはもとより、ハノーファー（王国）、ヘッセン＝カッセル（選帝侯国）、ナッサウ（公国）、フランクフルト（自由都市）を強引に自国領に併合してしまった。六六年八月一六日プロイセン政府は、同国の議会に対して法案を送り、現在プロイセンの軍政下にあるこれらの国々の統治権を返還しないでそのままプロイセンに収用する旨を認めさせた。この法案には、国王の議会に対する勅諭も付されていて、もしこれらの国々が普墺戦争当時に見られた敵対的な行動をとるなら、地理的にもプロイセンにとってきわめて危険である、と指摘している。[5] これらの国々は、プロイセンの古くからの領土（ベルリーンを中心とする）とライン川両岸の領土を分断する位置にあり、たしかに敵対的な行動をとられるならプロイセンにとって危険であろうし、逆にいうと、これらの国々を併合することによってプロイセンの領土は安泰となり、しかもその領土や人口は飛躍的に拡大されるのである。[6]

(ロ)　併合に対する抵抗

プロイセン領への併合が、無抵抗に行われたわけではなかった。とくにハノーファーにおける抵抗は執拗をきわめた。

(a)　この抵抗の先頭に立っていたのは、元の国王、ゲオルク五世であった。彼は戦争中プロイセンに和を乞うなり、ヴィーン（その近郊）へと逃亡していたが、ハノーファーの併合を宣言したプロイセンの法律が発効すると（六六年九月）、ただちに、この併合は国際法を無視した違法な掠奪であり、したがって自分は依然として国王の地位にある、との声明を発表した。もっとも彼は、従来のハノーファー王国の官吏や軍人たちが彼に負っていた忠実義務（就職時に、宣誓することによってこの義務を負わされた）から解放する旨の意思も表明した。[7]

この併合は無効であるとする元国王の主張は、元王国民のかなりの部分から熱烈に支持された。彼らは政党を作り、のちに組織される北ドイツ連邦、ドイツ帝国のそれぞれの議会に、少数ながらも議員を送り、プロイセンの併合の違法さを批判しつづけたのである。[8]

(b)　しかも、元国王の抵抗は、一片の声明を発表するにとどまらなかった。元王国内の支持者の協力を得て、軍隊を編成し（ヴェルフェン軍団 Welfische Legion と呼ばれている。[9] 当初は七〇〇人程度とか）、ルクセンブルク大公国をめぐってプロイセンとフランスの間が険悪になったとき、軍隊をオランダに移動させ、もし両国間で戦争がぼっ発したらフランス側に味方しようという態勢をとった。その後ルクセンブルク問題が無事解決を見たので、オランダから追放され、スイスへ転じ、さらにフランスへと移動したようである（その後のこの軍隊の消息は、目下のところ不明である[10]。

この元国王の思いきった行動に驚きあわてたのはプロイセンである。元国王との和解のために、彼にハノーファーに残された宮殿などの所有権を返還し、今後は年金を支払うと申し出た。国王側（その代理人はヴィントホルスト[11]）もこれを承諾し、反対給付として普墺戦争ぼっ発時イギリスへ送金していた巨額の国費を返還すると約束した。しかし、六八年二月、まさにプロイセンの上院にこの和解協約の承認が求められた日、元国王は王妃との銀婚式の席上、王国と王位を即時に復活させるよう要求した。プロイセンは態度を硬化させ、これらの国王の財産を凍結して自国の管理下に移し、また年金の約束を打ち切った（この凍結された財産はヴェルフェン資金Welfenfonds と呼ばれ、そこからあがる収益はビスマルクによって政治的に自在に利用された[12]）。

元国王は七八年に死去したが、その太子[13]は依然として王位の復活要求をつづけ、それが最終的に落着を見たのは、九二年、太子がドイツ皇帝（兼プロイセン国王）に書簡を送って、今後は王位復活の要求をしないと約束し、これに対して皇帝側が年金の支払いを開始したときであった。この間、プロイセンが年金の支払いの約束を打ち切ってから二五年の歳月が経過していた[14]。

(3) 国民協会と国民自由党

しかし、プロイセンへの併合に、ハノーファー王国民の皆が皆反撥を示したわけではなかった。そのことを、われわれは、同王国民の国民協会、国民自由党への関わり合いに見ることができる。

(イ) 国民協会

ドイツ国家を統一するのに、オーストリアを排除し、プロイセンを盟主として行うのか、オーストリアを加盟させ、むしろ同国をリーダーとして行うのか、いわゆる小ドイツ主義と大ドイツ主義の対立が、一八四八年の革命時に見られたことは前述した。ドイツ国民議会は前者に決し、プロイセン国王にドイツ皇帝の冠を捧げたが、にべなく拒絶されたこともすでに述べた。

一八五〇年代の末に、小ドイツ主義の実現を目標にかかげた政治集団が発足した。そもそもは、一八五九年に、サルデーニャ王国がイタリアの統一をめざし、そのころ同地（とくに北部）を支配していたオーストリアに戦争を挑み、同盟国フランスの裏切りにあうなど苦心の末イタリア統一に成功した（一八六〇年。翌年よりイタリア王国と称する）。(15) この統一に、五六年に結成された「国民協会」という政治集団が大いに寄与した。そのことに、ドイツ人が刺激を受けたのである。

五九年七月に、中部ドイツの進歩派の人士たちがアイゼナハ（ザクセンの都市）に集まり、その二日後には、ハノーファー（市）にベニクセン（彼については後述）をはじめとする人々が集会をもち、ついで、この二つのグループは、翌月アイゼナハに合流して、――ドイツ統一をプロイセンのリーダーシップのもとに目ざす旨の――綱領を発表した。彼らは、五九年九月フランクフルトに集まり、彼らの集団を「ドイツ国民協会」（Deutscher Nationalverein）と呼ぶことにした。協会長にはベニクセンが選ばれた。この協会は、立憲君主制と自由の強化を主張するリベラル派と、議会政治の支配を主張する民主派との寄合世帯、といってよかったが、反プロイセンのバイエルン、ヴュルテンベルクをはじめ、ほとんどのドイツの国々によって冷たくあしらわれた。そのなかにあって、この協会が数多くの支持者を見出したのはハノーファー、ヘッセン＝カッセル、ヘッセン＝ダルムシュタットであったといわれるが、これらの国々のうち前二者は普墺戦争でオーストリア側に立って敗れたため、プロイセンに領土を併合されてしまった。(16) このことを、それらの国にいた協会支持者たちはどう受け止めたのであろうか。すくなくとも反対の意向は表示しなかったようである。(17)

(ロ)　国民自由党

国民協会や小ドイツ主義を志向する人たちにとって導きの星とされたプロイセンは、しかしそのころ決してほめられた存在ではなかった。「憲法紛争（闘争）」と呼ばれる政治問題をかかえていた。

イタリアの国民協会が同国の統一のために、サルデーニャ王国に協力したのは、同王国が議会制に基づく自由主義憲法を尊重していたからであった。一八四八年の革命のあらしがイタリアに吹きつけたとき、イタリアの諸国はこぞって議会制を承認し個人の自由を尊重する憲法を制定したが、革命のあらしが吹きやむと、ほとんどの国が憲法を撤回し、元の体制に戻ってしまった。そのなかにあってただ一国サルデーニャ王国だけが、そのときに制定した憲法を維持し、他国で革命に失敗して亡命してきた自由主義者を保護するという寛容な態度をとった。国民協会やガリバルディの赤シャツ隊がサルデーニャ王国を支援したのはこのことによっている。

プロイセンも、一八四八年には憲法をもち、一八五〇年には改正憲法を定めたが（この改正憲法がわが国の明治憲法に大きな影響を与えたという）、二院制を採用し基本的人権をかなり広く保障したそれなりに近代型の憲法（もとより君主制は維持したが）であった。しかし、プロイセンでは、国王も政府もこの憲法を尊重するどころかそれを無視して、議会の反対勢力との間にはげしい争いをひき起したのである。

(a)　紛争の発端――軍制改革とその予算[18]

一八六〇年二月、プロイセン政府は下院に、軍事制度改革の法案とそれに必要な費用をおりこんだ六〇年度の予算法案を提出した。

プロイセンの軍制はかなり古く、一八一三、四年ナポレオンに解放戦争を挑んだころのものなので、これを改正すべく、「現役兵の勤務期間を二年から三年に延長する。民兵（国土防衛隊 Landwehr）のうちの一部を正規軍に編入する。新兵徴集の数もふやし、常備軍の兵力を増強する」などという案を示し、それに必要とする費用を盛りこんだ予算法案を提出したのである。

政府がこれらの法案、とくに予算法案をまず下院に提出したのは、憲法の次のような条文による。「①立法権は国王と両院により連帯して行使される。Ⅱすべての法律の制定には、国王と両院の一致を必要とする。Ⅲ財政法案（Finanzgesetz-Entwürfe）および国庫収支予算案（Staatshaushalts-Etat）は最初第二院（下院）に提出され、後者（国庫収支予算案）は第一院により全体として（＝修正されることなく）承認されまたは却下される。」（六二条）さらに国庫収支予算案について、「Ⅰ国のすべての収入・支出は、毎年あらかじめ見積もられ、国庫収支予算案に従って行われなければならない。Ⅱ後者（国庫収支予算案）は毎年法律をもって確定する。」（九九条）

軍制改革の実現にきわめて熱心であったのは国王（ヴィルヘルム一世）と陸軍大臣（ローン）であった[19]。しかし議会は、国王に忠実な軍隊の増強は国王権力の増大につながるとして疑惑の目で見ていた。反対の意見が優勢となってきた。政府は二つの法案のうち軍制改革法案については、軍隊をどう編成するかは本来国王の統帥権に属する問題であり、法律に親しむ事項でないとして、この法律の成立について熱意を示さなかった（結局、審議未了に終わった[20]）。だが、予算法案の方はそうはいかない。憲法の定めがあるからである。政府は議会に働きかけて、軍制改革は六〇年五月から翌年六月までの間暫定的に行われるものであるとし、政府が要求した予算はそのための費用であるという形で承認させた。しかし、軍制改革は、そのような暫定的で期間が過ぎると元へ戻れるという性質のものではない。国王と政府は、どんどんと意欲的な軍制改革を行っていった。

翌六一年にも、これと同様な暫定的な軍制改革の費用である、という形で予算が承認された。このような生ぬるい妥協をあきたらないとして、下院の自由主義者の会派から若手がとび出し、四八年の革命以来の急進派（民主派ともいわれる。君主制を否定するわけではないが、責任内閣制などを強調する。最高裁判事のヴァルデックら）と合流して、新しい政党、進歩党（Fortschrittspartei）を結成した。ほかに、同じ政治志向をもつグループとして、中央左派（linkes Zentrum）という会派も作られた（商工業の発達したライン州出身の議員が核であったという）。

下院議員の任期が到来し、この年（六一年）の一二月に総選挙が行われた。その結果は、保守派の惨敗、リベラル派の躍進であった。ことに進歩党は一〇九の議席を獲得し、中央左派は五〇議席を占めた。

六二年一月から新議会が開始されたが、予算案の審議が容易でないことが察せられた。下院は、軍事費を含む予算案の審議を結了しないだけではなく、政府の提出する予算額の科目は大まかにすぎる、もっと具体化せよという意見を多数決で可決して政府につきつけた[21]。政府はこれを政府に対する不信任と受けとり、国王に上奏して下院の解散を命令させた（六二年三月）。なお、国王はこの際、内閣も改造して、親リベラル派の総理以下を罷免して、新たに保守的な閣僚を任命した。法相には（すでにプロイセン草案［PE］のところで登場した）リッペが就任した。

五月に行われた総選挙の結果は、国王・政府の期待をまったく裏切ってしまった。進歩党・中央左派がそれぞれ一〇〇議席以上を獲得し、総議席数三二五の過半を制してしまったのである。下院での予算案の通過は絶望的となってしまった。[22]

(b) ビスマルクの登場、「憲法の欠飲」理論

六二年の五月下旬から新議会がはじまったが、案の定、予算案の審議は遅々として進まない。政府は、下院解散のため審議未了に終わっている六二年度予算と六三年度予算を同時に提出したが、第一会期が終わっても六二年度予算ですら採決が行われていない。九月から第二会期がはじまったが、このままでは予算の成立が危ぶまれると案じた閣僚たちは、国王に軍制改革の一部——とくに現役兵期間の三年間の延長[23]——を撤回するよう進言した。しかし、国王は頑として応じない。それどころか、自分の意見が通らなければ退位するとまでいい出した。

事態の急を察した陸相ローンは独断で（国王・総理・外相にも断わらずに）、フランス駐在公使をしている旧友ビスマルクあてに、至急ベルリーンに帰るようにという電報をうった（九月一八日）。

二〇日にはベルリーンに帰りついたビスマルクは、二二日に国王に拝謁し、プロイセンの忠実な臣下として、国王の意に従い、たとえ予算法の成立がなくても国政を遂行する旨を誓った。国王は、ビスマルクを新総理大臣に任命するとともに、いったんは草案まで起草していた退位宣言を行わないことにした。

超保守主義者として名を知られたビスマルクの登場は、下院の態度をいよいよ硬化させた。彼が新総理に就任した翌日（九月二三日）、下院は軍事費の部分を削除して予算案を通過させた。上院はこれに対して、政府の原案をそのまま承認したから（ひいては下院案の却下）、両院の意見の不一致として、六二年度予算案は結局不成立に

終わった。同じ目に六三年度予算案もあうことを恐れて、政府は同案を撤回し、あらためて提出する旨を下院に通知した。

この点の説明も兼ねて、下院の予算委員会に現れたビスマルクが行った演説が、有名な「鉄血演説」(24)である（九月三〇日）。鉄血宰相という彼のニックネームが生まれた所以である。

しかし、予算法なくして国政を遂行するというのは異常事態であり、憲法無視もはなはだしい。この事態に備えて政府側が用意したのは、「法（この場合憲法）の欠缺」理論（空隙説とも訳される。Lückentheorie）である。

前述したプロイセン憲法によると、国の予算は法律の形をとらなければならないが、その法律の制定のためには、国王および両院の意見の一致が必要である。しかしこの意見の一致が得られない場合、どうなるのか。憲法にはその場合に備えての条文がない。「憲法の欠缺」である。憲法の欠缺があるからといって、国政をそのまま放置するわけにはいかない。この場合には、国政の最高権力者でありかつ責任者である国王の意志によって、国政を処理していくほかかない。これがビスマルクをはじめとする政府側の用意した理論であった。

しかし、このような理論に下院が容易に屈するはずがない。政府側と下院側ではげしいやりとりが交わされつつ、六二年から六五年までプロイセンは予算法なしに国政が処理されていった。

このようなビスマルクの強硬路線に対し、民衆もはげしい反情を示していたが、その風向きが次第に変わってきた。ビスマルクの外交・軍事政策が相次いで成功を収めたためで、シュレースヴィヒ・ホルシュタイン両公国に支配力を及ぼそうとしたデンマークに対して、戦争に勝ち、ガシュタイン条約によってオーストリアと両公国を分割統治することにした。このことを、民衆は歓迎したのである。

しかし、親ビスマルク勢力の発生に決定的な転機を与えたのは、一八六六年の普墺戦争であった。オーストリアをはじめバイエルンやハノーファーなどすべての中等国家を相手に回した国運をかけての一戦である。その戦いで次から次に勝利の局面を展開していった。民衆の間に、「下院は予算を拒否して第一戦の兵士を餓死させるつもりか」という声も聞こえだしたという。

六六年五月、下院は国王によって解散させられ、またもや総選挙が行われた。その選挙の日の七月三日は、くしくもケーニヒグレーツの戦いでプロイセン軍が決定的な勝利をあげた日であった。先に述べた風向きの変化は選挙結果に如実に現れた。

それぞれ一〇〇議席以上を占め、二つのグループだけで下院を制してきた進歩党、中央左派は、両派あわせても一五〇に足らない議席数に転落し、反対に、改選前四〇たらずの議席であった保守系は優に一五〇に達する議席数を獲得した。

(c) 反対勢力の分裂――国民自由党の誕生

総選挙後の新議会は一八六六年八月からはじまったが、機を見るに敏なビスマルクは、この新議会に事後承諾法（Indemnitätsgesetz）という法案を提出した。この法案は、その内容および政府のつけた趣意書によると、要点はつぎの三点にある。①一八六二年度以来予算法なしに行われてきた行政を事後承認する。②今後の行政は予算法に基づいて行われるべきことを確認する。③一八六六年度の行政は、すでに予算法なしに行われているので、一億五千四〇〇万ターレルを限度として支出を承認する。

この事後承諾法に対する採決は、六六年九月に行われ、二三〇対七五の圧倒的多数で可決した。進歩党のうち賛成の票を投じたのは三五人、中央左派からは四三人、反対票を投じたのは進歩党は四〇人、中央左派は二二人といわれるから、両グループはほぼまっ二つに分裂したのである。

これらの賛成票を投じた二つのグループの人々は、それぞれのグループを脱退して、六六年一一月、「国民党」(Nationale Partei) と呼ぶ会派を結成した。右の事後承諾法案が下院に提出されるまえ、ビスマルクは内相を通じて、ベニクセンら非プロイセン領域の自由主義者をベルリーンに呼び集め、プロイセン政府やその自由主義者と会談させたと伝えられている。まだハノーファーなどのプロイセン領への併合が宣言される（六六年九月）以前であるが、すでにビスマルクへのすり寄りの態度を見せているのである。このことが進歩党、中央左派から事後承諾法案への賛成者を出したことにどの程度影響したのかははっきりしないが、少なくとも副次的要因として顧慮すべきだろうといわれている。(25)

いずれにせよ、後述するように、プロイセンは自らイニシアティブをとってマイン川以北の国々と北ドイツ連邦を結成（六六年八月）、六七年二月にはその北ドイツ連邦の憲法を制定するための下院選挙が行われ（男子普通直接投票）、国民党は非プロイセン領域の自由主義者と合流し、「国民自由派」という会派を結成して選挙に臨んだ。その結果は二九七議席中七九議席を得た。(26) 彼らはその後、六七年六月に創立綱領を発表して、「国民自由党」(Nationalliberale Partei) を発足させた。(27)

六七年一一月、プロイセン下院議員の任期到来にともない、総選挙が行われた。ハノーファーなどを併合したのちに行われた最初の選挙である。議席総数も三五二から四三二にふえた。そのうち、国民自由党は九九議席を占めた。従来の非プロイセン地域からの支援が強かったという。ハノーファーには三六議席が割り当てられたが、そのうち三一議席を国民自由党が占めたという。その後もハノーファーは、国民自由党にとって金城湯地の選挙区でありつづけた。(28)

国民自由党は、その創立綱領において国民（国家）の統一と自由の確保を対等の目標として掲げたが、その実、前者を優先させ後者を劣位におくことによってビスマルクに接近し、彼の政権の最大与党として、とくにドイツ帝国成立後の議会において権勢を誇った。一八七七年制定の帝国民訴法（ＣＰＯ）の審議過程でも重要な役割を演じている。

同党創立時の有力な領袖として、ベニクセンをはじめ、ミーケル、トヴェステン、ラスカー、グナイストらの名があげられるが、ミーケル以下は、のちにそれぞれ説明する機会があるので、ここでは次の項（レオンハルトの転身）に大きな影響を及ぼしたベニクセンにふれておこう。

ベニクセン（Rudolf von Bennigsen. 一八二四〜一九〇二年）は、ハノーファーの将軍の子息として生まれた。ゲッティンゲン大学で法学を学んだのち、一八五〇年からハノーファーの司法官生活に入った。五六年、ハノーファーの下院議員に選ばれたが、政府が彼に必要な有給休暇を与えないため、司法官をやめ、以後政治活動に専心した。五九年「国民協会」の創立に関与、その会長に選ばれた。北ドイツ連邦の制憲議会には「国民自由派」として当選、同議会の副議長に選任され、六七年六月、「国民自由党」の正式発足に参加、七三年より九二年まで同党の党首に選ばれた。七七年には、ビスマルクが同党との連携を強力にしようとして彼に入閣を要請したが、彼は党から浮きあがることを恐れ、他の二人の党員との同時入閣を求め、他方で国王が彼の入閣をきらったために、この話は立消えとなった。一八六七年より八三年までプロイセン下院議員、一八八七年より帝国議会の議員となった。一八八八年より九七年まで、プロイセン領ハノーファー州の長官（Oberpräsident. 総督とも訳される）となった。(29)

(4)　レオンハルトの転身——プロイセンの司法大臣に就任

(イ)　プロイセンの官僚へ

一八六六年六月にプロイセンがハノーファーを占領したのち、同年八月上旬には占領軍司令官から、ハノーファーの公務員はそのままの地位で勤務するように、すべての住民の権利は尊重するから心配しないように、という布告が発せられた。しかし、このような態度は束のまで、同年一二月には、プロイセンに反抗する公務員は——占領軍当局の判断で——解任することを許す、という勅令が伝達された。検事総長の職にいたヴィントホルストが解任の対象とされたことは前にも述べたが（注(11)）、ほかにも、プロイセンの態度を新聞で酷評したツェレの上級控訴裁判所の裁判官が解任されたりした。(30)

それでは、われらがレオンハルトはどうなったか。彼は六六年一二月一七日に右の上級控訴裁判所の副長官に任命された（もちろん占領軍当局により）。その年の暮、というからほぼ同じ時期か、彼は『プロイセン王国とハノーファー王国の統合の見地からみたハノーファー司法行政（のあり方）に関する諸考察』（Betrachtungen über die Hannoversche Justizverwaltung mit Rücksicht auf die Vereinigung des Königreichs Hannover mit der Preußischen Monarchie）という著作を公刊している。プロイセンへの併合によりハノーファーの司法制度・行政がどのように変化するか、その見込みを書いたものであるが、ハノーファーの司法制度はまさに彼が解説したとおりになっていったといわれる。相変らずの有能さであり、そして変り身の早さである。翌六七年、プロイセンは、ハノーファーをはじめ、新しく併合した諸ラント（それぞれはプロイセンの州〔Provinz〕に転じていたが）の共通の上級控訴裁判所（最上級裁判所）をベルリーンに設置することに決め、同年九月一日その初代長官にレオンハルトが選ばれた（この上級控訴裁判所の設置により、ツェレのそれは、プロイセンにほかにもある控訴裁判所の一つに降格し、ハノーファー州を管轄区域とした）。[31] レオンハルトはプロイセンの官僚となったのである。勤務先は、他の併合された国々と共通の最上級裁判所である。その長官にはほかにも人材がいたであろうが、それだけレオンハルトの能力、業績が高く評価されていたことになる。[32] なお、ハノーファーの前国王がプロイセンへの併合をはげしく非難しながら、王国の官吏や軍人の彼に対する忠実義務を解除していたことは前述した（(2)(ロ)(a)）。したがって、レオンハルトがプロイセンの官僚になったことになんの法的な問題もないが、前国王に同情し、あるいはプロイセンに対する反情からヴェルフ党、ヴェルフ軍団に蝟集していた人々から、憎悪の対象とされたことは想像に難くない。

しかも、それだけではない。レオンハルトは、同じ六七年一二月五日、なんとプロイセンの司法大臣に起用されたのである。戦敗国の司法大臣から戦勝国の司法大臣への鞍替えである。

(ロ)　前任者リッペの失脚

ことの起りは、前任者リッペがこちこちの保守主義者であり、大の自由主義政党ぎらいであったことに起因する。その彼が国民自由党に対してとった言動が、ついに総理大臣ビスマルクをして彼を解任へと追いつめたのであった。

一八六五年五月、下院の審議において当時の進歩党党員（のち国民自由党党員）トヴェステン[33]が、プロイセンの司法権は政治目的のために濫用されている、ことに最上級裁判所（Obertribunal）は司法大臣リッペに籠絡されて腐敗をきわめている、と言葉するどく罵った。これに対して政府は訴追にふみ切ったが、一審・二審ともに、憲法に定める議員の議会内発言に対する免除特権（無答責）を理由に（憲法八四条一項）、トヴェステンの無罪を言い渡した。リッペは検察庁に命じて、最上級裁判所へ不服申立てをさせた。最上級裁判所の刑事連合部は、憲法の定める免除特権が認められるのは、「議員の思考の産物として発言された意見に限られ、事実の主張や流布を内容とする発言については認められない」という奇妙な限定解釈をほどこして、事件を差し戻した。最上級裁判所は腐敗しているというトヴェステンの非難を地でいった形である[34]。

下院は、この最上級裁判所の限定解釈に反撥し、自由主義陣営に立つ著名な法学者（モムゼン、グナイスト）・法律家（ヴァルデック）らが相次いで発言し、この解釈をきびしく批判した。結局下院は、「刑事連合部の決定は、憲法に違反し、今後これを先例とする裁判はすべて無効である」という決議を圧倒的多数（二六三票対三五票）で可決した。

この折りの議会は、右の決議がなされた直後に停会処分に付され（六六年二月）、そのまま五月に解散された。その後の総選挙が、七月三日（ケーニヒグレーツの決戦の日）に行われ、保守派が地すべり的大勝を博し、逆に自由主義派が大敗を喫したこと、ビスマルクがいわゆる事後承諾法を提出し、それの賛否をめぐって自由主義陣営が分裂し、同法に賛成した者が国民自由党を結成したこと（六七年六月）はすでに紹介したところである。トヴェステンも進歩党を脱党して、国民自由党の結党に参加した。

しかし彼をめぐる事件は、裁判所の手続が進行しており、第一審（ベルリーンの市裁判所 Stadtgericht）、第二審（ベルリーンのカンマーゲリヒト）の各判決は、右の刑事連合部の見解にもかかわらず、トヴェステンに無罪を言い渡した。法相リッペはまたもや検察庁に命じて、最上級裁判所に不服申立てをさせた。同裁判所は、一・二審判決を取り消し、再度事件を一審に差し戻して、名誉毀損を理由に判決をするように指示した。一審裁判所はこの指示に基づき、トヴェステンに懲役二年の有罪判決をした（六七年一一月）。ビスマルクの最大与党と化しつつあった国民自由党は激怒した。同党所属の下院議長は、ビスマルクにリッペを解任するようつよく求めた。ビスマルクは一二月五日リッペとレオンハルトを交替させた。一議員に戻ったリッペは保守党に属しつつ、国民自由党と協調するビスマルクに対して、つねに反抗的な態度をとったという(35)。

(ハ)　ベニクセンの推薦

レオンハルトが司法大臣に起用されるについては、同郷の先輩ベニクセンの発言が大いに力があったようである。

一八六七年一〇月はじめ（というから、まだトヴェステンが有罪判決を受ける前である）、ベニクセンは妻あての便りにこう書いた(36)。「ビスマルクから、『レオンハルトについて率直な意見を聞かせて欲しい』と頼まれた。ビスマルクは『新しい司法大臣は、新しく併合した地域から、それもできたらハノーファー人をとりたいと願っている』と語った。ベニクセンは、レオンハルトの長所、短所と思うところを洗いざらいしゃべった。すべてを聞いたのちビスマルクは、『その男――たまたま今までまったく会ったことのない男だが――こそ私の注文によく合いそうだ。その男をリッペの後任にとるよう努力してみよう』と語った。」

同年一二月の中頃（もう司法大臣の交替は終わっていたが）、ベニクセンは次のように書いている。「レオンハルトの任命は、ここ（ベルリーン）では大変なセンセーションをまき起こしている。とくに頭の固い在来のプロイセンの高級司法官僚たちはひどくまごついている。しかしレオンハルトさえがんばるなら、彼はきっとプロイセンの制度や法律をきちんと整備できるはずだ。彼はそれだけの能力を持ち、あるいはビスマルク流にいうなら、『ラント法（プロイセンの元来の領土で施行されている一般国法、一般裁判所法）やライン法（プロイセンのライン左岸領で行われているフランス法）に毒されていないのが、彼の長所なんだ』……。」また六八年の一月一七日には、「レオンハルトの任命は、保守党の連中（リッペの支援者）だけではなく、古いプロイセンの法律家の多くがいらだち、かつ羨ましがっている」と書いている。

ベニクセンは、後年ジュード（Sydow. レオンハルトの女婿である。CPOの審議過程に登場してくるので、その経歴はのちに触れる）に対して、ビスマルクとの会話を次のように説明していたという。「ビスマルクが優秀な法律家で信頼できる組織者を探していたからこそ、レオンハルトをとったのであろう。もし彼が政治家を期待していたのなら、レオンハルトはそのためには何の役にも立たなかったであろう。」

ジュードがつづけて言うことに耳を傾けよう。「ベニクセンがレオンハルトの政治的能力を否定したことは、きわめて正しい。レオンハルト自身が、専門家大臣にとどまることを望んでいた。彼の職域に直接関係しない政治的問題については、首をつっこもうとしなかった。彼の非政治的な性格がプロイセンの司法行政にとっては幸いした。この性格のおかげで、今まで政治的になりがちであった人事管理が完全に解消したからである。プロイセンの司法にふたたび平静がもどった。彼のもたらした影響のこの側面が、人々がまず最初に高く評価した功績であった。」「その世代の人々と同じく、レオンハルトも個人主義的な時代思潮のなかにあった。彼は『自助（help yourself）』の信奉者であり、自己管理を尊重する人であった。」

W・シューベルトは次のように書いている。[37]「レオンハルトは、政治勢力としての自由主義からは距離をおいていた。しかし、プロイセンの司法大臣として、この勢力から要請のあった司法政策は見事に遂行し、反動の時代には地におちていたプロイセン司法の声価を復活させた。そのさい彼は、一連の自由主義的な法曹たちから援助を受けることができた（H・フリートベルク、F・クルルバウム、F・フェルスター、A・ファルクの名を挙げる——彼らの経歴については後述。ただし、彼らの思想的色合いまで私〔鈴木〕は知らない）。これらの人々は、レオンハルトが彼の政治的信条とは無関係に司法省に持つことができた人材であった。」

（1）　一八六六年六月一〇日、したがってプロイセンがハノーファーなどに対して最後通牒をつきつける五日前、プロイセンはドイツ連邦加盟諸国に向けて、次のような連邦改革案を提案した。①ドイツ連邦はもはや組織としては古くなってしまったので、新しい連邦を作ろう。ただし、この連邦からはオーストリア帝国を除外する。②この連邦の立法機関として、各国の代表からなる連邦議会（Bundestag）のほかに、ドイツ全土から普通・平等・秘密・直接投票によって選ばれた国民議会（Nationalvertretung）を置く。③この立法機関は、度量衡、通貨システム、知的所有権、内国河川の航行権、鉄道組織、それに民訴法および破産法などにつき、立法権を有する。

このうち、②に定める普通選挙などによって選ばれる議会については、プロイセンはすでに同年四月九日に連邦議会（Bundesversammlung）に対して提案していたが、議会は言を左右にして議決するに至らなかった。そこで、右に述べたような六月一〇日の新しい提案で、加盟各国の動きを見ようとしたのである。本文にいうプロイセンのドイツ議会創設の提案とは、以上のような新しい提案を指している（プロイセンの提案につき、Huber, III, SS. 518-9, 536-39; Huber, Dokumente, 2, SS. 191-93, 200-03）。

なお、以上の四月九日、六月一〇日の提案は、いずれも総理大臣ビスマルクの指令にもとづき、プロイセンの連邦議会における代表サヴィニーによってなされている。彼（Karl Friedrich von Savigny. 一八一四〜七五年）は、高名な法学者（Friedrich Karl S.）の息子。法学を学んだのち外務省に入り、バーデン、ザクセンへの使節を経験したのち、連邦議会へ代表として派遣され（六四〜六六年）、そののち第一線をしりぞいた。六七年以降はプロイセン下院の、六八年から七五年まではドイツ帝国議会（Reichstag）の議員となり、のちに述べる中央党（Zentrumspartei）の創立者の一人となった。

（2）　実際の戦闘は、ケーニヒグレーツの北西一三キロメートルにあるサドヴァ村を中心に行われたので、ケーニヒグレーツの戦いはまた「サドヴァの戦い」とも呼ばれる。

（3）　この条約の内容は、Huber, Dokumente, 2, SS. 212-24.

（4）　この講和条約、相互防衛条約の内容は、バイエルンを例にとって、Huber 前注 SS. 214-15. 相互防衛条約の秘密性は、翌六七年三月に解除された。ともかく、この相互防衛条約を代償に、バイエルンほかの南ドイツの諸国はオーストリア側に与したにもかかわらず、領土の割譲もなければ、戦費の賠償義務もなくすますことができたのである。

（5）　法案と国王の勅諭について、Huber, Dokumente, 2, SS. 215, 216.

（6）　プロイセンはこの併合を通じて、人口が二四〇〇万人となった。プロイセンはこののち北ドイツ連邦を組織するが、加盟した他の国々の人口はあわせても六〇〇万人であった。セバスチャン・ハフナー著（魚住昌良監訳・川口由紀子訳）『図説プロイセンの歴史』（二〇〇〇年）二五六頁。

（7） Huber, III, S. 586.

（8） 政党の正式の名称は、「ドイツハノーファー党」（Deutsch-Hannoversche Partei）というのであったが、旧王家の家門の名称から、ヴェルフェン（Welfen）と呼ばれていた。ヴェルフェン（ヴェルフ党）のドイツ帝国議会における消長については、Huber, Dokumente, 2, SS. 536-39, 大系２四〇六～七頁の表、四一二頁。

（9） ルクセンブルクにはドイツ連邦時代から要塞があり、同連邦消滅後もプロイセン兵が駐在した。フランスのナポレオン三世がこれを咎め立て、撤兵を要求するとともに、ルクセンブルクと同君連合の関係に立つオランダ国王に、同国（大公国）の買収を申し入れた。これに対してプロイセンがはげしく反撥、イギリスとロシアが介入してロンドンで会議が開かれ、プロイセン兵の撤退とルクセンブルクの永世中立化が認められた（六七年五月）。以上につき、Huber, III, SS. 693-701（なお、オランダとの同君連合の解消は、九〇年一一月であった）。

（10） Huber, III, S. 587.

（11） ヴィントホルスト（Windthorst）は、ハノーファーの司法大臣を二度つとめたのち、六六年五月より検事総長の地位についたが、プロイセンへの併合後は、一八六七年一月に待命を、ついで同年三月には退任を命じられた。退任後の彼は、元国王の顧問・代理人となり、他方、北ドイツ連邦、ドイツ帝国の議員として、つねに反プロイセンの立場で行動した。

（12） 以上につき、Huber, III, SS. 589-90.

（13） 太子は、カンバーランド公エルンスト・アウグスト（Herzog Ernst August von Cumberland）と称した（一八四五～一九二三年）。祖父が王位につく（一八三七年）前に称したのと同じ称号である。

（14） Huber, III, SS. 590-1.

（15） もっとも、まだヴェネチア地方はオーストリア領として残り、ローマを中心とする中部地方には教皇国家が残されていた。前者は、一八六六年の普墺戦争にプロイセン側に参戦することによって、プラハ条約を通じてイタリアに割譲されたし（1）(ロ)(c)参照）、後者は、普仏戦争の際、教皇国家の保護のために駐在していたフランス軍が引き揚げたのを好機に、イタリア軍が同国に入り、ついで人民投票の形でイタリアとの併合を認めさせた。この折り、首都をフィレンツェ（一八六四年までトリノ）から、ローマへと移転した。なお、現在のヴァティカン市国は、一九二九年当時の首相ムッソリーニと教皇庁の国務長官の間の協定で創設されたものである。

（16） ヘッセン＝ダルムシュタットも、敗戦の結果領地を奪われたわけではないが、マインツ川以北の地域（都市ギーセンなどを含むオーバーヘッセンと呼ばれる地域）をプロイセンの主導する北ドイツ連邦（後述）に組みこまれた。

（17）　国民協会の設立経過については、Huber, III, SS. 387-92, 大系2三五四頁。国民協会の設立に対抗し、一八六二年一〇月になって、大ドイツ主義に立つ「改革協会」（Reformverein）というのも組織された。ただこの組織は、大ドイツ主義という最終目標で一致するだけで、保守派、教皇尊重派、自由派、民主派と右から左へ多様な集りであったため、かえって動きが鈍く大した成果をあげられなかったという。カトリック信者で反プロイセン的なヴィントホルスト（ハノーファーの元司法大臣）はこの組織に入っていた。この組織については、Huber, III, SS. 393-98, 大系2三五五頁。

（18）　ここでは上院、下院という表現を用いるが、プロイセン憲法では第一院（Erste Kammer）、第二院（Zweite K.）という呼び方がされ、その後一八五五年の法律により、前者は貴族院（Herrenhaus）、後者は衆議院（Abgeordnetenhaus）という呼び方が定められた。前者は、憲法制定当時は部分的に選挙制が導入されていたが、その後は王族、国王勅任の世襲議員、終身議員を構成員とするように改められた（五四年の法律による）。後者は、議員選出についていわゆる三級選挙制がとられ、議員定数は一八五一年以来三五二人とされていた（議員任期は三年）。三級選挙制とは、満二四歳に達したすべての男性プロイセン人に選挙権が与えられるが、彼らはその直接国税の納入額によって三級に分かれ、各級に同数の選挙人が割り当てられ、その選挙人が代議士を選挙するという方式（間接選挙制）である。いきおい、多額納税者で少数である富裕層にとって有利な選挙制であり、その富裕層に産業革命の発展にともない力をつけてきたブルジョワジー（市場拡大のため国家＝国民の統合を目ざし、自分たちの自由の確保・拡大を望んだ）が数を増やしたことが、プロイセン下院における自由主義陣営の強化につながり、ついには後述する進歩党、中央左派、ひいては国民自由党の結成につながったとされる。三級選挙制については、大系2三四八～九頁、望田幸男『近代ドイツの政治構造――プロイセン憲法紛争史研究』（一九七二年）六〇頁以下・二五四頁以下。

（19）　①Wilhelm I.（一七九七～一八八八年）は、正確には、神経を病んだ兄王フリードリヒ・ヴィルヘルム四世の摂政であった。六一年一月、兄王の死去により王位についた。このとき六〇歳であったというが、九〇歳まで長生きし、その間にドイツ帝国を成立させ、その初代皇帝を兼ねた。②Albrecht Theodor Emil Graf von Roon（一八〇三～七九年）は、一八二一年より将校としてプロイセン陸軍に勤務し、五九年より七三年まで陸相、六一年から七一年までは海相も兼務。したがって、憲法紛争当時のローンは軍事大臣と一括して呼ぶことが適当かもしれない。七三年一月から一一月まで、短期間ながらプロイセンの総理大臣をつとめた。

（20）　そうは主張しながらも、政府は一八六二年以降から六五年まで毎年軍制改革の法案を下院に提出しつづけた。だがそれらの法案は、議会の解散にあったり、会期末まで審議未了に終わったり、あるいは明確に否決されたりして、いずれも不成立の憂き目にあっている。Huber, III, S. 325 Anm. 82.

(21) この意見を議会に提出したのは進歩党の議員であるが、政府の側の予算科目の提示も指摘されるようにいい加減なもので、軍事予算としてはただ単に、「糧食、衣服、兵備の費用として三千一〇〇万ターレル」と掲記されているだけであった。

(22) この折り、当選をした進歩党、中央左派の議員の中心となったのは、第一審司法官を主力とする司法官たちであり、進歩党では一三五議席中三四、中央左派では一〇三議席中同じく三四を占めた（望田・前注(18)二六一頁・二六二頁・二六五頁掲載の表）。そのために、プロイセン政府は以降、これらの司法官勢力を議会から遠ざけようとしてけんめいとなる（上山安敏「ドイツ第二帝政期の権力構造（四）」法学論叢八三巻五号七〇頁以下）。

(23) 現役兵期間は二年間で十分とされながら、国王・軍部がもう一年間の延長にこだわったのは、軍人魂、国王への忠誠心をより錬磨するためであった。それだけに議会側も、この一年間の延長を軍事改制の中心問題とみてはげしく抵抗したのである。

(24) 「(全)ドイツが注目しているのは、プロイセンの自由主義ではなくて、プロイセンの力（Macht）である。バイエルン、ヴュルテンベルク、バーデンが自由主義に寛容なのは、これらの国がプロイセンのような（ドイツを統一するという）役割を負わされていないからである。……現下の大問題は、演説や多数決によって――これが一八四八年と四九年の（三月革命期の）大いなる誤りであった――ではなく、鉄と血（Eisen und Blut）によってのみ解決される。」(Huber, Dokumente, 2, SS. 44-5)。

(25) 望田・前注(18)一五八頁。なお、大系2三八二頁。

(26) この選挙では、連邦立憲主義連合（Bundesstaatlich-konstitutionelle Vereinigung）という政党が、一八名ながら当選者を出している。この政党はカトリック系、ヴェルフェン系といわれ、ヴィントホルストが一方の領袖となっている。Huber, III, S. 649.

(27) 六六年七月一二日、ハノーファーにおいてベニクセンを議長として、ザクセン以外の北ドイツの非プロイセン地域の自由主義者が集会をもち、このことを報じた自由主義系の新聞が「国民自由的な」という表現を用いた。これが「国民自由」という言葉が用いられた最初の例であるとされている。望田・前注(18)一七三頁(54)。

(28) Huber, III, S. 586 Anm. 44.

(29) 以上に述べたプロイセン憲法紛争の経過については、主として① Huber, III, SS. 269-374, ② Huber, Dokumente, 2,

SS. 31-89, ③望田・前注(18)七五〜一七四頁、④同『ドイツ統一戦争―ビスマルクとモルトケ』（一九七九）四五〜八六頁、一二〇〜二頁、一四一〜四五頁、⑤大系2三六五〜八三頁を参照した。

（30）Gunkel, IIIのI(1)注（3）SS. 382-5.

（31）新しく併合した地域のための上級控訴裁判所は、その後（一八七四年四月）、プロイセンの元来の地域のための最上級裁判所（Obertribunal）に吸収された。プロイセンでは憲法上、一個の最上級裁判所しか許されていなかったからである（九二条）。

（32）ハノーファーなどの併合を宣言する法案がプロイセンの下院で審議されていた折り（六六年八〜九月）、席上、ハノーファーの民事司法の優秀さはつとに有名であり、反対にプロイセンの国家管理のうちで民事司法ほど改良の必要に迫られているものはない、という意見が述べられたという。Gunkel, 前注(30) S. 387.

（33）Karl Twesten（一八二〇〜七〇年）キールの著名な神学者の家に生まれ、ベルリーンで法学を学ぶ。一八四八年の革命時には共和政治を主張して注目を浴びたが、革命挫折後はプロイセンの司法官生活を歩み、五五年にはベルリーンの市裁判所（Stadtgericht）の陪席判事に抜擢された。一八六一年にプロイセンの下院議員となり、同年結成された進歩党に加入、その後六六年に脱党して、国民自由党の結成に参画した。彼は発言、文章にはげしい表現が多く、しばしば事件を起こしている。その一例として有名なのは、将軍マントイフェルとの決闘事件である。

　マントイフェル（Edwin Freiherr von Manteufell. 一八〇九〜八五年）は、軍事内局（Militärkabinett. 国王に直属し、軍事、ことにその人事の諮問機関）の長として内局の権限の拡大につとめるとともに、軍制改革の熱烈な推進者であった。トヴェステンは、このマントイフェルを「危険にみちた地位（unheilvolle Stelle）にいる危険にみちた男（unheilvoller Mann）」と評したために、彼から決闘を申し込まれた。決闘の際には、トヴェステンにまず射撃の権利が与えられたが、彼はその弾をはずし、後から射撃の機会が与えられたマントイフェルは、相手の右腕を射ぬくにとどめた。トヴェステンは敗れたことを認めた（一八六一年五月のこと）。そのころは、ベルリーンの警視総監が、将校たちがしばしば出入りする賭博クラブを解散させようとして、決闘を申し込まれ、射殺される（一八五六年）というような時代であった。

　なお、マントイフェルは、進歩党などの自由主義者を抑圧しようとして軍事クーデターを企てるほどの保守主義者・王権主義者であったが、その熱狂ぶりがかえってビスマルク＝ローンの路線に嫌われ、デンマーク戦争後プロイセンがシュレースヴィヒの統治権を得た機会に、同地の長官として左遷された。六六年六月、彼が政府の指示にもとづき軍をホルシュタインに侵攻させたことが普墺戦争の発端となったことは前の機会に述べた。

（34） 最上級裁判所の刑事連合部が、本文で紹介したような解釈を発表するについては、保守的立場で知られる補助裁判官二名を連合部に加え、しかも一票差で右のような解釈を示すにいたった。もし補助裁判官二名を加えなければ、結論は逆転していた。この事実が下院議員を憤激させたという。Huber, III, S. 329.

（35） 新しく司法大臣になったレオンハルトは、このトヴェステンの事件をどう処理したか。第一審裁判所（ベルリーン市裁判所）が有罪判決をしたのち、不服申立てを受けたカンマーゲリヒトは、最上級裁判所の判断にもかかわらず、その判断は憲法に違反するとして、トヴェステンに無罪判決を言い渡した。レオンハルトは、この判決に対する不服申立権を放棄することによってこの事件を処理したのである。最上級裁判所の判断を含むトヴェステンの事件の経過については、Huber, III, SS. 328-30, 373-35.

（36） 以下のベニクセンのいくつかの便り、ジュードの回顧談は、Schubert, StPO, S. 6 Anm. 16.

（37） W. Schubert, 〈Leonhardt〉 in Neue Deutsche Biographie, Bd. 14, SS. 253-4.

二　北ドイツ連邦の成立とその憲法

(1)　北ドイツ連邦の成立

先にも少し触れたが、プロイセンは、普墺戦争のぼっ発（一八六六年六月一五日）の直前、ドイツ連邦の加盟各国に対して次のような連邦の改革案を提示した（六月一〇日。─注(1)）。①ドイツ連邦は組織としてはもはや古くなったので、新しい連邦を作ろう。この連邦の領域からは、オーストリア帝国とオランダ王国の領域は除く。②この連邦の立法機関として、各国政府の代表からなる連邦議会（Bundestag）のほか、連邦の各地から普通・平等・秘密・直接投票によって議員が選ばれた国民議会（Nationalvertretung）を設置し、立法権は両院の合意により行使される。③その立法権のおよぶ事項として、制限的に、しかし多数の事項が列挙されているが、その最後の項に、「共通の民訴法および破産法」というのがあった。

プロイセンがこのような提案をしたのは、民主的な選挙によるドイツ統一を熱望する自由派・民主派の論者を自国の側に引きつけるためと、オーストリアとの戦争はこの連邦実現のためであるという大義名分づくりの、二点にあったと目されている[38]。

しかし、この提案に対する各国の反応を聞くひまはなかった。ただちに戦争に入ってしまったためである。だが、プロイセンは、開戦の翌日（六月一六日）、近隣のマイン川以北の諸国（ただし、宣戦を布告したハノーファー、ザクセン、ヘッセン＝カッセル、フランクフルトを除く）に対して、プロイセンの脱退によりドイツ連邦は解消したのだから、新しい連邦を結成しよう、その連邦の骨格は先にプロイセンが各国に示したとおりである、プロイセンに対する反抗的態度をやめて、攻守同盟を結ぼう、それが各国の独立と安全を維持する道である、と申し込んだ。後の部分はあきらかに威嚇である。しかし、プロイセンの圧倒的な軍事力と、オーストリアとの戦闘が優勢に進行しているのをみて、各国は相次いでプロイセンの申込みに応諾する旨の返事を送ってきた。

プロイセンの宰相ビスマルクは、六六年八月はじめ、各国に連邦結成の条約案を送り、各国がこれを承認して、同月一八日、北ドイツ連邦が結成された。当初の加盟国は、プロイセンを含む一八か国であったが、後れて加盟してくる国々もあり、最終的には計二三か国となった[39]。

連邦の基礎となる憲法を制定するため、帝国議会（Reichstag. 先の提案では国民議会）の議員を選出することになり、普通・平等・秘密・直接選挙を定めた法律が制定された。人口約一〇万人あたりに議員一人という小選挙区制がとられ、二九七議席中二三五がプロイセン、二三がザクセン、六がメクレンブルク＝シュヴェリーンという具合いで、プロイセン出身の議員数が圧倒的であった。

選挙は、六七年二月に行われ、会派としては国民自由派が最大多数を占め、その後「国民自由党」を結党したことは前に述べた（一(3)(八)）。

他方、この議会選挙に先立って、各国の有識者がベルリーンに集まって、プロイセン側の用意した憲法草案について審議し、これを確定したのち、開会された議会へと提出した。

議会＝帝国議会では、憲法草案をめぐってはげしく議論され、修正された個所もかなりあるが、以下では審議の結果成立した連邦憲法の中身を見ていこう（六七年七月一日施行）[40]。

(2) 北ドイツ（連邦）憲法

この憲法は、一八七一年一月、ドイツ帝国の成立にともない、連邦が帝国に、首席が皇帝に書き改められるなどの変化はあったものの、基本的にはそのままドイツ帝国憲法に移行したものである。ドイツ帝国民訴法（CPO）の成立に、その帝国憲法に定められた制度が密接にからんでくるので、この機会にこの憲法（北ドイツ憲法）に定められた制度を概観しておこう。

(イ) 立法権　連邦の立法権は、連邦参議院（Bundestag）と帝国議会（Reichstag）（の一致した議決）によって行使される。連邦の立法権のおよぶ範囲では、連邦の立法が国（ラント）の立法に優先する。その連邦の立法権のおよぶ事項として一五項目が列挙されているが、そのなかには、（第一一）民事事件における裁判の相互執行、および司法共助の処理に関する諸規定、（第一二）公正証書の認証に関する規定、（第一三）債務法、刑法、商法・手形法および裁判手続に関する共通の立法[41]、の三項目が含まれていた。

(ロ) 連邦首席（Bundespräsidium）と連邦宰相（Bundeskanzler）　連邦首席には、プロイセン国王が就任する。同連邦首席は、国際法上連邦を代表し、帝国参議院、帝国議会を召集し、開・閉会し、休会する権限を有する。同首席は、連邦宰相や、その他の連邦の官吏を任免できる。また、連邦の法律を裁可、公布する権限を有する。連邦首席の命令と処分（Anordnung und Verfügung）は連邦の名において発令されるが、その有効要件として連邦宰相の副署を必要とする。

連邦宰相は、連邦参議院の議長をつとめ、その諸事務の処理を統括する。

連邦首席（プロイセン国王ヴィルヘルム一世）は、六七年七月連邦宰相にビスマルク（プロイセン宰相）を指名した。

(ハ) 連邦参議院　同院は連邦加盟国の代表により構成される。各加盟国はそれぞれ、連邦参議院に提案を行い、討議に付することができ、連邦首席はそれを審議にかけなければならない。同院における投票権数は、旧ドイツ連邦における投票権数の基準に従うとされる。その結果プロイセンは、同基準により四票持っていたうえに、四票のハノーファー、三票のヘッセン＝カッセルとホルシュタイン、二票のナッサウ、一票のフランクフルトを併合したから、計一七票、二位のザクセンが四票、三位のメクレンブルク＝シュヴェリーンとブラウンシュヴァイクが各二票、他はそれぞれ一票で、総計四三票であるから、一七票のプロイセンの圧倒的優位が目につく。

連邦参議院には、七つの常任委員会があり、各委員会は連邦宰相と最小限二つの加盟国の議員から構成される。その委員会の一つに「司法制度（Justizwesen）委員会」というのがあった（これに対して、帝国議会には常置委員会がなく、法案が提出されるつど、総会で選ばれる委員からなる委員会が設置された）。

(二)　帝国議会　連邦内から普通・平等・秘密・直接投票によって選ばれた議員により構成される。官吏は賜暇（Urlaub）を得ないでも議員となれる。ただし、議員には俸給を与えられない。任期は三年であり、その間に議会を解散するときは、連邦首席の同意を得た連邦参議院の決議が必要である。なお、連邦参議院の議員、または同院に指名された派遣員（Kommissar）は、同院から帝国議会に回付された議案につき、帝国議会に出席して意見を述べることができる。

北ドイツ（連邦）憲法が施行されて、制憲（憲法制定）議会が任務を終了したのち、六七年八月、この憲法に従う最初の、通常の帝国議会の選挙が行われ、国民自由党がふたたび最大多数の会派となった。[42]

(38)　もっとも、すでにプロイセンは六六年四月、ドイツ連邦に対し普通・平等・秘密・直接投票にもとづく議会を設置するよう提案した。自国はいわゆる三級選挙法を維持し、シュレースヴィヒ＝ホルシュタイン問題では統合を希望する民意を無視してオーストリアとの分割統治を実現したこのプロイセンの提案に、人々は唖然としたようであるが、その提案をむげに却下することもできず、オーストリア、プロイセンのほか、バイエルン、ハノーファーなどの中等国家を含む九人の代表からなる連邦改革委員会（Budesreform-Kommission）を設けて審議することにした。この委員会は、時間かせぎの狙いもあって、プロイセンに対しよりくわしい企画案を提出するように要求、プロイセンは同年五月、ほぼ本文に述べたのと同じような——オーストリアを連邦から除く、というような文言はなかったが——連邦改革案を提出した。連邦改革委員会はこの改革案を加盟諸国に検討するようにと要請した。しかし、各国の国家権力行使に民意を代表する議会が制約を加えるようなこの案に、加盟諸国がおいそれと応じるはずはない。業を煮やしたプロイセンは、改革委員会を通さずに、加盟諸国に直接呼びかける形で、本文に紹介したような提案をした。すでにきなくさくなっていた（六月七日には、マントイフェルの率いるプロイセン軍がすでにホルシュタインに進攻していた）対オーストリアの関係で、戦争の大義名分をつくろうともくろんだのである。

以上につき、本文も含めて、Huber, III, SS. 518–89, 536–39; Huber, Dokumente, 2, Nr. 158 (SS. 191–93), Nr. 166 a, b (SS. 200–03).

(39) ビスマルクが当初（開戦の翌日の六月一六日）連邦結成を呼びかけた近隣諸国は一九か国であったが、このうちザクセン＝マイニンゲンともう一つの小国は呼びかけに応ぜず、むしろオーストリア側についた。両国とも支配者がプロイセンぎらいであったことによる（ザクセン＝マイニンゲンについては、**四の二(1)(イ)⑫**）。しかし、たとえばザクセン＝マイニンゲンはプロイセンに占領されて公爵は退位、襲爵した息子が北ドイツ連邦に加盟した（六六年一〇月。もう一つの国は九月）。ザクセンが一〇月にはプロイセンと講和条約を結び、連邦に加盟した。ヘッセン＝ダルムシュタットは、六七年四月の講和条約で、マイン川以北の領域（オーバーヘッセン）の分だけ、連邦の加盟国となった。なお、ラウエンブルクはのちに（一八七六年）プロイセンに併合されるが、このころはプロイセンと同君連合の関係にあり、連邦中の一国として数えられた。本文も含め、以上につき、Huber, III, SS. 563–37, 603–34; 644–45; Huber, Dokumente, 2, Nr. 184 (SS. 223–25).

(40) Huber, III, SS. 646–66; Huber, Dokumente, 2, Nr. 186 (SS. 225–26), Nr. 187 (SS. 227–40. 北ドイツ連邦の憲法である)。

(41) 当初の案では、商法、手形法、民訴法、破産法の四法しか記載されていなかった。国民自由党のミーケルが刑法、刑訴法のほか、民法の全体を追加することを提案したが、否決され、ついで同党のラスカーが民法のうち債務法に限定して提案したところ、これが承認された、といういきさつがある（Huber, III, S. 663）。債務法が認められたのは、もちろんドレースデン草案の存在が意識されたのであろう。

(42) といっても、八四議席で、第二党の保守党（ドイツ統一、普通選挙などに反対で、ビスマルク施政期前半の強力野党であった）が七〇議席であった。制憲議会の折りも、国民自由党は八〇（八一とも）議席、保守党は六六（五九とも）議席であった。国民自由党が他党をはるかに引き離して多数派を占めるのは、ドイツ帝国成立後の最初の帝国議会（一八七一年選挙）以降であった。

三　民訴法草案（NE）の起草委員会

(1)　モデル草案はHEかPEか

(イ)　司法制度委員会の提言

一八六七年の夏、プロイセン政府は連邦参議院に対して、連邦のために民訴法案を作成してはどうかといい、具体的には次のような内容を提案した。

①　連邦の全域から、できれば法系の異なる地域から、評価の高い法律家八人を選び、ベルリーンにおいて委員会を組織させる。

②　委員は連邦参議院が選出するが、委員長は連邦宰相が委員のなかから選び、報告委員は委員長が指名して、委員会の賛成を得る。

③　常任委員会である司法制度委員会に諮問して、この提案の適否を審査させるとともに、適切という意見のときは、前述した八人の委員候補者、および委員会の審議の下敷き（基礎 Grundlage）とするのに何がよいかを提案させる。

連邦参議院はこのプロイセン政府の提案を司法制度委員会に付託し、同委員会は六七年九月、この提案を可とするとともに、委員の候補者および審議の下敷きについて次のような意見を述べた。(43)

①　連邦内の異なった法域として普通法＝ザクセン法、伝統的なプロイセン法、ライン法、ハノーファー法の四つがある。これらの存在を顧慮して各委員を推薦するとして、後述する八人の名を挙げている（そのなかにはレオンハルトの名もあるが、彼はまだその当時、新たに併合された地域のための共通の上級控訴裁判所長官であった）。

②　審議の際の下敷きとしては、右述のように連邦内に四つの法域があるから、どれか一つの法律・草案を取り上げて決定的とするのは適当でなく、下敷きといってもそれはたかだか、外形的な補助手段、目途《めど》（導きの糸 Leitfaden）にとどまり、審議の順序、制度・条文に関する資料を提出する順番を定めるのに役立つ、という程度

に理解すべきである。したがって、審議の際には、下敷きの順序に従いながらも、報告委員がまず自分の意見を草案の形で提出し、ついでそれについて審議をするというのが適切であろう。そう断りながらも、この意味の下敷きとしては、結局ＰＥ（プロイセン草案）を採用すべきであろう、と述べている。すなわち、連邦内の近時の法律・草案で目だつものは、ザクセン草案(44)と、ＨＥ（ハノーファー草案）ならびにＰＥであるが、ザクセン草案は、ザクセン法域の固有性を前提しているので適当でなく、残るはＨＥとＰＥであるが、まずＨＥは、著名な法律家たちによってきわめて抜本的に検討され、大いに賛同を得ているが、ラント法に譲っている部分が多く、今度の立法が連邦法のレヴェルで行われ、ラント法に優先するものであることを考えると、モデル草案としては決して適切ではない。その点ＰＥの方は、より包括的で、（ラント法に譲るというような）欠落部分もない。もともとプロイセンは、普通法、伝統的なラント法、ライン法と多様な法域に分かれ、それを統一するという見地からＰＥも起草されたのであるから、今度の連邦法の見地からみてもよりすぐれているのではないか。

司法制度委員会の報告書は以上のように述べている。(45)ＰＥは、すでに述べたように、確かに分裂した法領域を統一するという見地から立法されたが、できあがった内容はあまりにライン法（フランス法）に偏し、プロイセン各地からほぼ総すかんを受け、議会に提出することを見送ったというしろものである。プロイセン司法省は面目を失ってしまった。その失地を——ＰＥを北ドイツ連邦の草案の下敷きとされることによって——取り返そうとしたのではないか。

その政治的な匂いをかぎつけたのであろう、連邦参議院が司法制度委員会の提言どおりに可決した（六七年一〇月）のち、プロイセンの上院（貴族院、Herrenhaus）において、帝国議会が民訴法草案を最終的に議決するまえに、プロイセンの上級と最上級の各裁判所の意見を聞くように、という要請が相次いだ（一二月二日）。各地の裁判官や弁護士たちが、自分たちのＰＥに対する反対意見が通らず、ライン法臭にまみれた連邦法が実現するのを恐れて、上院議員たちをたきつけたのであろう。司法制度委員会も、この要請にかんがみて、連邦参議院への提言の追加として、「帝国議会で最終的に議決するまえに、ベルリーンの最上級裁判所（Obertribunal）および（併合された地域共通の）上級控訴裁判所（Oberappellationsgericht）の意見を聞くように」という提言をつけ加えた（一二月一二日）。

ところが、この間に思いがけない事態が生じた。プロイセンの司法大臣リッペが解任され、その後任にレオンハルトが就いたのである（一二月五日）。彼はすでに、PEに対してするどい批判書を発表している（Reform 2として）。プロイセンの上院も、彼の就任後の議会での発言、「ご心配ごと（Anliegen）は適切に配慮しますから」を聞いて、安心したのか、先にしていた「プロイセンの裁判所の意見を聞くように」という要請を撤回してしまった。(46)

(ロ)　PEからHEへの逆転

北ドイツ（連邦）草案（NE）の審議は、六八年の一月早々（三日）から開始された。第一回期日には、連邦宰相ビスマルクと、あらかじめ選出されていた各委員（そのなかには、プロイセン司法大臣となったレオンハルトも含まれていた）が出席した。ビスマルクは、審議の際のモデル草案について、「PEという（連邦参議院の）指示にはどうかこだわらないでいただきたい。この草案は訴訟法上の資料につき他にくらべて念入りに検討しているので、審議の順序に決めるのにより使いやすいというだけのことです。北ドイツ連邦全体のための法律を作るには多かれ少なかれ大幅な変更を加えていただかなければなりますまい」、「各国の裁判所、たとえばプロイセンの裁判所の意見を聞くことには、私は大きな成果を期待していません。経験上習慣の力がこのような意見に大きな影響を及ぼすのであり、（その習慣が違えば）意見の結果にもバラつきが生じるだけです。もっとも、このことについては貴方がたにご決定をおまかせします」と述べた。

ビスマルクは、このような開会の辞を述べたのち、レオンハルトを委員会の長に指名して、部屋を去った。レオンハルトは、自分の代理として、後述するグリムを指名し、報告委員にはパーペを選ぶことを提案、全員一致の賛成を得た。

第二回期日は一月六日に開かれたが、ここで、ある委員から、審議の下敷きとしてPEの代りにHEを利用してはどうかという提案がなされた。委員長レオンハルトは、この場で決議することは適当でないとして、翌日に延期した。

翌日には、「PEを絶え間なく、そして十分に参酌しながら、HEをLeitfadenとして審議の下敷きとする」という提案が、（連邦参議院の指示と異なるこのような提案が適法か、という問題も含めて）決議にかけられ、七対三で可決された[47]。

後述するように、委員のなかには、HEの審議に参加した者が、レオンハルトも含めて四名もいた[48]。このような決議が行われた結果、NEの審議は、HEの条文順に従って進行していく。しかし、HEがラント法に譲ったりして条文がない場合はもとより、条文がある場合でも、PEが採用されて、それに即した条文になっている場合が少なくない。PEの起草に関与したパーペが報告委員となった以上、予想された事態だったとはいえ、NEは、HEとPEの双方を「下敷き」としたと解するのが妥当であろう。

(2) 委員たち

委員会の構成は次のとおりである。

(イ) 委　員

① アムスベルク（Amsberg）　HEの審議に参加（四の二(1)(イ)⑧で紹介）。

② アウル（Hermann Carl Aull. 一八一三～没年不詳）　ギーセン（ヘッセン＝ダルムシュタット大公国内）で学んだのち、マインツ（同上）の弁護士、同地の地裁判事、六六年より同地の高裁判事。この資格で⑨の死去後NEの審議に参加、結局途中で辞任する。七三年よりラインヘッセン州の地裁所長。

③ ドレクスラー（Karl August Eduard Drechsler. 一八二一～九七年）　ロストックとハイデルベルクで学んだ

のち、弁護士などを経て、六四年よりリューベック自由市の上級高等裁判所の判事。この資格でNEの審議に参加したが、七〇年より連邦（のち帝国）の上級商事裁判所の副長官兼部長（同年より同裁判所の長官は⑧）。七九年には帝国大審院（Reichsgericht）の第一部の部長。(49)

④　エンデマン（Wilhelm Endemann. 一八二五〜九九年）　HE、PE、NEの審議、したがって民訴法の立案に参加した人々のうち、学者として唯一の存在（のちのCPOの審議にも、帝国〔議会〕司法委員会（Reichsjustizkommission）のメンバーにグナイストらがいるが、これは議員として法案の審議に参加したもの）。マールブルク（生地でもある）、ハイデルベルクで学んだのち、フルダ（Fulda）で試補生活を送っていたが、五八年以来民事実務雑誌（Archiv für civilische Praxis: AcP）に掲載した民訴法における自由心証主義に関する一連の論文などが評価され、六二年よりイェーナ大学（ザクセン＝ヴァイマル大公国）に教授（民訴法、商法）として招かれ、同時に同地の上級高等裁判所の判事にも任命された。NEの審議にはこの二つの資格で参加している。七六年から九六年まではボン大学の教授をつとめた。民訴法、商法に関して著作が多い。(50)

⑤　グリム（Franz Ferdinand Grimm. 一八〇六〜九五年）　ボンで学んだのち、プロイセンの司法官生活に入り、三四年から四八年まではケルンの地裁、控訴裁の裁判官をつとめた。四八年から五二年まではプロイセン司法省に勤務、五二年からは最上級裁判所（Obertribunal）付きの検事総長、六六年からは同裁の副長官となった。ケルンでの勤務の長さから、ライン法派として選ばれたのか。

⑥　レオンハルト　略。

⑦　レーヴェンベルク（Carl Friedrich Löwenberg. 生年不詳〜一八七一年）　四七年ベルリーンのカンマーゲリヒトの裁判官、四八年から没年まで最上級裁判所判事。プロイセンのラント法域の出身者。

⑧　パーペ（Pape）　PEの審議に（プロイセンのラント法域の出身者として）参加（前掲**五**の**二**(ロ)）。

⑨　ザイツ（Seitz）　HEの審議に参加（ヘッセン＝ダルムシュタットの派遣者として。前掲**四**の**二**(1)(イ)⑦）。

⑩　タウフニッツ（Tauchnitz）　HEの審議に参加（ザクセンの派遣者として。前掲四の二(1)(イ)③）。彼はHEでもNEでも整理委員に選ばれた。

⑪　トリープス（Eduard Trieps. 一八一一〜八四年）　イェーナ、ゲッティンゲンで学んだのち、ブラウンシュヴァイクの弁護士兼公証人。八五年よりブラウンシュヴァイクの下院議員。四九年より同国の上級地方裁判所の判事、六三年より同裁判所の長官。この資格でNEの審議に参加した。

前掲したように、司法制度委員会は八人の委員（右の番号で③〜⑥、⑧〜⑪）を推薦したが、メクレンブルク＝シュヴェリーンの強い要望で①が、また、⑥（レオンハルト）が当初は上級控訴裁判所の長官として推挙されていたが途中で司法大臣に任命されたので、プロイセンからは⑦が連邦参議院において追加された。なお、審議の途中で⑨と⑩が死亡しているが、⑨の後継者として、出身国から推薦された②は、やはり審議の途中で委員を辞任している（⑩の後任は、審議がかなり煮つまっていたせいか、補充されていない）。⑪も、出身国と連邦側のかなり長いやりとりの末であるが、審議の途中で辞任している。[51]

審議の第一回期日において、⑤がレオンハルトの代理に選ばれたこと、⑧が報告委員に選ばれたことは前述したが、整理委員会（Redaktions-Ausschuß）のメンバーとして、この⑤と⑧、そして⑩が選ばれている（⑩の死亡後は補充されていない）。

(ロ)　審議録の執筆者

当時ベルリーンの市裁判所判事のコッホと上級裁判所試補のドロープの二人が選ばれた。

①　ドロープ（Carl Rudolf Eduard Droop. 一八三一〜?）　元ハノーファー王国内のオスナブリュックに生まれた。ハノーファー王国で司法官試補となったが、同国のプロイセンへの併合にともない、プロイセンの司法省に勤務、参事官として長年活躍したが、八三年より同省の局長となる。ただし、NEの審議録の執筆者となったときは、右のように上級裁判所所属の試補であった。なお、後にも述べるように、CPO（帝国民訴法）の最初の

草案の起草にも関与した。

②　コッホ（Richard Koch. 一八三四～一九一〇年）　ベルリーンで学んだのち、一九歳の若さで司法修習生となり、（オーデル川畔の）フランクフルト、ダンツィヒ（現グダンスク。ポーランド領）などの裁判所を経て、一八六五年よりベルリーンの市裁判所判事となる。シュトルックマン（HEの審議録の執筆者）と組んで民訴法のコンメンタールを刊行（七七年）、一九一〇年まで九版を重ねた。一八七一年以来、その総裁に乞われてプロイセン銀行（王立）に勤務、法務担当をつとめる。七六年に同銀行はドイツ帝国銀行（Reichsbank. 中央銀行）となったが、その取締役会の一員となり、翌年には新設の副総裁となり、九〇年には初代総裁の死去にともない第二代総裁となる。以後この職に、一九〇七年の終りまで約一八年間ついていた。わが国にも「シュトルックマン＝コッホ」として知られる「コッホ」の、思いがけない転身ぶりであった。

(43)　委員会からの報告書には、プロイセン派遣のパーペ、ザクセン＝ヴァイマールからの委員、リューベックからの委員がサインをしていた。Schubert, NEP, S. XVII.

(44)　ザクセン王国の一八六四年と一八六五年の草案については、Schubert, Entwürfe zu einer bürgerlichen Prozeß-Ordnung für das Königreich Sachsen von 1864 und 1865, 1997 および Schubert, HEP, S. XV.

(45)　Schubert, NEP, SS. XVII - XVIII による。

(46)　以上の経緯につき、Schubert, NEP, S. XXIII Anm. 10.

(47)　NEP, SS. 9-10.

(48)　この四名が全員、HEを下敷きとする案に賛成したとして、残りの三名（計七名）は誰か。詮索のしようもないが、新司法大臣で委員長であるレオンハルトがHEの報告委員であったことに敬意を表したのか、PEにプロイセン国内でも反対が強く、議会にも上程されなかったという政治事情を知ってのことか。いずれにせよ、さきのプロイセンの上院での議論といい、NEの出だしはかなり生ぐさいものであった。

(49)　一般ドイツ手形法、一般ドイツ商法（**四の一(2)**(イ)・(ロ)）を実現させたドイツの商工業者たちは、今度は最上級裁判所による判例の統一を求めた。その声に応じて法律家も、すでに第一回法律家大会（一八六〇年）のときから同裁判所設置の要望を表明した（PEの起草委員長ボルネマンたち）。しかし、それが現実の問題として、議会に対して法案の形で提出されたのは、北ドイツ連邦の議会においてザクセンからであった（ザクセンからの法案の起草者は、後掲⑩のタウフニッツであったといわれる。彼はHE、NEの整理委員でもあり、当時全ドイツを通じての有数の立法官僚であったといえる。ただNEにおいては、最終段階近くになって惜しくも死去している）。ザクセンは、連邦全域を通じて商事事件に関する最上級裁判所を設けること、設置場所を同国のライプツィヒ市とすることなどを提案している。ライプツィヒ市をおす理由として、同地がドイツの心臓部にあたること（それはすなわち、鉄道の結節点であること、と表現している）、古くから評判の高い法学部を擁する大学があること、見本市もしばしば開かれる第一級の商業都市であること、近隣に発展しつづける工業地帯があることなどをあげ、唯一の欠点としては、内陸都市で港湾に地理的に遠いことであるが、これは裁判官のなかに海法の専門家を加えれば補える、としていた。

この種の最上級裁判所の設置については、議会内外に反対意見もあった。第一に、北ドイツ連邦憲法に、連邦全体を管轄区域とする最上級裁判所を設置する旨の規定がないこと、第二に、商事に限定してであれ、加盟各国の最上級裁判所の権限を奪うことになるのではないか、第三に、連邦に共通の民訴法（NE）がまだ完成していないので、最上級裁判所で裁判される事件に適用される訴訟法がバラバラになり、きわめて複雑なことになるのではないか、などであった（ザクセンから連邦参議院に法案が提出されたのは六九年二月二三日で、前年一月三日からはじまったNEの審議はまだ途中であった）。

難航の予想されたザクセン提出の法案であったが、意外に早く連邦参議院、帝国議会の審議を通過して、六九年六月一八日には公布され、翌七〇年八月五日から施行された。これは、主としてプロイセンがザクセンの面子を立てるという政治的見地から法案に賛成したためであった（司法大臣のレオンハルトも、法技術的見地からはいろいろと難点はあるが政治的見地から賛成すると閣議では述べていた）。裁判所は連邦上級商事裁判所（Bundes-Oberhandelsgericht. 略称BOHG）と呼ばれ、初代の長官には後掲⑧のパーペが選ばれた（NEの審議は同年七月二〇日に終了していた）。裁判所は二つの部からなり、第一部の部長はパーペが兼任し、第二部の部長は副長官のドレクスラーが兼任した（以上につき、Schubert, GVG, SS. 140–153, 259–321 が詳しい）。

(50)　ここに取り上げた①から⑪の略歴については、主として Schubert, NEP, SS. XI–XIII を参照したが、エンデマンについてはほかに Zeitschrift für Zivilprozeß（ZZP、ドイツ民訴雑誌), Bd. 26（1899), SS. V–XVIII に掲載された追悼文も参照。この追悼文によると、エンデマンはNPの審議の席上、自分の意見がいかに多く採用されなかったか、と後になってこぼしていたようである。S. IX)。

（51）⑨が死去したのは一八六八年九月二八日、⑩が死去したのは七〇年一月一八日、⑨の後任の②が審議に参加したのは六九年一月四日、委員を辞任して別れの挨拶を述べたのが同年一二月二三日であった。⑪が、出身国の任務多忙のため委員を辞任したい旨申し出たと紹介されたのが、六九年九月七日、他の委員たちはなんとか彼を引き止めて欲しいと要望したが辞任が確定的となったのは翌月の一八日であった。

四　審議の経過・内容・結末

(1)　審議の経過

(イ)　審議の期間

ＮＥの審議は、一八六八年一月三日にはじまり、七〇年七月二〇日に終わっている。その期間は二年半あまりで、審議の回数は三九〇回。ＨＥが六二年九月一五日から六四年三月二四日までの三年半たらずで、審議の回数は三七三回であったのにくらべ、審議の密度ははるかにタイトである。[52] しかも、右の二年半あまりの期間中、ＮＥの委員会はひたすらＮＥだけを取り上げたわけではない。後述するように四つの他の法律案の起草、審議にあたっている。これらの審議の回数は、右の三九〇回に数えられていない。最終草案に収容された条文数は一一七八か条。六八九条にとどまったＨＥにくらべて、約一・七倍（ちなみに、ＰＥは一三八九条で、完全にＨＥの倍である）。ＨＥには欠けていた婚姻事件、禁治産宣告、公示催告、仲裁手続も（ＰＥにならって）規定されている。ＨＥのようにラント法への留保条項はない。前述した連邦憲法の保障により、ＮＥは連邦法として加盟諸国に直接適用される法条であり、これに抵触するラント法はむしろ失効するとされていた。

(ロ)　レオンハルトの態度

このようにＮＥの委員会の委員たちはきわめて精励であったが、それにくらべて気にかかるのは、委員長であるレオンハルトの態度である。最初の五〇回くらい（正確には第四七回の六八年四月二五日）までは計一二回出席しているが[53]、あとはほとんど出席せず、わずかに委員の交替のとき（それもザイツからアウルに交替したときだけ）と、最終回に委員たちに連邦宰相ビスマルクの謝辞を代読し、（おそらくは）自身の謝辞を述べたときだけである[54]。

この不精励としか評しようのないレオンハルトの態度は、いったい何によるのか。彼が六七年一二月五日にプロイセンの司法大臣に就任し、翌年一月三日からはじまったNEの審議に応援する余裕がなかったという説明は、彼が第四七回まで一二回も出席したということと符合しないし、同じ北ドイツ連邦法の刑法草案の審議には一〇〇回以上も出席したという事実を知ると、得意中の得意であった民訴法ではなかったのか、と疑問はいよいよ深まるばかりである。おそらくは――

彼はNEのおちつく先を察して、やる気をなくしていたのではあるまいか。委員長でありプロイセンの司法大臣でもある彼に気をつかってか、委員会はHEを審議の下敷きとして使ったが、そのHEも、またPEはもちろん、彼にとっては不満の対象であり、かっては批判の的とした両草案であった。しかも報告委員は、PEの執筆に加わっていたパーペである。レオンハルトにとっては、PEに傾斜したNEと、その行き先が目に見えていたのではないか。それならばそれで、委員会に出席して自己の意見を開陳しては、という非難もあり得ようが、委員長という立場ではおのずから限界があり、パーペやグリムなどプロイセンの古参の司法官僚と張り合うことも、政治的にまずいと判断したのではあるまいか[55]。のちにも述べるように、レオンハルトはCPOの最初の草案を起草したときに、NEをきわめてはげしく罵っている。そのように罵るのなら委員長として委員会に出席して、と先に述べた非難が頭をよぎるのだが、政治的にニュートラルな民訴法の成立過程にすら、なにかどろどろしたものが感じられて、NEを見る目はすっきりしないのである。

(ハ) 審議録

NEには、PEのような理由書はなく、HEと同じように、審議録だけが残されている[56]。ところがこの審議録は、いささか使い勝手が悪いようである。

(a)　審議の対象として、HE、PEの条文がそのまま対象となる場合もあるが、報告委員が両草案を参照しながら独自の条文を示す場合が少なくない。この場合、報告委員の提案は、それに関する審議の最初に掲記されることがなく、その審議のはじまった最初の期日の後に掲記されている。たとえば、第三期日にNEの実質的な審議が開始され、最初に「管轄について」（Von dem Gerichtsstande）が取り上げられるが（NEP一巻一一～一四頁）、対象とされている報告委員の提案は、第三期日の末尾（一五～二二頁）に掲載され、第三期日に終わらなかった委員の提案部分は、審議が第四期日以降（二三頁以下）に継続される。

HE、PEの条文が直接対象になり、報告委員の提案が両草案を引用しているときでも、HE、PEの条文の再録はないので、読む者は両草案をそばに置いておかなければならない。

(b)　ある程度審議が進行すると、従来の審議の整理として、整理委員会（グリム、パーペ、途中死去のタウフニッツ）から整理草案（Redaktions-Entwurf）を提出してくるが、この草案が提出されると、それまでの審議を中断してもっぱらこの草案の修正にとりかかる。この点はHEの審議のときと同じである。

この整理草案がいくつか集積されてくると、委員会草案（Kommissions-Entwurf）がまとめられる。後者の草案が提出されてくると、審議を中断して草案に集中する点は、前者と同じである。委員会草案には、三つのものがある。第一は、不服申立て（控訴など）までの条文をまとめたもので、一八六九年に公刊されたようであるが、審議録にも収められている（三巻一二八九～一四七四頁）。第二は、その不服申立て（再審まで）の条文も含んだもので、一八七〇年に公刊されている（審議録では、四巻一七二七～一九四九頁）。最終の第三は、その後の強制執行以下、仲裁手続までも含んだものである（五巻二三七九～二六七五頁。なお、二六七六～二六八二頁に施行法草案）。この最終草案がNE（北ドイツ草案）である。[57]

面くらうのは、右のうち第二の草案が、「完成された草案（vervollständigter Entwurf）」と記載されて公刊されていることである。そのために、わが国でもこの草案をNEとして条文番号を引用している例も見られる。しかし、この草案を作成したのちも、強制執行以下の部分の審議がつづけられ、その前の部分も条文番号の変更を受けている個所がある。なぜ、このような紛らわしいことをしたのか、と首をかしげたくなる。

(c)　NEの審議録における記述は、きわめて簡潔である。「委員たちはかなり長い時間議論をしたが、その結論は次のように決まった」と書かれて結論が記載されているが、その間にどのような議論がなされ、またその議論の発言者は誰かは――報告委員を除いて――まったく分からない。前に述べた整理草案、委員会草案が審議録に収納され、全二六八二頁の約四〇パーセントを占めているが、残りの頁で一一九〇か条（施行法の一二か条を含む）に関する審議を掲記できた所以である。これは、審議の開始にあたり、委員会の運営の内規を定めたが、その中に、「審議録は、ただ討論の概略を記載する。ただし、諸申立ておよび諸決議の全部を記載する」というのがあった。[58] 記載者（ドロープとコッホ）はこれを厳格に守ったのである。HEの審議録が詳細なのにくらべて比較にもならず、これがNEをして高く評価されていない一要因と批評する向きもあるが、[59] HEの審議録の詳細さにへきえきして、早く結論を知りたいと焦せる後代の――外国の――読者にしてみると、NEの審議録の簡潔さはほっとする一面のあることも否定できない。

(d)　NEの審議録の最末尾に条文索引が付されており、草案の各条文が審議録収載の何ページで議論されているかが示されている。しかし、事項索引は別途刊行されたようであるが、シューベルト氏の復刻本にも収録されていない。同氏によると、この索引は草案の該当条文を示すのみで、審議録の頁数を示していないというが、[60] 事項索引によって該当条文を知り、条文索引で審議録の関係頁を知るという方法があったのではないか。前にHEに関連して述べたが、CPO（一八九八年からZPO）に関する初期のコンメンタール類には、CPO（ZPO）の条文に相当するNEの条文番号も示されているから、それを手がかりにNEの条文索引にあたるということになろう。

(二)　他の法律案の起草

NEの審議中、委員会は連邦参議院から他の四つの法律案の起草を依嘱された。以下の法律案である。

① 債務拘留の廃棄に関する法律（Gesetz, betreffend die Aufhebung der Schuldhaft）　従前は強制執行の方法として債務拘留（Schuldhaft）が幅広く認められていたので、帝国議会よりこれを廃止するよう要請があり、それを受けて連邦参議院よりNEの委員会に起草を依嘱。委員会は、強制手段としての債務拘留は廃止するが、仮差押えについては補充的にこれを認める、という案を起草。この案を連邦参議院、ついで帝国議会が承認して、一八六八年五月二九日、法律として公布された。

② 産業協同組合（と仮訳しておく）の私法的地位に関する法律（Gesetz, betreffend die privatrechtliche Stellung der Erwerbs-Wirtschafts Genossenschaften）　詳細は分からないが、右の協同組合の民法上・商法上の取扱いなどを規制した法律か。六八年七月四日公布。

③ 給料・賃金の差押えに関する法律（Gesetz, betreffend die Beschlagnahme des Arbeits- und Dienstlohnes）　これも帝国議会の決議に基づき連邦参議院がNEの委員会に起草を依嘱、委員会は「債務者およびそれに扶助される者の生活に必要な額は差押えを禁ずる。その額は執行裁判所の裁量により決定する」との案を起草、連邦参議院はこのとおり可決したが、帝国議会が承知せず、年間四〇〇ターラーを絶対的差押禁止金額とした。法律は六九年六月二一日に公布された。

④ 司法共助に関する法律（Gesetz, betreffend die Gewährung der Rechtshilfe）　すでにドイツ一般商法典が起草された際、民事事件における司法共助、とくに他国における強制執行の共助に関する草案が作成されていたが、北ドイツ連邦になってからも連邦参議院で取り上げられ、NEの委員会が民事事件のみならず刑事事件、破産事件の共助にまで拡げて草案を作成、パーペの理由書も付して提出。帝国議会の賛同も得て、③と同じく六九年六月二一日に公布。

このうち、③については六八年の一一月、六九年の一月、④については六九年二月・三月にNEの審議を中断

（ときには一部継続）して討議し条文化していることが、NEの審議録からうかがえる（第二巻の末尾に③、④の順で掲載されている）。(61)

(2) 草案の内容

NEは、かなりの程度PEの影響を受けているが、訴訟開始の手続部分、証拠裁判の部分については、多少の工夫はしているものの、基本的にはHEのアイデアによっている。

(イ) 訴訟開始の手続

原告は、まず訴状を裁判所に提出し、裁判所書記官を通じて裁判長に口頭弁論期日を指定してもらう（二一三条、二一七条）。ついで原告は、被告にその訴状と口頭弁論期日への呼出状、および弁護士を選任するようにという催告文を送る（一九七条、四〇三条一・三項。地方裁判所 Landesgericht 以上は弁護士強制〔一二五条〕）。訴状送達の日と、最初の口頭弁論期日の間は、最低三週間を空けなければならない（四〇四条）。被告は、その最初の口頭弁論期日の一週間前までに答弁書を送らなければならない（四〇五条）。訴状・答弁書の記載によっても、口頭弁論期日の準備に不足を来たすときには、当事者は必要な事実主張や証拠申出、諸申立てを準備書面により補充しなければならない（四〇六条）。そのために期日の延期が必要になるときは、裁判所がその期間を定める（四〇七条）。

草案の審議の折り、管轄や当事者に関する審議をへて、訴訟手続の一般原則へ入ろうとしたとき、委員長レオンハルトの出席を得て討議を行い、PEのように当事者間で書面を交換したのち口頭弁論期日を定めるのではなく、HEと同じように訴状に基づいて直ちに口頭弁論期日を定めようとする考え方に、多数決で決定した（注(53)参照）。この決定に基づいて右のように規定したのである。

(ロ) 口頭弁論の終結による失権

(a) 審理（広い意味の口頭弁論）は、①主要弁論（Hauptverhandlung）、②証拠調べ、③最終弁論（Schlußverhandlung）の三段階に分かれる。③は、②の結果をふまえて事件について総括的に意見を述べる段階である。①は、事件（本案 Hauptsache）に関する口頭弁論で（四一六条参照）、事件に関連する事実を主張し、証拠を提出しなければならない。ＨＥやＰＥ、その後のＣＰＯやわが法では単に口頭弁論と呼んでいるのを、ＮＥはこのような特別な名称にしたのである。事実の主張と証拠の提出は同時に行うことを求められている（証拠結合）。準備書面にはこの両者を記載することが必要である（一八九条）。準備書面の規定は訴状に準用され（四〇三条）、答弁書は準備書面そのもの（四〇五条）と見られているから、訴状・答弁書の段階から証拠の提示は必要視される。もとより、書面に記載するだけではなく、口頭弁論においても証拠の申出を行う（四六六条）。

(b)　しかし、もしこの事実主張や証拠申出をしなければどうなるのだろうか。草案は、「独立した攻撃防御方法（抗弁、反訴、再抗弁など）」について、主要弁論終結後はその審級では主張を許さない、という原則を示している。ただし、当事者が自己の過失なくして主要弁論で主張できなかったことを疎明したときには、例外的に許すとしている（四一六条一項）。

さらに、①独立した攻撃防御方法をよりくわしく理由づける事実（Tatsache, welche zur näheren Begründung ……dienen）、および②当事者が有効に放棄できない独立した攻撃防御方法は、主要弁論終結後でも許すとしていた（同条二項）。

①の事実は、いわゆる間接事実（Hilfstatsache）をさす。事実主張の段階と証拠調べの段階を峻別し、それぞれの段階にきびしい同時提出を要請していた普通法学説でも、間接事実の主張は証拠調べの段階でも許すというのが通説であった(62)。間接事実は、主要事実（ここでは独立した攻撃防御方法）の存否を推認させる点で、証拠と同一の機能を果たすから、この通説はむしろ当然の法理であったろう。ただし、この法理を明文化した法律、草案は、今まで見てきたものにはなかった。具体的には主要事実・間接事実の区別がかならずしも容易ではないからである。ＮＥの立法の行き過ぎであるとして批判が集中した。

同様に主要弁論の終結後は失権するとされたものに、証拠の申出がある。ただし、ここでも、当事者の過失なくして提出できなかった証拠、先に提出したがやはり過失なくして喪失した証拠に代る証拠は、事情さえ疎明すれば提出できるとされた（四七四条）。証拠の信用性に異議を述べる事実、いわゆる補助事実についても、同様の要件で提出できると明記された（四七五条）。補助事実の失権にまで言及した法律、草案もなかった。NEがあまりにも微に入り細をうがちすぎて、まるで初学者向きの教科書だと酷評をあびた一例を見る気がする。なお、当然のことながら独立した攻撃防御方法で無過失を疎明して追完が許された事実については証拠申出が許されたが、前述した①の間接事実、②の放棄できない事実に関する証拠については規定がなかった。これも当然に許されたと思うが、詳密なNEにしては手抜かりだと、これまた批判された。

(c) 前に述べた(イ)と同様に手続の原則を定めるべくレオンハルトの出席を得た期日に、「同時提出主義の排斥を却下する」という持って回った言い方で多数の賛成を得た決議をした（注(53)参照）。この決議にそってパーペは右のようにより詳しい肉づけを試みたのであろうが、それがとかくの批判を生んでしまったのである。

(ハ) 証拠裁判

主要弁論が終わると、証拠調べを命ずる裁判がなされる（この裁判はBeweisbescheidと呼ばれる〔四六七条〕）。[63]NEは、主要弁論終結後ただちに終局判決ができないときにそれを準備するために行われる決定（Beschluss）を「先行決定」（Vorbescheid）と呼んでいる（四一九条）が、この裁判はその「先行決定」の一種である。しかし、決定とはいいながら、判決と同じく事実（Tatbestand）と理由（Gründe）の記載を要求している（四七一条・四七二条、三四八条）。もっとも、判決と異なり、裁判をした裁判所への（自己）拘束力は認められないし（三五八条）、独立した上訴も許されない（七六八条、八一五条）。HEの証拠裁判（Beweisverfügung）と、名こそ異なっていたが、その取扱いはまったく同じであった。

(3)　審議の結末

NEの審議は、一八七〇年七月二〇日に終わった。この日、委員長のレオンハルトは、連邦宰相ビスマルクから託された委員の労をたたえる謝辞を代読した。この謝辞の日付けは同月一四日となっていた。その前日の一三日、有名なエムス電報事件が起こった。この事件に激高したフランスは同月一九日、つまりNEの審議の終わる前日に、プロイセンに対して宣戦を布告した。いわゆる普仏戦争のぼっ発である。フランスの宣戦布告は、プロイセンのみを名宛人としていたが、プロイセンが北ドイツ連邦の一員である以上、それは同連邦の加盟諸国を相手どるものであったし（同連邦憲法六八条参照）、さらに、普墺戦争後プロイセンと攻守同盟を結んでいた南ドイツ諸国（バイエルン、ヴュルテンベルク、バーデン）も戦争に参加してきた。すなわち、普仏戦争とは言い条、全ドイツ対フランスの戦争であったのである。

二年前の夏、一八六八年の夏にプロイセン政府が北ドイツ連邦のための民訴法の草案の起草を提案したとき、草案完成後は連邦宰相を通して帝国参議院に提出する、という手続まで定めていた。恐らくは、その後は常設の司法制度委員会へ委嘱し、そこへ加盟各国から意見が寄せられ、審議の結果は連邦参議院に報告され、そこで可決されたのち帝国議会へ回され、法律として成立する、という段取りが予想されていたのであろう。

しかし、戦争がぼっ発すると、連邦宰相を通して連邦参議院へ提出するといっても、そのような余裕は、連邦宰相にも連邦参議院にもなくなっていた。NEは、草案としては完成したが、その後の手続を経ることなく、法案としては未完のまま終わってしまったのである。

戦争は全ドイツ軍の圧倒的優勢のうちに推移し、フランスの皇帝ナポレオン三世が捕虜となってしまった。一八七一年一月一日ドイツ帝国が発足し、同月一八日にはプロイセン国王のドイツ皇帝戴冠式が行われた。しかし、このドイツ帝国の発足の前後、次に述べるような格別の事情が生じなかったら、NEは右述したような手続を経てドイツ帝国の民訴法となっていたのではなかろうか。北ドイツ連邦憲法は、若干の手直し（連邦首席を皇帝と呼び、同連邦をドイツ帝国と言い直すなど）だけでそのままドイツ帝国憲法となったし、そのほかの北ドイツ連邦時代の諸法律もほとんどそのままドイツ帝国の法律となった（たとえば、NEの委員会が起草・審議した他の四つの法律も帝国の法律となった）。[64] この調子でいけば、NEもドイツ帝国の連邦参議院（その司法制度委員会）――帝国議会の審議を経てドイツ帝国民訴法となった可能性も十分にある。

しかし、詳しくはのちに述べるように、ドイツ帝国発足の過程でバイエルンが統一ドイツの民訴法の起案に参加したい旨を要求し、プロイセンがこれを承諾したこと、そのことを奇貨とするようにレオンハルトみずから理由書を執筆した民訴法案が、プロイセン司法省から連邦宰相に、そして連邦参議院へ提出されることによって、NEが議会手続上顧みられる余地はまったくなくなってしまったのである。先にHEは、一八六六年三月その起草を完結したのに、同年六月の普墺戦争のぼっ発（ドイツ連邦の解消）のために、いままたNEは、その起草を完結した前日（七〇年七月一九日）の普仏戦争ぼっ発のために、いずれも未完の大作（トルソー）として終わったのである。

(52) Schubert, NEP, S. XIX は、NEの審議の第一読会が一八七〇年のはじめまで行われ、その後に第二読会が行われたような口吻を示しているが、このころは、裁判に対する不服申立て、およびそれに関する規定までおりこんだ委員会草案の審議が行われ、その後は強制執行の手続などに審議が進んでいって、第一読会で決定した事項をもう一度吟味し直すという第二読会の形式はとられていない。その点でHEと異なる。

(53) このなかでとくに際だっているのは、第四五回期日と第四七回期日にレオンハルトが出席していることである。第四五回期日は六八年四月二〇日に開かれたが、その日の後半から「手続に関する一般規定」の部分（審議の対象はHE一一五条以下）に入り、手続に関する諸原則のうちどれをとるかが議論された。レオンハルトは、この日の右の議論が開始されたときから出席した。つまり、草案にとって重要問題であるので、委員長であり専門家でもある彼の臨席を仰いで議論することにしたのであろう。その議論の結果、①裁判の前に口頭弁論を行い、またその口頭弁論の内容を裁判の資料とする（全員一致）。②書面は単に準備的なものにとどまる（九対一）、③同時提出主義を排斥することは認めない（持って回った言い方だが、同時提出主義は――どの程度かは別として――認めるということ。八対二）、④訴状に基づきただちに口頭弁論期日を指定するというHEの立場をとること（八対二）、以上が決定されたが、時間がなくなったとして、この期日は翌日に延期された。

翌日はレオンハルトも最初から出席した。この日は訴訟進行のあり方について議論が交わされた。報告委員（パーペ）は、プロイセンで現に行われている方式とフランス法の方式とを比較し、フランス法の方式はPEにより採用され、HEにも少なくとも影響の跡ははっきり認められると述べた。この発言に対して、多数の意見は、HEはむしろ従来のドイツ法の方式（プロイセンで現に行われている方式）に接近しており、とくに証拠ではそうであり、そのことがドイツでの（HEの）採用を容易にしていると反論した。その他の議論を重ねたあと、レオンハルトから、訴訟進行に関してはハノーファー草案を今後の審議の下敷きにしていくか、という問題が提起され、六票の賛成で肯定されている（反対は四票）。もっとも、今後ともPEも顧慮していくことは当然のこととされた（以上につき、NEP一巻二五七～九頁）。

その次の日に開かれた第四六回期日は、逆戻りして代理権の欠缺・追認の問題を取り上げ、レオンハルトも欠席したが、第四七回期日（四月二五日）は、ふたたび手続の一般原則の問題を対象とし、レオンハルトもはじめから出席した。最初に手続公開の原則が取り上げられたが、報告委員はHEの規定をPEの規定と取り替えていった。たとえば、HEは、口頭期日の公開は保障していても判決言渡期日までは保障していないが、PEの方は両期日とも保障している、というぐあいにPEの方が徹底しているので、レオンハルトをはじめどの委員からも異論が出なかった。書面、とくに準備書面の問題に入って、①訴状に基づいてただちに口頭弁論期日を指定するかについては七対三で肯定された（第四五回期日ですでに④として議論され、また裁決も八対二で肯定されていた）が、②PEのように、「当事者申立書（フランス法の理由づけられた申立書）」の提出を求めることには、八対二で反対した（以上、NEP一巻二六四～七〇頁）。これで安心したのかどうか、本文でも紹介するように、以降レオンハルトは審議に実質的に出席しなくなる。

（54）　レオンハルトが出席しないときはグリムが委員長職を代行したが、はじめのうちは「委員長代行の司会により」とか、「委員長代行により（期日が）開始されて」といちいち断わっていたのに、第一五六回期日（六八年一月二〇日、NEP二巻九四四頁）からはその表現もなくなってくる。それほど、レオンハルトの欠席、グリムの代行が恒常化してくるのである。

（55）　Schubert, NEP, SS. XIX, XXIV Anm. 14は、レオンハルトが、彼の直属の部下として、のちにプロイセン、帝国の諸法の起案に大いに活用するファルク（Falk）やクルルバウム（Kurlbaum）――経歴はいずれも後述する――らを、NEの審議の際には起用していないし、これも後述するようにNEの起草委員会には司法共助法（Rechtshilfegesetz）の起草・審議も委嘱されるが、これは、NEが法律として成立せず、民訴法を異にする各加盟国間で共助が必要となるという前提で立法を促したものであるとして、いずれもレオンハルトがNEの成立に熱心でなかったことの証左とされる。しかし、ファルクらを手足として使えるのは後年のことで、新任早々の司法大臣レオンハルトにとっては無理であったこと、また、司法共助法はすでにドイツ連邦時代から求められており、NEの審議が継続中でその完成が将来のこととなると、それまでの間共助問題を解決しておく必要があったこと、などを考えると、右の二つを不熱心の証左とするのは少々無理があるといわなければなるまい。

(56) 計五巻からなり、最後尾の法令索引（二〇頁）を除いて、二六八二頁にのぼる。冒頭の略称表の欄に示したように、シューベルト氏編集になる復刻本が出版されている。

(57) 整理草案、委員会草案は審議録のなかに収載されているが、その所在はSchubert, NEP, SS. VIII-IXの目次で明らかにされている。この目次はシューベルト氏によって作成されたものであるが、これがなければ読者は、どこまでが草案で、どこから審議が再開されたのか、発見するのにとまどわれることであろう。

なお、関連して言っておくと、三つの委員会草案とも、その目次が最末尾に付されている。なぜこのような通常とちがう方法がとられたのか、いずれにしろこのことも本審議録を使い勝手の悪いものにしている。

三つの委員会草案に共通のこととして、冒頭に「前注」（Vorbemerkungen）という表題で、草案が前提とした裁判所組織を示し（まだ裁判所構成法がなかったので）、その次に「導入（あるいは前置）諸規定」（Einleitende Bestimmungen）として、その草案でもちいる用語の定義（または紹介）を行っている。後者の例を最終草案から拾うと、「この法典の諸規定は、法律により裁判所の裁判が否定されていない限り、すべての民事上の法的紛争に適用される」（一条）はまだよいとして、「この法典で内国というときは、北ドイツ連邦内の領域を指し、内国人とは、すべての北ドイツ人をいう」（四条）などというのを見ると、この草案が初学者向きの教科書という酷評を受けるのも無理からぬと思われる。

(58) NEP一巻六頁（末尾）。なお、次の条項に、「審議録は、次の期日の最初に朗読し、（その内容を）確認すべきである」というのがあった（七頁）。HEでは、この審議録の確認をするために特別の期日がいく日も開かれていたが、NEにはそのような期日はない。NEの審議録の記載が簡潔であったことのもたらした一つのメリットであった。

(59) Schubert, NEP, S. XX.

(60) Schubert, NEP, S. XI.

(61) 以上のうち、①・③・④については、Schubert, NEP, SS. XX-XXIIに説明がある。
また、①の内容については、これを部分的に摂取したCPOの草案の理由書にも、言及がみられる。Hahn, CPO,

SS. 471–2.

（62）たとえば、J. W. Planck, Die Lehre von dem Beweisurtheil, 1848, S. 280.

（63）裁判（Entscheidung）を判決（Urteil）、決定（Beschluss）、命令（Verfügung）に三分した立法は、NEが最初であった（三四一条の前の章名）。

（64）Levin Goldschmidt, Handbuch des Handelsrechts, Bd. 1, 2. Aufl., 1875, SS. 137–143.

七　帝国民訴法（CPO）

一　普仏戦争のぼっ発とドイツ帝国の成立

(1) エムス電報事件と戦争の経過

(イ) 電報事件の内容

(a) 一九世紀のスペインの政情はきわめて不安定で、保守主義対自由主義、あるいは穏健派自由主義対進歩派自由主義の間ではげしく争われ、政権交替も軍部のクーデターによってはじめて実現されるありさまであった。一八六八年秋の海軍を主力とするクーデターも、ときのイサベル二世女王（ブルボン家）を追放し、新憲法を制定したが、王政まで否定する意図はなかった。そこで、王位の承継者探しがはじまり、ポルトガル、イタリアの王家に打診したが断わられ、ドイツのホーエンツォレルン＝ジグマリンゲン（Hohenzollern-Sigmaringen）家のレーオポルト太子（Leopold. 一八三五～一九〇五年）に白羽の矢が立った。彼がカトリック信者であることや、ポルトガル王家の女婿であったことなどが大きな理由のようである。ところが同家は、プロイセンの国王（当時はヴィルヘルム一世）を家長とするホーエンツォレルン家の一支族である[1]。支族の者が他国の王位につくためには家長の同意を必要とするというのが家憲の定めるところである。プロイセン国王は最初のうちこの同意を与えることをしぶっていたが、ビスマルクがスペインのような歴史に富んだ国の国王になることはホーエンツォレルン家の名誉のためにも慶賀すべきことであると強く迫ったため、ぶつぶつ言いながらも同意を与えた（七〇年六月二一日）。

驚いたのはフランス政府であった。東の隣国ドイツでプロイセンが圧倒的な力をつけてきたことを警戒していたのに、今度は西南の隣国スペインの王位に同じ王家の者がつくという。まるで挟み打ちされるような情勢である。そのうえ、追放された（パリへ逃げた）スペインの女王はフランスの旧王家の一員である。フランス国民のナショナリズムをつよく刺激して、「プロイセンとの開戦」も声高かに叫ばれるようになってきた。フランス政府は、プロイセン駐在の大使に訓令して、夏の保養のためにエムス（Ems）に滞在するプロイセン国王を訪ね、太子に与えた同意を撤回するよう要請することを命じた。大使は七月九日から一〇日にかけて国王に何度か会い、右の撤回をするように求めた。国王は、はじめのうちは一度与えた同意は撤回できないと応じていたが、大使が執拗に「開戦」の危険までちらつかせて要求してくるので、とうとう根負けして、太子の父（注(1)参照）あてに、王位の承継者となることを断念するかどうかは太子自身の判断にゆだねる、という趣旨の書簡を送った（七月一〇日）。父子はその書面から見て、国王は断念を勧めていると判断して、太子は王位の承継候補者である地位を放棄すると宣言した（七月一二日）。

(b)　フランス政府はホッとしたであろう。しかし、なお念を押そうとした。大使は政府の訓令に基づき、翌日またもやエムスに国王を訪ね、「陛下、私がパリあてに次のように打電することをお許しいただけますでしょうか。今後ホーエンツォレルン家の人物が王位承継の候補者の地位に戻ることがあっても、決してそれを許すものではないと陛下が私にお約束くださった、と」。この趣旨を大使は（国王から見ると）かなり押しつけがましい調子で述べた。国王は、「とんでもない、そんな約束はとうていすべきものではないし、またできるものではない」と応じた。国王は、まだこの段階では太子が候補者たる地位を放棄したことを知らなかったらしい。大使に「太子の父親からの返事を待っているのですよ」といい、大使は、午後もう一度訪問してもよいという許しをえて国王の前を辞した。

その後、国王は、太子は断念したという報せを父親から得た。しかし、国王は午前中の大使の押しつけがましい態度に腹を立て、側近と相談したうえ、大使との午後の会談を断わることにした。そして、侍従の一人を大使のもとに派遣して、「陛下は、伯爵（父親）から情報を確認する連絡を受け取られました。しかし、この情報はすでに貴方もご存知のことであり、もはや貴方とお話しすることは何もありません」と言わせた。そして、以上のことをビスマルクに電報するよう側近に命じ、大使の新しい要求と国王がそれを却下したことについてプロイセンの在外使節に連絡することや新聞発表するかはビスマルクにまかせる旨を書き添えさせた。

(c)　この電報を受け取ったときビスマルクは陸相ローンや参謀総長モルトケと歓談中であったという。ビスマルクは鉛筆をとって、次のように電文を書き直し、新聞発表した。「フランス政府がスペイン政府からの公の連絡でホーエンツォレルン家の太子が拒絶したことを知ったのち、フランス大使がエムスに国王陛下を訪ね、今後ホーエンツォレルン家の人物が候補者の地位に立ち戻ることがあっても陛下は決して同意されない旨を約束されたとパリへ打電させていただきたいと要請した。国王陛下は、フランス大使がもう一度訪ねてくることを拒否され、侍従を派遣して大使とこれ以上話すことはなにもないと伝えられた。」有名なエムス電報改ざん事件である(3)。

しかし、ビスマルクは、なにも真実を虚偽の事実と入れ替えたわけではない。伝えられてきた事実を、なかば短か目に書き改めただけのことである。「国王が押しつけがましい調子と感じた」という表現などは、対外的に発表する電報では好ましくないと思ったのであろう。そういう主観を抜きにして、客観的事実だけを書き並べたのである。しかし、この短い文章からも、フランス大使（政府）の執拗な態度とそれに対するプロイセン国王の忿怒は十分にわかる。ビスマルクはこの電報発表が戦争につながることを承知していた。彼がこの書き改めを行ったとき、そばにいたモルトケに対して、「わが軍が準備を完了して、戦闘状態に入るのにどの位かかるかね」

とたずねると、モルトケは「すぐに開戦したほうがよいでしょう」と自信満々に答えた、というエピソードが伝えられている。

(ロ) 普仏戦争の経過

(a) しかし、宣戦布告はフランスから先にした。あくる七月一四日、ビルマルクの書き直した電文はドイツの新聞の朝刊にのり、次いでフランスの新聞の夕刊に掲載された。報道は、両国民のナショナリズムをはげしくあおり立てた。フランスの国民にとっては、海外における国威の象徴である大使がこけにされたのであり、ドイツの国民にとっては、諸国の代表的存在であるホーエンツォレルン家が、一方ではスペインの王家に入る機会をフランスの圧力により奪いさられ、他方ではその家長であるプロイセン国王がフランスから強引な念押しを受けたのである。ひとりプロイセン王国の恥だけにとどまらなかった。

(b) フランスは、閣議決定、緊急予算案を通過させる議会決議をへて、七月一九日プロイセンに対して宣戦を布告した。実質的な戦闘は八月二日から開始された。当初こそフランス軍が勝利する局面もあったが、兵力・装備・集中力、それに情報量においてもまさるプロイセン軍が、たちまちフランス軍を圧倒し、九月一日にはセダン（スダン Sedan）において包囲されたナポレオン三世が白旗を掲げて降伏し、皇帝みずから捕虜になるという状況となった。戦争は実質的にこのときに終了したのである。

(c) 普仏戦争がどのような結末を迎えたか、日誌ふうに跡を追ってみよう。

① 九月四日、皇帝降伏の報に憤激したパリの民衆は議会になだれ込み、帝政の廃止、共和制の成立を宣言させた。臨時政府が組織された。② ドイツ軍はセダンで勝利したのち、パリへ向けて猛進、九月一九日パリを包囲した。そして、（ビスマルクとモルトケ以下の軍部の間に意見の食い違いがあったせいともいわれるが）やや遅れて一二月二七日から砲撃を開始した。③ 七一年一月二六日、フランスの臨時政府はドイツ側と交渉して、国民議会選挙のための三か月間の休戦を実現した。④ 二月八日に行われた国民議会選挙の結果、ティエール

（L. A. Thiers. 一七九七〜一八七七年。当時七三歳。のち、第三共和制初代大統領）が共和国の行政長官に選ばれた。彼はドイツ側との和平交渉を進め、二月二六日仮の和平条約が締結された。エルザス（アルザス）とロートリンゲン（ロレーヌ）地方の割譲と、五〇億フランの賠償支払いというきびしい内容であった。

⑤　三月一日、共和国政府はナポレオン三世とその政府の失権を正式に宣言、これによってドイツで囚われの身であった同皇帝[4]は釈放され、イギリスへと去った。⑥　同日、ドイツ軍はパリへ進駐し、シャンゼリゼ通りを行進した。⑦　三月一八日パリの民衆が決起し、二八日にはコミューンの成立を宣言した。⑧　ドイツ側は、フランス政府にコミューン攻撃のための軍隊の編成を許可し、これを擁護するため連日砲撃をつづけた。⑨　コミューンは、五月二八日に崩潰した。⑩　その直前、五月一〇日にフランクフルトにおいて和平の本条約が締結され、ここに普仏戦争、プロイセン対フランス戦争、正確には次に述べるようにドイツ対フランス戦争は正式に終結した[5]。

(2)　南ドイツ諸国の加盟と帝国の成立

(イ)　南ドイツ諸国の加盟

(a)　フランスの宣戦布告はプロイセンだけを名宛人としていたが、プロイセンは北ドイツ連邦を組織し、その盟主たる地位（プロイセン国王は連邦首長）にいたから、プロイセンに宣戦布告することは、自動的に北ドイツ連邦加盟の諸国を相手どることを意味した。それのみではなく、先の普墺戦争の折りに、オーストリア側に与してプロイセンに敗れた南ドイツの諸国（バイエルン、ヴュルテンベルク、バーデン、ヘッセン）も、プロイセンとの和平の際に同国と攻守同盟を結んでいたから（**六の一(1)**(c)③）、この同盟に従ってフランスとの戦争に参戦した。つまり、フランスが宣戦布告したことは、プロイセンのみならず、北・南の全ドイツ諸国を相手どって戦争をしかけたことを意味する。前に普仏戦争を、正確にはドイツ対フランス戦争といい換えるべきだとしたゆえんである。この戦争がドイツ側に有利に展開するにつれて、これを機会に全ドイツの統一を望む声が諸国において高まってきたのは、当然のことといえよう。

(b) プロイセンは北ドイツ連邦の代表の立場で、南ドイツ諸国との交渉を開始した。ただ、この交渉は、相手方とした国々の領主、政府、議会の反プロイセン感情の濃淡によって、交渉がスムーズにいったものもあるし、大いに難航したものもあった。

① バーデン　大公、内閣、議会ともに小ドイツ主義・親プロイセンの立場であった。先の普墺戦争の折り、同国は中等諸国家のうち唯一、オーストリア側に与するのに躊躇を示したし、また、北ドイツ連邦ができてからも、同連邦への加盟を熱望し、ビスマルクがフランスを刺激することを恐れて（同国はマイン川の南にあったし、フランスとは国境を接していた）、拒否しつづけるという有様であった。

② ヘッセン　大公以下それほど親プロイセンといえる立場ではなかったが、この国の一部（上部ヘッセン。マイン川以北）が北ドイツ連邦に組み込まれている。つまり、人質をとられたかっこうで、とても反プロイセンの立場をとれるものではなかった。

③ ヴュルテンベルク　国王、とくに王妃が反プロイセンの立場であった（王妃は、ロシア皇帝家の出身で、プロイセン王家の下風に立つことを嫌っていた）。しかし国王は、普仏戦争開戦と同時に反プロイセン・親オーストリアの立場の内閣を改造し、新しく任命された首相たちは、当時の状況からプロイセンを盟主と仰いでドイツ統一を図るほかないと判断して、プロイセンへの接近をいとわなかった。

④ バイエルン　プロイセンにとって、もっとも手強い相手であった。当時の国王はルートヴィヒ二世（在位一八六四〜八六年）。後の世まで狂王の名を冠して呼ばれる存在で、自意識のみ高く、精神的に不安定。議会にも反プロイセン・親オーストリアの立場の議員が多かった。バイエルンはオーストリアと国境を接し、宗教的に同じカトリックとして親近感をもっていた（プロイセンはプロテスタント）。

(c) 北ドイツ連邦（その代表としてのプロイセン）と南ドイツ諸国との交渉は、いずれも一八七〇年一一月、次のような諸条約として結実した。締結場所は、プロイセンの大本営のあるフランスのヴェルサイユであった。

①　バーデンとヘッセンは一一月一五日、共同して北ドイツ連邦との間に、同連邦を解消して、新たに両国も加わったドイツ連邦（Deutscher Bund）を形成し、新しい連邦の憲法には北ドイツ連邦の憲法に必要な修正を加えてそのまま転用する、という内容の条約を結んだ。後述するバイエルンのように、多くの留保権（Reserverecht）を求めるようなことはしなかった。

②　ヴュルテンベルクは一一月二五日、四つの国々では一番遅く、北ドイツ連邦との間に条約を結んだ。実はヴュルテンベルクも、①の両国とともに下交渉を終えており、両国と一緒にか、ごく接近した日時に条約を締結する予定であった。しかしその直前になって、ヴュルテンベルクの代表となっていた閣僚たちは、逡巡する国王から呼び戻された。その態度に激怒した彼らは、国へ帰って辞表を提出するつもりでいたが、彼らの怒りを前に国王が軟化したので、彼らは再び締結のために立ち帰った。条約の内容は①と同じであった。

③　バイエルンと北ドイツ連邦との交渉は難航した。しかし、①の両国とヴュルテンベルクの交渉がスムーズに運んだことを知って、バイエルンの政府代表は孤立化をおそれ、急いで妥協した。ただ、右のようにヴュルテンベルクの政府代表が召還されるとは思わず、先に――一一月二三日に――締結することになった。バイエルンも、新しい連邦を組織すること、その連邦の憲法に北ドイツ憲法を転用することは認めたが、バイエルンの利益のために多くの除外例を設けることを求め、それを認めさせた。加盟国がそれぞれに代表を送る連邦参議院（Bundesrat）を例にとると、そこでの投票権数は、プロイセン一七票、ヴュルテンベルク四票、バーデン、ヘッセン各三票で（プロイセンは、ハノーファー王国、ヘッセン＝カッセル選帝侯などを吸収したので、これらを加算して一七票とされた。すでに北ドイツ憲法においてこのような加算が認められていた〔六の二(2)(ハ)〕、この基準でいくと、王国であるバイエルンは四票のはずである。ところが六票が認められた（のちのドイツ帝国憲法六条一項）。北ドイツ憲法では、憲法を改正するためには、連邦参議院の投票権数の三分の二以上の賛成が必要であるとしていた

（七八条）が、これをバイエルンは、一四票の反対があるときは改正は否決されたものとみなす、という条文に改めさせた（ドイツ帝国憲法同条）。バイエルンは、プロイセンの音頭取りで憲法改正が試みられても、南ドイツ四国が結束すれば（計一六票）反対できる道を開いたのである。

バイエルンは右の条約のほかにも、プロイセンとの間に秘密条約や、最終議定書（Schlußprotokoll）を交換したりした。秘密条約では、新連邦が戦争をして講和条約を結ぶときには、その交渉団に必ずバイエルンの代表を一人加える、という約束を得たし、最終議定書では、憲法、憲法外のいろいろな事項についてプロイセンと約束した。その中に、「プロイセンの代表はバイエルンに、一般ドイツ民訴法典の草案（Entwurf eines Allgemeinen Deutschen Civilprozeß-Gesetzbuches）のさらなる作業（fernere Ausarbeitung）が行われるときには、同国が適宜に（entsprechend）参加できることを保証する」という一項（V項）があった。[6] この一項がのちのCPO（帝国民訴法）の成立に重要な影響を及ぼすことになるが、この一項を挿入させることによってバイエルンは何を意図していたのであろうか。同国が一八六九年（条約締結の前年）にその民訴法典を完成させていることは前に述べたが（四の二(2)(ハ)）、この法典を全ドイツ的規模で実現したがっていたことは確かであろう。しかしバイエルンは、NE（北ドイツ草案）のことをどう考えていたのであろうか。バイエルンさえこの一項を挿入させなければ、そのままNEが新しい連邦の民訴法典となる可能性があった。だが、バイエルンはそうはさせじ、全ドイツ的な民訴法典には自国の意見を反映させるべきで、そのためには新しい草案を作成すべきだ、と考えていたのであろう——プロイセン側、少なくとも司法大臣のレオンハルトはそう受け取っていた。

(d)　あとは、これらの諸條約が、北ドイツ連邦と南ドイツの四つの国々の議会で批准されるかであった。これがなかなか一筋縄ではいかなかった。北ドイツ連邦の帝国議会（Reichstag）では、臨時のそして最後の議会がはじまったが、バイエルンに譲歩しすぎたという意見が強く、七〇年一二月九日の決議の際には、二九七人の議員中七〇人が欠席して抵抗した（決議は、一九五人対三二人で賛成が多数を占めた）。反対に、バイエルンの下院では、プロイセンがリードする連邦などに加盟してはならないという意見が強く、議員の三分の二の賛成を要するという特別決議事項としていたため、国王と内閣は一時解散まで腹をくくっていたが、七一年一月二一日、三分の二をわずかに二票上回るというきわどさで賛成を得た。新しい連邦の成立とその憲法の発効は七一年一月一日からと先の諸条約では定めた。北ドイツ連邦と南ドイツの他の三国はいずれも前年一二月中に批准の手続を終えていた。ひとりバイエルンのみが遅れて、一月三〇日に、さかのぼって一月一日から発効するという形で批准を終えた。

(ロ)　ドイツ帝国とドイツ皇帝

(a)　残された問題は、新しく結成された連邦とその首長をどのような名称で呼ぶかであった。連邦をドイツ連邦と呼んだのは一時的名称で、ドイツ帝国、その首長をドイツ皇帝と呼ぶことには、各国の政府間で暗黙に一致をみていた。神聖ローマ帝国のかつての栄光に対するドイツ人の思い入れはつよく、あの三月革命期の国民議会でさえ、その制定した憲法をドイツ帝国憲法と呼び、その首長を皇帝と呼ぶことに抵抗感はなかった（帝位を奉呈しようとしたプロイセン国王に拒絶されたが）。難航が予想されたのは、各国の領主、なかでも自尊心の固まりのようなバイエルンのルートヴィヒ二世が容易に同意するかであった。[7] しかしビスマルクはちゃんと根回しをほどこしていた。

(b)　というよりも、ルートヴィヒ二世の方からこの問題で彼に接近してきた。一八七〇年の一一月から一二月にかけて、一か月たらずの間に三回もヴェルサイユの大本営にいるビスマルクを訪ねて、ルートヴィヒ二世の密使（わが国の古い言い方に従うと、主馬頭《しゅめのかみ》とも呼ぶべき人物）がやってきた。そして、プロイセン国王を皇帝に推挙してもよいというルートヴィヒ二世の意向を伝えるとともに、その代りに金銭の提供を要求した（最初は領土の拡大も要求したが、これはビスマルクにきびしく拒否された）。同二世は、プロイセン国王をドイツ皇帝に推挙することが時の勢いとして止められないのなら、その先頭に立つことが自家の勢威の高揚につながると考えたようだし、また、金ももらいたがったのである。妥協された金額は、普墺戦争の折りバイエルンが支払った賠償額三千万グルデンを上限として、毎年四〇〇万マルク（一グルデンは二マルク）を給付するという内容であった（ルートヴィヒ二世としては、これでプロイセンとの間で相殺をした思いでいたようだが、先の賠償金は国庫〔国民の税金など〕から支払われたのに、後の給付は彼の内帑金に入るものであった）。ビスマルクはこの給付を、彼の自由になるヴェルフェン基金（元のハノーファー王家から奪った財産を基礎とする。六の一(2)(ロ)(b)から支払ったようである（この基金の収支に彼はいちいち計算書類を出す必要がなかった）。ルートヴィヒ二世はその在位中ノイシュヴァンシュタイン城などの築城に夢中になったことはよく知られているが、その築城の費用にはこのビスマルクからの秘密給付が大いに活用されたようである（もっとも、四〇〇万マルクにのぼる給付金のうち一〇パーセントは先の主馬頭がコミュッションとしてちゃっかり貰い受けていたという）。

(c) ビスマルクはルートヴィヒ二世に対して、プロイセン国王を皇帝に推挙する旨を親書の形で送るように求めた。主馬頭はその親書の下書きをビスマルクに書くように頼んだ。七〇年一一月三〇日、ルートヴィヒ二世はビスマルクの下書きをほとんどそのまま使って親書を作った。同じ日にルートヴィヒ二世はドイツの諸侯および自由都市に対して、プロイセン国王をドイツ皇帝に推挙することに賛成を求めて回状を送った。ルートヴィヒ二世の親書のなかには、「全ドイツの諸国君主の名において皇帝に推挙する」旨の文言が含まれていた。親書は、七〇年一二月三日、ルートヴィヒ二世の叔父によりヴェルサイユにおいてプロイセン国王ヴィルヘルム一世に奉呈された。

(d) ヴィルヘルム一世はこの親書に接するまで、彼を皇帝に推挙する交渉が行われていることをまったく知らなかった。意外にも彼は、この帝位につくことに強い難色を示した。三月革命期に先王（彼の兄）が国民議会による帝位奉呈を断わった事実や、皇帝と呼ばれた人々――ナポレオン一世、同三世、神聖ローマ皇帝位を放棄したフランツ二世（オーストリア皇帝フランツ一世）など――の末路が脳裡をよぎったのであろう。しかし彼は、国の勢威を高めるために自己の感情を抑えることのできた人物である。(8) 帝位につくことを受諾した。

(e)　プロイセン国王が皇帝につくことが決まれば、あとは一瀉千里である。新しい連邦をドイツ帝国、その首長をドイツ皇帝と呼ぶことに一致をみた。ドイツ帝国は、先の七〇年一一月の諸条約に基づき七一年一月一日から発足し、ドイツ皇帝の戴冠式は同月一八日、パリを攻撃する砲声のとどろくなかヴェルサイユ宮殿鏡の間において挙行された。(9)

（1）　現在のバーデン・ヴュルテンベルク州の大学都市テュービンゲン（Tübingen）の南二〇キロほどのところにヘッヒンゲン（Hechingen）という小都市があり、その近郊のツォレルという小山の上におとぎ話のなかの城を思わせるようなホーエンツォレルン城が立つ（ホーエンツォレルンの家系は、もともとこの地方出身であった）。そのヘッヒンゲンから南々東五〇数キロのところに小都市ジグマリンゲンがある。このジグマリンゲンも先のヘッヒンゲンも、元来はプロイセン王家の支族である侯爵（Fürst）領で、ヴィーン会議から一九世紀前半は独立国の扱いであったが、一八四九年に、宗家の南ドイツへの拡張を願ってプロイセン王国に併合された。

なお、レーオポルトの父カール・アントン（Karl Anton. 一八一一〜八五年）は、一八五八年から六二年までプロイセンの首相をつとめ、その間にヴィルヘルム一世が摂政から国王の地位についた。

（2）　コーブレンツ（Koblenz）からやや上流にさかのぼったライン川対岸（右岸）にラーン（Lahn）川が流れこんでおり、その川口から一〇キロほどのところに湯治場エムス（Bad Ems）がある。同川をさらにさかのぼると、元のナッサウ公国の首都ナッサウ（Nassau）がある。なお、坂井栄八郎『ドイツ歴史の旅』（一九八六年）二一四〜五頁。

（3）　国王側近からビスマルクにあてた電文と、ビスマルクの書き直した電文（の対比）は、Huber, Dokumente, 2, Nr. 196, SS. 256-57.

（4）　ナポレオン三世は捕囚の身を、カッセル（Kassel）の西郊にあるヴィルヘルムスヘーエ（Wilhelmshöhe）において過した。一七八六年から一八〇二年にかけて築造された城館で、かつてヴェストファーレン国王（ジェローム。ナポレオン一世の弟、三世の叔父）の居城として利用された。

（5）　普仏戦争をドイツ側から描いたものとして、持田幸男『ドイツ統一戦争』（一九七九年）一六〇〜八三頁、フランス側からのものとして、鹿島茂『怪帝ナポレオンⅢ世』（二〇〇四年）四三七〜五九頁。

（6）　Huber, Dokumente, 2, S. 268.

（7） オーストリアを排除したドイツ圏では、バイエルンがプロイセンに次ぐ大国であり、ドイツ皇帝位――それは当然プロイセン国王に奉呈されることが予想されていた――を認めることにバイエルン国王が反対したときには重大な障害になると考えられていた。親プロイセンであるバーデン大公は、一八七〇年一〇月、バイエルン国王ルートヴィヒ二世あてに、率先してプロイセン国王を皇帝に推挙するようにという手紙を送っていた。Huber, Dokumente, 2, Nr. 206, SS. 276–77.

（8） 同国王は、三月革命期には軍隊を率いてベルリーン市民に銃弾を浴びせたり、即位後は憲法紛争で退位をもって自由主義者を脅かそうとしたりして、反動的性格をあらわにしたが、往々にして意見を異にするビスマルクをうまく使い、二度の戦争（普墺、普仏）を勝ち抜き（天才的な参謀総長モルトケにも恵まれた）、プロイセンの国力の伸張に大きく貢献した。後世からは、「健全な良識、豊富な政治的体験、そして君主としての強い自尊心をも備えていた」と評されている。
ただ、彼が兄王の後を追って国王に即位したとき（一八六一年）が六四歳、死去したとき（八八年）が九〇歳であったために、その資質が注目されていた皇太子（フリードリヒ三世）は即位後わずか三か月で死に、その子ヴィルヘルム二世が後を継いだ。この皇帝の在位中、ドイツ帝国は第一次世界大戦に敗れて消滅した。

（9） 以上については、主として Huber, III, SS. 724–55; Huber, Dokumente, 2, Nre. 198–216b, SS. 258–85 を参照した。

二 CPOの第一草案（EⅠ）

(1) EⅠの起草

(イ) レオンハルトのビスマルクあて書簡

一八七一年三月八日、したがってドイツ帝国ができて間もないころである、プロイセンの司法大臣レオンハルトは、帝国宰相（兼プロイセン宰相）ビスマルクあてに、次のような書簡を送った。

まず、NEには広く法曹界から批判がある、と注意を促した後、自分はこれらの批判を全部正しいと思っているわけではなく、草案を誤解した的はずれの批判もある、と断わったうえ、しかし傾聴すべき批判もあるとして、その批判を紹介している。レオンハルトは、この他からの批判の紹介という形で自身の意見を述べている観がある。

法典というよりも教科書というほうがふさわしいような総論的な規定が多数あり、しかもそれらの規定相互の関係が統一性を欠いているため、多くの不明確、疑問を生じている。おそらく日常業務にあたっては大きな混乱を生じることとであろう。

どの訴訟原理を採用するかに際しては、逡巡を重ねたうえ僅差で決定している場合も少なくはなく、しかもそれらの原理を個別の制度に実現するにあたっては、よく考えられているものの技巧的にすぎて、訴訟の自然の流れを妨げるような形にもなっている、

等々の批判を紹介したのち、これらの批判に応えるためには、もはやNEを放棄して新しい草案を作成するほかないと断じている。

問題は、その新しい草案を審議する方式である。NEの審議は第一読会しか経ていないので、その第二読会として新しい草案を審議するという方式も考えられないではないが、第二読会で第一読会とまったく異なる案を審議するというのも適切でなく、そのうえに現在では――北ドイツ連邦時代と異なり――連邦（ドイツ帝国）に、バイエルンなどの南ドイツ諸国が参加している。しかもその参加に際して、バイエルンは「統一訴訟法典のさらなる審議に参加すること」を求め、プロイセン（北ドイツ連邦の代表）により認められている。同じことは、ヴュルテンベルク、バーデンにも求める権利があろう（ヘッセン＝ダルムシュタットは、NEの審議の際に委員を送っている）。これらの国々は、NEの第二読会に参加して修正案を審議するということではとうてい満足しないであろう。はじめから、新しい委員会で新しい草案を審議するのが妥当であろう。

「そのような見地に立って、私は新しい草案を作成しました。作成にあたっては、NEから多くの示唆を受けたことはいうまでもありませんし、また、プロイセン各地で実務を行ってきた官僚たちの協力を得ました。なお、草案の条文を説明し、今後の審議の際の参考にと理由書も作成しました。その総論の部分（私が執筆したものですが）を添えて、草案を提出します」と述べて、ビルマルクに民訴法の草案を送った(10)。

(ロ) プロイセン司法省草案（JME）

(a) 一八七〇年の秋、レオンハルトは、その年の夏に審議を終えたNEについて個人的に再検討を開始したといわれる。七〇年の秋というと、もう普仏戦争は実質的な勝利（九月はじめにナポレオン三世が捕虜になる）と決まっていたし、バイエルンなどが同戦争に参加し、北ドイツ連邦との間に新しい連邦（のちのドイツ帝国）を結成する話が進みだした頃である（九月に北ドイツ連邦、バイエルン、ヴュルテンベルクの代表がミュンヒェンに集まって交渉を開始している）。バイエルンは前年の六九年に新しい民訴法典を制定している。バイエルンがこの新しい法典をひっさげて、新しい連邦（ドイツ帝国）の民訴法典の審議に参加してくるのは必定、とレオンハルトは踏んだのではなかろうか。NEについては各方面からいろいろと批判が聞こえてくる。彼自身も、その審議の委員長を仰せつかりながら、ほとんど出席しないで冷淡な態度を示してきたNEである。むしろバイエルンなどの参加を好機として、NEに思いきって手を入れはじめたのではなかろうか。

一とおり検討をおえたのちレオンハルトは、自分の執務室に司法省の下僚たちを集めて、自分の素案に対して遠慮のない批判をするよう求めた。その集まった下僚たちは以下に述べる人々であるが、一八七〇年の冬から翌年の一、二月頃にかけて、連日のように熱心な討議が行われた。そして、三月には草案とその理由書の一部（総論Allgemeine Begründung）をビスマルクあてに提出できるようになったことは前に述べたとおりであるが、理由書の各論（Besondere Begründung）は、上訴までの部分を次述の①が、それ以降の部分を④が担当したといわれている。「総論」の部分はレオンハルト自身が執筆したが、これには②と③が協力したといわれる。(11)

この草案が帝国民訴法（CPO）の最初の草案となった。その意味で第一草案（Der erste Entwurf. EIと略）と呼ばれているが、プロイセン司法省の大臣や下僚たちによって作成されたという意味で、（プロイセン）司法省草案（Justizministerialentwurf. JMEと略）とも呼ばれる。以下では、前者の表現を用いていく。

(b) EIの作成に関与した司法省の官僚たちは、次のような人々である。

① ドロープ（Droop）　NEの審議録の作成者（六の三(2)(ロ)①）。

② ファルク（Paul Ludwig Adalbert Falk. 一八二七～一九〇〇年）　シュレージエン（現ポーランド領シロンスク）にルッター派の牧師の子として生まれる。一八四七年ブレスラウ（現ポーランド領ヴロツラフ）大学卒業後プロイセンの司法官の道を歩み、五〇年にブレスラウの検事補、五三年にリュック（Lyck. 現ポーランド領エウク）の検事、六一年から六二年はベルリーンのカンマーゲリヒトの検事兼プロイセン司法省勤務、六二年から六八年まではグロガウの控訴裁判所判事、六八年より七二年一月まではプロイセン司法省の参事官、七二年一月二二日、EIの特別委員会の報告委員として活躍中、突如としてプロイセンの宗教・教育・医療担当大臣（略して文部大臣と呼ばれることが多い）として起用された。後述する文化闘争に直面、七九年七月には詰腹を切らされた恰好で辞任、以降ハム（Hamm. ドルトムントの北東方）の上級地方裁判所長官として、死去の年まで勤務する。

彼が司法省の参事官に起用されたのは、六四年、PE（プロイセン草案）が発表され、それについて各地の意見が求められた際、控訴裁判所としてはただ一つグロガウの裁判所が賛成意見を表明したが、その意見を彼が執筆したせいだという。四面楚歌の当時の司法大臣リッペにとり注目すべき存在となったのであろう（ただし、六七年一二月からはレオンハルトがその後継者となっている）。なお、わが国の明治民訴法の最初の起草者テヒョーが、文部大臣ファルクによって教育官僚に起用され、そのことが「お雇い外国人」として来日するきっかけとなったことは、拙著・日本三六頁において触れた[12]。

③ フェルスター（Franz August Alexander Foerster. 一八一九～七八年）　ブレスラウに法学教授の子として生まれる。同地の大学およびベルリーン大学で学んだのち、プロイセンの司法官僚に。他方で、彼はプロイセン私法の研究者としても知られ、一八六四年には同法の体系書を刊行している（『現代普通プロイセン法の理論と実務』〔Theorie und Praxis des heutigen gemeinen preußischen Rechts〕。その後プロイセン司法省の後輩エックチウス〔Max Ernst Eccius〕により加筆継続され、一八九六年には第七版が出版されている）。六八年より七四年まで、プロイセン

司法省の参事官として、プロイセンの自由主義的と評される諸立法（「所有権取得および不動産登記」法〔一八七二年〕など）に関与し、また、（ドイツ）帝国法レヴェルでは、EIをはじめ、裁判所構成法、破産法の成立に大きな影響を及ぼしている。七四年三月、突然司法省に辞表を出し、親友の②が大臣をつとめる文部省に移った。辞任の理由は、後述する帝国宰相府の部長（法務担当）をめざしていたのにそのポストがアムスベルクに与えられたことを不満とし、彼を援助しなかったレオンハルトの態度を冷淡としてその傘下を去ったといわれる。(13)

④　クルルバウム二世（Karl Dietrich Adolf Kurlbaum II. 一八二九～一九〇六年）　一八五〇年プロイセンの司法官の道に。五九年マクデブルク（現在のザクセン＝アンハルト州の州都）の地方裁判所判事となり、六九年よりハムの控訴裁判所判事。この当時にEIの作成に関与。七二年より八九年まで、プロイセン司法省の参事官。その間に数多くの立法を手がけたが、わが国の明治民訴法の強制執行編（大正改正法でも維持）に強い影響を及ぼしたプロイセンの不動産執行法（一八八三年。その翻訳、宮脇幸彦・民訴雑誌一四巻九〇頁以下）は彼の作品といわれるし、また、七八年に成立した帝国弁護士法の最初の草案を執筆、さらに、民法第一草案の委員会にも入って活躍した。八九年にシュテッティーン（オーデル川の川口。現在ポーランド領シュチェチン）の上級地方裁判所の長官となり、死去までつとめた。

⑤　ネーベ＝プフルークシュテット（August Nebe-Pflugstädt. 一八二八～一九〇二年）　クレーヴェ（Kleve. オランダ国境に近いライン左岸）に生まれ、六〇年から六九年までツェレ（ハノーファー）の検事、六九年に同地の上級裁判所判事、七〇年にハノーファーの検事。ただし同年より八三年まで司法省の参事官。七九年司法省の局長、八三年同省の次官、一九〇〇年退職。

(2)　EIの内容

(イ)　理由書

EIには理由書が付されていて、総論的部分（Allgemeine Begründung）と各論的部分（Besondere Begründung）

に分かれていること、前者は大臣であるレオンハルト自身が執筆したことは前に述べた。総論的部分では、草案のとった基本的制度を説明し、ことに当時ドイツの各地で行われていた法系と比較してその特色を明らかにしようとしている。当時のドイツで行われていた代表的な法系としては、①普通法系、②固有のラント法系（とくにプロイセンの一般裁判所法〔Allgemeine Gerichtsordnung. 1793〕）、③フランス法系（主としてライン左岸法。ほかにPE、バイエルン法）、④H50系（HE、NEもここに数えられる）、の四つを挙げている。

総論的部分には計一六の項目が挙げられているが、大きく分けると、前半では主として口頭主義と証拠裁判が取り上げられ、後半では上訴のあり方が論じられている。前半については、すでにレオンハルトのH50に関するコンメンタールや、HEの第一草案後に公刊された〈Reform des Civilprocesses〉の内容を知っているわれわれには、格別目新しいものはなく、結局はH50のとった口頭主義や証拠判決が望ましいと論じられている。ただ、右の二つの文献にくらべて、NEに対する批判が新たに加わっているのは、時の流れとして当然のことであろう。もっとも、ビスマルクあての便りに見られたように、法律の草案というよりもまるで教科書のようだという手きびしい批判は姿を消し、主要弁論と最終弁論に分けているのは無用なことだとか、証拠裁判後に新証拠の提出は禁止しながら、間接事実の主張を許しているのは不徹底だとか、技術的な批判が目立っている。

後半（上訴のあり方）については、区裁判所（Amtsgericht）の判決に対しては、事実審をともなう控訴を許すが、地方裁判所（Landgericht）と商事裁判所（Handelsgericht）のそれぞれ第一審判決に対しては、法律審をともなう上告（Revision）しか許さない。その上告（第二審）裁判所の判決に対する最上級裁判所への上級（または再）上告（Oberrevision）は、上告裁判所が第一審判決を破棄したときにかぎり許される。これは、刑訴法草案の上訴のあり方と歩調を合わせたものである。(14)

以下では、例によって訴訟開始の手続、証拠裁判の二点にしぼって、EIの内容をみていこう。(15)

(ロ)　訴訟開始の手続

訴えの提起は、原告より被告に訴状を送達して行う（二〇九条一項）。訴状送達前、原告はその訴状を裁判所の書記官に提出し、裁判長により最初の口頭弁論期日を指定してもらう（二一二条一項）。訴状の送達は、期日指定後、原告がみずから行うと表示したときを除いて、裁判所書記官が配慮する（同条二項）。最初の口頭弁論期日と訴状の送達の間には、最低で一か月の期間（応訴期間）をおかなければならない（二一三条一項）。被告は原告に対して、準備書面により訴えに関する答弁を行う。その期間は、前掲の応訴期間の最初の三分の二以内である（二二二条）。なお、訴状にも準備書面に関する規定が準用されるので、申し出る証拠方法も記載することになる（二〇九条三項、一一四条四号）。

以上は、基本的にはH50以来の手続である。この手続がPEを排してNEでも採用されたので安心したのか、理由書の総論的部分でも、手続の進行に関して当事者主義をとるか職権（裁判所）主義をとるかに関連して、前者をとるフランス法より後者をとるH50の方がよいと言及しているにとどまる。

(ハ)　証拠裁判

この点についてレオンハルトは、従来の所説からするとコペルニクス的大転換を示した。

(a)　彼は従来、次のように主張してきた。口頭弁論はあまり多くの資料で荷重にしてはならない。そうすると、裁判官が全体的な視野を失い、記憶もあいまいになってしまい、真実に即した判決ができなくなる。口頭弁論では、当事者に事実だけを主張させ、証拠の申出は求めない（それをしても差支えないが）。裁判官は当事者のした事実主張を比較し、それがくいちがう個所（争点）を拾いだし、その争点（要証事実）について当事者に一定の期間内に証拠の提出を求める。裁判官はこの判断・命令を、判決の形式を通じて行う（証拠判決）。この証拠判決に対しては、独立した上訴は許されないが、一定の効力が認められる。裁判所との関係では、不可変更力、すなわち一度下した判決を変更してはならないという効力を及ぼし、当事者との関係では、判決後はもはや事実の主張を許さない（例外的に、判決後生じた事実や、すでに生じていたが当事者が過失なくして主張しなかった事実の主張は許す）という効力を及ぼす。

このようにしてレオンハルトは、証拠判決を境い目にして、口頭弁論段階と証拠調べ段階とに二分し、事実主張は前者に、証拠の申出とその取調べは後者に集中して、口頭弁論の負担を軽減し、手続の簡明化を図ろうとしてきたのである。

(b)　そのような立場のレオンハルトにとって、フランス法系（ライン左岸法、PEやバイエルン法）のように、当事者に事実の主張と証拠の申出を同時に求め、裁判所が証拠調べを認める旨の裁判（判決の形式をとる）を行い、証拠調べを終わったのち、当事者にまたもや事実の主張・証拠の申出を許し、証拠調べを認める旨の裁判を行い、さらに事実の主張・証拠の申出を許し……という方式は論外であったことはいうまでもない。しかし、レオンハルトの批判はそれだけにとどまらない。判決の形式を捨て、決定の形式をとったので、裁判所に対する不可変更力は否定したが、当事者との関係では、証拠裁判後は事実の主張を原則として許さないとしたHEやNEまで、その裁判所に対する不可変更力を否定した点で不徹底のそしりをまぬがれない、と批判された。

「理由書」の総論的部分の論調（§§7, 8, SS. 227–34）からは、以上のことが読みとれた。このことから、レオンハルトはH50の昔（前掲(a)の論調にもとづく立法）に戻ることが予想された。ところが、この予想は見事にはずされた。証拠裁判を決定とし、裁判所に対する不可変更力を否定しただけでなく、当事者に対する効力（事実主張の失権効）まで否定したのである。つまり、証拠裁判を証拠調べを命ずる訴訟指揮的裁判とみ、決定という形式をとる点では異なるが、フランス法系と同じ帰結を認めたのである。

(c)　右のように、EIによると、証拠裁判は決定と性格づけられる（二九八条）ので、決定としての性格上、裁判所に対して不可変更力（自己拘束力）を生じない（この効力は、終局判決と中間判決に限って生じる。二六四条）。当事者との関係では、この裁判がなされたのちでも、また、この裁判に基づく証拠調べがなされたのちでも、当事者は口頭弁論が終結するまで自由に事実の主張（二二八条一項）、証拠の申出（二三二条一項）をすることができた。[16] 時機に後れたこれらの主張・申出がなされたときは、裁判所の裁量により、当該当事者が勝訴したときでも遅延による費用の負担が命じられた（右両条の二項）。[17]

ただし、この決定としての証拠裁判がなされるのは、証拠調べにつき特別の手続（期日）を必要とする場合に限られた（二三三条・二九八条）。すなわち、証拠調べにつき特別の期日（例、証人尋問期日）を必要としたり、受命裁判官・受託裁判官による取調べを必要とする場合に限られ、受訴裁判所において当事者の弁論後直ちに証拠調べに入れるとき（書証、在廷証人など）は、この証拠裁判は不用とされた（それとも、無方式であれ証拠裁判を必要としたのか。明文を欠いたので、後々まで争いの種を残した）。[18]

(d) いずれにせよレオンハルトは、手続を二分化し、証拠裁判後は事実の主張（証拠の申出も）を原則として許さないというH50、HE、NEとつづいた枠組みをくずし、当事者に――遅延による費用の負担さえ覚悟すれば――いつでも自由に事実の主張（証拠の申出）ができることを認めた（随時提出主義）。その結果、いわゆる漂流審理、五月雨（さみだれ）審理を認めることになり、後々までその対策にドイツ・日本の立法者を悩ませることになった。[19]

それでは、なぜレオンハルトは、このようなH50以来の潮流から転じて、証拠裁判のもつ失権効（事実主張・証拠申出の原則的禁止）の否定という方向へと（さきほどの表現によるとコペルニクス的）大転換を行ったのであろうか。[20]

「理由書」の総論的部分ではさほど十分な説明がないまま、草案の条文をみると急激な大転換が行われているので、昔から批判があるとともに、その原因探しが試みられている。[21] その一つは、レオンハルトが断念した、という説明である。彼は、証拠裁判の失権効のみならず不可変更力まで認めるべきで、そのためには証拠裁判は判決でなければならないという立場に固執した。しかし、HEやNEを通じて、証拠判決は決定で、したがって不可変更力は認めがたい、という見解が多数であることが示された。レオンハルトは、証拠裁判の判決性が否定され、不可変更力も認めがたいというのなら、いっそのこと失権効もあきらめるべきではないか、という挙に、彼の従来の立場からみると全面的放棄の態度に出たのではなかろうか、というのである。論理の一貫性にこだわりがちな彼なら十分にあり得る態度だ、と後代の評者たちはいっている。

いま一つの説明は、当時のドイツの時代思潮として、自由主義がつよく叫ばれ、その訴訟法への反映として、手続にできるだけ足かせをはめずに当事者に自由な行動を認めようという傾向が見てとれた。あるいはプロイセン司法省の下僚たちの間でも、そのような傾向がつよかったのかも知れない。レオンハルトはこのような時代の流れを敏感にかぎとり、手続の二分化、それをもたらす失権効の廃止へと踏み切ったのではあるまいか。

いままでレオンハルトの（政治的）変り身の早さを見てきたわれわれには、後者の考え方も十分にありうるとうなづけるのである。しかし、いずれにせよ、この二分化および失権効の廃止によって、ＥＩが審議への参加を求めていたバイエルンの法律と同一基調に立ち、その後の審議を容易にしたことは否定できないのである。

（10）　以上の書簡は、Schubert, CPO, I, SS. 39–42 に紹介されている。
（11）　この草案の経緯については、Hellweg, SS. 113–15（筆者は、執筆時裁判所試補の資格でプロイセン司法省に勤務していたので、同省に残されていた資料を利用したのであろう）; Schubert, CPO, I, SS. 5–6.
（12）　ファルクについては、Schubert, GVG, S. 61 Anm. 11; Schubert, CPO, S. 11. ファルクは、一八五七年にプロイセン下院議員となり、六七年には北ドイツ連邦の制憲議会の議員となったが、いずれも穏健自由主義の立場に属していた。このことが彼の司法省起用への——本文に紹介した事情のほかに——一因となったのであろうといわれる。
（13）　Schubert, GVG, SS. 62, 81–2; Schubert, CPO, I, S. 5.
（14）　Allgemeine Begründung, SS. 238–43. 刑訴法草案については、後藤昭『刑事控訴立法史の研究』（一九八七年）一一二頁以下。もっともドイツ帝国では、刑訴法草案よりも民訴法草案の方が先に起草され、議会の審議の対象となった。ただ、すでに北ドイツ連邦の時代に刑訴法草案が起草され、法律審をともなう上訴を Revision ではなく Nichtigkeitsbeschwerde（〔判決〕無効の不服申立て）と呼んでいたが、のちの帝国刑訴法草案とほぼ同じような構想を示していた。Schubert = Jürgen

Regge, Entstehung und Quellen der Strafprozeßordnung von 1877, SS. 91-4.

（15）　EⅠの内容（計七八三か条）と理由書（Begründung）は、Dahlmanns, Neudrucke, Bd. 2の後半に収録されている。理由書は、前掲のように、レオンハルトが執筆した総論的部分と、個々の条文をときには数十か条まとめて説明した各論的部分とに分れている。

（16）　証拠調べは、進行中の口頭弁論の中間の出来事と考えられ、それが終結すると、ふたたび口頭弁論にもどって進行していくと考えられた。受命または受託裁判官による証拠調べを命じたときは、受訴裁判所はその証拠決定において、証拠調べ終結後（受訴裁判所において）行われる口頭弁論続行の期日を指定できる（三一〇条。CPO三三五条二項）という規定があった。また、のちの第二草案（EⅡ）以降、受訴裁判所において証拠調べをするときは、その期日は同時に口頭弁論続行の期日とみなす（CPO三三五条一項）という規定もあった。

（17）　フランスの裁判実務では、時機に後れた攻撃防御方法（証拠の申出も含む）は裁判官の裁量により却下するという慣行が認められていたが、レオンハルトはこれを、弁護士のプライドを傷つけ、また裁判官の裁量が恣意に流れるおそれがあるとして、すでにH50時代から強い反撥を示していた（Allgemeine Begründung, S. 225では、フランスにならうPEを例にとって、批判の対象としている）。しかし、この裁判官の却下権を否定する考え方は、ドイツでは手ぬるすぎると時代を経るに従ってつよく批判され、その却下権が強化される一途をたどったことは、当時のレオンハルトの夢想だにもしなかったことであろう。

（18）　証拠決定が、証拠調べにつき特別の手続を必要とする場合になされるという規定は、CPOまで維持され（三二三条）、わが国の明治民訴法はこのCPOを継受したが、同法はこの特別の手続を必要とする場合を解説した形で、「当事者ノ演述ニ引続キ直チニ証拠調ヲ為サズシテ受訴裁判所ニ於テ新期日ニ之ヲ為シ、又ハ受命判事若クハ受託判事ノ面前ニ於テ之ヲ為ス可キトキハ、証拠決定ニ因リ之ヲ命ズ可シ」と規定していた（二七四条二項。濁点・読点は鈴木が付した）。なお、この特別の手続（期日）を必要としないときに、証拠決定は不用であるか、無方式であれ行うかの問題につき、今日でも敬重すべき論説として、岩松三郎＝兼子一編『法律実務講座民事訴訟編』第四巻（一九六一年）一七一～四頁。

（19）　わが国では、平成民訴法（平成一〇年施行）が争点および証拠の整理手続を考案するまで（一六四条以下）、立法上は漂流・五月雨審理を防止する手段を欠いていた。なお、ドイツのH50、HE、NEの証拠裁判は、のちにも触れるように裁判官の示す争点整理案の性格をもっていた。ところが、この裁判を廃止することにより、レオンハルトは上記の審理のタイプを許すことになったのである。

（20）　ＥＩの起草に参加したファルクは回想録を遺しているが、それを見る機会をもったシューベルト氏は、ＥＩの起草の際に最初に同時提出主義（失権効）の全面的廃止を提案したのはクルルバウムであったといわれる（Schubert, CPO, S. 6 Anm. 23）。そうだとすると、レオンハルトは当初は失権効の廃止までは考えていず、下僚たちとの議論を通じて廃止に傾いていったといえる。

（21）　この問題を取り上げた文献として、Hans Ulrich Engel, Beweisinterlokut und Beweisbeschluß im Zivilprozeß, 1992, SS. 122-25.

本文以下で紹介する前説は、Dahlmanns, Neudrucke, 2, SS. 35-6 など。

後説は、Schwartz (Johann Christoph), Vierhundert Jahre deutscher Civilprozeß-Gesetzgebung（ドイツ民訴立法の四〇〇年）, 1899, S. 651 など。この民訴法史に関する大著においてシュヴァルツは、証拠裁判（その失権効）をめぐる立法上の変遷を一つの主要なテーマとして取り上げているが、ＥＩにおける失権効の廃止を目してフランス法に屈したものであるとし、ナショナリスティックな見地からレオンハルトをきびしく批判している（SS. 621-59）。なお、シュヴァルツ（一八四六～一九一六年）は、リガ（現ラトヴィアの首都）に生まれ、ベルリーンなどで学んだのち、生地の裁判官となった。同地は、北方戦争（一七〇〇～二一年。バルト海の支配権をめぐるスウェーデン対ロシアなどの戦争）の結果ロシアの領土となったが、中世後期以来ドイツ人が主導権をにぎってきた。これに対してロシアがドイツ人勢力を追放し、自国人にとってかわらせようとしたので、シュヴァルツも一八八八年プロイセンに移住。右の歴史に関する著作によって、ベルリーン大学において教授資格を取得。同大学の私講師をへて、一九〇三年よりハレ大学の教授となったが、一九一〇年定年退職。

三　第二草案（ＥⅡ）

(1)　専門家委員会の審議

(イ)　委員会の設置

一八七一年三月、レオンハルトよりＥＩの送付を受けたビスマルクは、同草案を直ちに連邦参議院に提出、同院は常設の司法制度委員会に回付して、同委員会からの意見を求めた。同委員会は、七一年五月一日、連邦参議院で以下のように述べて、ＥＩに関して専門家よりなる特別の委員会を設置し審議をさせるよう提案した。すなわち、プロイセン政府が新しい草案を提出してきたことは、同国がNEをそのまま法律とすることを適切でないと考えているためであろう。NEの委員会と同様、専門家よりなる委員会をあらたに設けるべきであろうが、その委員会は委員長のほか一〇名の委員により構成されることが望ましい。同委員会には、南ドイツ諸国から委員を選ぶとともに、弁護士界からも――以前から要望があるので――委員を加えるべきである。委員会は、来年の最初の数か月内に任務を終えることが期待される。なお、委員会がその審議にあたり、NEの存在にも十分考慮を払うべきことはいうまでもない。連邦参議院は、五月八日の総会でこの司法制度委員会の提案を可決した(22)。

(ロ)　委員会の顔ぶれ

①　アーベケン（Christian Wilhelm Ludwig von Abecken. 一八二六～九〇年）　ザクセンの生れ。ハイデルベルク、ライプツィヒで学んだのち、五三年よりザクセンの司法官となり、地方の検察官を経たのち、五八年より首都ドレースデンの地方裁判所判事、六三年より同地の控訴裁判所判事、六六年より司法省の上級参事官、七一年より死去の年までザクセンの司法大臣をつとめる。

②　アムスベルク　前掲（四の二(1)(イ)⑧）。

③　ディーペンブロイク＝グリュッター（Gustav Wilhelms Adam Diepenbroick-Grüter. 一八一五～九九年）　ボンで法律を学んだのち、プロイセンの各地の下級裁判所判事を歴任、五六年にグライフスヴァルトの控訴裁判所判事、六九年に最高裁判所判事、七九年にベルリーンのカンマーゲリヒトの部長判事、八二年退職。

④　ドルン（Carl Dorn. 一八一六～九三年）　当時著名な弁護士。ブレスラウ、ボン、ベルリーンで学んだのち、四二年にブレスラウの上級裁判所の判事補、つづいてコーブレンツの地方裁判所でライン左岸法を学ぶ。四四年、自らの希望でケルンの地方裁判所に転勤。四七年より五三年まで、ベルリーンにあったライン（左岸地方の）上告・破毀裁判所の弁護士をつとめる。五三年より七九年まで最高裁判所所属の弁護士、七四年より八九年までドイツ弁護士協会（任意団体）の会長、七九年から八九年まで帝国大審院（ライヒスゲリヒト）所属の弁護士

会会長。リベラルな立場に立ち、いくつかの政治的裁判の弁護人も引き受けているが、議員の経歴はない。

⑤　ファルク　　前掲（二⑴(ロ)(b)②）。

⑥　ゲープハルト（Albert Gebhard. 一八三二〜一九〇七年）　バーデンに生まれる。国家試験合格後、最初は司法官僚として活動したが、六〇年から六四年まで商務省および税関庁で勤務。その後ふたたび司法官に転じ、六四年より六八年までカールスルーエの地方裁判所判事、六八年より九六年までの長い期間、司法省本省につとめる。その間、このＥＩに関する専門委員会に参加したほか、裁判所構成法（とくに帝国大審院関係）、民法の審議に関与した。民法については、第一委員会において総則、国際私法の起草を担当、第二委員会でも総則の報告者となった。(23)

⑦　クレム（Heinrich Bethmann Klemm. 一八一七年〜?）　ザクセンの生れ。一八四八年より司法官僚として活動、ドレースデンの控訴裁判所長官をへて、七九年より同地の上級控訴裁判所の部長判事、八八年より同裁判所長官、九〇年退職。

⑧　コールハース（Karl von Kohlhaas. 一八二九〜一九〇七年）　ヴュルテンベルクの首都シュトゥットガルトに生まれる。司法官活動ののち、一八五八年より司法省に勤務、六八年に最高裁判所判事兼司法省上級参事官。七一年より七九年までしばしば連邦参議院のヴュルテンベルクの代表団に選ばれ、とくに司法制度委員会に属する。この間、民訴法、裁判所構成法、破産法の審議に関与する。七九年、生地にある上級控訴裁判所の判事、八六年より同長官となり、九四年退職。九〇年より九七年まで同国の上院（貴族院）議員。

⑨　レオンハルト　　当時、プロイセン司法大臣。

⑩　プランク（Gottlieb Planck）　前掲（二の注(38)）。プランクは、プロイセンの新たに併合した地域（ハノーファーなど）の代表という形でレオンハルトの推挙により選ばれたようである。併合される以前ハノーファーでプランクが反体制運動をしたことをレオンハルトが知らなかったわけではあるまい。プランクが選ばれ

たのは、ビスマルク政権の与党である国民自由党で活動していたことも影響しているであろう。そして、この委員会での活躍が認められて、プランクは民法制定のときに起用され、その第一委員会、第二委員会でともに大きく寄与した。(24)

⑪ シュミット（Ritter von Gottfried Schmitt. 一八二七～一九〇八年） バイエルン出身。ヴュルツブルクで学んだのち、バイエルン各地の裁判官を歴任。六三年から六九年まで第二院（衆議院）の議員となり、六九年成立の民訴法典の審議に関与。同年のはじめ司法省に入り（のち七四年には内閣参事官に昇任）、民訴法の施行に尽力した。ベルリーンの連邦参議院にバイエルンの代表団の一員として派遣され、民訴法のほか裁判所構成法、破産法の審議に参加、さらに民法制定時には、第一読会で相続法の起案を担当した。八九年から九一年までニュルンベルクの上級裁判所長官、九一年から九九年までバイエルンの最上級地方裁判所（最高裁判所）の長官をつとめた。(25)

⑫ ヴィルモウスキ（Gustav Adolph Wilmowski. 一八一八～九六年） ④とともに弁護士出身の委員。わが国の民訴法学界には、④より名を知られていよう。プロイセン領（ヴェストファーレン）の都市パーダーボルン（Paderborn）の上級地方裁判所の判事の息子として生まれる。ボン、ベルリーンで学んだのち、プロイセンの司法官養成を受け、ポーゼン（Posen. 現ポーランド領ポズナン）の近郊で裁判官を四年間つとめたのち、四九年にポンメルン（Pommern. ポメラニア）で弁護士を開業、六九年より七二年までブレスラウ、ついでベルリーンの市裁判所（区裁判所に相当）の弁護士。七九年よりベルリーンの第一地方裁判所の弁護士、八三年よりカンマーゲリヒトの弁護士となる。八九年から九一年までドイツ弁護士協会の会長（④の後継者）となる。同じ弁護士のレフィー（Meyer Levy. 一八三三～九六年）との共著の民訴法（二巻本。一八七七年、第二版九六年）、破産法（七八年、第五版九八年）の各注釈書でわが国でも名を知られる。二人で民法の注釈書を出すことを計画していたが、レフィーが九六年強盗に殺されたため、実現せずにおわった。八六年から翌年にかけて（明治一九～二〇年）ベル

リーンに滞在していた松岡康毅《やすこわ》（当時、大審院部長）と親しくなり、彼に乞われてドイツ民訴法の講義をするとともに、テヒョー草案に対する意見書を（松岡を介して）日本あてに送っている（拙著・日本一〇八〜九頁・一一一頁注(97)）。

(ハ)　役員、期間など

(a)　委員長、委員長代理には、いずれもビスマルク（参議院議長も兼ねていた）の意向であるが、レオンハルトと、⑪のシュミットが選ばれた。

また、報告委員には、ＥＩの起草にも関与したファルクが選任され、審議録の作成者にはハーゲンスとポーレンツが選ばれた。(26)

審議は、七一年の夏休み明け、九月七日より始まり、翌七二年の三月七日に終了している。その間に六六回の期日を重ねている。第五一回（七二年一月二〇日）に第一読会を終わり、第二読会をへて、第六五回（三月六日）に第三読会に入っている。

(b)　レオンハルトは、第三九回（七一年一二月四日）まで委員長をつとめたが、第四〇回（一二月一一日）からは病気のため、代理のシュミットに任務を託している。①のアーベケンは、ザクセンの司法大臣に任命されたため第一五回（七一年一〇月九日）より出席できなくなり、次回（一〇月一七日）から代って⑦のクレムが出席している。報告委員のファルクは、七二年一月二三日、突如としてプロイセンの文部大臣に任命されたため、第五二回（一月二九日）からアムスベルクが代行することになった。もっともファルクは、報告委員の地位は辞任したものの、委員としてはそのままとどまり、数回（第五八・六二・六四・六五回）は出席している。なお、アムスベルクは、ＥＩの審議中、民訴法施行法の草案とその理由書を作成、ファルクの了解をえて委員会に提出している。(27)

(2)　審議の経過

委員会における審議の経過について審議録が作成されたことは前に述べた。(28)以下では、この審議録に即しながら、三つの点、(イ)訴訟開始の手続、(ロ)証拠裁判の失権効、(ハ)上訴の性質について、議論の内容を見ていこう。(ハ)を取り上げるのは、本書のいままでの叙述の方針と異なるが、H50以来の沿革から見ると、あまりにも大きな方向転換がなされたので、この転換に対して委員たちがどのような反応を示したか、そのことが注目されるからである。ただこの審議録は、簡明を期して、提案の内容は紹介しても、その後の提案をめぐる議論の中身は紹介せず、最後の結論（賛否）だけを示すにとどまっている。

(イ)　訴訟開始の手続　　EIでは、H50以来の伝統的な方式、訴訟送達前に裁判所に提出して期日の指定を受け、それから被告に送達されるという方式がとられていたが、これに対してフランス法方式——期日指定前にまず当事者間で書面交換をし、それから期日指定を申し立ててくる方式——が、この方式を実定法としているバイエルンのシュミットあたりから提案されてくると予想されたが、意外にもシュミットは黙して語らず、プランクからこのフランス型が提出されてきた。プロイセンの、しかもなおH50が行われているハノーファー出身のプランクからこの提案がなされてきたのである。この提案にヴュルテンベルクのコールハースが基本的に同調した。しかし、二人の提案はあっけなく却下された。(29)

(ロ)　証拠裁判の失権効　　この失権効を復活させよという意見が、かなりの数見られた。

(a)　証拠裁判の言渡し後、新しい攻撃防御方法が提出され、しかもそれが本来証拠裁判の前に提出でき、その後れたことが当事者の故意または重大な過失に基づいていると裁判所が判断したときは、その攻撃防御方法の提出を（相手方当事者の申立てにより、論者によっては裁判所の裁量により）却下することができる、という提案が四人（プランク、アーベケン、ゲープハルト、ヴィルモウスキ）からなされた。時機に後れた攻撃防御方法の却下を、証拠裁判を基準時点として認めよ、という提案である。口頭弁論の第三期日を基準時点として認めよという提案（ディーペンブロイク－グリュッター）を含めると、委員長以下一一人のメンバーのうち五人が攻撃防御方法の却下を提案したのである。これに対して六人が反対し、わずか一票差で提案はしりぞけられてしまった。(30)

バイエルンのシュミットは、証拠裁判に失権効を認めない法律を持つだけに、右のうちの六人組に属したが、こうも無制約に攻撃防御方法、証拠方法の提出を認めては（訴訟費用負担の問題は残るが）訴訟が野放図になってしまうとおそれて、証拠方法が証人のときに限ってであるが、「証拠決定後、そこに示された要証事実につき新たに証人を申請したときは、その証人を証拠裁判前に申請することができ、かつ、それを申請しなかったことにつき当事者に故意または重大な過失が認められるときは、裁判所は相手方の申立てに基づきこれを却下すべきである」との規定を提案した。(31) この提案が採用され、のちの帝国法（ＣＰＯ）の規定へとつながった。(32)

(b) 区裁判所の手続に限ってであるが、証拠裁判後新しい攻撃防御方法が提出されたときは、相手方の申立てに基づき、時機に後れたものとして却下すべきである、証拠裁判後申請された証人についても同じ、という意見が提出された（ヴィルモウスキ。アムスベルクも基本的に同調）。しかし、この意見は採用されなかった。(33) 区裁判所に限って提案したのは、同裁判所の判決には控訴が許され、その控訴審では第一審で提出しなかった攻撃防御方法、とくに新しい事実、証拠を提出することが認められていた（四四六条一項。いわゆる更新権）ことによると推測される。

(ハ) 上訴の性質

(a) 上述したようにＥＩは、区裁判所の判決に対しては、事実審をともなう控訴を認めるが、地方裁判所（第一審の）、商事裁判所の判決に対しては、法律審をともなう上告しか認めず、その上告審で原判決が破棄されたときにかぎり再上告を認めるという立場をとっていた。委員会では、控訴を地方裁判所、商事裁判所の判決についても認めよという提案がなされたが、この提案も五対六というわずか一票差で否決されてしまった（提案者：ヴィルモウスキ、賛成者：ドルン、ゲープハルト、クレム、コールハース）。(34)

(b) 上告を認める理由は、法規範を適用しないか、または誤って（nicht richtig）適用したとき、およびいくつかの手続法違反の場合に限っていたが、シュミットによって、「書証（文書）の内容が誤って解釈されたとき」

という場合を追加するよう提案され、これにアムスベルクが、「法律行為に関する書証」という制限を加えるよう追加提案した。これらの提案は採用された。(35)

(c)　再上告については、上告審で原判決が破棄されたときに限らず、上告審の判決一般に許すべしとか、第二審（控訴審）としての地方裁判所の判決に許すべしとかの提案がなされたか、いずれも少数意見にとどまり、わずかにシュミットの「上告審で上告が不適法として却下されたときも含む」という提案が採用された。(36)

(3)　EⅡの公刊

一八七二年三月上旬、作業を終えた委員会のメンバーは、すぐにもこの作業の結果が連邦参議院、帝国議会の審議をへて帝国法になることを期待して、委員会の解散を記念する晩餐会では、おたがい喜びあいながら審議録に署名したという。(37)しかし、ことはそう簡単には運ばなかった。

まず、この委員会での審議をふまえて、アムスベルクにより、新しい民訴法案――世に第二草案（EⅡと略す）と呼ばれる――が理由書付けで公刊された。(38)理由書は、その総論的部分はレオンハルトの記述をほとんどそのまま再録し、各論的部分はアムスベルクが適宜に書き直したようである。

この第二草案が、七二年一二月、連邦参議院の本会議に上程されたが、司法制度委員会に検討を求めて付託された。その司法制度委員会では七四年の二月と四月になって、ようやく検討が行われ、同年五月になって参議院本会議に報告された。六月に本会議の審議と決議が行われ、EⅡに変更が加えられ、新たな草案（第三草案、EⅢ）が作成された。

この第三草案が帝国議会に送付されたのは、七四年一〇月であった。そこでの審議が重ねられ、帝国民訴法（CPO）が公布を見たのは、七七年一月であった。

(22)　Schubert, CPO, SS. 7-8.
(23)　ゲープハルトについては、平田公夫「ドイツ民法典を創った人びと(2)」岡山大学教育学部研究集録五八号別刷（一九八一年）二六～七頁、石部雅亮編『ドイツ民法典の編纂と法学』（一九九九年）二三～四頁（石部）。

(24) プランクについては、平田・前注二九～三一頁、石部・前注二五～六頁・四二～四頁（石部）。

(25) シュミットについては、平田・前注三二～三頁、石部・前注三二～三頁（石部）。

(26) ハーゲンス（Carl Hagens. ？～一九二四年）については、あまり知るところがない。ダンケルク（現ポーランド領、グダンスク）出身。この審議録作成当時は、市裁判所および区裁判所の判事で、司法省の補助職員であった。のち帝国宰相府（第四部）に入る。一八七〇年から七三年にかけて作成された帝国破産法の草案は、ファルクと、彼を助けたハーゲンスの作品とされる。一八九九年当時の資料によると、彼は後述する帝国司法庁（Reichsjustizamt）の筆頭参事官であった。のちフランクフルトの上級控訴裁判所の長官となった。

ポーレンツ（Polenz）は、のちに司法制度委員会の審議録の作成者にもなっているが、このときも、そのときも、プロイセンの郡裁判所の判事（Kreisrichter）という以外知るところがない。

(27) アムスベルク起草の草案と理由書は、Schubert, CPO, SS. 247–55 に収録されている。

(28) 審議録は、Schubert, CPO, SS. 257–476に再録されている。再録にあたりシューベルト氏は、他の資料により、原本に欠けている提案者の名を補充したり、バイエルンのシュミットが司法大臣に送った報告書により、提案に対する賛否両陣営の委員名を明らかにしたりして、きわめて貴重な資料を提示されている。

なお、EＩの各条文が右掲の再録された審議録のどこで議論されたかは、右掲書の一〇三三～八頁に対照表として示されている。

(29) Schubert, CPO, SS. 291–94.

(30) EＩは、その二二八条で時機に後れた攻撃防御方法、二三二条で時機に後れた証拠方法・証拠抗弁について規定したので、審議の際にはそれぞれについて修正意見が示されたが、前者については本文に述べたように六対五で、後者についてはプランクらが提案したが、これもまた却下されている。Schubert, CPO, SS. 297–304.

(31) Schubert, CPO, SS. 304–05.

(32) CPO §339. この規定は、一九二四年の改正の際、時機に後れた証拠方法一般につき、裁判所の裁量による却下の規定が設けられたので、それに吸収される形で削除された。なお、わが国の明治民訴法はこの規定を継受しなかった。

(33) Schubert, CPO, I, SS. 345–46.

(34) Schubert, CPO, I, SS. 347–48.

（35） Schubert, CPO, I, SS. 355–57.

（36） この再上告の問題は、そのころ議論されていたドイツの版図全体で一個の最上級裁判所を認めるか、各ラントに最上級裁判所を備えて民事の裁判権を認めるかという問題（Schubert, GVG, S. 153ff.）と微妙に関連しているが、ここではこの問題に立ち入ることを避けた。

なお、本文に紹介した(イ)～(ハ)のほか、この委員会で争われた主要な論点につき、Schubert, CPO, Bd. 1, SS. 16–19 に紹介がある。

（37） F. Frensdorf, Georg Planck, deutsche Jurist und Politiker, 1914, S. 303.

（38） 正式名称は、Entwurf einer Deutschen Civilprozeßordnung nebst dem Entwurf eines Einführungsgesetzes (1872). 施行法を先頭に草案の全体が、Schubert, CPO, II, S. 493ff. に復刻されている。理由書は割愛されている。

四　第三草案（EⅢ）

(1) 司法制度委員会の審議

(イ) 審議期間　右にも述べたように、専門委員会での審議の結果（EⅡ）が連邦参議院に提出され、その本会議が司法制度委員会に審査を付託したのは、一八七二年一二月、その委員会が活動を開始したのは、七四年二月になってからであった。かなりの長い時間が空白に過ぎたようであるが、実はその間に裁判所構成法と刑訴法の草案の作成が行われていた[39]。この三つの法律案が相互に強い関連をもつことはいうまでもない。司法制度委員会はこの三つの法律案の完成をまち、この三案の審査を平行して開始したのである。七二年二月二二日から二月中に五回、四月に五回、そして五月八日に最終の第一一回目の期日をもった。期日がとびとびになっているのは、委員がその本来の業務のために出身国に戻るなどしていたためであった。

(ロ) 委員会のメンバー　次のとおりであった。

① アーベケン（Abeken）　専門委員会のメンバーとして入っており、経歴は同委員会に触れた際に紹介し

た。この当時ザクセンの司法大臣。

② フォイストレ（Johann Nepomuk von Fäustle. 一八二八〜八七年）　バイエルンの司法大臣。アウクスブルクに生まれ、同地の裁判官などを経て、六二年よりミュンヒェンの市裁判官、六五年より司法省に勤務、七一年より八七年まで司法大臣、七五年から八一年まで下院の議員であった。

③ ホーフマン（Karl Hofmann. 一八一七〜一九〇三年）　ヘッセンの国務大臣（Staatsminister）の資格で参加。母国の外務省につとめ、七一年のドイツ帝国成立時にはヴェルサイユへ派遣されたりしていたが、七二年より国務大臣、総理大臣に選ばれた。七六年からは帝国宰相府（後述）の第二代長官に任命された（この地位には、プロイセンの閣外大臣の資格が与えられた）。七九年にはプロイセンの通商大臣に就任したが、ビスマルクの保護関税政策に賛成できず、翌年辞任した。その後はエルザス・ロートリンゲン（普仏戦争の結果、ドイツ帝国の直轄地となった）の長官をつとめた。

④ クリューガー（Krüger）　ハンザ諸都市（ブレーメン、ハンブルク、リューベック）の代表として、リューベックより派遣されていた。

⑤ レオンハルト　プロイセンの司法大臣。

⑥ リーベ（von Liebe. 名および生没年不詳）　当時ブラウンシュヴァイクの枢密顧問官（Wirklicher Geheimer Rat）。前述の④とともに、その法律的知識の深さのゆえに委員に選ばれたという。

⑦ ミトナハト（Hermann Freiherr von Mittnacht. 一八二五〜一九〇九年）　ヴュルテンベルクの司法大臣。一八四七年よりヴュルテンベルクで司法官となり、同国の最上級裁判所（Obertribunal）の裁判官を経て、六七年より司法大臣、七三年より外務大臣も兼ねる。七〇年から九〇年まで内閣の首班格（七六年より総理大臣（Minister-präsident）と呼ばれた）。

なお、このほかにアムスベルク（Amsberg）が帝国（宰相府）の派遣員（Kommissar）として、しかしメクレンブルクの控訴裁判所判事の肩書きで参加している。彼には上記の委員たちと同じように修正意見の提出が許され、また同等の表決権が認められている。帝国宰相府（後述）に属しながら、まだその法的地位が確定していないころの産物であろう。

委員長にはレオンハルトが就任し、報告委員（Referent）はフォイストレがつとめた。[40]

また、この報告委員を助け、裁判所構成法、刑訴法との調整をはかる組織として、小委員会（Subkommission）が設けられ、専門委員会のメンバーでもあったアムスベルク、コールハウス（ヴュルテンベルク）、シュミット（バイエルン）が選ばれた。[41]

(ハ) 上訴のあり方の大修正　司法制度委員会においてもっともはげしく争われたのは、上訴のあり方であった。EⅠ、EⅡともに、事実審をともなう控訴は、区裁判所の終局判決に対してのみ認め、地方裁判所・商事裁判所の第一審終局判決に対しては、法律審をともなう上告を認め、その上告審（第二審）の終局判決に対しては、同様に法律審をともなう再上告を認めていた。しかし、この上訴のあり方には、学界、実務界とも反対意見が強かった。[42] 司法制度委員会における審査でも、地方裁判所・商事裁判所の第一審判決に対しても、事実審をともなう控訴を認め、その控訴審の判決に対して、法律審をともなう上告を認めるべきだと主張された。レオンハルトはけんめいに従来の草案の立場を擁護したが、わずかにブラウンシュヴァイク（⑥）の賛成を得たのみで、バイエルン以下（メクレンブルク〔アムスベルク〕も含む）の反対の前に敗れ去った。[43]

レオンハルトは、右の控訴の拡大にともなう代償として、「被告が時機に後れた防御方法を提出し、そのことにつき被告に故意もしくは重大な過失が認められるときは、裁判所は（原告の）申立てに基づきその防御方法を却下できる」という条文の挿入を提案し、承認された。彼は、地方裁判所・商事裁判所の第一審判決に対して控訴を許さない立場なら、時機に後れた防御方法でも被告に提出の機会を与えておかないと、第二審では（事実審でないため）提出の機会がなくなるので、EⅠやEⅡでは――費用の負担の問題は別として――このような却下の条文はおかなかったが、新しい案のように控訴を許すと、第二審で提出しようと思えばできるし、他方で第一審の審理の遅滞を避けるためにも、このような却下の条文をおかなければならないと説明した。だが、レオンハルトは従来から、フランス法では裁判慣行として認められているこの却下の条文を、弁護士のプライドを傷つけるものであるとして、成文として採用することに強い反感を示してきた。それは、控訴を幅広く認める法制（H50、HEなど）でもそうであった。それをいまや、控訴の適用範囲のひろがりを理由として、成文化することを提案しているのである。変説のきらいがないではない。なお、対象を被告の防御方法に限ったのは、訴えを提起した原告はみずから攻撃方法の提出を後らせることはないと楽観したためであろう(44)。

(2)　連邦参議院の本会議

(イ)　ハンブルク代表の意見　　司法制度委員会の審査の結果修正された法案は、七四年六月一六日に連邦参議院に提出された。委員会の審査の結果は「報告委員」フォイストレにより披露される予定であったが、彼に支障が生じたため、シュミットが代行した(45)。この本会議にいたってもなお、いくつかの修正意見が主張されたが、なかでも注目をひくのはハンブルク市の代表の意見であった(46)。彼は、失権効をともなう証拠裁判の復活を提唱し、当事者の攻撃防御方法（証拠申出を含む）は同裁判前に提出していないと原則として（同裁判後に発生した事実・証拠は除く）失権するとすべきであるとした。新法案の示している終局判決まで自由に事実・証拠を提出できるという建前（随時提出主義）は、訴訟の遅延を招くことは必至であり、新法案の認める訴訟費用の負担や、被告の防御方法の却下だけでは不十分である（後者は、裁判官の恣意による濫用のおそれもある）。まして、控訴を第一審判決全般に許すようになると、当事者は第二審でも事実・証拠の提出の自由をもつのだから、第一審ではこれらを取り締まって訴訟の迅速化をはかる必要がある、と主張した。

(ロ)　レオンハルトの発言　　満場を驚かせたのは、この意見に対するレオンハルトの発言であった。「私は、本来は、少なくとも一般的な傾向としては、ハンブルク代表のご意見に同調するものであります。新法案の示している同時提出主義の全面的な排除は、私にとって決して気持ちのよいものではありませんし、私が年来言葉にし筆にして擁護してきた考えに見合うものではありません」。しかし、彼は言葉をついで、「だが、物事の進みぐあいからすると、これはもう老いの繰り言（der alte Refrain）です。ハンブルクの代表が、たとえばH50の昔に戻って失権効をともなう証拠裁判の復活を主張されるのなら、もっと早くに言っていただきたかったと思います。」これが、彼の本音であったろう。H50以来の失権効をともなう証拠裁判に未練をもちながら、もはや時代のすう勢の許すところではない、と断念したという彼の心情の推察（二(2)(ハ)）は当っていたのであろう。

(3) EⅢの作成

連邦参議院の本会議で可決された法案は、専門委員会から提出された法案（EⅡ）とくらべると、上訴の部分を中心にかなりな変更を受けている。それに応じて、理由書の書き直しも必要となってきた。それも、各条文を説明した「各論的部分」のみならず、上訴のあり方は「総論的部分」でも触れられているので、この部分の書き直しもしなければならない。この書き直しは――後の部分でレオンハルトをわずらわせることもなく――すべてアムスベルクによって行われた。この新しい理由書をともなった連邦参議院の本会議で可決された法案は、第三草案（EⅢと略記）と呼ばれ、他の二法案、裁判所構成法（以下、裁構法と略す。Gerichtsverfassungsgesetz：GVG）、刑事訴訟法（以下、刑訴法と略す。Strafprozessordnung：StPO）とともに、連邦参議院議長（帝国宰相ビスマルクが兼任）を通じて帝国議会（Reichstag）へ送付された（裁構法は七四年一〇月一九日、民訴法と刑訴法は同月二九日）。

いずれの法案も、理由書を付し、さらにそれぞれの施行法案とその理由書も同時に送付された。今日われわれは、これらの各法案とその理由書、および各法案に関する帝国議会の審議の内容を、ハーン編集の『帝国司法諸法に関する資料集成』のなかに見ることができる。(47)

(39) 両法のほか、民訴法、破産法、弁護士法も含めて、ドイツ帝国の司法諸法の成立のタイムテーブルが、Schubert, GVG, SS. 11–19 に収められていて便利である。

（40）裁判所構成法案については①のアーベケン（ザクセン）、刑訴法案については⑦のミトナハト（ヴュルテンベルク）と中等諸国の法相が報告委員をつとめた。

（41）コールハウスやシュミットらは、各国から派遣された代表（この場合は司法大臣）の代理という資格で、連邦参議院の業務に関与していた。小委員会は、裁構法や刑訴法の審議に関してもおかれた。なお、審議録の作成には、専門委員会の際と同じポーレンツ（前注(26)）があたった。

（42）七一年に第九回のＤＪＴ（ドイツ法律家大会）がヴュルテンベルクの首都・シュトゥットガルトで開かれ、民訴法ではＥⅡが取り上げられたが、地方裁判所・商事裁判所の終局判決に控訴を許さない同案に対して、反対の決議が行われた。また、ベーア（ベール。Otto Bähr）やヴァッハ（ワッハ。Adolf Wach）が反対の見解を論文として発表し、司法制度委員会でも、彼らの論文が反対の諸国の意見書に引用された。

（43）ほかにも、自国内にいくつかの上級地方裁判所（Oberlandesgericht）をもつバイエルンから、これらの裁判所が扱うラント法の第三審は最上級地方裁判所（Oberstes Landgericht）とすることが要請され、レオンハルトは帝国大審院が唯一の第三審であるべきだと争ったが、バイエルンの要請を支持する他の中等諸国の前に多数決で敗れている。このバイエルンの最上級地方裁判所は、一九三五年にいたって廃止された。

（44）司法制度委員会でなされた審議の経過については、Schubert, CPO, II, SS. 715-97.

（45）司法制度委員会における審議が終って数日後、報告委員フォイストレのために連邦参議院の本会議で報告する際の原稿が用意された（Schubert, CPO, II, SS. 808-39 に掲載）。シュミットもおそらくこの原稿を利用して報告したことであろう。

（46）連邦参議院の本会議の議事録や、その際に各国から提出された修正意見書は、Schubert, CPO, II, SS. 841-50 に掲載されている。なお、ハンブルクの代表はシュレーダー（Schroeder）といい、彼は本会議の経過を母国に報告、その報告書が右掲書 SS. 850-53 に掲載されている。次に言及するレオンハルトの発言内容も報告されている。

（47）Hahn（Carl. 当時のベルリーンのカンマーゲリヒトの部長判事）、Die gesammten Materialien zu den Reichs-Justizgesetzen. その第一巻（二冊本、一八七九年）はＧＶＧ、第二巻（同、八〇年）はＣＰＯ、第三巻（同、八〇・八一年）はＳｔＰＯにあてられている。

第二巻については、八一年にシュテーゲマン（Eduard Stegemann）によって第二版が出版され、近時その復刻本が出ている（一九八三年）。

五　帝国司法委員会（RJK）

帝国議会において、民訴法案は、他の二法案（裁構法案、刑訴法案）とともに、同議会の組織した帝国司法委員会の審査を受け、その審査の結果に基づく議会の本会議の決議をへて、ドイツ帝国法としての成立を見た。この帝国司法委員会（Reichsjustizkommission : RJK）での審査経過は、前述したハーン編集の資料集によって克明に紹介され、帝国民訴法の内容を知るうえで貴重な資料となっている。以下では、このRJKにおける審査経過を見ていくが、その前に、(1)RJKで政府側の立場を説明したアムスベルクなどの属した帝国宰相府、(2)RJKを組織した帝国議会の運営構造、(3)RJKに委員を送りこんだ当時のドイツ諸政党の概略を紹介しておきたい。

(1)　帝国宰相府

ドイツ帝国の前身である北ドイツ連邦は、連邦首席と、これを補佐する連邦宰相を定めたが、連邦宰相を支える行政組織として連邦宰相府というのがあった。これらが、ドイツ帝国の成立とともに、皇帝、帝国宰相、帝国宰相府とその名を改めたが、このうち帝国宰相府（Reichskanzleramt）は、もともと前身の北ドイツ連邦時代から組織が小さく、大きな案件の処理はプロイセン（王国）の各省庁に委ねざるを得なかった。たとえば、外国に駐在する使節も独立した使節を送ることができず、プロイセンの使節がそのまま北ドイツ連邦、ドイツ帝国の代表を兼称する始末であった。彼らを統括する外交部局も宰相府の一隅に存在するだけであった。しかし、これではあまりにも外交上の体面を失するとして、ドイツ帝国の成立する一年前、一八七〇年一月一日より外交府（Auswärtiges Amt）を宰相府より独立させた。

立法についても同じで、民訴法も、また同時に提出された裁構法、刑訴法も、帝国宰相府では独自に起案することができず、プロイセン司法省の努力に期待するほかなかった。(48)

一八七五年一月一日、帝国宰相府の第四の部（Abteilung）として司法部が設けられ、その部長（Direktor）にアムスベルクが選ばれた。宰相ビスマルクは、あまり宰相府をプロイセン出身者で固めることは適切でないとして、他国（メクレンブルク＝シュヴェリーン大公国）出身のアムスベルクを選んだようである。[49] 彼は、ＲＪＫの審査においては、「帝国宰相府の部長」という肩書きで参与している。

二年後の七七年一月一日、右の第四部は帝国宰相府から独立して、帝国司法府（Reichsjustizamt）と呼ばれるようになった。その長官には、プロイセンの司法次官であるフリートベルク（経歴は五の注(11)）が選ばれた。[50] この帝国司法府は、ドイツ民法の第二草案を取り仕切るなど徐々に力をつけていったが、のちには帝国司法省に名を改めた。[51]

(2) 帝国議会の運営

連邦参議院（Bundesrat）は、ドイツ帝国加盟の諸国から派遣された代表によって構成されるが、帝国議会（Reichstag）は、全国規模の総選挙（普通・平等・秘密・直接選挙。ただし男子のみ）によって選ばれた議員により構成される。[52]

議案は、連邦参議院に提出してもよく、帝国議会に提出してもよいが、通常はまず前者に提出され、そこで可決されたのち、皇帝の名において前者の議長（帝国宰相が兼任する）から後者へと送付されてくる。提出権（発議権）は、前者においては帝国加盟の諸国が有していたが、後者において、議員が発議するためには、一五名の議員の連署が必要であった。

帝国議会の議員の任期は、この当時三年間（のちに五年間となる）。その三年間のうち、一か月ないし四か月の会期（Session）が四ないし五回開かれる。議案の審議は、この一会期中に完了しなければならないが、審議未了に終わったときも、次の会期に提出できる。

帝国議会の議案審議は、三読会に分れて行われる。第一読会では、法案の骨子のみが議論され、その終了に際して、委員会に付託するかどうかを決める。委員会では、議案の詳細が議論される。（本会議の）第二読会では、その委員会の報告に基づいて、議案の詳細が議論される。第三読会では、骨子、詳細に関する議論が引き続き行われ、その最後に議案の可否に関する議決が行われる。
連邦参議院には、司法制度委員会のような常設の委員会があったが、帝国議会にはこのような委員会はなく、議案ごとに設置が決められた。委員会の員数は、七の倍数（七、一四、二一、二八人）である。これは、帝国議会の議員が七つの部（Abteilung）のどれかに属するようになっているためであるが、委員の選出には、自分と同じ部の議員に限らず、他の部の議員を選んでもよい。実際上は、その議会において会派の占める議員数の多寡に応じて委員数も決まってくる。(53)

(3)　当時のドイツの諸政党

一八七四年春、帝国議会の第二回目の総選挙が行われた。その結果は、次のとおりであった。①国民自由党（Nationalliberale Partei）一五五人、②中央党（Zentrumspartei）九一人、③進歩党（Fortschrittspartei）四九人、④ドイツ帝国党（Deutsche Reichspartei）三三人、⑤保守派（Konservatine）――七六年以来ドイツ保守党（Deutsch-konservatine Partei）を名のる――二二人、⑥エルザス・ロートリンゲン派（Elsaß-Lothringer）一五人、⑦ポーランド人派（Polen）一四人、⑧社会民主主義派（Sozialdemokraten）――七五年よりドイツ社会労働者党（Sozialistische Arbeiterpartei Deutschlands）に統一――九人、⑨ドイツ・ハノーファー党（Deutsch-Hannoversche Partei）四人、⑩デンマーク人派（Dänen）一人、⑩ドイツ人民党（Deutsche Volkspartei）一人、計三九七人。(54)

このうち、民訴法案などを審査したＲＪＫ（帝国司法委員会）に委員を送りこめたのは①～⑤の政党だけであったが、ここでは右に述べた諸政党を概観しよう。ただし、②の中央党は、ビスマルク統治時代の最大の国内紛争といわれる文化闘争と密接に関連しているので、別項を立てて紹介しよう。

①　国民自由党　一八六七年、同党がプロイセンの憲法紛争をきっかけに進歩党から分離して、発展していったことは前に述べた。ビスマルクの政策を全面的に支持し、帝国議会の総選挙では第一回目（一八七一年）もこの第二回目も最大会派となった。しかし同党の最盛期はこの第二回総選挙で（前年〔七三年〕のプロイセン議

会下院の選挙でも四三二人中一七四人と最大会派となった）、その後次第に人数をへらし、(55) ビスマルクが自由貿易主義から保護関税主義に転じるにともない、これに賛成する右派の議員が離脱し、八〇年には保護関税主義と文化闘争の終息に反対する左派が同じく離脱した。八一年に行われた総選挙では四七人を確保したのみで、中央党、進歩党、ドイツ保守党などの後塵を拝した。なお、七三年から九二年の同党党首はベニクセンで、七四年から八三年の帝国議会の同党院内総務も彼がつとめた。

③　進歩党　　同党についてもプロイセン憲法紛争に関連して前に述べた。国民自由党の分離後、凋落の一途をたどったが、自由主義をつらぬき、文化闘争時にはビスマルクを支持したが、保護関税主義への転向には強く反対した。ドイツ司法の統一には賛成しながらも、民訴法案はともかく、裁構法案には反対の意見を表明した。

④　ドイツ帝国党　　プロイセン憲法紛争の過程で保守派から分離し、自由保守派（Freikonservative）と呼ばれ、ビスマルクの政策を全面的に支持した。一八七一年にドイツ帝国党を結成、ビスマルクの二人の息子も同党に属した。次述の保守派がエルベ河以東を主な根拠地とするのに対して、この党は西・南のドイツを根拠地とし、農業のみならず重工業の利害も代表したといわれる。

⑤　保守派　　守旧派ともいわれ、ドイツの統一、平等選挙、立憲代議制、自由貿易主義など、ビスマルクの政策にことごとく反対し、文化闘争でも中央党とともに彼の敵対者として現れた。しかし、そのため選挙のたびに惨敗するようになったため、一八七三年ごろから転換の動きが見られ、ドイツ統一や国民の立法への関与を肯定する見解が現れ、七六年には新たにドイツ保守党を結成するに至った。この保守派の新しい動きは、ビスマルクの兄によってリードされた。司法法を含むドイツの法統一には賛成していた。

⑥　エルザス・ロートリンゲン派　　一八七一年、普仏戦争の勝利の結果、ドイツはアルザス、ロレーヌ（以上フランス名）の多くの地方の割譲を受け、これらの地方はドイツ帝国の直轄地（構成諸国の共有の所領）となった。そして、七四年の総選挙から帝国議会に一五人の議員を送ることが認められたが、選出された議員はすべて

が割譲（併合）反対派であった。(56) 彼らが司法法を含めビスマルクの政策にことごとく反対の立場をとったことはいうまでもない。

⑦　ポーランド人派　一八世紀後半におけるプロイセン、ロシア、オーストリアによるポーランド分割によって、このころ（一九世紀）、プロイセン東部地方には数多くのポーランド人が住んでいた。彼らにも投票権が与えられたが、選ばれた議員たちは彼らのもつナショナリズムを投影して、ドイツ帝国・ビスマルク政権に反抗する姿勢を示した。また、彼らはカトリック信者であったので、文化闘争でも反政府的であった。

⑧　社会民主主義派　当時の労働勢力の二大会派として、全ドイツ労働者協会（Allgemeiner Deutscher Arbeiterverein. ラサール派）と社会民主労働党（Sozialdemokratische Arbeiterpartei. ベーベル、リープクネヒト派）の二つがあったが、七四年の総選挙では、前者は三人、後者は六人を当選させた（七一年の第一回総選挙時は、ベーベル一人）。七五年にこれら二会派はザクセンのゴータに集まり、先に紹介したドイツ社会労働者党を結成した。この党がドイツ社会民主党と名を改めたのは一八九〇年であり、七四年以来、議員数は増加の一途をたどった。

⑨　ドイツ・ハノーファー党　一八六六年の普墺戦争の結果領土をプロイセンに奪われたハノーファー王家の復活をねがう地域政党。王家の名をとってヴェルフ派（Welfen）とも呼ばれる。議員数は多くて一〇人前後で、選挙年によっては一人の年もあったが、大体旧王国領の半数近い有権者の支持を得ていたという。中央党のリーダー・ヴィントホルストの存在もあり、中央党との結びつきが強かった。もちろん反プロイセン、反ビスマルクの態度をとっていた。

⑩　デンマーク人派　同じく普墺戦争の結果プロイセンに吸収されたシュレースヴィヒにはデンマーク人が住み、北側に国境を接するデンマーク王室への帰属意識を持ちつづけていた。そのデンマーク人の利害を代弁する議員だが、多い年で二人、普通は一人であった。

⑪　ドイツ人民党　主としてヴュルテンベルクに本拠をもつリベラル派の政党であった。この後も、左翼リベラル派の一端を荷い、一九一〇年には同系統の他の政党と合体して進歩人民党（Fortschrittliche Volkspartei）を結成した(57)。

(4)　中央党と文化闘争

(イ)　中央党の結党

一八七〇年一二月、ドイツ帝国成立直前の時期、ベルリーンに帝国議会やプロイセン下院などの主としてカトリック系の議員が集まり、新しい政党の結成を合意した。この政党を中央党と呼んだのは、保守主義と自由主義の中間を往くという意味と、宗派上カトリック、プロテスタントいずれにも偏しない中立の存在という意味の双方を兼ねたようである。しかし、実際上は、プロテスタント系の議員が常に数人いたものの、党の指導的立場はカトリック系の議員が占めたといわれる(58)。

中央党は、第一回総選挙こそ三八二人中六三人であったが、第二回では前述したように三九七人中九一人、一八七七年の総選挙では九三人（定員に変更なし）、八一年にはついに一〇〇人の大台に乗って最大会派となり、以後もこの地位を占めて、議会のキャスティング・ヴォートを握っていくのである(59)。

しかも、中央党はこの時期、いわゆる文化闘争を闘い抜いてこの地位を占めたのである。同党は、現在のドイツのCDU・CSU（キリスト教民主同盟・社会同盟）の主たる前身党である（CDUの初代党首で初代総理でもあったアデナウアーは、中央党出身である）。しかし、この党の成立・発展の過程を見るとき、右の文化闘争とのかかわり合いを抜きには、正確には語ることができないのである。

(ロ)　教皇の反近代主義

当時のローマ教皇ピウス九世は、三〇年余り（一八四六～七八年）という最長の就任期間を残した人だが、当時の新しい思想、制度に対して徹底した批判者として現れた。一八六四年末、「謬説表」（シラブス・エロルーム

Syllabus errorum）というのを発表した。これは、当時の教皇から見た誤りを八〇か条にわたって指摘したものだが、合理主義・自由主義・社会主義などを指弾するとともに、教会（したがって教皇）は絶対的な存在で、国家がその権力に基づいて介入することは許されず、たとえば、国家が聖職者の推薦権をもったり、聖職者の民事・刑事事件に裁判権を及ぼしたり、宗教教育はもちろん公教育にも監督権を行使することなどはいずれも許されないことだと決めつけた。さらに、人権として信仰の自由、表現の自由などを認めるべきではないとも断じきった。

六九年末から翌年夏にかけて、三百余年ぶりに公会議をヴァティカンで開き、そこで、教皇の「不（または無）謬性」を認めさせた。すなわち、「信仰・道徳に関する教皇の言説には誤りがない」というドグマである。ドイツ、オーストリア、イギリスなどからの参加者にはこのドグマに反対する者もいたが、イタリア、フランス、スペインなどからの参加者の肯定論が多数を占め、一部を除いてこれに屈服した。(60)

(ハ)　ドイツにおけるカトリック教徒

そのころのドイツ国民の約三分の二がプロテスタントであり、約三分の一がカトリックであったといわれる。領国の君主たちも、プロイセン王家（プロテスタント・カルヴァン派）をはじめ、ほとんどがプロテスタントであった。しかし、たとえばバイエルンのように（ここでは逆に、三分の二がカトリック、三分の一がプロテスタントであり、王家もカトリックであった）、南ドイツにはカトリックが多く見られたし、同じプロイセンでも、ライン左岸の住民や、東部諸州のポーランド人の間には、カトリックが圧倒的である。南ドイツ、ライン左岸、ポーランド人と、反プロイセン的感情の強い地域にカトリックが多い。そのうえ、国境を接するフランス、オーストリア、イタリアはいうまでもなくカトリック国家である。もしドイツ・プロイセン領内のカトリックたちが、「不謬性」をかざす教皇の指導のもとに統一的行動をとるときは、ドイツ・プロイセンに関する国際情勢が危うくなる。ヴァティカン公会議で最終議決が行われたのは七〇年七月一八日、翌日には普仏戦争が始まるといういきさつもあったため、ビスマルク政権はカトリックに対して特別の措置をとらなかったが、戦争が終結した七一年の

後半から積極的な動きが見られるようになった。いわゆる「文化闘争」のぼっ発である。(61)

㈡　ファルクの登場と一連の法制

(a)　カトリック局の閉鎖と文部大臣の交替　　まず動きが見られたのは、七一年七月のプロイセン文部省内のカトリック局の閉鎖である。ここに勤務する官僚たちがカトリック教会の利害を代弁していると受け取られたのである。関連してプロテスタント局も廃止され、宗務局一本にしぼられた。(62)前任の文部大臣はここまで取り仕切ったが、七二年一月に辞表を提出し、代ってファルクが起用された。彼が司法省の官僚として、民訴法草案（EⅠ）に関する連邦参議院での専門家委員会において報告委員をつとめていたとき、突如として文相に起用されたことは前に述べた。前任者とくらべてはっきりとしたリベラル派で、しかも法律の専門家である。彼の指導のもとに、一連のカトリック教会を抑圧する立法がなされた。帝国法、プロイセン法としていろいろな法律が施行されているが、ここでは主なものを取り上げておこう。

(b)　説教壇条項　　一八七一年一二月（まだ、前任の文相のころ）、帝国刑法を改正し、聖職者が説教壇その他公衆の面前で、国事に関して、「公共の安寧を危うくするような方法」で論じることを禁止し、これに違反したときは二年以内の懲役、禁錮に処することにした。

(c)　学校監督法　　七二年三月に同法（プロイセン法）が施行され、公立・私立を問わず学校を監督・指導する権利が教会から奪われ、もっぱら国に帰属することになった。カトリックのみならず、プロテスタントにも適用されるので、後者で物議をかもし、プロイセン下院では中央党のみならず守旧派もまた反対の論陣を張った。

(d)　イエズス会法　　七二年七月に同法（帝国法）が定められ、イエズス会の修道院は閉鎖され、同会の修道士は、外国人のときは国外追放され、内国人のときは居住地を制限されたが、内国人も相次いで国外へ去ったといわれる。同会はカトリックのうちでも最も戦闘的なゆえに、プロテスタントから目の敵にされていた。

(e)　五月諸法　　七三年五月には、連日（一一〜一四日）にわたって新しい法律（いずれもプロイセン法）が定められた。そのうちで目立ったのは、聖職者として就任するためには、まずドイツ人であること、ついでドイツ国内の教育施設で三年間勉学したこと、最後に哲学、歴史、ドイツ文学に関する試験（「文化試験」と呼ばれた）を受けることを要求されたことである。

(f) 民事婚の強制　結婚の方式が、聖職者の祭司のもとに行われる教会婚から、身分官吏の面前で行われる民事婚へと変更された。すなわち、結婚は、「二人の証人の出席のもとに、婚約者たちが身分官吏の面前で結婚する旨の意思を表示し、それが身分登録簿に記載されることによって成立する」。この変更は七四年三月プロイセン法によって行われたが、翌年二月には帝国法として一般化された(63)。

(g) 打切法、修道院法　七五年四月、プロイセンにあるすべてのカトリック教会に対する国庫補助金が打ち切られた。教会を兵糧攻めにしようというわけである（同法はまた「パン篭法」と呼ばれたという）。また、同年五月には、プロイセンにあるすべての修道院、修道会に――医療目的のものは別として――解散を命じられた。

文化闘争はなお燃えさかっていくが、カトリック抑圧のための法制の紹介はこの辺で打ち切っておこう。文化闘争がはげしく燃えさかった一因には、「教皇至上主義」を振りかざすピウス九世の頑固さにもあった。七五年二月にプロイセンの大司教たちにあてた書簡のなかで教皇は、プロイセン政府の一連のカトリック抑圧政策は「神を恐れぬ所行」であり、法制はことごとく無効である、これに従ってプロイセン政府に協力するものは当然に破門である、と言葉鋭く攻撃した。このことがプロイセン政府を刺激し、より強い抑圧政策をとらしめた。右述の(g)がそれである(64)。

(ホ) 教皇の交代と闘争の終結　そのピウス九世が、七八年二月七日に死去した。後継者には、レオ一三世が選ばれた（在位、一九〇三年まで）。新教皇は、選ばれたその日（二月二〇日）に、すでにドイツ皇帝（プロイセン国王）ヴィルヘルム一世に書簡を送り、融和への第一歩を踏み出した。皇帝（国王）も返書を送った。ビスマルクは当初、この書簡交換を冷やかに見ていたが、そのうちに態度を改め、闘争の終結を志して、教皇と直接書簡を交換するようになった。このようなビスマルクの変身については、次のような原因が指摘されている。①カトリック教徒の粘りづよい抵抗に、彼がへきえきした。彼は同教徒を攻めに攻めつづけたが、同教徒はついに屈しなかった。(65) ②同教徒の政治部隊である中央党も、大いに奮戦した。闘争の最中、総選挙のたびに同党が票を伸ばし、ついに最大会派の地位を得たことは前に述べた。③闘争のために立法された法制のなかには、カトリックのみならず、プロテスタントにも影響するものがあり、同教徒（とくにルッター正統派）を政治基盤とする守旧派（七六年よりドイツ保守党）が中央党と連合戦線をはり、この党も七四年総選挙（第二回）を別として票数を伸ばしていった。④ビスマルクは七八年ころより政治態度を改め、自由貿易主義から保護関税主義に転じ、社会主義者の伸長を恐れて同主義者鎮圧法を用意した。このために、従来の最大支持勢力であった国民自由党と衝突し、同党は分裂に分裂を重ね、ビスマルクを支持する同党本体はきわめてやせ細ってしまった（前掲参照）。そのためにビスマルクは中央党、守旧派の協力を仰ぐ必要に迫られ、その実現のために文化闘争を終結せざるを得なかった。

一八七九年七月、プロイセンの文部大臣ファルクが辞任した。ファルクはプロイセンのプロテスタントの教会組織の長にある人物を推薦したが、その人物がリベラル派の牧師の人事の擁護をめぐって国王の不興を買ってしまい、ファルクの反対にもかかわらず辞任に追いこまれた。それ以来、ファルクと国王の間がぎくしゃくして、ついにファルク自身も辞任に追いこまれたのである（ファルクはひそかに国王の慰留を期待していたようだが、その慰留はなかったようである）。(66) もっとも、ビスマルクがローマ教皇庁から要請を受けてファルクを辞任に追いこんだという説もある。いずれの説が正しいのか、目下の手元の資料では明確にすることができない。ただ、前述のプロテスタント問題による辞任のときも、ビスマルクから格別の援助がなかったことは確かなようである。

いずれにせよ、いわば斬込み隊長であるファルクの辞任によって、ビスマルクの文化闘争の収束はきわめて容易に行われることになった。一八八〇年七月から相次いでカトリック抑圧立法の廃止または緩和が行われるようになった。

しかし、説教壇からの政治的言動の禁止、国家による学校監督、民事婚の強制など、主として帝国法レヴェルの産物はそのまま残された。これらはビスマルクの文化闘争における成果といえばいえようか。

中央党は、前にも述べたように、この時期大いに奮戦した。宗教問題では教会側の擁護につとめたが、他の政治問題では必ずしも教会側の指示に従わず、適宜に政府側と妥協したり、あるいは対決したり、伸縮自在に政局を切り抜け、しかもその間に議席数を伸ばしていった。このような難しい時期に、党の結束をしっかりと固め、着実にその勢力を拡大していった背景には、ヴィントホルストの強いリーダーシップがあったことは、史書の一致して指摘するところである。あのハノーファーの司法大臣であり、H50などの実現に大いに力を尽し、王国滅亡後も王家に忠実であった——それだけに反プロイセン意識も強い——ヴィントホルストである。彼の名は、文化闘争、中央党とともに、ドイツ史に長く刻みこまれることになった(67)。

(5)　委員会のメンバー

(イ)　委員会の設置　一八七四年一〇月に司法三法（裁構法、民訴法、刑訴法）とそれぞれの施行法の各法案が連邦参議院から帝国議会へ送付されたことは前に述べた（**四(3)**）。この三法および施行法の審議が第一読会に入ったのは、同年一一月二四日からであった。初日に、連邦参議院の代表である三人の司法大臣、プロイセンのレオンハルトが三法の概要を、バイエルンのフォイストレが民訴法を、ヴュルテンベルクのミトナハトが刑訴法をそれぞれ説明した。これは参議院の司法制度委員会での役割分担に応じたものであるが、裁構法を担当した(68)ザクセンのアーベケンの説明が資料上は見当たらない。第一読会は同月二七日まで続いたが、その最終日に議長から、三法案および各施行法案の審査を二八人からなる大規模委員会に委ねたい旨の提案があり、可決された。

なお、第一読会のはじまる前日（同月二三日）、ラスカー（国民自由党）およびその仲間（Genosse. 連署をした議員たち）一五名から、この三法案およびその施行法案の審議について特例を認める旨の法案が提出された。それは、これらの法案の量の多さと審議の困難さを思うとき、とうてい一般原則どおり一会期内に三読会を経て法案の可否を決すること（前述(2)）は無理であるから、まず、これらの法案の審査のために設けられる委員会の活動時期を、この会期の終了後、次の会期のはじまるまでの期間（休会期間）も含めて認めるべきであり、次に、この委員会の報告を受けて開かれる本会議の第二読会、第三読会が次の会期に開かれようとも法案の成否には影響しないと認めるべきである、というのである。

当時のドイツ憲法、議事運用法には、継続審議の規定がないため、このような特例法の施行が提案されたのである。この法案は帝国議会の賛成を得、連邦参議院の承認も得て、同年一二月二三日に公布された。法案提出者には、ラスカー、グナイスト（国民自由党）、ヴィントホルスト（中央党）、チン（進歩党）、シュヴァルツェ（ドイツ帝国党）などが名を連ねていた（このうちヴィントホルスト以外は、帝国司法委員会（RJK）のメンバーともなった）(69)。つまり、帝国議会は、司法三法案およびその施行法案の審議を重大事と見て、与野党一致の挙党態勢で臨もうとしたのである。

(ロ)　委員たち　この帝国議会（第二回）の議員たちを選出した総選挙の結果はさきに紹介した(3)が、その折り獲得した議席数を反映して、RJKの委員数も次のように配分された。ⓐ国民自由党一二人、ⓑ中央党八人、ⓒ進歩党四人、ⓓドイツ帝国党二人、ⓔ保守派（七六年にはドイツ保守党）二人。配分を受けたのはここまでで、エルザス・ロートリンゲン派以下には配分がなかった。以下に、委員たちの略歴を見ていこう（所属する政党を国自、中央、進歩、帝国、保守と略称する）(70)。

①　ベーア（ベール。Otto Bähr．一八一七～九五年。国自）　ヘッセン＝カッセル選帝侯国の司法官、四九年に首都カッセルの上級裁判所判事。五二年、同国の憲法を批判して、フルダ（Fulda）への転勤を命じられたりした。同国が普墺戦争の結果プロイセンに併合された後はベルリーンで勤務し、七四年より最上級裁判所の判事となった。六七年（北ドイツ連邦時代）より帝国議会とプロイセン下院の議員となる。八九年、健康上の理由によ

り退職。わが国には法治国家論で知られるが、帝国民訴法（ＣＰＯ）に関してもなかなかの論客。ＲＪＫにおいても発言が多かった。

② ベッカー（Hermann Heinrich Becker. 一八一六～九八年。国自） 当時オルデンブルク大公国の最上級裁判所判事。三八年より同国の司法官生活に入り、五九年より上級裁判所判事、七九年に地方裁判所所長、九二年よりオルデンブルクの上級裁判所長官。六七年より帝国議会議員。九八年退職、死去。

③ ベルナーズ（Joseph Bernards. 一八三一～九〇年。中央） 当時デュッセルドルフの地方裁判所判事補。のち、ケルンの上級地方裁判所判事。七一年より帝国議会議員。

④ アイゾルト（Friedrich Arthur Eysold. 一八三三～一九〇七年。進歩） ザクセン王国の首都ドレースデン郊外の小都市プリナ（Prina）の弁護士兼公証人。六九年より帝国議会議員。

⑤ フォルカーデ・デ・ビエイクス（Christoph Ernest Friedrich von Forcarde de Biaix. 一八二五～九一年。中央） 六五年よりプロイセン・ハムの控訴裁判所判事、七三年よりベルリーンの最上級裁判所判事、のち帝国大審院判事。

⑥ ガウプ（Friedrich Ludwig Gaupp. 一八三二～一九〇一年。国自） 当時ヴュルテンベルク王国のエルヴァンゲン（Ellwangen）の地方裁判所（Kreisgericht）の判事。七四年の総選挙で帝国議会入り（したがって、新人議員）。八四年、難聴のため裁判官を退職。その後テュービンゲン大学で非常勤教員としてヴュルテンベルク私法を教える。一九〇〇年、視力も弱くなり議員生活を去る。彼の著作として有名なのは民訴法の注釈書で、一八七九年が初版、次の第二版（八九年）まで単独で執筆したが、第三版（九六年）以来加筆者にフリードリヒ・シュタイン（Friedrich Stein. 当時ハレ大学教授、のちライプツィヒ大学の員外教授）を迎えて一躍全国的な声価を得た。もっとも、シュタインは自分の努力にもかかわらず、常にガウプ＝シュタインと併称されることに不満をもらしていた。

⑦ グナイスト（Rudolf Gneist. 一八一六～九五年。国自） あまりにも著名な存在なので、ここでは彼の議員

としての略歴に触れておこう。四五年～四九年、五八年～七五年、ベルリーン市会議員。五八年～九三年（わずかな期間を除いて）プロイセン下院議員。当初よりリベラル派であったが、国民自由党の結成に創設期より参加している。六七年～八四年、帝国議会議員。八四年にはプロイセンの枢密院（国務院）議員となった。(71)

⑧　グリム（Carl Grimm. 一八三〇～九八年。国自）　五九年、バーデン大公国のプフォルツハイム（Pforzheim. カールスルーエ南東の都市）の弁護士、六四年、マンハイムの弁護士、六九年より同国の下院議員、帝国議会議員。(72)

⑨　ハウク（Thomas Hauck. 一八二三～一九〇五年。中央）　バイエルンのシャインフェルト（Scheinfeld. ヴュルツブルクとニュルンベルクの中間の町）の代官職（Amtmann）。六九年よりこの職を兼ねたままミュンヒェンの上級検事、七一年より帝国議会議員。

⑩　ヘルツ（Moritz Herz. 一八三一～九七年。進歩）　当時ニュルンベルクの地裁判事、八三年よりアシャフェンブルク（Aschaffenburg. フランクフルト南東のマイン川畔の都市）の地裁所長。七一年より帝国議会議員。

⑪　ヤーゴウ（Gustav Wilhelm von Jagow. 一八一三～七九年。保守）　大学卒業後、プロイセンの行政官の道に入り、県長（Landrat）などを歴任したのち、六一年ブレスラウの警察長官、六二年三月より同年一二月までプロイセンの内務大臣。六三年よりブランデンブルク州（州都はポツダム）の長官、四九年から五八年プロイセン下院議員、六七年から帝国議会議員。

⑫　クロッツ（Moritz Klotz. 一八一三～九二年。進歩）　当時ベルリーンの区裁判事。四〇年ベルリーンのカンマーゲリヒトの司法官補、五三年より区裁判事、のち同地の地裁判事。五九年より六六年まで、および六九年よりプロイセン下院議員、七四年より帝国議会議員（したがって新人議員）。

⑬　クレッツァー（Adolf Kraetzer. 一八一二～八一年。中央）　バイエルン・パッサウ（オーストリア国境に接するドナウ川畔の都市）の控訴裁判所判事。六九年よりバイエルン下院議員、七四年より帝国議会議員（新人議

員）。

⑭　ラスカー（Eduard Laskar. 一八二九～八四年。国自）　プロイセンの東部でユダヤ商人の子として生まれる。四八年のヴィーンの三月革命に参加し、失敗した後はベルリーン大学などで法律を学び、三年間のイギリス留学ののち、五八年よりベルリーンの市裁判所の判事補となるも、七〇年には転じて弁護士となる。六五年よりプロイセン下院議員。当初は進歩党に属していたが、のち国民自由党の創設に参加。以降同党の左派の代表格となる。六七年以来帝国議会議員。司法法の立法には大きく貢献して、司法三法の議事を容易にする特例法を提案したことは前述したが、帝国憲法は帝国の立法権限を債務法に限定していたのに対し、後述するミーケルとともに全民法に及ぶように再三提案、これが認められてのちのドイツ民法（BGB）への道を開いた。一八八〇年三月、ビスマルクの軍備増強案に賛成する党主流に抵抗して、同党を離脱、同年八月に同党左派が集団で離党する先鞭をつけた。七五年以来神経を病み（RJKも前半は欠席しつづけている）、その保養のためにアメリカへ出かけたが、八四年一月ニューヨークにて客死している。

⑮　リーバー（Phillip Ernst Lieber. 一八三八～一九〇二年。中央）　カムベルク（フランクフルトとその北東方向の小都市リムベルクの中間の村）に住む法学博士。父は旧ナッサウ公国の弁護士で、カトリック系の政治家として著名であったという。彼自身は別段の職業につかなかったようである。七〇年～九一年プロイセン下院議員、七一年～一九〇二年帝国議会議員。ヴィントホルストの死去（九一年）後は中央党（左派）のリーダー。

⑯　マルクヴァルトゼン（Heinrich Marquardsen. 一八二六～九七年。国自）　五一年ハイデルベルク大学で教授資格をとり、六一年よりエアランゲン大学教授。国法学が専門だが、『イギリス証拠法の基礎』などイギリス法制の紹介も多い。初版（八三～九四年）の編集を担当した『現代公法の提要』（Handbuch des öffentlichen Rechts der Gegenwart）が著名なようである。七一年より帝国議会議員およびバイエルン下院議員。

⑰　マイヤー（Max Theodor Meyer. 一八一七～八六年。中央）　バイエルン・アウクスブルクの控訴裁判所の

判事。ミュンヒェン大学の私講師もつとめたという。

⑱　ミーケル（Johannes Miquel. 一八二八～一九〇一年。国自）　旧ハノーファー王国領オスナブリュックの西方オランダ国境に近いベントハイム（Bentheim）に生まれる。父は医師。四八年の革命期には急進的な民主派に属し、そのころにはマルクスとの交際もあったという。五四年より弁護士。五九年の国民協会（Nationalverein）の創設にはベニクセンらと参加。六五年よりオスナブリュック市の助役。七〇年～七六年、ベルリーンの手形割引組合の首脳。七六年より八〇年までオスナブリュックの市長（Oberbürgermeister）、八〇年より九〇年までフランクフルトの市長（今もその北部に名を冠した大路〔Miquell Allee〕が残る）、九〇～一九〇一年、プロイセンの財政大臣（その在職中の税制改革がわが国にも影響を及ぼしたといわれる）。一八五七年よりハノーファー議会下院の議員、六七年より帝国議会、プロイセン下院の議員。国民自由党の創設に参加。八〇年以降退勢におちいった同党をベニクセンとともに支えた。後述するようにＲＪＫの委員長。

⑲　プファフェロット（Hugo Pfafferott. 一八三二～八九年。中央）　ハノーファー県リーベンブルク（Liebenburg. ゴスラーとザルツギターの中間）の区裁判所判事。七四年以来帝国議会議員（新人議員）。

⑳　プットカンマー（Albert August Maximilian von Puttkammer. 一八三一～一九〇六年。国自）　コルマー（Colmar. エルザスの都市。現フランス領で、ライン川をへだててフライブルクの北西に位置）の控訴裁判所判事、七七～七九年エルザス・ロートリンゲン地方の検事総長。八九～九一年同地方担当の大臣。七一年以来帝国議会およびプロイセン下院の議員。

㉑　ライヘンスペルガー（Peter Reichensperger. 一八一八～九二年。中央）　裁判官の子としてコーブレンツに生まれる。同地の地裁判事をへて、五〇年よりケルンの控訴裁判所裁判官、五九年よりプロイセンの最上級裁判所判事。兄のアウグスト（August）とともに、リベラル立憲派のカトリック系政治家として活躍。労働者保護の社会政策にも関心を示す。四九年よりプロイセン下院議員、六七年より帝国議会議員。中央党内の長老政治家。

㉒　シェーニンク（Wilhelm Ludwig August von Schöning. 一八二四～一九〇二年。保守）　騎士領保持者。五五～七六年ピューリッツ（Pyritz. 現在ポーランド領 Pyzirce〔ピジルツェ〕。シュチェチン〔Szczecin. 旧シュテティン Stettin〕の南南東）の郡長。六七年以来帝国議会議員。

㉓　シュヴァルツェ（Friedrich Oskar Schwartze. 一八一六～八六年。帝国）　ザクセン王国の検事総長。大学卒業後、短期間弁護士を経たのち司法官に転じ、五四年には首都ドレースデンの上級控訴裁判所判事、五六年には検事総長に就任した（八四年退職）。その著作・立法活動を通じて、刑法、刑訴法の専門家として広く知られた。帝国の刑訴法草案が連邦参議院に提出されたとき、専門家委員の一人として関与している。六七年より帝国議会議員。同議員として、司法法に関する委員会にはほとんど関与したといわれる（七八年に弁護士法案が審査されたときには審査委員会の長となった）。

㉔　シュトルックマン（Johannes Struckmann. 国自）　彼については、HEの議事録作成者として前に紹介した（四の二(1)(二)）。六七年よりプロイセン下院議員、七四年より帝国議会議員（新人議員）。

㉕　ティロー（Carl Gustav Thilo. 一八二九～?。帝国）　ザクセンのデリチュ（Delitzsch. ライプツィヒ北方の小都市）の区裁判所長、のちフランクフルト（オーデル川畔）の地裁所長。七四年より帝国議会議員（新人議員）。

㉖　フェルク（Josef Völk. 一八一九～八二年。国自）　五五年以来アウクスブルクの弁護士。同年よりバイエルン下院議員、七一年より帝国議会議員。先に文化闘争に言及した際、民事婚の強制について触れたが、当初プロイセンの立法にとどまっていたのを帝国法のレヴェルまで拡大したのは彼の提案による。国自党の右派の領袖で、七九年ビスマルクが自由貿易主義より保護関税主義に転じた折り、これに反対する同党のなかにあってビルマルクに賛成して、一五人の議員とともに同党を離脱した。

㉗　ヴォルフゾーン（Isaac Wolffson. 一八一七～九五年。国自）　ハンブルク自由市の商人の子。三八年大学卒業後、弁護士を開業しようとしたが、ユダヤ人のゆえに市民権が与えられず、開業を妨げられた。四九年になっ

てはじめて市民権が与えられ、弁護士としての全面的活動が可能となった。四八年の三月革命に参加し、同市の憲法制定に関与した。五九年より同市の市会議員、七一年より帝国議会議員。ドイツ民法（ＢＧＢ）制定時、いわゆる第二草案を審議する第二委員会に、弁護士としてただ一人参加したという(73)。

㉘　チン（Friedrich Carl August Zinn. 一八二五〜九七年。進歩）　当初はスイス・チューリヒにあって精神科医をしていたが、七二年よりエバースヴァルデ（Eberswalde. ベルリーンの北東の小都市）にあるプロイセンの州立精神病院（Provinzial-Irrenanstalt）の院長として招かれる。法律家ぞろいの委員会にあって異色の存在であるが、議事録には時おり発言も見られる。とくに禁治産事件手続（Verfahren in Entmündigungssachen）においての活躍が目立つが、当初からこのことを期待してメンバーの中に入れたとも思われる。七四年より帝国議会議員（新人議員(74)）。

(ハ)　他の関係者たち　帝国議会の議事規則には、「委員会には、連邦参議院の構成員およびその派遣員（Kommissar）も参加が許され、発言権も有する」と定められていた（二九条一項）。

(a)　連邦参議院の構成員としては、いずれも司法大臣であるプロイセンのレオンハルト、バイエルンのフォイストレが参加した。ことにレオンハルトは、ＲＪＫの発足後の数期日と、その後同委員会の示す結論と連邦参議院側の意見が食い違うときは、同委員会に出席してその調整に努めた。

(b)　派遣員は、正確には、帝国宰相府（Reichskanzleramt）から派遣された者と、帝国を構成している諸国から派遣された者の二種類があった。まず前者から触れると、

①　アムスベルク（Amsberg）　後述するようにこの委員会は実質的には七五年四月から活動を開始するが、その年の一月一日、帝国宰相府に第四部が誕生し、司法を担当することになり、その部長（Direktor）に彼が選ばれたことは前述した。委員会で審議の対象となる民訴法案（ＥⅢ）は、彼がみずから起草し、理由書を付したものである。彼の条文の趣旨説明、異論に対する反論に審議録のもっとも多くの頁が割かれたことはいうまでも

ない。

② ハーナウアー（Johann Josef Eduard Hanauer. 一八二九～九三年） ライン左岸のバイエルン領（ラインプファルツ）に裁判官の子として生まれた。当初はバイエルンの司法官として活動し、七三年にはミュンヒェンで検察官となったが、七五年三月から創設間もない第四部に移籍した。この第四部は七七年一月より帝国司法府として独立するが、その司法府の局長、次官を経て、九二年には長官となる（プロイセン人以外でははじめての長官）。しかし、翌年突然に死去した[75]。

③ ハーゲンス（Carl Hagens） 彼については、前にＥＩを審議した連邦参議院の専門委員会の議事録作成者として紹介した（前注(26)）。

(c) 帝国を構成する諸国の政府から派遣された者として、次の者がいる（右の②、③も頭文字がＨだが、以下でもＨではじまる姓が多く、混乱を覚える）。

④ ブルーム（Blum） プロイセン軍事省（陸軍省）より派遣された。

⑤ ハウザー（Hauser） バイエルンの検察官。

⑥ ヘルト（Held） ザクセンの司法参事官。

⑦ ヘス（Hess） ヴュルテンベルクの内閣参事官。

⑧ コールハース（Kohlhaas） ヴュルテンベルクの上級司法参事官。ＥＩを審議した連邦参議院の専門委員会のメンバー（三(1)(ロ)⑧）。この帝国司法委員会では第二読会において名を見る。

⑨ クルルバウム二世（Kurlbaum II） プロイセンの司法参事官。彼の経歴については、プロイセン司法省におけるＥＩ起草の際に言及した（二(1)(ロ)(b)④）[76]。

(d) この委員会の議事録の記述者が、帝国宰相ビスマルクより帝国議会議長を通じて委員会に提供されてきた。まず最初に提供されたのは、次の①～③の三人である。

①　ジュード（Rheinhold Sydow. 一八五一～一九四三年）　レオンハルトの女婿である。ベルリーン生れ。一八七五年カンマーゲリヒト付きの裁判所試補。このころ審議録の記述者に選ばれる。翌年、ザール川畔のハレ（Halle an der Saal. ライプツィヒ北西の都市）の区裁判事。七九年より同地の地裁判事。八二年ベルリーンの地裁判事。翌年から帝国郵政庁（Reichspostamt）に転じ、一九〇一年には同庁の副長官（電信局担当）となる。さらに財政関係に転じ、〇八～〇九年は帝国財務庁（Reichsschatzamt）長官、〇九～一八年の一〇年間プロイセンの通商産業大臣（Minister für Handel und Gewerbe）をつとめる。一八年貴族に列せられる（von 称号の授与）。

②　ゾイフェルト（Lothar Seuffert. 一八四三～一九二〇年）　この当時バイエルンの検事補。審議録の記述にあたっている最中、ギーセン大学の教授として招かれたので、任務を辞任。その後エアランゲン大学、ヴュルツブルク大学を経て、ミュンヒェン大学教授となる。彼の民訴法の注釈書が、明治一九（一八八六）年に司法省留学生として渡独した人々（河村譲三郎や石渡敏一など）によって分担翻訳されたが、このことを紹介した際に、彼の経歴についても言及した。[77]

③　シュレーバー（Schreber）　ザクセンの裁判所試補。最後まで任務を遂行した彼について、知るところが少ないのは残念である。

委員会の審議の途中で、次の④・⑤が補充された。

④　メッテンライター（Mettenleiter）　バイエルンの裁判所試補。ゾイフェルトがギーセン大学に去ったのち、後任として補充された。

⑤　エーゲ（Karl Eugen Ferdinand von Ege. 一八三七～九九年）　ジュードが病気のために仕事ができなくなったとき、代りに補充された。当時ヴュルテンベルクの区裁判事。八九年よりシュトゥットガルトの上級地裁判事。九一年より帝国大審院判事。民法第一草案を審査した委員会の協力者。

（48）　民訴法の草案については、大臣レオンハルト自身の発意に基づきプロイセン司法省において起草されたことはすでに述べたが、裁構法、刑訴法の各草案とも、次のような経緯をへてプロイセン司法省において起草されている。

① 北ドイツ連邦の民訴法草案（ＮＥ）が作られたころ、まだ裁構法が存在しなかったので、同草案の前注（Vorbemerkungen）に、望ましいとされる裁判所組織が提示されていた（六注(57)参照）。連邦宰相ビスマルクはこれを受けて、六九年一二月レオンハルトに、プロイセン司法省において裁構法の草案を作成するよう委嘱した。翌七〇年二月には連邦参議院もこの委嘱に同意した（この年一月にはドイツ帝国成立）。プロイセン司法省では、ファルク、（彼が文部大臣に起用されたのちは）フェルスターが中心となって起草にあたり、草案は帝国宰相を経て七三年一一月に連邦参議院へ上程された。

② 刑訴法については、まだ北ドイツ連邦の時代、国民自由党サイドの提案により帝国議会が立案を連邦宰相に要請、連邦参議院もこの要請に同意した。この要請に基づきビスマルクがレオンハルトにプロイセン司法省において起草することを委嘱、同省ではフリートベルク（五の注(11)）を中心に草案を起草し、この草案は七三年には連邦参議院に上程された。

以上については、Schubert, GVG, SS. 11ff., 59ff.; Schubert, StPO, S. 4ff.

(49) この地位につくことを期待していたのは、プロイセン司法省のフェルスターであった。この期待を裏切られたフェルスターは司法省を去って、友人ファルクが大臣をつとめる文部省へと転じた（二(1)(ロ)(b)）。

(50) アムスベルクがそのまま長官に選ばれなかったのは、新設のそれなり重要なポストにプロイセン人以外を起用することに躊躇があったのだろう。もっともＲＪＫにおいて、政府代表の立場にあったアムスベルクが、委員（議員）との交渉がうまく行かず、ぎくしゃくしていたという評価も受けているので、このことも影響しているかもしれない。

なお、フリートベルクの地位は、帝国宰相府から分離独立した他の府（庁Amt）と同じく、長官（Staatssekretär）と呼ばれて、決して大臣（Minister）とは呼ばれなかった。大臣の語はイギリスから由来し、この語を用いることによって——帝国に——責任内閣制がとられると誤解されることを恐れたようである。石部雅亮編『ドイツ民法典の編纂と法学』（一九九九年）五四頁(10)（石部）。

(51) 以上について、赤松秀岳「仮登記制度とドイツ民法典編纂（一）」民商法雑誌一一九巻四・五巻六四頁以下。

(52) これに対して、連邦参議院の議員は、選挙で選ばれたわけではなく、各国政府の代表として派遣されているだけで、自分の自由な判断は許されず、つねに派遣国の指示に従って投票した。その意味では、参議院と呼ぶことも、また上院、貴族院と呼ぶことも適切でなかった。ただ、わが国では、連邦参議院と訳するのが定訳のようである。

(53) 以上、帝国議会運営法（Geschäftsordnung für den Reichstag）参照（Huber, Dokumente 2, SS. 329-31）。

(54) 帝国議会の第一回総選挙は一八七一年に行われたが、その当時の定数は三八二人。七四年の第二回総選挙を迎えて、普仏戦争の結果フランスより割譲されたエルザス・ロートリンゲン地方から、一五人の議員を選出することが許された。その結果、議員定数は三九七人となった。

なお、帝国議会の議員の任期は、立法期間（Legislaturperiode）と呼ばれ、第一回帝国議会、第二回同は、帝国議会の第一立法期間、第二同というように表現された。

(55) 同党を含むドイツ各政党の議員数については、Huber, Dokumente 2, S. 536ff. および、これを転載した大系2四〇六～七頁。

(56) 内田日出海『物語ストラスブールの歴史』（中公新書、二〇〇九年）二二四頁。なお、エルザス・ロートリンゲン派、次述するポーランド人派、後述のデンマーク人派については、大系2四三七～三九頁。

(57) 以上につき、大系2四〇五頁以下・四四〇頁以下、Huber, IV, S. 24ff.

(58) カトリック系議員は、各ラントのレヴェルでは、たとえばプロイセン下院やバイエルン下院において党派を組んでいたが（特に後者では、愛国者党と称し、一八六九年の選挙からは絶対多数を制した）、帝国レヴェルでは、一八七〇年一二月にベルリーンに集まって「中央党」を結成するにいたった。

(59) もっとも一九一二年には、九一人に減らし、一一〇人にのばした社会民主党に最大会派の地位を譲った。

(60) 教皇不謬性のドクマに反対した人々は、七一年に独自の信条に基づく集団を結成した。古カトリック主義と呼ばれ、教皇にはただ名誉上の首位を認め、地方教会の自主性を尊重した古代教会の昔に戻れと主張した。当初はドイツ、スイス、オーストリア、オランダに多くの信者が見られたが、その後はこれらの地方で減少する反面、アメリカ合衆国、ポーランドなどで信者を増やしているという。

(61) 「文化闘争」という言い方は、反カトリック教会という姿勢をとった進歩党の領袖の一人フィルヒョーが一八七三年のプロイセン下院選挙の際のマニフェストにおいて、「カトリック教会の反近代主義に対してドイツ国民の文化を守る戦い」と表現したことに由来する。フィルヒョー（Rudolf Virchow. 一八二一～一九〇二年）は、病理学者、人類学者として著名で、一八五六年以来ベルリーン大学教授、六一年よりプロイセン下院議員。

(62) 前述したように、プロイセンの文部省は、正式には宗教・教育・医療関係省（Ministerium für die geistlichen-Unterriches- und Medicinal-Angelegenheiten）と呼ばれたが、普通には文部省（Kultusministerium）と略されていた。

(63) 両法の成立過程については、若尾祐司『近代ドイツの結婚と家族』（一九九六年）一三四頁以下、常岡史子「ドイツ民法典への強制的『民事婚』と有責主義的離婚制度の導入」石部雅亮編『ドイツ民法典の編纂と法学』四六六頁以下。

(64) ここでは、プロイセンと帝国のレヴェルについて述べたが、文化闘争はバイエルン、バーデン、ヘッセンの中等国家でも闘われた（ヴュルテンベルク、ザクセンにはさしたる動きがなかった）。Huber, IV, S. 745ff.

(65) 大系2・四三四頁。

(66) Huber, IV, S. 842ff（とくに、SS. 859–62）、大系2四三六頁。

(67) 以上の文化闘争については、主として大系2四三一頁以下（望田幸男）、Huber, IV, S. 637ff. を参照した。

(68) 第二回帝国議会の議長には、国民自由党のフォルケンベック（Max von Forckenbeck. 一八二一～九二年）が選ばれた。彼は、四九年より東プロイセンで弁護士となり、五九年以来プロイセン下院議員、六六年より七三年まで同院議長、六七年より帝国議会議員、七四年より七九年まで（第二回～第四回途中）議長、七三年よりブレスラウの、七八年以来ベルリーンの市長（Oberbürgermeister）をつとめた。六一年、進歩党の創設に参加、六六年より国民自由党に属した。八〇年夏、ビスマルクの保護貿易主義に反対する国民自由党の左派（二八名）を率いて同党を離脱、「自由主義連合」（Liberale Vereinigung）という新党を結成したが、八四年、同党のメンバーは進歩党と合同し、「ドイツ自由思想家党」（Deutsche Freisinnige Partei）を創立した。

(69) Hahn, GVG, SS. 274–76.

(70) 委員の経歴についてはSchubert, StpO, SS. 22–25が詳しい。

(71) グナイストの経歴については、わが国にも文献が多いが、たとえば、クラインハイヤー＝シュレダー編・小林孝輔監訳『ドイツ法学者辞典』（一九八三年）九七頁以下（室井力）。

(72) 彼は七六年より（八八年まで）バーデンの司法大臣に選ばれたので、いったんは委員会を離れたが、代りに選ばれたブルーム（Wilhelm Blum. 一八三一～一九〇四年。七一年より帝国議会議員。国自）が直ちに委員を辞任したので復帰した。

(73) 平田「ドイツ民法典を作った人びと（3・完）」岡山大学教育学部研究集録六〇号（一九八二年）二八五頁。

(74) ジュード（Sydow）は、後掲するようにＲＪＫの議事録の作成者の一人であるが（レオンハルトの女婿でもある）、後年委員たちのことを回顧して、そのうちの数人につき次のように言っていたという（「五〇年前の帝国司法改革をめぐる争い。追憶」(Der Kampf um die Reichsjustizreform vor 50 Jahren. Erinnerungen), Deutsche Rundschau, Bd. 221 (1919. 12), S. 205f. Schubert, StPO, S. 21 Anm. 57による）。

「委員会には各政党ともよりすぐりの人物を送ってきた。右〔保守〕の側で目立ったのは、ザクセンの検事総長であったシュヴァルツェで、刑事法分野での豊かな業績で著名な人物であった。こまごましいことと口の悪さにおいて彼はヴィントホルスト〔中央党〕に決してひけはとらなかった。しかし、彼のたくましい鼻と、幅広い唇の上に輝いている人なつっこい目から、彼の人の良さがすぐに感じとられた。彼ほど人のよさを感じさせる検察官は、ほかにはちょっといないのではないか。彼が口を開くと、彼がドレースデン出であることがすぐに分った〔それほど強烈なザクセンなまりがあった〕。

国民自由党からは、グナイストの名をあげたい。彼は、プロイセンにおける地方自治制の強化や、行政訴訟における上級裁判所の導入などによって、すでに評価の高い成果をあげていた。グナイストはシャープな雄弁家で、彼が明らかにすべきことを明らかにできる術を知っていた。彼は議論するたびに、イギリス法または古いドイツ法制史から例をあげるのが常であった〔彼の専門に関係がある〕。しかし、彼の政治上の友人〔同じ国民自由党〕でエアランゲンの国法学者マルクヴァルトゼンは、イギリスでの法生活の経験がグナイストより長いが、しばしばグナイストの発言に横に〔否定の意〕首を振っていた。

一種特別な存在がベーアであった。五〇年間のヘッセンの裁判官の経験をもち、彼の論文『義務発生原因としての承認』（Die Anerkennung als Verpflitungsgrund）によって近代の法律上の問題に学問的な根拠づけを与えたことで著名であった〔原文では、彼はその論文によって〈Anerkennungsbähr〉と呼ばれた、とつづくが、彼の姓が熊（Bär）に通じるので、そのもじりかとも考えたが、よく分からない〕。原理を尊重する人であり、気骨の人であったが、いささか怒りっぽかった。彼の党派〔国民自由党〕の同志ベッカーは、経験に富んだ実務家で、思慮深く、いつも実体法では何が要請されるかを考えて鋭い批判を展開し、これらの点でベーアと対照的な人であった。〔以下、後注(79)で紹介するようなエピソードがつづられている。〕

弁護士では、一流の人びとが委員会に名をつらねていた。年配のヴォルフゾーンは、ハンブルクで名声のある弁護士の一人であった。フェルクは、アルゴイ（Allgäu. 南バイエルン）の農民の息子で、ずんぐりむっくりの身体の上に強靱な頭脳をのせ、この頭脳が短い首を通して身体の他の部分と結びつく〔つまり、猪首だった〕ので、見るからに彼の強情さを示していた。彼は魅力的な雄弁家で、たぎるようなドイツ愛国者であったが、バイエルンの独自性を擁護することも忘れなかった。アイゾルトは、進歩党所属で、自由を志向し、その原理を尊重する人であった。

チンは、〔ただ一人法律家の経歴をもたなかったが、〕生々とした人柄と明晰な洞察力によって、非医学的な争点を実際に即して妥当に解決するのに有効な影響を及ぼしていた。」

(75)　平田・前注(73)二八三頁。

(76)　以上の各国政府から派遣された者は、後述するように委員長ミーケルが本会議の第二読会においてＲＪＫの活動状況を報告した際に、民訴法担当者として紹介した者である。これらの名とHahn, CPOに掲載の議事録に出席者と表示されている者の名は必ずしも一致しない。後者には、たとえば、エールシュレガーの名が見られるが（Otto Karl Oehlschläger. 一八三一〜一九〇四年。当時プロイセン司法参事官、のち帝国司法庁長官〔三代目〕、帝国大審院長〔二代目〕）、彼は裁構法担当なので、民訴法でも裁判所の組織がらみのときには顔を見せているのである。

(77) 拙著・日本2一八八頁注(6)。

六　ＲＪＫの活動

(1)　委員会の発足

右に紹介したＲＪＫ（帝国司法委員会）の委員たちは、七五年一月一八日、帝国議会の本会議において選出され、同月二六日に委員会としての初会合をもった。そして、互選により、委員長に⑱ミーケル、委員長代理（副委員長）に㉓シュヴァルツェを選んだ。(78)

委員会は、一日おいた二八日から三〇日、三一日と継続されたが、プロイセン下院が開会され、同院に議席をもつ委員たちが欠席したので、実質的な審査が行うことができず、審議録も作成されなかった。

委員会が実質的な審査に入ったのは、七五年四月二六日（委員会にとっては第五期日）からであった。この日には、レオンハルトが出席したほか、委員長ミーケルから、アムスベルク以下この委員会に出席する他の関係者も紹介された。議事録の作成者たちも紹介された。委員会は、この議事録の作成を監督する者として、委員のうちから①ベーア、②ベッカー、㉓シュヴァルツェ（委員長格）を編集委員（Redaktionskommissar）に選んだ。彼らには、司法三法案に共通する用語にことに注意することという注文が付された。(79)

司法三法案については、それぞれ二読会制をとることが承認された。なお、委員長から、⑭ラスカーと⑳プットカンマーは病気のため長期欠席になるという報告があった。

この期日に、シュヴァルツェから、次のような重要な提案がなされた。それは、当委員会の審査は民訴法案から始めようという提案である。順序からいうと裁構法の方が先だが、委員のなかにはラントの議会の議員を兼ねている者も多く、右にプロイセンの例を見たように（ほかにバイエルンの議員を兼ねている者も多い）、その議会が開かれると委員の多くが欠席することになる。そのような時期に、裁構法のような各ラントに影響するところが大きい法案を審査することは好ましくなく、より影響の小さい民訴法案から審査しようという提案である。この提案をめぐってかなり長い間議論されたが、結局一四対九で可決された。ただし、一つ留保が付された。実質上裁構法に関係する問題でも、形式上民訴法の規定に関係する問題であるときは、その問題を民訴法案の審査において取り上げてよい、とするものであった。そして当日、さっそくこの留保が適用されて、商事裁判所の問題が取り上げられた。民訴法案（EⅢ）には、この裁判所の存在を前提として、そこで行われる裁判手続の規定があった。この商事裁判所の廃止論が提案された。レオンハルトはあわてて止めにはいったが、三票の反対意見だけで可決されてしまった(80)。

(2)　三期にわたる委員会

RJKの発足は、第二回帝国議会の第二会期（Session）の間であったが、その発足前にラスカーほかの有志議員から、この委員会の任務は第二会期の終結では終わらず、次の第三会期の開始するまで継続する旨の特例法が提案され、帝国議会、連邦参議院の承認をえて可決されたことは前述した。ところが、実際には、第三会期が始まっても委員会の任務はまだ終わらないため、第四会期の開始まで委員会を続けることにして、先と同趣旨の特例法が制定された。その第四会期が開始されるまでに、委員会は一とおり任務を終えていたが、連邦参議院の示した意見によって、なおこの委員会によって処理してもらう仕事が生じ、議長が本会議に提案してこの委員会の存続が決まった(81)。もっとも、第二帝国議会はこの第四会期をもって任期を満了したので、委員会の任務はこの会期以降続くことはなかった。

以上のように、RJKは計三期にわたってその任務を遂行したことになる。第一期は、委員会の発足した第二会期から第三会期の開始まで、第二期は、第三会期の開始から第四会期の開始まで、第三期は、第四会期の期間中である。形式上はそのつど委員の選挙が行われたが、そのメンバーは各期ともにつねに同じであり、委員長もミーケル、委員長代理もシュヴァルツェが選ばれた。以下では、この時期ごとにRJKの果たした任務を跡づけていってみよう。

しかし、そのRJKの描いた任務の航跡は、後代の者から見ると、必ずしも一直線ではなくジグザグしているし、ときには間のびした感じすら受ける。これは一つには、先にも述べたように委員にはラントの議員を兼ねている者が多く、プロイセンやバイエルンのようなところで議会が開かれると、委員会の欠席者が多くなり、委員会を休会にするか、かりに審査を強行したときには、あとでその欠席者たちに意見開陳の機会を与えなければならない。そのために、一度審査を終えた事項について後日重ねて委員会を開いているという事態がみられる。いま一つは、RJKや帝国議会（本会議）がいくら決議をしても、連邦参議院の意見と一致しなければ法案は成立しない。当時の憲法には、どちらかの院の意見が優先するとか、意見の調整のために両院協議会が開かれるという条文はない。一度決議をしたのち、連邦参議院がどのような態度に出るかを待ち、ふたたび審査をやり直すということも、繰り返しみられた。

(イ) 第一期委員会　先に紹介したシュヴァルツェの提案に従い、まず民訴法案の第一読会から始めた。これが七五年四月一日（第五回期日）から同年六月九日（第三六回）まで計三二期日をかけて終わった。連邦参議院送付の法案（EⅢ）にはいくつかの修正点が決議された。(82)

しかし、ここで不思議なことが起こった。同年一〇月七日（第八一回）から民訴法案の第二読会が始まった。刑訴法案、裁構法案の第一読会はまだすんでいないのにである。前者は、同年六月に始まったばかり（翌年二月に終わる）であり、後者にいたっては、民訴法案の第二読会とほぼ軌を一にして開始された（七五年一〇月四日より）ばかりである。

これは、バイエルンの議会が開会されたからである。バイエルン出身の委員が大量に欠席する。そこで、例によって「問題性の少ない」民訴法案を取り上げて審査を継続したのである。裁構法案の第一読会もほぼ同じころから開始されたと紹介したが、これも、同法案の前半部分をさておき、後半部分（共助、〔法廷〕公開と法廷警察、評議と評決など）を問題性が少ないとしてまず取り上げたのである。

七五年一〇月下旬になって、バイエルンの委員たちが復帰してきた。民訴法案の第二読会は、その実質上の審議を終えていた（同月一四日、第八八回までに）が、欠席していたバイエルンの委員たちに意見開陳の機会を与えようと、同月二六日と二七日に追加して期日（第九三と第九四）が開かれた。が、格別の意見はなく、むしろ、従来出席していた委員に追加修正の提案をさせるにとどまった。

(ロ)　第二期委員会　(a)　第二回帝国議会は、七五年一〇月二七日にその第三会期を迎えた。従来の法令上の根拠によると、RJKはこの第三会期の開始をもってその存続を終わる。しかし、右にも見たようにまだその任務を終えていない。この会期の第三期日（一〇月二九日）、ミーケルは口頭でこの委員会の活動状況を報告するとともに、今後はどうすればよいかと本会議に問いかけた。本会議は第一期と同じメンバーで、同様の委員会を設けるべきだと決議し、その旨の特例法も定めたことは前述した。

第二期の委員会は、あくる日の三〇日より裁構法の前半部分の第一読会を始め、それを翌年の二月一九日には終えた。その直前には刑訴法の第一読会も終っていた。民訴法の第一読会はすでにすんでいる（第二読会も）。ここに、RJKは司法三法の第一読会を全部終えたことになる。

(b)　ここにいたって、はじめて連邦参議院が動きを見せた。まず、同院の司法制度委員会が、RJKの示した修正意見を取り上げ、その採否を決議している。委員会は七六年四月三日から一一日まで連続して開かれ、民訴法は四月一〇日に取り上げられている。同委員会は多くの点でRJKの修正意見に譲歩したが、なおいくつかの点で譲れないという強い態度をとり、この委員会の意見がそのまま同院の本会議（四月二七日）において採用された。[83]

この連邦参議院の意見は、帝国宰相を通じて帝国議会議長に通知があり、これを受けてＲＪＫは、三法に関する第二読会の形で、この意見に従うかどうかの審査に入った。ここでも、まず民訴法から始まったが、同法についてはすでに第二読会を終えているので、「第二読会の再検討（Revision）」という名称のもとに実質第三読会に入った。[84]その審査は七六年五月四日（第一二六回）から始まり、同月九日（第一二九回）まではもっぱら民訴法の審査が行われ、あくる日から同月二九日（第一四三回）までは刑訴法、裁構法の審査と平行して行われた。ＲＪＫは、同年七月三日には刑訴法、裁構法の第二読会も終結した。

司法三法について、それぞれ二読会制をとるという当初掲げた目標（(1)参照）が達成されたので、三法についての意見を書面にして帝国議会の本会議に報告することになり、民訴法については、②ベッカーが主報告委員、⑤フォルカーデ・デ・ビエイクスがその補佐、裁構法については⑱ミーケル、刑訴法については㉓シュヴァルツェが、それぞれ主報告委員と定まった（ミーケルには、委員会の活動状況についても報告することが求められた）。[85]

(c)　以上のようなＲＪＫの第二読会の結果を知って、連邦参議院がふたたび動いた。先に同院が帝国議会に意見を示した（前掲(b)）がＲＪＫによってふたたび拒否された論点をめぐって、司法制度委員会が開かれ、七六年一〇月一九日から二四日にかけて審査した（民訴法案は最終日に取り上げられた）。同委員会はかなり多くの論点で譲歩したが、なおいくつかの論点で——民訴法案を含めて——妥協できないという姿勢を示した。この委員会の姿勢はそのまま連邦参議院の本会議でも承認された（一〇月三一日）。[86]

(ハ)　第三期委員会　(a)　第二回帝国議会は、第四会期、同議会にとっては最後の会期を、七六年一一月はじめから開始した。先述したベッカー、ミーケル、シュヴァルツェらの司法三法に関する報告書は、すでに印刷に付され、議員たちの間に配付されていた。[87]この司法三法についていえば、帝国議会は、このたびの第四会期中に第二読会、第三読会を終えなければ、三法はついに不成立に終ってしまう。しかも、上述したように連邦参議院からはクレームがついている。帝国議会の議長は、このクレームを審査するため在来のＲＪＫをそのまま存続させることを提案し、賛成をえた。形式上は選挙が行われ、在来のメンバーがそのまま選ばれ、委員長も委員長代理もそのままつとめることになった。

(b)　第三期ＲＪＫは、七六年一一月六日より活動を開始した。(88)その初日、ラスカーより、連邦参議院からつけられたクレーム中政治的判断を要するものは帝国議会の本会議にゆだね、当委員会は技術的知識を要する問題に焦点をしぼるべきではないか、という提案があった。これを受けてミーケルが翌日の本会議で同様の提案をしたが、政治的判断を要する問題かどうかは容易に判別ができないとして、提案は却下されてしまった。(89)委員会の実質的審査は一一月八日から始まったが、ここでもまず民訴法案が取り上げられた。しかし、商事裁判所を除く民訴法案に関する議論は、この一日のうちにすんでしまった。この委員会にはレオンハルトが出席していて、けんめいに連邦参議院の立場を説明したが、なお若干くいちがう点を残すことになった。委員会の審査は、同月一四日には終わった。このたびの審査は、「繰り返された委員会の審査」（Wiederholte Kommissionsberatung）と呼ばれている。もともと三法案については二読会制を目標としており、その二読会をすでに終えているのに、もう一度委員会の審査を繰り返したのだから、こうとでも呼ぶほかなかったであろう。

帝国議会の本会議は、司法三法案に関する第二読会を一一月一七日に開始した。翌日の一八日に民訴法案について審議したが、連邦参議院との意見の相違はほとんどなく、あっても表現の問題にすぎないとして、アン・ブロックで（一括して）採用しようと提案され、この提案はほとんど満場一致で可決された。(90)しかし、裁構法案、刑訴法案については、連邦参議院との意見の相違は大きいまま残された。

(c)　この帝国議会の第二読会の結果を知って、連邦参議院は司法制度委員会を開いた（一二月九日）。民訴法案については、もはや帝国議会の意見に異を唱えないことにしたが、裁構法案、刑訴法案については、その意見に妥協しきれないものがある。参議院の本会議が開かれたが（一二月一二日）、ついにこの意見の溝は埋めきれないままに終わった[91]。そうかといって、帝国議会も簡単に妥協しないであろう。最後の関門、本会議の第三読会で、帝国議会は反対の立場を貫きとおすであろう。かくてついに両院の意見不一致で、司法三法案――少なくとも民訴法案以外――は不成立のまま終わるであろう。

プロイセン内閣の閣議では、民訴法の最初の草案以来司法三法案の成立に深くかかわってきたレオンハルトが、すっかり自信をなくして、民訴法案以外の二法案については、今議会での成立をあきらめ、次の議会まで待とうと言い出す始末であった。これに対して文相のファルク（彼の辞任する七九年までには間があり、文化闘争の第一線において活躍中であった）は、ドイツ帝国の統合の強化には司法法の統一こそ不可欠である、と熱く主張して、なお妥協への努力の継続を要請した。議長である首相のビスマルクはむしろレオンハルトの意見に賛成し、プロイセンはいくつかの地方でバラバラの法律が行われているが、それでプロイセン王国の統合が害されているわけではないと指摘した。彼自身は、たとえば出版・報道事件を陪審法廷で審理するなど、とんでもないことだと考えていた[92]。

(3) 頂上会談による妥協――司法法案の成立

当時の帝国議会における諸政党のうち、保守派の二党、守旧派（この年〔七六年〕七月よりドイツ保守党）とドイツ帝国党は、必ずしも帝国議会の案にこだわらず、連邦参議院の案に従うという態度をとっていた。キーポイントは、もともと親ビスマルク派で、議員数でも最大数を擁し、したがってRJKにも最も多い委員を送りこんでいた国民自由党の動向であった。

七六年一二月一三日ビスマルク邸で開かれた夕食会に、国民自由党の党首ベニクセンが招かれた。二人は夕食後も長い間話し込んだ[93]。

翌一四日と、一日おいた一六日、ベニクセン、ミーケル、ラスカーとレオンハルトとの間で、妥協の具体的方針が話し合われた。出版・報道事件を陪審法廷にかける条文は削除されることに決定した。同じ一六日、国民自由党は議員総会を開き、この妥協につき大多数の賛成をえた。

明くる一七日、連邦参議院の司法制度委員会が開かれ、議長のビスマルクがみずから出席して、自分は今会期に司法法案を通過させることを必ずしも必要と考えていないが、もし不成立に終ると、国民自由党が政府と対立しているという印象を与えるので、次の総選挙で同党は苦戦し、分裂するかも知れないし、反対に進歩党が躍進して多数派となる恐れがあるが、もしそうなると司法法の成立などとうてい望むべくもない、このことを憂慮して妥協に踏みきった、と述べ、各国代表の了解を求めた。多少の異論が出たが、結局は承認をえた。

一八日から帝国議会は、司法三法案の第三読会に入った。(94) ミーケルやほかの議員が署名した修正案（妥協案）が提出された。(95) この修正案に対して、進歩党、中央党（ＲＪＫの委員のライヘンスペルガー、実力者のヴィントホルストらが発言）が反対の意向を表明したが、二一日に採決が行われた。

裁構法案（および施行法案。各法案につき同じ）については、記名投票の方法がとられたが、出席議員二九四名中賛成一九四名、反対一〇〇名という結果であった。(96)

民訴法案に関しては、起立によって採決する方法がとられ、(97) 議長が「大多数の賛成、否ほとんど満場一致」と言ったのに対し、議員席から「満場一致」の声が飛んだが、議長はふたたび「ほとんど満場一致」と言って、同法案は可決された。

刑訴法案も破産法案も、同様な起立による採決で可決された。

翌二二日、連邦参議院は本会議を開き、破産法を含む四法案について、帝国議会の修正案（つまり妥協案）どおりに可決した。ここに両院の意見の一致を見て、四法案は法律として成立したのである。

(4)　司法諸法の公布・施行

その後、皇帝の裁可をえて、裁構法は翌七七年一月二七日に、民訴法は一月三〇日に、刑訴法は二月一日に、破産法は二月一〇日に、それぞれ官報に掲載されて、公布を見た。

四法はそろって、七九年一〇月一日から施行された。

七六年一二月二二日、つまり帝国議会が第三読会で四法案を可決した日の翌日、この議会の任期が満了し、その閉会式がベルリーンにある皇帝の居城の「白堊の間」（Weiße Halle）で挙行され、皇帝からとくに四法案の成立に言及して議員の労がねぎらわれた。[98] ここに、七四年一月から始まったＲＪＫの活動も、またその結果を受けた帝国議会本会議の活動も、ともに大団円を迎えたのである。[99]

(78) なお、委員会の正式の名称は、「裁構法、刑訴法、民訴法の各草案を事前審査する委員会」（Die Kommission zur Vorberatung der Entwürfe eines Gerichtsverfassungsgesetzes, einer Strafprozeßordnung und einer Civilprozeßordnung）」というのであったが、第一一委員会あるいは司法委員会とも略称されていた（前者は、この帝国議会の第二会期で作られた第一一番目の委員会という意味であろう）。後代には広く帝国司法委員会の名が用いられているが、この「帝国」は「帝国」議会の意味である。もっとも、ドイツ「帝国」司法三法の成立にこの委員会が重要な役割を演じたことは何ぴとも否定しないであろう。

(79) 編集委員と密接な関係にあった議事録作成者の一人ジュードは、先に紹介したようにＲＪＫのメンバーについて追想談を残しているが、ベーアについて次のようなエピソードを紹介している。「ベーアの強さも、正確な文章の表現力には及ばなかった。クルルバウム（プロイセン派遣）は、簡潔な文章表現の名人であった。編集委員としてベーアがある文章表現を提案すると、『それはドイツ語ではありません』と注意した。するとすぐに答えが返ってきて、『プロイセン語ではないかも知れないが、これがドイツ語だ』。一度、編集委員会で次のようなことが起った。政治上の友人（同じ政党）であるベーアとベッカーが衝突し、互いに熱くなって、自分のカバンを取って階段を駆け降りた。委員長のシュヴァルツェが上から二人に声をかけた。『ベーア、君の言うのが正しい。ベッカー、お前さんの言うのも正しい』。そして、二人は元へ戻って、再び議論の席についた。」（Schubert, StPO, SS. 21-2 の引用による）

編集委員会には、その後⑤フォルカーデ・デ・ビエイクスと⑫クロッツが追加された。

(80) この商事裁判所の廃止論は、その後連邦参議院の強い押返しがあり、両院の間の対立点として長く尾を引いたが、結局は現在でも見られる地方裁判所に商事部という非職業裁判官（商人）の参加する特別の部を設置するという案に落ち着いた。民事手続をめぐる両院のもっとも激しく対立した論点の一つに数えてよいが、以下ではその詳細に言及することを避けた。

なお、民訴法の施行法に関する議論についても同様である。

（81） Hahn, GVG, SS. 371, 279–85, 987–90.

（82） Hahn, CPO, S. 1231ff. にリストが掲げられているが、①欄は帝国議会への提出案（EⅢ）、②欄はＲＪＫの第一読会で変更を加えた個所を示すものである。禁治産手続が全面的に書き改められているが、この部分を除いても訂正個所は一七〇以上にのぼる。

なお、同書・S. 4ff. にEⅢの条文が掲げられているが、条文ごとに、それに見合うＲＪＫの第一読会後の草案、および成法（ＣＰＯ）の各条文番号が掲げられている。また同書 S. 1618ff. には、成法の条文番号と、その条文に関連する事項が掲記されている同書の該当頁数が記載されている。

（83） Schubert, GVG, SS. 855–56（司法制度委員会の審議）、861–77（同委員会に対する各国の提案）、879–83（連邦参議院の本会議）。

（84） Hahn, CPO, S. 1069ff.

（85） Hahn, GVG, S. 902–06.

（86） Hahn, CPO, S. 1172; Schubert, CPO, SS. 891–98.

（87） 民訴法に関する報告書は、Hahn, CPO, S. 1154–70 に掲載されている。

なお、ミーケルは、裁構法の審査のほか、ＲＪＫの活動状況についても報告書を提出している。それによると、報告書提出までに一六〇期日を重ねているが、その内訳は、民訴法（施行法も含む。以下同じ）の第一読会が三六、第二読会（「再検討」も含む）は一八、裁構法の第一読会三六、第二読会一七、刑訴法の第一読会五二、第二読会一七。この計算は、Hahn, CPO 掲載の民訴法の資料についていえば、正確である。しかしトータルの期日数の計算が合わず、計一七九期日となる。なぜこのような違いが出てきたか、同一期日に複数法案の審査をした可能性が考えられるが、正確なことは後日を期したい。

ただ、ミーケルによると委員会は、夏休み、冬休み、帝国議会の本会議、多くの委員が議員を兼ねているラントの議会（プロイセン、バイエルン）が開かれている期間を除いて、連日朝の一一時から夕四時まで審査を続けたという。編集委員会、問題が生じたときに構成される小委員会は、ＲＪＫの審査の終了後や、本会議の開かれる際の前後の時間などを利用して、その活動を重ねたという。編集委員会は八五回も開かれたそうである（以上、Hahn, GVG, SS. 925–28）。

（88） 以降の経過については、Hahn, CPO, SS. 1174–1200.

（89） Hahn, GVG, SS. 100–14.

（90）　Hahn, CPO, SS. 1205-19.

（91）　Schubert, GVG, SS. 954-96.

（92）　Schubert, GVG, SS. 924-32.

（93）　二人の間にこのような頂上会談が行われた結果、本文でつぎに述べるような状況の打開が行われたことは、当時から広く知れわたっていた事実らしい。Hellweg, S. 137も言及している。Schubert, GVG, S. 106は、二人の会談に立ち会ったバルハウゼンの回顧録を引用している。それによると、夕食に招かれたのはベニクセンとバルハウゼンの二人だけであった。ベニクセンから、帝国統合のために法統一の必要を熱心に説かれたビスマルクは、まず次のように不平を唱えることからはじめた。「なにか事が起こると、その成行きの責任は全部自分に負わされてくる。本来はプロイセンの各大臣が政府を代表して事の処理にあたるべきなのに、上からの圧力、下からの圧力に弱いのだ。自分はこのこと（法統一のための妥協）についてもはや交渉する気はない。すでに閣議を通じて政府の立場は決まっているし、国王の裁可も得ている。髪の毛ほどのすき間も妥協する余地がないし、もし貴方（ベニクセン）が交渉しようというなら、貴方のほうから妥協案を示すべきだ。レオンハルトは極限まで追いつめられ、彼の仕事に興味をなくしてしまっているので、彼と交渉してみても無駄だ。すでに政府側は四〇〇点を超える妥協をしたのだから、今度は帝国議会の番だ。」バルハウゼンは、ビスマルクが多少落着きを取り戻し、個々の問題について実際的な話合いに入ろうという姿勢を示したとき、夜の七時半頃であったというが、二人を残してビスマルク邸を去った。バルハウゼン（Robert Freiherr Lucius von Ballhausen. 一八三五～一九一四年）は、一八七〇年よりプロイセン下院議員、帝国議会議員（ドイツ帝国党）。七九年より九〇年までプロイセン農務大臣。

（94）　この第三読会では、司法三法案のほか破産法案も審議の対象とされた。

破産法の成立の経過について概観しておくと、①一八七〇年、連邦参議院がビスマルクに破産法の起草を要請、②これをうけて、プロイセン司法省でフェルスター（Foerster）を中心に同法草案を作成（七〇～七三年）、③連邦参議院ではこの草案を検討する専門家委員会を設置、シュミット（バイエルン）、コールハース（ヴュルテンベルク）、アムスベルク（メクレンブルク・シュヴェリーン）などのほか、商人階級からも委員を選んだ。④七五年、連邦参議院の議決をへて帝国議会へ送付。後者は一五人からなる審査委員会を設置（委員には商法学者のゴルトシュミット〔Levin Goldschmidt〕などを選出）。⑤七六年一一月、帝国議会の第二読会。

（95）　修正案の内容と署名者については、Hahn, GVG, SS. 1481-84.

署名者は、ミーケル、ラスカー、ベニクセン、帝国党の㉓シュヴァルツェ、㉕ティローを先頭にして、他の署名者はアルファベット順に記載されている。そのなかに、わが国のテヒョー草案の起草者の父らしい〈Dr. Techow〉の名が見えるのが興味深い。なお、国民自由党や帝国党などで固めた署名者のなかに、進歩党の㉘チンの名があるのが注目をひく。

(96) 議員定数は三九七名であるが、この日は欠席する者も多く、法案に反対のエルザス・ロートリンゲン派、ポーランド人派、社会民主党などはいっせいに欠席した。

法案に賛成した者、反対した者の名は、議事録にとどめられている（Hahn, GVG, SS. 1639-43）。ここでも、進歩党のチンの名が賛成者に見える。

(97) 実は民訴法についても、ある中央党の党員から賛成者五〇名を集めて記名投票の方式が提案されていたが、この提案が裁構法の記名投票中撤回され、その旨が議長より報告されると、議員たちは「ブラボー」の声をあげた。議員たちもすっかり退屈を覚えていたらしい。

(98) Hahn, GVG, SS. 1647-48; Hellweg, SS. 138-40.

(99) 四法案の成立を見届けて、帝国の立法活動から去り、故国へ戻っていった一人の人物がいた。アムスベルクである。彼は故国メクレンブルク・シュヴェリーンへ帰った後、司法大臣をつとめ、一九一〇年に没している。

ＲＪＫの議事録の作成者として彼に接したジュードは、アムスベルクを評して、「彼は、すばらしい人物の一人で、裁構法と民訴法のあらゆる問題に通暁していた。ただ彼は、メクレンブルクの司法界から抜擢されてあまり間がなかったので、議員とのやりとりの経験が不足していた。そのやりとりに必要な柔軟性に欠けていたので、彼が努力している割りには効果が挙がらなかった。彼自身も自分は議会に向いていないと感じたのであろう、帝国司法法が可決されたのちは、故郷の仕事へと帰っていった」という（Schubert, StPO, S. 25 Anm. 60による）。

このように議会との交渉に疲れはてたアムスベルクであるが、彼が帝国司法法の成立までについやした努力は高く評価されるべきであろう。

的を民訴法にしぼっても、ハノーファー草案（ＨＥ）の審議に途中から加わり、北ドイツ草案（ＮＥ）の審議、帝国法（ＣＰＯ）の第一草案（ＥⅡ）を作成した連邦参議院の専門家委員会、第三草案（ＥⅢ）を作成した司法制度委員会に参加、第二草案・第三草案の理由書を作成、第三草案を審議した帝国議会のＲＪＫ、本会議へ政府代表（帝国宰相府の部長）として関与、法案の説明・擁護の任にあたった。レオンハルトを帝国法の第一の貢献者とすれば、彼は問題なく第二の貢献者であろう。

七　EⅢと成法（CPO）の相異点

民訴法案（EⅢ）が連邦参議院から帝国議会に送付されたのち、同法案はRJKによって精密な審査を受け、右に述べたような経過をへて成立したのであるが、その間に同法案はいくつかの点で大きな変更をこうむった。その代表例としては、法案では裁判所の権能（kann）とされていた釈明権行使（一二六条）が義務化（hat zu）されたこと（一三〇条）などが挙げられるが、[100] ここでは、本稿の今までの例にならって、証拠決定のもつ失権効がどうなったかという問題を見ていこう。[101]

(イ)　RJKでの議論　ハノーファー草案（HE）や北ドイツ草案（NE）では、証拠判決は証拠決定に改められたものの、そのもつ失権効、すなわち証拠決定までに主張・申出のできた事実や証拠は同決定後は原則として主張・申出を許さないという効果は、維持されつづけた。ところが、EIにおいては大幅な変更が加えられ、証拠決定は訴訟指揮的裁判（証拠調べの開始を命ずる裁判）と解され、同裁判前に生じた事実や証拠でも、当事者はなお同裁判後において自由に主張・申出ができるとされて、つまりは、失権効が否定されてしまった。ただ、当事者（ことに被告側）が時機に後れて攻撃防御方法を提出したときは裁判所の裁量により却下できる、という制約が設けられた。

このような立法態度は、EIからEⅢを通じて変わらなかった。RJKにおいて、このような立法態度にクレームをつけたのは、①ベーアであった。彼は、法案（EⅢ）は純然たる口頭主義をとり、当事者が口頭で述べた資料のみが判決の基礎となるという態度をとっているが、この上さらに、その資料の提出に時期的な制約がなくなる（随時提出主義をとる）と、訴訟は混乱し、いつまでもだらだらとつづく危険があるから、やはり失権効をもつ証拠決定を認め、訴訟の進行にしばりをかけるべきである。なお、時機に後れた攻撃防御方法を裁判所の裁量により却下するという制限も、裁判所の裁量＝主観による点で危険であり、証拠決定の前後という客観的基準によるべきだ、と説いた。この提案については、⑦グナイスト、⑨ハウク、㉗ヴォルフゾーンが賛成の意向を示したが、議論が進むうちに、グナイストが説を改め、結局は三票の賛成（ベーアを含む）を得たのみで、却下されてしまった。[102]

(ロ)　本会議での議論　帝国議会の本会議の第二読会において、証拠決定の失権効肯定論が主張された。中央党の指導者であり、ハノーファー出身のヴィントホルストが、次のように発言した。「ハノーファーでは、従来から法案（EⅢ）と酷似した良い訴訟法が行われている（もちろん、H50のこと）。両者の違いは、証拠裁判に失権効を認めるか否かである。いまさらハノーファーでこの失権効を否定してみても、なに一つ事態がよくなるわけではない（かえって混乱するだけである）。しかし、統一ドイツのための民訴法が実現する以上、われわれは犠牲を差し出さなければなるまい。私は、現在ハノーファーで行われている法律こそその犠牲であると考える」と、かなりな詠嘆調であった。

この発言に対して、連邦参議院を代表して帝国議会の本会議に出席していたレオンハルトが次のように発言した。「口頭主義には良いところも悪いところもあるが、今やそれを採用することが政治上の要請となっている。その口頭主義をハノーファー法のように二分化することについては、貴方がたの帝国司法委員会が拒否した。口頭主義はより徹底されたものになったが、それだけに弊害も生じてこよう。しかし、そのような口頭主義をよしとして採用したのは、われわれ連邦参議院の責任だけでなく、貴方がた帝国議会の責任でもあります」と、いささか皮肉な口調で述べ、さらに語をついで、「今やドイツのほとんどの場所において、終局判決を言い渡す裁判官が、中間の裁判、ことに証拠決定に拘束されてはならない、というのが一致した意見となっている。したがって、これを覆すような議論をしても無意味に終わろう」と述べている。[103]

このレオンハルトの発言に対し、進歩党の領袖ヘーネルが、「私には、口頭主義を純粋に貫くとなぜ証拠裁判の失権効が認められなくなるのか、よく分からない。私はH50の認める証拠裁判の失権効を理想とするものである。しかし、これにあまりこだわると、この会議（本会議）の目ざした民訴法案のアンブロックな（一括の）承認が困難となろう。もはやこれ以上は言わない」と発言を閉じている。この発言に対して、「ブラボー」、「非常に良い」（Sehr gut）という喚声があがっている。[104]

(ハ) プロイセン閣議での発言　本会議の第二読会を通じて示されたＲＪＫ（＝帝国議会）側と連邦参議院側との意見の溝が埋まらず、司法法案の成立は無理かと悲観的な空気に包まれたプロイセン内閣の閣議の席上、レオンハルトが次のような述懐をもらしている。「ある訴訟法案の立案のとき決定的に重要と見えた諸原則が、そのまま立法時においても重要であるか、ということがきわめて疑問に思えるときがある。たとえば、民訴法において、数年前までは同時提出主義を排斥し、ことに証拠裁判の効力を否定すべきであるという見解が支配的であったのに、現在ではすでに反対の見解が現れている。帝国議会でいろいろの党派の議員——ヴィントホルスト、ラスカー（彼がその意見を表明したかどうかは知らない）、ヘーネル——からこの反対の意見が表明されている。問題の正当な解決は実際上きわめて難しいことである。」[105] 最後の方では言葉を濁しているが、やはりレオンハルトは証拠裁判のもつ失権効につよい未練を残していたのである。

(ニ) 早計に過ぎた（？）レオンハルト　彼自身も語っているように、たしかに数年前には証拠裁判のこの効力を否定する見解が時代のすう勢のように見えたのであろう。だからこそ、下僚のすすめるままにＥＩにおいてこの効力を否定するコペルニクス的大転換の挙に出たのであろう。しかし、当時の各ラントの立法状況を見るとき、レオンハルトは早とちりに過ぎたのではなかろうか。

当時の立法で証拠裁判のもつ失権効を否定していたのは、その趣旨の定めをもつフランス法をそのまま現行法としていたライン左岸地方（プロイセン領、バイエルン領、ヘッセン領）、および同様にフランス法をモデルとして立法されたバイエルン王国くらいで、やはりフランス法に傾斜したプロイセン草案を退けたプロイセン領の大部分、ハノーファー法、ＨＥ（ハノーファー草案）の影響を受けたヴュルテンベルク法、バーデン法などは、いずれもこの証拠裁判のもつ失権効を認めていた。そのころのドイツの法律家の約四分の三が、この制度になじみ、この制度のもとで活動している、という言い方がなされたくらいである。[106]

レオンハルトは、証拠裁判のもつ失権効を否定する立法のうち、バイエルン王国のそれに特に気をつかったようである。同王国はNE（北ドイツ草案）の審議に参加せず、北ドイツ連邦に協力してドイツ帝国を志向したときには、ドイツ全体の民訴法の立案には参加させるように要請していた。そして、同国の法律家たちが、証拠裁判のもつ失権効を否定することこそ自国法の特色であると信じ、そのことを執念深くにさえ主張してくることは、すでにレオンハルトはHEの審議の過程で経験ずみのことであった。その上、当時の学界の風潮として、自由の尊重を強調する見地から、当事者の行動にしばりをかける同時提出主義（証拠裁判の失権効などを含む）に対してはとかく批判的であった。機を見るに敏で、変り身の早いレオンハルトは、これらの状況を推察して、証拠裁判のもつ失権効の否定に踏みきったのではあるまいか（この点については、二(2)(ハ)(c)においてすでに指摘した）。

しかし、当時のドイツの立法状況は先に見たとおりである。また、フランス法も、バイエルン法も、いわゆる証人制限主義をとっている。証拠のうち書証を優先させ、証人を取り調べる範囲は制限するという建前である。バイエルン法はフランス法ほど徹底的ではないが、基本は証人制限主義である。[107] レオンハルトは、その関与した立法において、つねにこの証人制限主義に反対する態度をとってきた。CPOもしかりである。証人の取調べを自由に認める以上は、その取調べ前にその事件の争点が何であるかを見きわめ、その争点を要証事実として証人を尋問し、尋問後はできるだけ早い時期に終局判決にもって行く、それが訴訟法構築の基本であろう。そうでないと、終局判決の精度は落ち、証人尋問後に、新たな事実主張を許し、新争点の形成、それにともなう証人尋問を許していては、訴訟は漂流をつづけ、いつになったら終れるのか予測がつかない。その意味では、証人尋問、広くは証拠調べの開始を命ずる証拠裁判には、その後の事実主張を禁ずる失権効を認めることは必須であろう。

レオンハルトは、当時のドイツの立法状況を背景に、右の争点の証拠調べ前の確定、さらには失権効の必要を強調すれば、あるいは証拠裁判のもつ失権効の維持に成功したかも知れない。しかし、レオンハルト、その他の

CPOの立案に関与していた人々は、この争点の事前確定の必要などの見地をまったく見すごしていたようである。その後のCPO（一八九八年からはZPO）の改正の重点は、裁判所の釈明権をてこに、争点の事前確定、（時機に後れた攻撃防御方法の）却下権能の強化、という方向に移されていく。CPOをきわめて忠実に継受したわが国の民訴法は、漂流審理の苦しみを経験したのち、一九九八（平成一〇）年施行の新民訴法で、証拠調べ（ことに人証の取調べ）前に「争点及び証拠の整理手続」を認め（一六四条以下・一八二条）、この手続終結後には説明要求（詰問）権という——ゆるやかな形であれ——失権効を認める（一六七条など）にいたったのである。[108]

ドイツ法における証拠裁判は、その普通法以来裁判所が当事者に裁判の形で示す争点整理案としての機能をもっていた。この機能がCPOの成立によって見失われてしまったのである。

(100) EⅢとくらべての大きな変更点を掲記しているものとして、Hellweg, S. 133; Schubert, CPO, SS. 26–27. なお、Hahn, CPO, S. 1231ff. に帝国議会送付案（EⅢ）、RJKの第一読会の変更点、第二読会とその後の変更点、成法（CPO）の比較一覧表が掲記されている。

(101) 訴訟開始の手続は、H50を模倣したEⅠ（二(2)(ロ)）以来、RJKの審議も含めて、格別の議論、変更は見られなかった。

(102) Hahn, CPO, SS. 589–94.

(103) Albert Hänel（一八三三〜一九一八年）国法学者。ケーニヒスベルク（現在ロシア領、カリーニングラード）大学をへて、一八六九年よりキール大学の教授。六七年より帝国議会議員。

(104) Hahn, CPO, SS. 1207–12.

(105) Schubert, GVG, S. 925.

(106) RJKにおけるグナイストの発言。Hahn, CPO, S. 590.

(107) 上田徹一郎「ドイツ民事訴訟法における証人無制限原則の成立」中田淳一還暦記念『民事訴訟の法理』上（一九六九年）二三三一頁。

(108) 拙稿「争点整理の方策について——その史的考察——」原井龍一郎古稀記念『改革期の民事手続法』（二〇〇〇年）二九八頁以下。

八　レオンハルトの退場

裁構法、民訴法、刑訴法、破産法の四法は、先にも触れたように、一八七九年一〇月一日からいっせいに施行された。この四法、ことに手塩にかけた民訴法の施行を見とどけて、レオンハルトは同月下旬、健康を理由にプロイセン司法大臣の辞任を申し出た。同月二九日、国王（ヴィルヘルム一世）はこの辞任を裁可するとともに、次のような懇篤な書簡を送ってきた。「朕はもう長い間、貴下（Sie）がこのような決心をすることを恐れていた。貴下が朕および祖国のためにその健康を犠牲にされてきたことを知っていたからである。しかし貴下は、無為に働かれたのではない。その高貴なる結果、すなわちドイツ法の統一という、今まで多くの者が多くの機会に試みて失敗してきた結果を、見事に実現されたのである。貴下の名は世界史上に不滅のものとして輝くであろう。貴下の比類なき献身、犠牲、忍耐に対して、国王として心からなる感謝を表する次第である。[109]」

彼は一一月四日には、ベルリーンから故郷ハノーファーへと居を移した。それからわずか半年あまり、翌八〇年五月七日、レオンハルトは腎臓病のために死去した。一五年六月六日生れであるから、六四年と一一か月の生涯であった。[110]

(109)　Wippermann, Allgemeine Deutsche Biographie, Bd. 18, S. 305 の紹介による。同所には、彼の退任時のマスコミの論調も紹介されているが、概して彼のドイツ帝国、プロイセン王国の立法への寄与を報じ、称讃にあふれていたが、次のような厭味を書く新聞もあった。例のドイツ・ハノーファー党（ヴェルフ党）の機関紙である。「彼は、かつて仕えた国王（ハノーファーのゲオルク五世）の財産を凍結し、プロイセンの管理下に移した（ヴェルフ基金となる）法律に署名した男である」（**六の一(2)**(ロ)(b)参照）。故国の最後の司法大臣として、その敗戦・消滅に立ち会い、その後は戦勝国の官僚に身を移し、司法大臣の栄位にまでのぼりつめたレオンハルトに対し、故郷から浴びせられるいつに変らない罵声であったろう。

ちなみに、レオンハルトはプロイセンの司法大臣に六七年一二月五日就任し、一一年と一一か月という長い期間つとめたことになる。

(110)　レオンハルトの女婿で、ＲＪＫ（帝国司法委員会）の議事録の作成者の一人であったジュードが、レオンハルトを追想して書いた論稿の一端は、先に紹介したが（**六の一(4)**(ハ)）、同じ論稿のなかに、レオンハルトの日常生活に触れた次のような記述もあることを紹介しておこう（Schubert, StPO, S. 6, Anm. 16による）。「レオンハルトは学問的にも基礎から鍛えられた法曹であった。学問とのつながりは彼にとってはつねに必要なことであった。プロイセンの司法大臣としての多忙な合い間、暇を見つけてはドネルスの『ローマ法注解』を読んでその英気を養っていた」。

ドネルス（Hugo Donellus. フランス名ドノー Hugues Doneau. 一五二七〜九一年）は、フランスでさかんであった人文主義法学を代表する一人であり、『ローマ法注解』（Commentarii de iure civili）はその主著であった。ドネルス（ドノー）については、勝田有恒ほか編著『概説西洋法制史』（二〇〇四年）二〇五〜六頁。

プロイセン一般裁判所法

略称表

石部（雅亮）『啓蒙的絶対主義の法構造』（一九六九年） 主として一般裁判所法と同じころの実体法典、一般国法（Allgemeines Landrecht）を記述の対象としているが、このころのプロイセン法の構造と背景を知るうえで欠くべからざる文献。

熊谷（弘）「民事訴訟に於ける弁論主義の研究」司法研究報告書第三一輯一五（一九四二年） 弁論主義に関する研究を行う過程で一般裁判所法にも触れている（一九〇頁以下）。ことに、同法の序章（Einleitung）の全訳を試みている。

拙稿 鈴木正裕「一八世紀のプロイセン民事訴訟法——職権主義訴訟法の構造——(一)～(三)」神戸法学雑誌二三巻三・四号、二四巻二号、四号。このうち、(一)では、一般裁判所法の前々身、マルク・フリードリヒ勅法の内容、および一般裁判所法の生みの親、カルマー、スヴァーレッツの二人が権力を握るに至った過程を紹介、(二)では、一般裁判所法の前身CJF、およびその崩潰過程を紹介し、(三)では、一般裁判所法の総論にあたる部分について述べる。

大系 成瀬治ほか編『世界歴史大系 ドイツ史2』（一九九六年）

Abbeg Johann Friedrich Heinrich Abbeg, Versuch einer Geschichte der Preußischen Civil Prozeß-Gesetzgebung, 1848. プロイセンの民訴法立法史を同国の草創の時期まで遡って紹介したもの。全八四章のうち、一般裁判法には第三三章から第五九章までがあてられている。著者（一七七六～一八六八年）は当時、ブレスラウ大学教授。刑事法学者として著名。

AGO Allgemeine Gerichtsordnung für die Preußischen Staaten. プロイセン一般裁判所法。Schubert（Werner）によって一九九四年に解説付きで復刻されている。

Ahrens 前稿「A・レオンハルトの生涯」でも用いた文献。その内容は前稿参照。プロイセン法についてはその八三頁から三二三頁までがついやされている（一八六四年のプロイセン草案を含む）。このうち、一般裁判所法は一二九～四四頁。

AR Assistenzrat(h) 直訳すれば、補佐裁判官か。後述するCJFにおいて、弁護士が法廷から追放されたのち、当事者の援助のために裁判所から任命された若手裁判官。

Bomsdorf　Falk Bomsdorf, Prozeßmaximen und Rechtswirklichkeit, Verhandlungs- und Untersuchungsmaxime im deutschen Zivilprozeß, 1971. 弁論主義・職権探知主義の対概念を追跡する過程で、一般裁判所法、その前身であるCJFをはじめ、その前後のプロイセン諸法の紹介も行っている。キール大学に提出された博士号取得論文であるが、筆者が以前、同大学および指導教授の研究室に問い合わせたところ、著者のその後の消息は不明であるとのことであった。

CJF　Corpus Juris Fridericianum. Erstes Buch von der Prozeß-Ordnung. 1781. フリードリヒ法大全・第一部訴訟法。Schubert (W.) によって、一九九四年に復刻されている。

Dahlmanns, Handbuch　前稿「A・レオンハルトの生涯」でも用いた文献。プロイセン法については、二六四五頁以下。

DP　Deputierter　一般的には、受命裁判官のことを指す。本稿では、CJFにおいてはこの略称を用いず、AGO以下において用いる。

JK　Justizkommissar　司法委員とでも訳すべきか。CJFによって、訴訟手続から追放された弁護士に付された名称。

Koch　Christian Friedrich Koch, Der preußische Civil-Prozeß, 2. Ausgabe, 1855. 一般裁判所法に関するもっとも信頼すべき体系書。ただし、一九世紀に入って発布された一般裁判所法に関する数多くの改正法令も取り込んで記述しているために、本書の叙述から一般裁判所法の原型を窺い知ることは、意外に困難を覚えることが多い。著者の経歴は、のちに彼の作成した草案に触れる際に紹介することにしたい。

Mittermaier　Karl Joseph Anton Mittermaier, Der gemeine deutsche bürgerliche Prozeß in Vergleichung mit dem preußischen und französischen Civilverfahren und mit den neuesten Fortschritten der Prozeßgesetzgebung, Beiträge 1 (2. Aufl., 1822), 2 (2. Aufl., 1827), 3 (1823), 4 (1826)　一九八七年に復刻されている。普通訴訟法とプロイセン法、フランス法の対比という表題の示すとおり、プロイセン法（一般裁判所法）の異なる法系との相違を知ることができて、貴重。著者（一七八七〜一八六七年）は、有名な雑誌Archiv für die civilistische Praxis の最初の編集者の一人であるとともに、刑事法学者、また一九世紀中葉のドイツにおける自由主義・個人主義の法イデオローグとしても名高い。一八四八年のフランクフルト国民議会の前段階である準備議会において議長に選ばれている（前稿、二の三注（32））。

一　前史

プロイセン王国の一般裁判所法（Allgemeine Gerichtsordnung für die Preußischen Staaten. 以下、ＡＧＯ）は、一七九三年七月六日、国王からこの法律を裁可する旨の勅許状（Patent）をえて公布された。(1)もっとも、その第一編が印刷されたのが翌年一二月、また、第二編、第三編が印刷されたのが翌々年七月、そして、各裁判所がこの印刷された法典を受け取った時点から法律が発効するという、今日ではちょっと考えられない超スローモーぶりであった。(2)

この法律は、後代の学者から、「民事訴訟法史上の突発的変異」と呼ばれることがある。(3)民事訴訟法には、当事者に訴訟手続上の主体としての地位を認め、裁判に必要な資料の収集も当事者にゆだねている立法例が圧倒的に多いが、その中にあってこの法律は、手続上の主体的地位を当事者から奪って裁判所に与え、裁判の資料も裁判所が責任をもって収集にあたるという、裁判所にとてつもなく大きな職権を認めたことから、右のような「突発的変異」という呼び方がされるのである。しかし、この法律もある日突然、立法者の頭にひらめき、それが法典化されたというものではない。それなりの社会的・歴史的背景をもっているのである。ことに、この法律の前身となったものに、Corpus Juris Fridericianum. Erstes Buch von der Proceß-Ordnung（直訳すると、フリードリヒ法大全・第一部訴訟法。以下、ＣＪＦ）という法律がある。この法律が、ＡＧＯにくらべるともう一段強烈な裁判所の大きな職権を認めていた。しかし、この認め方が度をすぎて、かえって実効性があがらなかった。そこで、立法者もやむなく、裁判所の大きな職権を多少後退させて、新しい法律をつくった。それがＡＧＯである。したがって、当事者に手続上の主体的地位を認めることの多い民事訴訟法の中にあって、裁判所に大きな職権を認めたことにより、「突発的変異」と呼ばれるなら、その名はむしろＣＪＦにこそ冠せられるべきであったといえる。以下では、ＡＧＯに立ち入る前に、このＣＪＦについて、その内容と、生い育ってきたいきさつを見ていくことにしよう。

一 弁護士哀史

一七〇〇年代のプロイセンでは、弁護士階層に対する社会的評価が著しく下落していたと伝えられている。(4) このように社会的評価が下落すると、いきおいその階層に不純分子が集まってきてさらにその社会的評価が下落するという、一種の悪循環が繰り返されるのであるが、この時期のプロイセンには、このほかにも弁護士階層に対する社会的評価を下落させる種々な要因が重なり合っていたように思われる。

まず、この時期のプロイセンは、いわゆる絶対主義の時代に入り、強力な官僚的国家体制を布くことになる。プロイセン国家の頂点には、いうまでもなく国王が位置するが、その治下の諸地方には、まだ土地貴族（Stände. 等族と呼ばれる）がいて、その支配地域に国王の権力も寄せつけない絶大な権威を有していた。支配地域の司法・行政をつかさどる官憲もこの土地貴族の支配下にあり、たとえば裁判所も土地貴族が経営するとともに、その裁判所には、貴族に忠誠を誓った裁判官が配属（＝雇用）されていた。ところが、次第にこの土地貴族の権威が奪われて国王に集中し、国王の権力が強大化するとともに（絶対主義化）、諸地方をつかさどっていた官憲も、国王に忠誠を誓った官僚に取り替えられていき、やがてプロイセン全土には、この国王に忠誠を誓った官僚による支配の網の目がかぶせられた。裁判所もまた、国王の経営する裁判所（直轄裁判所）の管轄区域がひろがっていき、その分貴族の経営する裁判所の管轄区域がせばまっただけではなく、その裁判所には、国王の経営する裁判所で試験を受け、そこでトレーニングされた裁判官を採用するよう、国王から要求された。土地貴族の支配権の一つの現れである裁判権は、実質的に奪われてしまったのである。

しかし、プロイセンは、右のような官僚的体制、しかも国王に忠誠を誓った官僚による支配体制をとったにとどまらず、同時に、強力な軍国主義、強力な戦時国家の体制もとるにいたった。有名なフリードリヒ大王の父、フリードリヒ・ヴィルヘルム一世は「軍隊王」、「兵隊王」といわれた人で、軍隊の育成だけがその唯一のホビーであり、常備軍の育成に力を注いだ結果、今まで弱体であったプロイセン軍団をヨーロッパ有数の強力軍団に仕上げた。その息フリードリヒ大王は、父王からこの強力軍団を引き継ぎ、治世のはじめから近隣諸国、とくにオーストリアに戦争をしかけ、連戦につぐ連戦で、ときには死を覚悟するほどの苦境に立たされたが、最後には見事に勝利を収めて、プロイセンをドイツ有数の大国にし、「大王」の名をほしいままにした。

このように毎年のように戦争をしかけ、軍隊はもとより国全体をあげて戦時体制をとる時代・社会において、そして他方で国王に忠実な官僚を全国に派遣して強力な官僚体制を布く国家において、自由業で、もともと国家の統制に服する立場になく、しかも人民の側に立って国家に刃向かうことの多い弁護士が、国家・社会の警戒と憎悪の対象になることはいうまでもないところである。わが国の明治初期から中期にかけて、官僚的国家体制をつくり上げていく過程で「代言人」に押しつけられたいろいろの圧迫や、太平洋戦争のさなか、「弁護士なんかやめて、もっとまともな正業につけ」と官憲からどなられたというエピソードを思い起こせば、比較的簡単に追体験することができるであろう。

なお、この当時、弁護士に向けられた社会的反感・憎悪の一原因として、人々の苦悩の象徴である「訴訟」によって生計を維持しているという嫌悪感があり、この嫌悪感をルッターらの宗教的指導者がより一層あおったといわれているが、プロイセンが国王をはじめ敬虔な新教徒（プロテスタント）の国家であったという事実も付記しておくべきであろう。(5)

二　シュレージエン新司法官僚の台頭

(1)　弁護士放逐論

弁護士が反体制分子と目され、国家・社会の警戒・憎悪の的とされてくると、いつの時代でもそうであるが、この時の流れに敏感に反応する学説が現れてくる。訴訟がいちじるしく遅延し、当事者がかさばむ訴訟費用と時間の浪費に苦しんでいるのは、一にかかって弁護士の無能と策略にある。彼らは無学識・不勉強なので、裁判所にわけのわからない混乱にみちた文書を提出し、裁判所をして応接にとまどわせ、そのために訴訟を引き延ばさせ、また、もともと訴訟を引き延ばせば延ばすほど弁護士の収入はふえるから、彼らはその引延しに全精力と技巧とを傾けるのである。そうであるならば、いっそのこと、弁護士を訴訟手続から追い出してしまえばどうか。そして、これに替えて当事者本人に裁判所へ出頭させ、裁判官がじきじきにその本人を取り調べ、事件の真相を究めたほうが、訴訟も迅速に進むし、また、適正な裁判をすることができるのではないか——このようなことが、当時の有力な民訴法学者によって説かれていた[6]。しかも、以上のことは、何も学者によって説かれるにとどまったのではない。その学者の説くところをそのまま実践に移して、弁護士を放逐した訴訟手続を考案したプロイセンの官僚がいた。シュレージエン州の司法長官であったカルマーとその部下のスヴァーレツであった[7]。

シュレージエン（シレジア）は、フリードリヒ大王がオーストリアとの戦争の結果獲得した新しい領土であったが、その地に若くして中央から派遣された司法官僚のカルマーは、その後とんとん拍子に地位をのぼりつめて、早くも司法長官の地位についた。彼はシュレージエンに派遣された当初から、訴訟手続より弁護士を放逐して、裁判官が直接当事者を取り調べるべきだ、という信念をもっていた。司法長官になったのを機に、この信念を現実化し、弁護士を訴訟手続より放逐して裁判官が当事者を直接取り調べるという法典を制定、これを実際の事件に適用した。たまたまシュレージエン州の民情視察にきたフリードリヒ大王に、この訴訟法典を呈示し、その実際の結果につき報告した[8]。その実際の結果を嘉《よみ》したフリードリヒ大王は、この訴訟法典を単なる州法にとどめず、プロイセン全土で適用される一般法典にまで高めるべきだと考え、首都ベルリーンにいる司法官僚たちにそのことの検討を命じた。ベルリーンにいた大法官（プロイセン全土の司法長官）フュルストや、その部下のルブールたちは、この訴訟法典に反対した。(9) 大王の指示を受けたフュルストに乞われてルブールが書いたといわれる意見書の中には、次のような表現が見られた。「すべての責任を弁護士に転嫁させるほど、ありきたりなこともなく、容易なこともない。裁判官が直接調査することによって、はたして事件の真相が明らかになるかどうか疑問である。少なくとも、単独の裁判官が事件の審理にあたる下級裁判所の場合には、このことは大いに疑問である。なぜなら、これら単独裁判官の審理は、往々浅薄をきわめ、欠点だらけで、弁護士よりももっともっと軽率だからである。（カルマーのいう）資料の混乱と訴訟の遅延は、なにも弁護士がついていようがいまいが生ずることである。けだし、多くの当事者自身が、軽率で、秘密ずきで、嘘をいう技巧を身につけているからである。また、弁護士を廃止すると、当事者は、もぐり弁護士・三百代言のもとに走ることになって、かえってわざわいが大きくなるであろう。(10)」

(2) 御前討論

カルマーの新訴訟法典に心をひかれながらも、ベルリーンにいる司法官僚のトップたちに反対されたフリードリヒ大王は、判断に窮したのであろう。一七七六年の正月、彼のポツダムにある宮殿にフュルスト、ルブール、カルマーの三者を呼び集め、彼の面前で討論をするように命じた。弁護士の追放に反対する前二者に対してカルマーは、自分の意見でも、弁護士を追放して、当事者本人をまるっきり一人ぽっちでおくわけではなく、彼のために利益の擁護者をおくつもりであると述べた。すなわち、何年間か裁判官試補（Referendar）を勤めた者のなかから、原告・被告のために弁護活動をする者を選び、彼らが原告・被告のために訴状、答弁書を作成し、また、審理に際してその審理を担当する裁判官を監視する役割を果たす。この任務を無事に果たした者のなかから、将来の裁判官（Gerichtsrat）を選ぶつもりである、とその構想を述べた。ただ、この当事者のために活動する者を弁護士（Advokat）と呼ぶのは適当でなく、彼らはもともと裁判官なのだから、Assistenzrat と呼ぶつもりである、とも述べた。

(3) 意外な結末

この御前討論は、フュルスト、ルブール側の勝利に終り、カルマーは完敗した。フュルスト、ルブールは、弁護士を追放して裁判官が直接当事者を取り調べるのは、糾問訴訟（Inquisitionsprozess）を民事訴訟にもち込むものだといって非難した。糾問訴訟とは一体何だ、という大王の質問に答えてルブールは、「元来が（ローマ）教皇が考案したものであります。隠された犯罪をあばきたて、秘められた真実を明らかにするためには、有効な方法かと存じます。しかし、もし弁護士がいなくなりますと、激情的な裁判官がこれをむやみにふり回し、当事者に自分の気分のおもむくまま手のこんだ質問をして彼らを困惑させるなど、非常に濫用される危険があります」と説明した。プロテスタントであり、（彼の発意に基づくかどうかは甚だ疑わしいが）即位後三日にして拷問を廃止させたほどの「啓蒙君主」フリードリヒ大王に対して、これはきわめて効果的な解説であった。自国語を野卑として嫌い、フランス語を愛好した大王が、「Cette méthode d'inquisition et d'interrogatoires, ne doigt pas de tout être généralisée（このような糾問的、探索的方法は、決して一般化されてはならぬ）」という有名な一句をはいたのも、このときであった[11]。

事情がこのまま推移すれば、かの（悪?）名高き職権主義訴訟法（訴訟において当事者よりも裁判所の職権を重視する法律）、つまりＣＪＦ（ひいてはＡＧＯ）は、ついに実現しなかったかも知れない。ところが、ここで、思わぬ大番狂わせが生じた。かの「粉屋アーノルト事件[12]」の出来である。「出て行け、お前はもうクビだ！」（Marsch, Seine Stelle ist schon vergehen）」という一喝によって大法官フュルストは解任され、その後任にカルマーが選ばれた。

三 CJF

(1) 成立の経過

大法官になったからといって、カルマーとその部下スヴァーレッツが直ちにその年来の宿願、弁護士を追放して裁判官が直接当事者を取り調べるという訴訟法を実現できたわけではなかった。

当面は、アーノルト事件で裁判官や裁判手続にすっかりつむじを曲げてしまった「老」フリードリヒをなだめ、彼に一応の得心と満足を与えてやるという仕事が待っていた。そのほか、大法官の就任に伴っていろいろのこまごました仕事があったが、これらの仕事が一段落すると、彼らはいよいよ、右の年来の宿願の達成にとりかかった。

まず、新しい訴訟法の制定を予告するかのように、大王の名で「司法制度の改善に関する閣令」というのが発せられた。次いで、現在の訴訟法と将来予想される新しい訴訟法との基本的な差異を明らかにしたスヴァーレッツ筆の解説書が刊行され、これが全国の裁判所に配布された。

このうち、前者の「閣令」は、もとよりカルマー、スヴァーレッツのレクチャーを受けた後に発せられたものであろうが、フリードリヒ大王の訴訟観、弁護士観が表れていて、それとして興味深い[13]。

「今日のプロイセンの訴訟法[14]は、すでに数世紀にわたって全ドイツにおいて不満を唱えられているかの教会法[15]の不適切な構造をそのまま引き継ぐものである。

まず第一に、訴訟当事者が自己の訴えなり不服を裁判官に直接聴聞してもらうことができず、弁護士を通じてでないと自己の要求を裁判官に陳述できないというのは、なんといっても自然の理法に反するものである。しかもその弁護士たるや、訴訟を遅延させ混乱させることに憂き身をやつしている。なぜならば、この遅延と混乱こそが彼らの収入源であり、彼らの全生活がそれにかかっているからである。

裁判官は、弁護士がその書面を通じて事実を恣意的にひん曲げ、不明瞭にし、または欠点だらけに陳述するまで、事件の一件記録を手にすることができない仕組みになっている。そのため彼は、法律上の正しい観点を見失い、不適切な証拠であっても取り調べることを強制され、かくして押しつけられた誤った道を歩むために、しばしば自己の確信に反しても正義に反する判決を宣言することを強いられるのである。

朕は、かつての古えの賢明なる諸立法者が、かくのごとき自然の理法に反する訴訟法を立法しようなどという想いにとらわれたとは、とうてい思えないのである。これは、後代の蛮性（Babarei）と、裁判官のこの訴訟法を快適とする怠け心とが、かかる訴訟法を生みだしたものと信じている。（中略）

かくして、朕は、朕の裁判官に対して次のように命ずる。――以後裁判官は、当事者の訴えや答弁について、当事者を直接取り調べ、彼らの陳述と持参した証拠とを比較対照し、紛争の基盤となった事実の真の関連をみずから調査にあたるべきである。」

カルマー、とくにスヴァーレッツの苦心の結晶である新しい訴訟法、ＣＪＦは、一七八一年四月二六日、国王の勅許状（Patent）をえて正式に公布された。

(2)　訴訟手続の概要

以下に、ＣＪＦの定めた訴訟手続の概要をみていこう。もっとも、このＣＪＦの訴訟手続とＡＧＯのそれとには、それほど大きな差異はない。ただ、決定的に違うのは、前者が弁護士を追放して裁判官が直接当事者を取り調べることを認めた点である。すなわち、弁護士に訴訟手続に関与することを認めず、それに代えて若手裁判官から起用した者（前に述べたように、Assistenzrat と呼ばれた。以下、ＡＲ）を利益の擁護者として当事者の側につけたのである。ＡＧＯの訴訟手続についてはのちに詳細をみるので、ここでは上の決定的な相違点――ＡＲが訴訟手続上どのような形で当事者の利益擁護者として働いたのか、また、訴訟手続から排斥された弁護士がその後どのような運命をたどったのか――を中心にＣＪＦの訴訟手続の概要を眺めていこう(16)。

(イ) 訴訟の開始

(a) 訴訟は、原告が裁判所に訴えの申立て（Anmeldung）をすることによって開始される。この申立てがあると裁判所は、自己が管轄権を有するかどうかを調査し、管轄権があると認めると、若手裁判官のなかからARを一人えらび[17]、原告には、このARのもとに出頭して訴えに関する取調べを受けるよう通知する。

(b) ARは、出頭した原告から、「訴えについて必要なすべての事情を聴取して、これについて調書（Informationsprotokoll）を作成しなければならない」。前述したように、ARは裁判官のなかから指名される。したがって彼は、性質的にはあくまで裁判官なのであるが、ここでの彼の活動は、むしろ原告側についた弁護士のそれに酷似している。つまり、彼は、のちに訴状を作成するために原告からいろいろ必要な情報（Information）を聴取するのであり、彼が調書を作成するのも、のちに訴状を作成するための心覚えであるといってよい。

したがってまた、以下に述べる諸規定も、ARが情報を聴取するにあたっての、また訴状を作成するに際しての、立法者の側からする注意書きであるとみてよい。

たとえば、①「ARは、訴えの目的物（原告が請求する目的物）に関しては、とくにそれが有体物の場合には、その物の状況、境界、面積、重量その他によって、その目的物を他の類似物からはっきり区別し、いっさいの誤解、錯覚、曖昧さが生じないようにしなければならない。」②「請求の発生原因とされた事実、行為、または出来事については、それに関する主な一切の事情を――附随的な事情であっても、それが事件の解明に役立つと思慮するかぎりは――、原告から詳細にかつ十分に聴取しなければならない。とくに、下層の者を相手とし、この者が物事に対する理解力を欠き、自己の要求を簡潔にしかも関連させて述べる能力に不足しているときは、ARは注意深くかつ我慢に我慢を重ねて質問を繰り返さなければならない。……要するに、species facti（請求を理由づけるために必要な事実）は、どこにその問題があり、またこの事実から請求がいかにして導かれてくるかを、一見して明瞭な形で整理しておくべきである。」また、③「請求については、それが本来何を要求し、またその程度・量はどんなものか。たとえば、原告は元本のみを要求するのか、それとも利息をも合わせて要求するのか、また合わせて要求するとして、その根拠はどんなものであるかなどを、原告から明確に聴取しておくべきである。」そのほか、ARは、二重起訴の有無や原告の当事者適格などにも十分注意を払うべきである。

以上の規定を読むと、原告側に弁護士がついた場合にその弁護士が注意を払うべき心覚えとほとんど同じである。しかし、以下のような規定を読むと、やはり、ARの裁判官としての性格が露骨に表現されている。

(c)　ARは、その取調べにあたって、「裁判所の管轄権や原告の当事者適格などにつき疑いが生じたときには、直ちにその旨を裁判所に報告しなければならない」。また、ARは、「原告の請求が法律上理由なしとみえる場合や、被告から提出が予想される抗弁に対して原告が十分な反駁の材料をもたず彼の敗訴が必至とみえる場合にも、やはり裁判所に対して報告しなければならない」、などといった規定がみられる。

さて、ARは、もはや取調べが十分に行われ、原告から聴取すべき必要な事情がなくなったと判断したときには、その調書（Informationsprotokoll）を原告に対して読み聞かせ、彼が文字を書くことができるときには、この調書に署名させる。その後、ARは、Hauptbericht（主報告書）の作成にとりかからねばならない。このHauptberichtは、次のような記載事項からも明らかなように、訴状に相当するものである。すなわち、「(1)　請求の発生原因たる事実の完全な記載。(2)　この事実を立証するための証拠方法の明白な表示。なお、証拠方法が文書である場合には、その原本、もしくは正確な謄（抄）本を添付しなければならない。(3)　一義的な『申立て』（請求の趣旨）の表示」。

ARは、このHauptberichtを作成すると、これに自己の調書を添えて、裁判所の受付係（登録係 Registrator）に提出する。いわば、訴状が裁判所の窓口に提出された形である。

(ロ)　被告の応答

(a)　さて、Hauptberichtなどを受領した受付係は、これらをDezernent（訴状の受付け、審査を担当する裁判官）

に交付し、Dezernent はこの旨を裁判所に報告する。なお、この報告に先立って、Dezernent は、ARの提出した調書等を精査し、これに欠点・不備を見出したときには、一定の期間を設けてARに補正を命じ、また必要がある場合には、原告に連絡して、もう一度ARのもとに出頭し、その陳述を補充・訂正するように命じることができる。

(b) ARの提出した調書ないしは Hauptbericht に疑義がないか、またこの疑義が解消されたときには、これらの書類の写しが被告に送達される。この送達に際しては、同時に、裁判所の定める一定期間内に、原告の請求を認諾するか、それとも争うかを応答すべき旨の催告状も送られる。

(c) もし被告が争う旨を応答すると、彼のためにARが任命され（原告側のARとは別人である）、その答弁について原告の場合と同様の取調べが行われる。この取調べが終了すると、ARは自己の調書（Informations-protokoll）とともに Hauptbericht を提出するが、この Hauptbericht が答弁書に相当するわけである。

(d) これらの書類が裁判所の受付係に提出され、受付係から Dezernent に交付され、彼の審査を受けたうえで裁判所に報告されることなど、原告の場合と全く同じである。裁判所がこの被告側の Hauptbericht を適法と認めると、その写しが原告側に送達され、同時に審理のための期日が指定される。いよいよ訴訟手続は、事件審理の正念場へと踏みこんだわけである。

(ハ) 事件の審理と争点整理

(a) 事件の審理（Instruktion という）は、Deputierter と呼ばれる裁判官によって担当される。この裁判官は、通常はARより上位の、したがってそれだけ経験豊富な裁判官から選ばれる。審理の進行、期日の指定・変更などは、すべてこの裁判官の自由裁量によって決せられる。「Deputierter は、審理にとって必要なすべての事項を職権によって行うことができる。当事者は Deputierter の指示に従わなければならない。」

(b) ARは、つねにこの審理に立ち会うことができる。ここでは彼は、一面 Deputierter の協力者であるとともに、他面その監視者として現れてくる。たとえば右述した Deputierter が審理にとって必要な事項を行うにあたっては、「彼（Deputierter）は事前にＡＲから意見を聴き、そのうえで必要な処置を決しなければならない。もしＡＲにこの Deputierter の処置に不満があるときは、彼は裁判所に対して異議申立てができる」。

(c)　審理の期日には、当事者双方を呼び出し、すでに提出されている訴訟記録に即して、事件のポイントごとに、当事者が事実を自白するか、それとも否認するかを確かめていく。このように当事者が自白する事実、また否認する事実が明らかになってくると、おのずから当事者間の争点（status contraversiae）も確定されてくる。「Deputierter は、この自白、否認ならびに争点を、簡潔でしかも一般にも理解が容易な文章にして、調書に記載させなければならない」（Deputierter が文章にして口述し、それを書記が調書に記入するのである）。原・被告側のＡＲは、この争点の整理に際して Deputierter を十分監視しなければならない。「彼ら（ＡＲ）は、つねに自己の調書（Informationsprotokoll）を携行し、もし Deputierter が見落したり、あるいは明白な形で十分整理しない事柄があるときは、その点について Deputierter に注意を促し、そのようにしてこの争点の整理に関し、Deputierter を注意深く監視（Kontrolle）しなければならない。」

(d)　このようにして争点が確定すると、次に、証拠調べに入る。この証拠調べにも、ＡＲはつねに立ち会うことができる（たとえば、当事者の立会いを許さない証人尋問の場合にも、ＡＲには立会いが許される）。証拠調べが終了すると、ＡＲによる法律上の陳述（Deduktion）が行われる。この陳述は、取り調べられた事実から法律に従うと事件にどのような結果が導かれるかについてＡＲが意見を述べるものである。

㈡　判　決

法律上の陳述が終ると、審理は実質的に全部終ったことになり、手続は、判決の起案へと移行していく。

判決の起案には、審理を担当した Deputierter とはまた別の、裁判長により指名された一人の裁判官（Referent という）がその任にあたる。Referent は、まず事件の審理が完全に、また適法に行われたかを調査し、もしそれらに欠点を見出したときは、Deputierter に補正を命じ、必要ならば審理の再開を求める。起案された判決案は、裁判所の合議によって、結論が決められる（多数決）。判決書は四通の写しが作成され、当事者双方のARに二通ずつ交付される。各ARはそのうちの一通を自己の当事者に渡し、その際に上訴する意思があるかどうかを問いただすことになる。

(3) 裁判官の多様さと相互監視

(イ) 裁判官の多様さ

以上の訴訟手続を概観されて、読者の注目をひくのは、登場してくる裁判官の多様さではなかろうか。AR、Dezernent, Deputierter, Referent ——このうち、当事者の利益の擁護者として弁護士の代用をつとめるARはまずやむを得ないとしても、審理を担当する Deputierter と判決の起案を担当する Referent を別人としているのは、今日のわれわれの感覚からすれば理解に苦しむ。しかし、これは、当時のドイツの訴訟法学においては間接（審理）主義が支配的であったことに起因している。審理を担当する者と判決の起案を担当する者とは、できるだけ別人であることが望ましい。審理を担当しているとどうしても当事者に密着し、それに対する好悪の感情に流されるから、審理を担当している者がそのまま判決の起案まで行うと、その判決の公正さを害する恐れがある、と当時は考えられていたのである。CJFは、この当時の考え方に忠実に、Deputierter と Referent を区別したのである。

(ロ) 相互監視

(a) しかし、以上の訴訟手続を概観して、いまひとつ目をひくのは、この多様な裁判官の間に、相互牽制・監視のシステムがとられていることであろう。ARの提出した Hauptbericht に不備があれば、Dezernent はその補正を命じ、場合によっては原告・被告の再度の取調べを要求することができる。審理の折りには、ARは Deputierter を「監視」し、彼の処置に不満があるときは、裁判所に異議の申立てができる。Referent も、判決の起案に先立って、審理が十分に行われたかどうかを点検し、もしそれに不備があるときは、Deputierter に補正を命じ、必要がある場合には審理の再開すら要求することができる。

(b)　このように裁判官相互の間に牽制・監視のシステムを導入したのは、立法者（カルマー、スヴァーレツ）が、裁判官の権力の濫用を恐れたためである。彼らは一方で、人民を食いものにしている弁護士を訴訟手続から放逐し、裁判官が直接当事者の利益の擁護につとめ、あるいは審理を通じて事件の真相をきわめ、人民のうちの真の権利者には権利を与え、義務者には義務を強制するなど、いわば司法権力の総力をあげて人民の福利と平穏の確保のために努力しようとしたのであった。しかしその他方で彼らは、裁判官が直接人民と交渉し、その上に強大な権力をふるう結果、人民の利益を侵害し、自由を奪うことを恐れたのである。彼らの法思想（よく啓蒙的自然法思想といわれる）は、権力による人民の生活への後見的干渉と、その人民の自然的自由の保護という、本来相矛盾する二つの要素を含んでいたといわれるが、ＣＪＦの規定――弁護士を放逐し、裁判官が直接当事者の利益を擁護するという規定と、裁判官相互の牽制・監視を定めた規定――に、この本来相矛盾する二つの要素をみるとともに、ＣＪＦが彼らの思想の忠実な産物であったことを知るのである。

(c)　しかし、後者の裁判官相互の牽制・監視を定めた規定は、はたして立法者の期待どおりに有効に機能したのだろうか。たとえば、ＡＲは審理において Deputierter を監視する役割を課せられていたが、Deputierter は彼にとって、より上位の、経験豊かな裁判官である。この裁判官を監視し、場合によってはその処置に不満があるとして、裁判所へ異議申立てをするだけの、能力と勇気を持ち合わせていただろうか。同じようなことは、裁判官（その役割分担）の多様さについてもいえそうである。たくさんの裁判官を擁し、五つの役割（原告側・被告側のＡＲ、Dezernent, Deputierter, Referent）に裁判官を拠出できるような裁判所なら、格別問題はない。しかし、裁判官の数が少なく、ときには一人しかいないという下級裁判所では、一体どうなるのか。その一人の裁判官の五役兼担ということになるが、そうなると裁判官の相互牽制・監視など、及びもつかないこととなる。ここでは、権力の人民の生活への後見的干渉のモメントのみが残って、人民の自然的自由の保護のモメントは完全に脱落することになる。

(4) 弁護士の運命——Justizkommissar

CJFが制定された結果、在来の弁護士（Advokat）は訴訟手続から放逐され、代ってAR制が導入されたが、放逐された弁護士たちはどのような運命をたどったか。

(イ) JKの設置

前述した「司法制度の改善に関する閣令」において、フリードリヒ大王は次のように述べていた。「在来の弁護士のうちで、ARになれる資格を有する者はごく少数であろう。その結果として、彼らの大部分は失職者（brotlos）になるであろう。朕は、彼らのうちに有能で真面目な者のいるかぎり、彼らをできるだけMagistrat（市参事会。当時の市参事会は市民に対する裁判権をもっていた）の補助者、その他これに類似する職種に採用するよう、適当な処置をとるであろう。ただし、まったく劣悪な人間は顧慮（Attention）に価いしない。」この約束に応じて、何人かの者はARに選ばれたが、その他の者のためには、Justizkommissarと呼ばれる新しい職種が設けられた（以下、JKと略す）。

CFJ自身は、JKになる資格として、「相当な期間裁判所の試補（Referendar）として活動し、JKに必要な知識に関する試験に合格した者」としていたが、実際上は、従来の弁護士がそのままJKになるという政治的な措置がとられた（もっとも、八人から一〇人の「まったく劣悪な者」が先の閣令にいう「顧慮に価いしない者」として除かれ、しかも彼らは「従来からたんまり儲けすぎている」という理由で、一円の金銭補償も与えられなかった）。

(ロ) JKの権限

JKには、次のような種々さまざまな権限が認められていた。

①訴訟事件を除くあらゆる法律事件（そのなかには、登記事件、後見事件、遺産事件などの、のちには非訟事件の

カテゴリーに数えられる事件や、破産事件なども含まれていた）について、助言し、代理することができた（破産事件については、破産管財人になることもできた）。②公証人の権限が当然に認められた。③刑事事件において弁護人になることができた。④民事事件においても、訴えの申立て（Anmeldung）、強制執行の申立ての代理人になることができたし、また、ごく限られた範囲ではあるが、ARに代って当事者を取調べ、また代理人になることもできた。

このようにみてくると、JKの活動範囲は、意外に広いことが知られる。そのうえ、CJFのもとでは、不動産上の権利に関する契約は、かならず裁判所、もしくは公証人（JKには当然に公証人の権限が認められた）の認証が必要であるとされていた。さらに、前述した後見事件、遺産事件などにおいては、つねにJKによる代理が要求され、彼の作成した申立書のみが受理された。つまり、ここでは非訟事件にまで弁護士強制が拡大された形になっていた。いずれにしろ、JKの収入はかなりよく、後年には裁判官のなかからJKになる志望者が続出し、立法者がそれを禁止するのに大童になったという話も伝わっているくらいである。

(ハ)　JKの制度的地位

しかし、このような経済的収入の面はともかく、JKは、制度的にはきわめて劣悪な地位に立たされていた。彼らは法文上、はっきりと司法職員（Justizdienst）と性格づけられた。司法職員であるから、職員としての一般規律に服するほか、厳格な遵法義務、受任義務などを課せられ、これらに違反した場合には、きびしい過料、解任という制裁がついて回った。また、所属する裁判所が限定され、その裁判所の管轄区域の外で職務を行うことを許されず（いわゆる分属制）、つねに裁判所長の監視下に立たされ、またその監視を容易にするために彼らが共同の役場（Kollegium）を設け、一人の責任者（Direktor）を選出することを義務づけられていた。かくして、弁護士は完全に裁判所の職員、それも下級の職員となった（共同の役場を設け、その責任者を選出するなど、わが国の往時の執達（行）吏の制度をほうふつとさせるものがある）。そして、このように弁護士をいわば国家の鎖にしばりつけておく態度は、その後のAGOを経て、一九世紀のプロイセン国家を通ずる一般的な態度となり、その後のドイツ帝国、ひいては今日のドイツの弁護士の在り方にもなにがしかの影を落していることは、しばしば識者によって指摘されているところである。(18)

四　CJFの崩潰――訴訟代理人の復活

(1)　CJFの三日天下

CJFは、民訴法史に類例をみない、一つの壮絶な実験であったといってよい。弁護士を訴訟手続から放逐し、これに代えて裁判官を起用し、それに当事者の利益の擁護にあたらせるなど、いままでの民訴法の立法者の誰が思いついたであろうか。CJFは、まことに立法史上に不朽の(!?)名をとどめることになった。

しかし、このCJFの最大の売物というべき弁護士の放逐、ARの起用という体制が、立法後、それこそあっという間に崩潰してしまった。――立法直後の一七八一年三月(立法は一七八一年四月)から、次から次に命令(閣令、回令)が発せられて、弁護士の訴訟手続への復帰、それとともにARが後退するという場面が、またたく間に広がっていき、すでに一七八三年九月には、弁護士が全面的に訴訟手続に復帰し、ARの制度は事実上廃棄されてしまったのである。(19)世に三日天下という言葉があるが、立法後二年あまりというのは、この輪奐《りんかん》壮大な法典にしては、あまりにも短い、うたかたの天下だったということができよう。しかし、このことはまた反面、民事訴訟において弁護士がいかに欠くべからざるものであるか、その存在意義をまざまざとみせつけており、CJFの出現とその崩潰は、見方によっては一種の偉大な教訓劇だったと評することができる。(20)

(2)　AGOの出現

CJFでは、訴訟当事者は、その意思に基づいて自分を訴訟上代理してくれる者(訴訟代理人)を選ぶ権利を有しなかった。彼の意思に基づく代理人に代えて、法律上ARという名の裁判官を押しつけられ、それによって彼の権利が擁護されるのを（ほんとうに擁護してくれたかどうかは疑わしいが）傍観しなければならなかった。しかし、いまや、訴訟当事者は自分の意思に基づいて訴訟代理人を選ぶ権利を再び与えられ、彼はその訴訟代理人に、専門家――その名こそ、往時のAdvokatからJKに代ったが――を選び、その者に訴訟のすべてを委ねることができた。そのかぎりで、当事者は、訴訟手続上主体性を回復したということができよう。しかし、当事者は主体性を回復したものの、CJFの方は、その屋台骨がもはやガタガタになっていた。もともとCJFは、弁護士を訴訟手続から放逐し、その代りにARを利用するというのがその骨格で、その骨格に即して肉付けが行われていたのに、その骨格がいまや、完全に崩潰状態となったのである。CJFは、実定法としての機能をまったく失ってしまった。新しい酒を盛るには、新しい皮袋が必要である。プロイセンの立法者は、新しい訴訟法の制定の必要に迫られた。その新しい訴訟法が、いうまでもなくAGOであるが、そのAGOの制定は、本稿の冒頭でも述べたように、一七九一年七月六日であった。CJFが実際上その機能を失ったのは、前述のように一七八三年九月頃であったから、新法典の出現はかなり手間取ったということができる。これは、同国の立法者（カルマー、スヴァーレッツ）が、実体法典である一般法典（Allgemeines Gesetzbuch. 一七九一年）、その修正版である一般国法（Allgemeines Landrecht. 一七九四年）の立法に追われ、それに時間をとられていたためだといわれる。

（1）　プロイセンは、一七〇一年、それまでの選帝侯国（Kurfürstentum）から、王国（Königtum）に昇格した。プロイセンの領主家はホーエンツォレルン家（Hohenzollern）であったが、一五世紀にマルク（辺境伯領）ブランデンブルク（エルベ川とオーデル川に囲まれた地域。首都はベルリーン）の統治権を獲得したのち、相続などによってプロイセン公国（ケーニヒスベルクを中心とする地方で、現在はロシア領とポーランド領）などの諸国を併合して、次第にその勢力を拡大していった。右の王国昇格後も、オーストリアとの戦争に勝ってシュレージエン（シレジア）地方を収めた。法典の名称に、プロイセン諸国のために（für Preußischen Staaten）とあるのは、これらの諸国を指しているし（もっとも、これらの諸国は、王国昇格後は州〔Provinz〕に格下げされたのであるが）、また、一般（allgemein）とあるのは、これらの諸国全体に通ずる基本法典、というくらいの意味である。

なお、プロイセンの国名と、その近世以降の発展については、大系四五頁以下、とくに五六頁以下。立法に焦点を合わせたものとして、「プロイセンの法と国家」上山安敏編『近代ヨーロッパ法社会史』(一九八七年)一〇九頁以下(吉川直人)。

(2) AGOの第一編(Erster T[h]eil)は、訴訟法(Prozeßordnung)と題され、第二編は、非訟事件手続(das gerichtliche Verfaren in nicht streitige Angelegenheiten)に関する規定がおかれ、第三編は、後世の裁判所構成法に相当する司法職員に関する規定がおかれていた。なお、第二編「非訟事件手続法」は、非訟事件に関するドイツの諸立法中、もっとも古い時期に属するものの一つで、その後のドイツにおける同手続の立法に大きな影響を与えたものである。佐上善和「古典的非訟事件研究の序説(二完)」民商法雑誌六七巻五号とくに七四三頁以下参照。

(3) 兼子一『新修民事訴訟法体系(増訂版)』(一九六五年)六二頁。

(4) この弁護士階層に対する社会的評価の下落は、ひとりプロイセンのみならず、ドイツ一般にもみられたようである。上山安敏『法社会史』七一頁以下・一四一頁以下、Weißler (Adolf), Geschichte der Rechtsanwaltschaft, 1905 (Neudruck, 1967) S. 236ff.; Döhring (Erich), Geschichte der deutschen Rechtspflege seit 1500, 1953, S. 153ff.

(5) しかし、それにしても、プロイセンにおいて弁護士がかくまで悲惨な歴史をたどった背景としては、その軍事国家・官僚国家の建設者・促進者であり、しかも酷烈きわまりない個性をもっていた二人の国王、フリードリヒ・ヴィルヘルム一世、フリードリヒ大王の存在を見逃すことができないであろう。

フリードリヒ・ヴィルヘルム一世は、一七一三年に即位し、その後二七年間統治者の地位にあったが、その統治の初めと、終りに、弁護士に対して苛酷というか、グロテスクとしかいいようのない二つの処分をしたことで有名である。その一は、即位の年に命じた黒マント着用令である。「人々が詐欺師をすぐ遠くから認めることができ、彼から身を守ることができるために」、弁護士(Advocat)には膝までたれる黒マントを着用することを命じた。もともと黒色は学識を表徴する色であったし、帝室裁判所(Reichskammergericht)でも弁護士は黒マントを着用していたといわれるが、これ以来プロイセンでは黒マントは賤業を示す職衣となった。その二は、晩年近く(一七四〇年歿)、一七三九年に命じた「首くくり令」である。この時期のプロイセン司法に重大な影響を与えたものとして、国王のMachtspruch(大権判決)の制度がある。国王が人民の請願(Supplikation)に応えその廷臣たちを使って独自に裁判し、その結果は司法府の一旦した確定判決をも覆すという制度であった。このMachtspruchを国王は頻発する一方、人民の側からの請願の汜濫にも耐えかねて、請願書には弁護士の署名を必要とする、などの一定の制限を課していた。ところで、この粗暴にして質実なフリードリヒ・ヴィルヘルムにも、唯一つといってよいホビーがあった。それは、自己の親衛隊に巨漢を集めて悦にいるという道楽であった。人民も賢明である。この巨漢兵を通じて嘆願書を提出することを試みた。自己のいわば唯一の泣きどころをつかれた国王は激怒して、一七三九年一一月二五日次のように宣言した。「明日より八日間、弁護士が兵士を通じて請願書を提出したときは、その弁護士は容赦なく絞首に処する。彼の不名誉を一層きわだたせるために、彼の横に犬を一匹ぶらさげる」。

　フリードリヒ大王は、さすがに父王のような露骨な、センスレスな処分はとらなかった。しかし、本稿が参照できた限られた資料のなかでも、いたるところで弁護士に対するむき出しの憎悪を示しているし、また彼は、臣下からの再三の上申にもかかわらず、父王以来の黒マント令の撤回を許さなかった。また、弁護士を全民事訴訟手続から排斥するという、世に類をみない民訴法（つまりＣＪＦ）を裁可したのも、彼であった。

(6)　ボェマー（Justus Henning Boehmer. 一六七四～一七四九年）、ライザー（Augustin von Leyser. 一六八三～一七五二年）などの名があがっている。ボェマーは、一七〇一年以来ハレ（プロイセン領）、二一年以来マグデブルク（プロイセン領）の大学教授、ライザーは、一七二九年よりヴィッテンベルク（ザクセン領）の大学教授であった。Weißler (Adolf), Die Umbildung der Anwaltschaft unter Friedrich dem Großen, S. 48ff.; Koch, S. 223.

(7)　カルマー（Johann Heinrich Casimir von Carmer. 一七二一～一八〇一年）は、イェーナ、ハレで学んだのち、帝室裁判所（Reichskammergericht）で修習。一七四九年より、カンマー裁判所（Kammergericht. 在ベルリーンの上級裁判所）の試補として、プロイセンでの司法官生活に入る。五一年、シュレージエン州の地方裁判所の裁判官として派遣される。その後、同州の首都（ブレスラウ）の上級裁判所の部長、長官を歴任したのち、六八年、同州の司法長官となる。七九年、後述するようなアーノルト事件の発生により、大法官（プロイセン全体の司法長官）に就任、九八年まで在職した。カルマーがイェーナとハレの大学に学んだのは三九年から四三年までであるが、その頃には、ボェマー（前注）はすでにハレの大学を去っていなかった。
　スヴァーレツ（スワルツ、スワレスとも。Carl Gottlieb Svarez. 一七四六～九八年）は、本来Schwartzという姓であったが、父（シュレージエンの弁護士）の代からこのような（スペイン風の）姓にしたという。一七六二年よりオーデル川畔のフランクフルト大学に学ぶ。六六年、ブレスラウで試補試験に合格、七一年以来同市の上級裁判所に陪席判事として勤務。当時州の司法長官であったカルマーの信任を得、多くの制度（訴訟法を含む）の立案に参画した。カルマーが大法官としてベルリーンに転勤したときも同行、プロイセン司法省の上級参事官として、ＡＧＯや一般国法（Allgemeines Landrecht）などの起草・普及に貢献した。後代の学者から「プロイセンの持った最大の立法者」と評される。

(8)　カルマーは、自己のアイデアを制定法化するに先立って——以下は彼自身の語るところによるのだが——、フリードリヒ大王の直接の命令に基づき、当時の基準で半ダースの弁護士を五ないし一〇年間養うことができる訴訟を、「事実の真の関連を職権で探知し、煩瑣な手続によらずして審理し判決すること」につとめ、僅か八日間で解決して、国王の期待に応えたという。拙稿(一)一五九頁参照。

(9) フュルスト(Carl Joseph Maximilian Freiherr von Fürst und Kupferberg. 一七一七〜九〇年)は、シュレージエンおよびボェーメン(ボヘミア)に伝わる古い家系の出身。一七四〇年に始まった対オーストリア戦争でフリードリヒ大王の知遇を得、ベルリーンの上級控訴裁判所(Oberappellationsgericht)の裁判官に抜擢された。五五年にはカンマー裁判所の第二部の長官、六三年には同裁判所の首席長官などの要職を歴任、七〇年には大法官に就任したが、七九年アーノルト事件の発生によって失脚した。

ルブール(Christian Ludwig von Rebeur. ?〜一八〇九年)は、ノイシュトレーリッツ(Neustrelitz. ベルリーン北方の都市)に生まれたが、その姓の示すとおりフランス(ユグノー)系である。一七七五年にカンマー裁判所の裁判官となり、六四年、同裁判所の第二部の長官に昇任。後述するカルマーとの角逐の間を通じてこの職にあった。八四年五月に辞職した。

二人の経歴については、拙稿(一)一四八頁・一五八頁・一七七頁注(9)。当時のカンマー裁判所に三部制(のちに二部制)がとられたことにつき、同(二)一四二〜三頁。

(10) Weißler 注(6)前掲書 S. 56f.

(11) 御前討論の経過と、その議論の詳細については、拙稿(一)一六三頁以下を参照されたい。

(12)「粉屋(水車屋)アーノルト(Arnold)事件」は、フリードリヒ大王の啓蒙絶対君主ぶりを示す事件として広く知られている(たとえば、大系八五〜七頁。法学者による緻密な紹介・分析として、村上淳一「プロイセンにおけるMachtspruch」『ドイツの近代法学』〔一九六四年〕所収)。ここでは、事件の大筋を紹介するものとして、表現にやや正確を欠く嫌いがあるが、次のものを引用しておきたい。

「アルノルトという粉屋が小川に水車をもっていた。王の治世の晩年に、彼は、上流に住む地主が養鯉池を掘って水量が減ったため仕事ができなくなったといって、借地料を払わなくなった。地主は裁判所に訴え、裁判所は強制立退きの判決を下した。しかしアルノルトはこれに屈せず、フリードリヒに直訴した。王はある大佐に調査を命じ、さきの判決は不当であるとして再審を命じた。しかし裁判所はふたたび同じ判決を下し、さらにアルノルトの直訴、こんどは高等法院で審理、やはり原判決の支持、と繰り返された。ここにいたって、王の怒りは爆発し、報告にきた大臣を『出てゆけ! お前は免職だ』とどなりつけ、彼をクビにしたばかりか、関係した裁判官四人も監獄に放りこまれてしまった。」(中央公論社刊『世界の歴史〔旧版〕8・絶対君主と人民』三五九頁〔木谷勤執筆〕）文中、高等法院とあるのはカンマー裁判所、報告にきた大臣とは、もちろんフュルストのことである。

なお、フュルストが解任されたのは一七七九年一二月一一日、カルマーが就任したのは同月二五日、つまりクリスマスの日であった。

（13）この閣令の詳細については、拙稿(二)一一二頁以下。

（14）「今日のプロイセンの訴訟法」とは、Project des Codicis Friedericiani Marchici（CFM。マルク・フリードリヒ勅法〔の草案〕）のことである。一七四八年（フリードリヒ大王の治下）に施行され、プロイセン王国がもった最初の全国的規模の訴訟法典である。当時の大法官のコクツェーイ（Samuel von Cocceji. もとはKoch. 一六七九〜一七五五年）によって起草され、その骨格はドイツ普通法から多くを学んでいる。なお、草案と題されているが、その名称を付したまま施行された変わった法典である。この法典の詳細については、拙稿(一)一二一頁以下。

（15）ここに教会法とは、むろんカトリック教会法のことであるが、より正確には、ドイツ普通法というべきであろう。もとよりカトリック教会法は、（中世）ローマ法とともに、ドイツ普通法に決定的ともいえる影響を及ぼしたが、しかしCFMが直接に範と仰いだのは——前注にも述べたように——ドイツ普通法であった。そのドイツ普通法の名をあげずに（カトリック）教会法の名をあげて批判の対象としているところに、プロテスタントであるフリードリヒ大王の一種の政治的立場を読み取ることもできる。

（16）CJFの訴訟手続については、私は前にかなり立ち入って述べる機会をもった（拙稿(二)一一五頁以下）ので、ここでは、当面のARの制度の理解に必要な限度で述べるにとどめ、訴訟手続の詳細は、AGOのそれについて見ることにしよう。その意味で、CJFの関係条文のいちいちの引用も省略させて頂いた。

（17）裁判所は通常、一人の長官または所長（Präsident oder Direktor）と多数の裁判官（Gerichtsrat）から構成されている。このうち裁判官は、さらに第一級（または上級）の裁判官と第二級（または下級）の裁判官からなり、後者の裁判官にARの名が与えられている。ARも裁判官であるから、裁判所のすべての会議に参加することができ、投票権も与えられている。もっとも、自己が担当した事件についての裁判所の会議（合議）には参加できず、投票権も与えられていない。AR（第二級の裁判官）から第一級の裁判官に昇進するためには、特別の選抜試験は行われず、ARとしての職務に誠実さ、勤勉さ、そして才能を示した者が選ばれる。

（18）中野貞一郎「ドイツの弁護士制度」三ケ月章ほか『各国弁護士制度の研究』一二九頁など。

(19)　まず最初に、「当事者がしばしば（ARに対して）感じる不安と不信を解消するために、審理の終了後、訴訟記録を彼の任意に選んだJKに閲読させ、そのJKによってDeduktion（法律上の陳述）を書面にして提出することを認める」という命令が発せられた（一七八二年三月一九日）。ARが若手裁判官の中から選ばれるということは前に述べたが、当然に彼らの法律に対する成熟度には疑問があり、当事者もこの点に強い不信と不満をもったことが示されている。次に、当事者が高齢、病気、その業務に支障がある場合には、JKを「代理人」として法廷に出頭させることが認められた（一七八二年一一月二〇日と八三年一月六日）。第三に、当事者本人の出頭はやはり必要であるが、しかし、いかなる訴訟でも当事者はJKを法廷に同行させることができ、しかもこの場合には、ARの起用（当事者の取調べ）および法廷での付添いは不要である、とされた（一七八三年九月二〇日）。かくして、ARの制度は事実上消失してしまったのである。

以上の推移につき、石部九三頁以下、Weißler 注(6)前掲書 S. 144ff.; Bomsdorf, S. 84f.

フリードリヒ大王の御前討論のさい、フュルスト側に立ってカルマー、スヴァーレッツに対して論陣を張ったルブールは、アーノルト事件でフュルストが解任された後もなおカンマー裁判所にとどまっていたが、やがてカルマーらの冷たい仕打ちに耐えかねて、辞表をたたきつけて野に下った（拙稿(二)一六二頁注三一）。その後のルブールは、ときには顕名で、ときには匿名で、カルマー、スヴァーレッツの新立法に対して鋭い批判文書を発表した。カルマー、スヴァーレッツが念願の弁護士の放逐、AR制の導入に失敗し、上述のように後者が事実上崩潰したことも、ルブールにとっては絶好の批判の対象となった。彼はそれを皮肉って、次のような諧謔詩を発表したといわれる（Weißler 前掲書 S. 160f.; 拙稿(三)三五一頁注八）。

カルマーは叫んだ。
Adovocat よ、地表上からすっかり消えてなくなれ！
Assistenzrat よ、彼らに代わって現れよ！　裁判所の陪席員（Beisitzer）となれ！
Adovocat よ、公証人に変われ！
Adovocat よ、Justizkommissar に変われ！
変身した（verwandelt）Adovocat（すなわちJustizkommissar）よ、訴訟事件の行われるすべての裁判所から消えてなくなれ！
変身した Adovocat よ、ただ裁判所外の事件において、助言を与える法有識者としてのみ現れよ！
しかし、まもなくカルマーは再び叫んだ。
変身した Adovocat よ、法律上の意見を陳述するためにだけ裁判所に現れよ！

変身したAdovocatよ、再び裁判所に現れよ、それが事実の審理の際であっても。しかしごく限られた例外的な場合にだけだぞ！

変身したAdovocatよ、再び以前のように現れよ。裁判所にもちこまれるあらゆる訴訟事件につき攻撃するために、防御するために。しかし、お前達は糾問的な取調べを受けねばならず、なかんずく、お前達には（再び）Adovocatという名はやらないぞ！

(20) われわれにとって興味深いことは、このARの後退、JKの代理人としての復活が、なぜ行われたかであろう。その原因をさぐることは、われわれが民事訴訟における弁護士の存在意義を考察するうえで、示唆に富む貴重な二、三の観点を教えてくれるであろう。

①　CJFは当事者本人の出頭をきびしく強制していたが、この本人出頭に対して激しいえんさの声があがった。当事者が裁判所に出頭した場合、彼の本来の業務・営業に支障をきたすことはいうまでもない。それから生ずる損害は、あるいは訴訟の勝訴判決から得られる利益を遥かに上回るかも知れない。しかも、このような無理を冒してまで裁判所に出頭しても、そこに待ち構えているのは、謹厳峻烈をもって鳴る裁判官様（CJFは有形無形に裁判官にそのような態度をとることを要求したといえる）のきびしい尋問である。証人として法廷に出頭することにさえ不満の声を聞くのである。それが当事者として期日ごとに法廷に出頭しなければならないとしたら、当事者の間に恨みの声がほうはいとして起るのも当然であったといえよう。

②　当事者が、裁判所から押しつけられるARに信頼を寄せなかった。たしかにARは、当事者の擁護者という一面ももっていたが、彼は基本的には裁判官職であった。当事者の訴え・答弁に欠点があったり、虚偽を述べているという疑いがあるときには、その旨を一々裁判所に報告するよう義務づけられていた。このようなARに対して、どうして当事者が自己の擁護者、協力者として信頼を寄せることができたであろうか。

③　当事者のみではなく、立法者自身が、ARに対して強い不満をもった。ARのなかには、自己の担当した当事者の利益を図るために、事件の事実関係を歪曲したり、不利益な事実関係を故意に隠蔽する者が現れた。そうかと思えば、彼らの裁判官職としての側面を意識し過ぎたためか、当事者の主張の法律上の欠点を必要以上にほじくり出したり、ときには自分の意見に文句を言うなと当事者を威嚇・恐迫する者さえいた。また、彼らの経験不足、未熟さがたたってか、Hauptbericht（訴状・答弁書に相当する）に、本来無用な法律上の意見や、事件と直接関係のない事実関係を書きまくる者が続出した。さらに、Instruktionに臨んで十分準備してこない者が多く、そのために期日が延期されたり、内容が十分充実しないままInstruktion が打ち切られる場面も多かった。

二　ＡＧＯ

一　偉大な訴訟法教科書（!?）

ＡＧＯは三編に分れている。第一編は訴訟法（Prozeßordnung）と題され、第二編は非訟事件手続（Verfahren in nicht streitigen Angelegenheiten）と題され、第三編は、後世の裁判所構成法に相応する部分であるが、司法職員の義務（Pflichten der Justizdiensten）と題されていることは、前の機会にも述べた（注（2））。

それぞれの編（Teil）は、さらに章（Titel）に分れ、章のなかには、またさらに節（Abschnitt）に分れているものもある。条文番号は、各章ごとにつけられていて、全体としての通し番号は付されていないので、条文の総数は不明である。しかし、おおよそ四五〇〇か条にものぼるようで、大変浩かんな法典である。[21] しかも、一つ一つの条文が、なかには短いものもあるが、ときには普通の条文の数か条にも及ぶ長大なものもあり、そのうえその内容が、懇切丁寧で手取り足取り指導しており、裁判官としては（条文数の厖大さに、関連条文を見落とさない限りは）過ちをおかさないようにできている。起草者であるスヴァーレツは、もともと実体法規についてであるが、「もし国民の権利義務が明瞭かつ確実に規定されず、争いが生じた場合に、これらの規定を裁判官の判断に委ねなければならないとすれば、それが不幸であることは、争う余地がない。なぜならば、その場合には裁判官は立法者になるからである。とりわけ裁判官が有給の国家の官吏であり、裁判官職が終身で罷免しえない場合に、これほど市民的自由にとって危険なことはないからである」と述べ、この危険から免れるために、条文の内容が詳

細になり、また条文数がいくらふえてもそれは仕方がない、と主張したといわれる。(22)

ところで、第一編「訴訟法」の冒頭に、「序章」(Einleitung in die Prozeßordnung) というのが掲げられている。この「序章」は、全六七か条、いちいち条文の体裁をとっているから、(わが国の憲法の冒頭にみられるような)「前文」ということもできず、さりとて、各種の訴訟手続に共通な原則的な規定を抽出したわけでもないから、「総則」と呼ぶこともできない。したがって、この「序章」の存在自体がわれわれにとって奇妙であるばかりでなく、またその内容が、とくに最初の部分の何条かが「傑作」ぞろいなのである。(23)

たとえば、第一条は、「私権 (Privateigentum) の対象である物または権利をめぐるすべての紛争は、示談(和解 gütliches Übereinkommen) が成立しない限り、裁判所の裁判によって解決されるべきである」と定めている。これは、民事訴訟のうちの「民事」について、その概念を定義したものと思われる。つぎの第二条は、「右の紛争を法律に従って裁判するために、裁判所でなされる審理 (Verhandlung) を、訴訟 (Prozeß) という」と、今度は「訴訟」の概念定義を行っている。しかし、冒頭に「民事」はともかく、「訴訟」の概念定義を(しかも教科書顔まけの律儀さで) 行っている法律など、いったいどこにあったというのだろうか。

さきのCJFやこのAGOでもしばしば問題となるものに、「Instruktion (事実の審理)」と呼ばれる手続があるが、この「Instruktion において裁判官の果すべき役割は、次の重要な原則のうちに存する。すなわち、訴訟の基礎にある重要な事実の真実性を、最も確実にしてかつ最も簡略な方法を用いて探求しかつ発見する (erforschen und ausmitteln) ことである」(第一〇条)。この第一〇条は、つぎのような規定、すなわち、「いずれの訴訟においても、なかんずくどの事実が訴訟の基礎となる事実であり、またその事実が真実と合致するかどうかが、「職権によって」探知され (untersuchen) るべきである」(第五条) という規定とあいまって、AGOの掲げる「真実探求」——しかも裁判所の職権による——を高唱するものとして、きわめて有名な規定であり、後代でも——AGOの真骨頂を示すものとして——しばしば引用をみる規定である。

しかしここまではよいとして、右の第一〇条の文中に、「訴訟の基礎にある重要な事実」というのがあったが、この「重要な事実」を定義して、「係属中の請求（streitiger Anspruch）の法律上理由があること、または理由のないことが、ある事実の真実または不真実に、直接的ないしは間接的に、あるいはまた全部的もしくは一部的に依存しているとき、この事実を重要なり（erheblich）と称する」と規定している（第一一条）。訴訟上重要な事実の定義をいちいち法典に掲げているわけであり、この立法者の懇切丁寧さというべきか、それとも（大学の法学教育などに頼らないぞという）立法者の気負いというべきか、いずれにしても恐れ入るばかりである。

このころのプロイセンの立法を目して、後代の学者は、「国王の商号の下に発行された偉大な教科書」という悪口を浴びせたといわれているが、ＡＧＯも、その選にもれず、まことに「偉大な訴訟法教科書」（!?）であったというべきであろう(24)。

二　代理人と補助者

ＣＪＦのもとでは、弁護士を訴訟手続から放逐し、それに代えてＡＲの制度を導入したが、この制度はほとんど機能しなかった。法典制定後、わずか二年あまりで、旧来の弁護士――その名称こそＪＫに変ったが――が訴訟手続に復帰し、その反面で、ＡＲの制度は事実上廃棄されてしまった。ＣＪＦは、弁護士の放逐、ＡＲの制度の導入を前提としていただけに、もはや実定法典として使いものにならなかった。そこでＡＧＯが登場してきたが、このＡＧＯは、復帰した弁護士、ひいては彼らが訴訟上その役割を演じる「代理人」（Bevollmächtigter）に対して、どのような態度をとっていただろうか。

(1)　本人出頭主義

ＡＧＯでも法文上は、本人出頭主義、つまり法廷にはできるだけ当事者本人が出頭すべきで、みだりに他人を代理人として出頭させるべきではないという建前がとられていた。

まず、序章において、「当事者は通常、彼自身の事件について裁判官にもっともよく事情を知らせることができる者である。したがって当事者は、その訴訟の Instruktion［の期日］にはできるだけ彼自身が出頭すべきである」（Einl. §12. 序章第一二条の意）とされ、また、法典の本文中にも、その第一編第三章（これは、次に述べる代理人、補助者について規定した部分である）の冒頭に、次のような一条が掲げられていた。「経験の教えるところによれば、代理人によって追行される訴訟は、主としては、彼らが訴訟の基礎となる事実関係について［当事者から］十分な情報を得ていないことが多いために、手続の遅延と混乱におちいる危険がある。そこで当事者は、とくに訴えの取調べ、答弁の取調べ、Instruktion の開始、および争点の整理のために定められた期日には、できるだけ彼自身が出頭し、事件の事実の解明にとって必要なあらゆる報告を行い、また文書を提出すべきである」（I, 3, §1）。

だが、この本人自身が出頭する義務は、次の場合には免除されていた。①「当事者が病気、高齢、裁判所への出頭によって公務または業務に支障をきたす場合」（同章 §4）。②「当事者の住所地が裁判所の所在地から遠く離れており、法廷への出頭に要する旅費、滞在費、および事業上生ずる損害が、訴訟の目的物［の価格］、および彼自身が Instruktion に出頭することから生ずる利益にくらべて、はるかにこれを上回る場合」（§6）。③事件がきわめて単純明白で、Instruktion が全然必要でないか、もしくはごく簡単な Instruktion の必要しか予見されない場合（§8）。もっとも、この③の場合には、裁判官は、必要に応じて当事者に Instruktion への出頭を命ずることができた（§9）。

(2)　代理人の選任

以上の①・②・③の諸場合には、当事者は自分に代って代理人（Bevollmächtigter）を法廷に出頭させることができる。当事者が代理人を選ぶときは、当該裁判所に所属するＪＫの中から選ばなければならない（§22）。これは、ＪＫにいわゆる分属制がとられ、自分が所属する裁判所でないと活動が許されなかったためである。ところで、以上の①・②・③の場合、つまり本人出頭が免除されている諸場合は、AGOの前身CJFでは認められていなかった。もっとも、CJFも、当事者が病気、高齢などの場合まで、ぜひとも法廷に出てこいとは言っていないので、その場合には、事情に精通した他人（従業員など）を出頭させることを認めていた。しかし、その他人として、JKを出頭させることまでは認めていなかった。右の他人を出頭させたうえで、その面倒をみるのは、ARの職責であった。

しかるに、CJFの制定後まもなく、命令（閣令・回令）が発せられて、①・②・③の各場合が順次認められていき、これらの場合にJKを出頭させることを認めたのであった。AGOは、当然にこれらの場合を法文のなかに取り入れ、当事者の代りにJKを出頭させることを認めたが、しかしAGOが認めたのはこれらの場合に限られ、その他の場合には、前にも述べたように本人出頭主義を堅持しているのであった——しかし、実際上はどうであったろうか。JKが全般的に訴訟手続に関与することを認めたといってよい。

法文上JKが出頭できるのは上記の三つの場合に限られていたが、そうでない場合、つまり当事者本人が出頭しなければならない場合に、もし当事者がJKを「代理人」として出頭させた場合はどうなるのか。AGOは、このような場合であっても、「裁判官は、まず、その代理人によっていかなる程度事件の解明が可能になるかを試みるべし。そして、もしその代理人が必要な情報を欠き、彼と弁論を継続することが合目的々でないと思慮したときには、ただちに彼を退席させ、この旨を裁判所に届け出るべきである」（§12）とし、この場合には、欠席した当事者に、その期日の裁判費用はもとより、相手方に生じた旅費その他の費用の支払いを命じ、他方、新しい期日を指定し、明白な警告を発したうえで、必ず当事者本人が出頭するよう命ずべきであるとしている（§13）。

一見したところ、AGOは、あいかわらず本人出頭主義の堅持のために大童になっているようである。しかし、右の法文は、その反面解釈として、出頭した代理人さえ事件について十分な情報をもっているときはそのまま審理を続行してもよいという口吻を示している。代理人の退席や、当事者の費用負担などという制裁が発動されるのは、代理人が事件について十分な情報をもっていない場合に限られる。しかも、かりに代理人がこのように十分な情報をもっていない場合であっても、同じ裁判所に所属する裁判官とＪＫの間柄である。どこまでこの制裁の発動が期待できたであろうか。いいかえれば、ＡＧＯの本人出頭主義の堅持は、はたしてどこまで実行されたのであろうか。

そして、あたかもこの事実を立法者自身が認めるかのように、ＡＧＯの制定後数年たった一七九九年一二月一九日に、次のような命令が発せられた。「当事者本人の出頭は、真実発見のために欠くべからざる場合に限って強要される。この主要目的［真実発見］が妨げられないかぎり、当事者は適法な代理人によって自らを代理させることができる。」「真実発見」という目的は強調しているが、当事者本人の出頭を必要欠くべからざる場合に限ったというのは、運用のいかんにも関わることだろうが、実情は釈明処分として当事者本人の出頭を認めている今日の訴訟法とほとんど変らなくなったのではあるまいか[25]。

弁護士の介在を排除し、当事者本人の法廷への出頭を強要し、裁判官が直接彼らから事実関係を聴取して真実発見に努めるというのが、ＣＪＦ、また、かなり崩れだしたとはいえＡＧＯの描いてきた、基本的なパターンであった。しかし、このパターンも、少なくともこの時点から、法形式的にも全面的に崩潰したとみてよいであろう。

(3)　代理人の地位

以上のように、ＡＧＯは、実際上も、また、法典成立後いく年か後には法形式上も、ＪＫが訴訟手続に全般的に関与することを認めたのであるが、そのＪＫ、訴訟代理人としての彼らに、法典上どのような地位が認められたのであろうか。すぐ次にみるように、この「代理人」の地位はきわめて抑圧されたものであった。その抑圧のはげしさは、せっかく自分達の考案したＡＲ制を放棄せざるをえなかったカルマー、スヴァーレッツらの、最後に試みた「抵抗」であったと評しえよう。けだし、一旦訴訟外に駆逐したＪＫに「代理人」としての復活を認め、しかもＪＫに訴訟上強固な地位を与えるなら、せっかく彼らを訴訟外に追い出し、裁判官に回復した訴訟内の主導権を、再び彼らに奪回されることになる。裁判官の主導型による真実発見をめざしていた彼らにとって、これはまさに譲ることのできない「最後の一線」であったろう。

「当事者に代って代理人に［Instruktion に］出頭することを認めることは、Instruktion のありかたを何ひとつ変えるものではない。Instruktion を監督し追行するのは、ただ裁判官だけである。調書に［裁判官のほかに］代理人が文書を添付したり、書き取らせたり、要約をのせたりすることは、許されない。むしろ裁判官は、代理人に、あたかも当事者にそれを命ずるように尋問したり質問したりしなければならない。代理人もまた、事件に属するあらゆる事情について必要な解答をしたり、説明をしたりするのは、ちょうど当事者本人が出頭した場合と同じようにしなければならない。」（§71. なお、Einl. §46）「それゆえまた代理人は、とくに彼がＪＫである場合には、［当事者から］十分で完全な情報を聴取するよう配慮しなければならない。その情報を聴取する際には、以下の第五章と第六章で当事者から情報を聴取する際に裁判官に命じている規定（第五章は訴えの取調べ、第六章は答弁の取調べに関して規定している。つまり、前述したＣＪＦでＡＲが訴えの取調べ、答弁の取調べに際して遵守を命ぜられた規定と同じ内容である）を、彼もまたそのまま全部遵守しなければならない。」（§72）もし代理人が当事者から十分な情報を聴取しないままで法廷に臨んだときには、彼には法律上の罰則が科せられるし（Einl. §48）、ＪＫが当事者から十分な情報を聴取できない事情があるときには、その旨を彼の手控え（Manual-Akten）に書き添えて裁判所に申し出るべきである（§I, 3, 74）。

(4) 補助者（Assistent）

ＣＪＦで導入の試みられたＡＲの制度は、ＡＧＯではすっかり影をひそめ、もはやその名の一片だにも見いだすことはできない。しかし、ＡＧＯでも、かつてのＡＲの残像がまったく見いだされないわけではなく、ここに述べる補助者（Assistent）が、その残像といえばいいえる。

この補助者の制度が設けられたのは、前述したように、ＡＧＯではまだ本人出頭主義がその建前とされており、当事者が高齢、病気などの場合を除いて本人自身が出頭してくることを予想していたことによる。その本人が出頭してきても、法律知識のある協力者（Beistand）が傍にいないことには、彼らの権利の擁護には不十分であろうという、いかにも当時のプロイセンの立法らしい後見的配慮に基づくものであった。まず、その序章第四三条には、「当事者は、その訴訟の Instruktion において、法律知識を有する（rechtskundig）Beistand を用いる権利を有する」とされ、つぎにこの規定をうけて法典の本文中には、次のような一条が設けられていた。「事件の Instruktion に出頭する当事者は、裁判所において訴訟実務を許されたＪＫの中から一人の Assistent を選ぶか、または裁判所にその選任を依頼することができる。後の場合には、裁判所は、事情の性質と事件の重要性に応じて、陪席裁判官、すでに十分に習熟した裁判官試補、もしくはＪＫの中から、Assistent を選任すべきである。ただし、当事者が Assistent を希望しない場合には、彼の意向に反して Assistent を押しつけてはならない。」（I, 3, §14. なお、Einl. §44）このうち、法文前段の、当事者が自分の意思に基づいてＪＫの中から Assistent を選ぶというのは、先ほどの当事者が「代理人」としてのＪＫを選ぶというのと区別がまぎらわしいが、後者では、訴訟の開始の段階から、つまり訴えの取調べ、答弁の取調べの段階から、ＪＫが当事者に代って法廷に出頭してくるのに対して、前者では、訴訟の Instruktion の段階のみで、しかもすでに当事者本人が出頭しており、ＪＫはその傍らにあって補助するだけであるという点に大きな相違がある。

Assistent は、格別当事者から代理権を与えられず、また、すでに出頭した当事者を補助するために法廷で活動するという点では、わが現行法の定める「補佐人」とほぼ同じ機能を営んだということができる。しかし、次のような規定も存在する。「Assistent が、［法廷での補助活動をするにあたって］必要と思われる行為を、期日外または期日間に行う必要が生じたときには、彼はその行為につき当事者の代理人（Bevollmächtigter）とみなされる。また、そのために彼には当事者から正規の代理権を授与されなければならない。とくに、当事者が裁判所の所在地に住んでいない場合には、たとえ彼がInstruktionの期日に自身で出頭するつもりでいても、期日間の行為を処理するために、必ずこの種の代理人を選任しなければならない」(§20)。この限りでは、Assistentは、補佐人と代理人の性質を兼有していたということができよう。

しかし、このAssistentのほかにも、当事者は、なお次のようなBeistandを利用することができた。すなわち、当事者は、「とくに彼が信頼を寄せ、事件で問題となる事実関係を熟知しているか、または事件で特殊な専門知識が必要となり、この専門知識を十分有していると思われる者」を、自己のBeistandとして任意に法廷に同行することができた(§21)。この〈Beistand〉は、補佐人と鑑定人の性質を兼有していたということができよう。

なお、Assistentの職責は、前時代のARのそれと、ほぼ同様であった。すなわち、彼は、Deputierter(訴訟のInstruktionを行う裁判官)に協力して、事件を早急にかつ完全に真実の光に照らすようにしなければならない(§16)。また、Deputierterの審理が不適切・不完全な形で行われた場合には、「礼儀にかなったやり方で」その旨を彼に指摘し、この指摘が聞き容れられなかった場合には、その旨を裁判所に届け出なければならなかった(§17. なお、Einl. §§50–52)。そのほか、当事者の裁判所での弁論、証人尋問に立ち会う権利が認められたし(§18)、また、Instruktionの終了後、当事者のために法律上の陳述ができるとされていたのも、ARの場合と同様であった(§19)。

三　訴訟手続の概要

AGOの訴訟手続は、基本的にはCJFのそれに酷似している。しかしここでは、関係条文なども引用しながら、より立ち入ったかたちで述べてみよう。

(1)　訴えの申出

訴訟手続は、原告の「申出(または登録)(Anmeldung)」によって開始される。訴えの申出は、原告またはその代理人が、書面または口頭によって行う（I, 4, §1）。この場合の代理人は、必ずしもJKである必要はない。訴えの申出の際には、原告（またはその代理人）は次の各項を明らかにしなければならない。すなわち、原告・被告の氏名・住所・身分（Stand）、訴えの原因（Grund）および目的物（Gegenstand）――後者の表示は概括的でもよいが、当該裁判所が管轄権を有するかどうか判定できる程度でなければならない――、原告本人が後述のInstruktion（審理）に出頭できるか否か、など（§2）。

これらの項目をみると、訴えの申出は訴えの提起そのものではないか、というのが今日のわれわれの感覚である。(26) ところが、プロイセン法では、訴えの申出の後、裁判官が原告（または代理人）を取り調べ、その取調べの結果を調書に記載し、これを裁判所に提出してはじめて訴えの提起があったということになるのである。これは、プロイセン法が本人出頭主義を建前としたことの結果である。これを建前としたために、原告本人が出頭してきても、法律的に整った訴状を作成・提出することが困難もしくは不可能な場合もあるだろう。そこで、専門家である裁判官に原告からいろいろ事情を聴取させ、その裁判官に原告のために訴状を作成させるという、いかにもこの時期のプロイセン法らしい、権力による後見的配慮を示しているのである。

訴えの申出が裁判所にあると、その旨がDezernent（前出。訴状の受理・審査を担当する裁判官）に連絡される。彼は、申出が適式かどうか、裁判所が管轄を有するか否かなどを審査し、その審査の結果を裁判所（合議体）に報告する（§§ 12–14）。

申出が不適式な場合には、原告に補正をするように命じ、裁判所が管轄を有しないときは、原告に管轄裁判所に赴くよう教示する（§§ 15, 16）。裁判所が申出を適法と認めたときは、その裁判所の裁判官のなかから一人のDeputierter（受命裁判官。以下、DP）を選び、この者に訴えに関する取調べを命ずる。原告には、この者のもとに出頭してその取調べを受けるよう通知される（§§ 18, 19）。

(2) 訴えの取調べ

DPによる訴えの取調べは、前述したCJFにおけるARのそれとまったく同じ方式でもって行われる。したがって、かくべつ付け加えることはない（I, 5, §4ff.）。もし原告がJKに訴訟追行を委任しているときは、原告からJKが事情を聴取するときにもこれと同じ方式をふむことが要求されている（§§1, 8）。訴えの取調べが終了すると、DPによって訴状（Klageprotokoll）が作成され、これが裁判所に提出される。もっともこの訴状は、普通には特別に作成する必要がなく、原告から事情を聴取しているときに作成した調書（事情調書 Informationsprotokoll）をもってこれに代えることができる（§14ff.）。

先に見た訴えの申出でも、また、ここで見た訴えに関する取調べでも、手続の点では前述したCJFとくらべて別段変ったところはなく、ただARに代ってDPが登場していると思えばよいくらいである。ただAGOは、CJFには見られなかった次のような大きな例外を認めた。「原告がJKに訴訟追行を委任しており、そのJKがもはや原告から十分に情報を聴取したと考えたときには、彼は書面による訴えの申出に併せて、訴えを提起［訴状を提出］することができる。」（§§23, 24） 原告がJKに訴訟を委任するのは、通常は訴え提起（プロイセン法では訴えの申出）以前であり、その以前の段階ですでにJKが前述した方式に従って原告から十分に情報を得ているときは、書面による申出に併せて、訴状の必要的記載事項を書いた書面を提出すれば、それをもって訴状とみなす（訴え提起があったとみなす）というのである。この書面（訴状）が提出されたときには、DPによる訴えの取調べは行われない。

つまり、原告の訴えの申出にはじまり、裁判官による訴えの取調べ、その裁判官による訴状の作成・提出という、プロイセン法特有の訴え提起の方式は、ここに完全に消失してしまったのである。その代りに、原告（その代理人）による訴状の提出をもって訴え提起行為は完結する、という普通訴訟法の形に回帰してしまったのである。かりにプロイセン法の訴え提起の方式が活用されるとしても、それは原告がJKを選任せず、彼自身が訴えの申出を行った場合、つまり「本人訴訟」の場合に限定されてしまったのである。そして、法律自身は、このJKによる「訴状」の提出による方式をあくまでも例外とみたい口吻であったが、実務ではたちまちこの方式が通常の形態になったという。

(3) 訴状の審査、期日の指定

DPの作成した訴状にしろ、JKの提出した訴状にしろ、裁判所の受付係（登録係 Registrator）を通じて Dezernent（前掲(1)）に回付される。Dezernent は、これらの訴状が法定の方式を備えているか、原告の請求が法律上理由がある（schlüßig）か、原告が当事者適格を備えているかなどを審査する（I, 6, §1ff.）。これらの要件に不備が見え、その不備が補正できないものであるときは、彼の裁判をもって訴えを却下（または棄却）する。この裁判に対しては、彼の直近の上位者（裁判所の長官〔所長〕か）に不服申立てができる（§7）。

訴状に右のような不備が認められないときは、以後の手続のための期日を指定する。この期日は、事件の状況に応じて次の二つに区分される。すなわち、①事件が複雑でないと認めたときは、Instruktion のための期日を指定し、当事者双方を呼び出す。②事件が複雑であると認めたときは、答弁（Klagebeantwortung）のための期日を指定し、被告だけを呼び出す。右の①・②いずれの場合にも、被告を呼び出すときには、原告の訴状またはこれに代わる調書（Informationsprotokoll）の写しを送付しなければならない（§11ff.）。

(4) 答弁に関する取調べ

右の②の場合、つまり答弁のための特別期日が指定されると、一人のDPが指名され、彼が被告の取調べにあたる。その取調べの方法は、前述したDPによる原告の取調べ、つまり往時のARによる取調べと同一の方式である。この取調べが終了すると、答弁書（Beantwortungsprotokoll）が作成され、これが裁判所に提出される（I, 9, §1ff.）。提出された答弁書が Dezernent によって審査を受ける点は、前述した原告側が訴状を提出した場合と同様である（§18ff.）。Dezernent がこの文書に不備がないと認めたときには、Instruktion のための期日を指定し、当事者双方を呼び出す。原告の呼出状には、右の答弁書の写しを添付しなければならない（§24f.）。

しかし、ＡＧＯは、ここでも一つの大きな例外を認めた。それは、被告もしくはその代理人が、右の答弁のための特別期日前、Promemoria と呼ばれる文書を提出し、この文書が答弁書に必要な記載事項をすべて備えているときには、裁判所は右の答弁のための特別期日を取り消し、ただちに Instruktion のための期日を指定する、というのである（§15）。つまり、この場合には、右の答弁のための特別期日が取り消される結果、被告の期日への出頭、ＤＰによる被告の取調べ、そのＤＰによる答弁書の作成・提出という手続は、いっさい行われないというのである。このことが、前述した原告（そのＪＫ）による訴状の提出と軌を同じくしていることはいうまでもなかろう。すなわち、約言すると、この両者はあいまって、プロイセン法に特有の手続――訴訟開始段階への裁判官の関与――を見失わしめ、訴訟の開始は原告の訴状提出、被告の答弁書の提出をもって終了し、後には事件の審理（プロイセン法では Instruktion）が残るだけであるという、普通訴訟法と同一構造への回帰をもたらしたのである。わずかにプロイセン法の特色らしい特色をさがせば、それは次に述べる Instruktion くらいのものであろう。

(5) Instruktion[27]

この手続は、次の四つの目的を有している。(イ)訴訟で問題となった事実につき当事者をより一層詳しく取り調べること、(ロ)そのことを通じて、当事者間に争いのない事実と争いのある事実（争点）(status causae et contraversiae) を整理すること、(ハ)争いのある事実（争点）につき証拠調べを行うこと、(ニ)当事者間に和解を試みること（I, 9, §29; 10, §1）。Instruktion は、最後の(ニ)を別とすると、上の(イ)→(ハ)の順序で進められていく。

Instruktion を主宰するのは、ここでもＤＰと呼ばれる裁判官である。このＤＰは Dezernent と同一人物であってはならない、とされているが、前出した答弁のための特別期日が開かれた場合には、その期日に被告の取調べにあたったＤＰがそのまま Instruktion を主宰するとされている（I, 9, §26）[28]。

Instruktion の進行、その期日の変更、続行など、すべてこのＤＰの自由裁量によって決定される。「ＤＰは、

Instruktion にとって必要なすべての事項を職権によって行うことができる。当事者はＤＰの指示に従わなければならない。」(I, 10, §12)

さて、Instruktion は具体的にはどのように進行していくのか。上述した Instruktion の四つの目的に即しながら、順次検討していこう。

(イ) 当事者双方の取調べ

(a) 当事者双方は、たとえ訴訟追行を代理人(＝ＪＫ)に委任しているときでも、Instruktion の期日には、できるだけ彼ら自身が出頭しなければならない。そのことによって、真実の探求がより確実に、より簡便に行うことができ、また、和解の成立もよりスムーズにはこぶことができる(I, 9, §39)。もし当事者がこの出頭義務に従わないときは、後にも述べるように、「け(懈)怠」のきびしい制裁が待っている。

さて、当事者双方が出頭してくると、ＤＰは、まず原告に対し、彼の請求ないしは請求原因事実を補充もしくは訂正する意思があるかどうかを聞き、次に、被告の抗弁に対する認否を聞く。被告に対しては、原告の請求を認諾する意思があるかないかを聞き、その意思がないときは、原告の請求原因事実を認めるか否か、さらに、彼のほうに抗弁事実があるときは、それがどのような事実であるかを問い質す……というような調子で、ＤＰの原告・被告に対する尋問が続けられていく。

この原告・被告に対する尋問は、まず原告の尋問から始められるとは限らず、前に述べた答弁のための特別の期日が開かれたかどうかによって、次のように区別されている。(i)答弁のための特別の期日が開かれず、訴状を受理した後ただちに Instruktion の期日が指定されたときは(前掲(3)①)、被告側に対する尋問から開始される(§20. 被告には、すでに原告側の訴状、またはこれに代わる調書の写しが送達されている)。(ii)答弁のための特別の期日が開かれているときには(前掲(3)②)、原告側に対する(被告の抗弁を認めるかどうかの)尋問から開始される(§21. 原告には、すでに被告側の答弁書が送達されている)。以後、(i)の場合には原告の反論、(ii)の場合には被告の反論をそれぞれ聴取し、双方の間の争点が煮つまるまで尋問が続行されていく。

なお、右の(i)の場合には、原告、その代理人（または補助者〔Assistent〕。以下同じ）の立会いは認められず、(ii)の場合には、被告は退席せられ、その代理人の立会いのみが許されている。以後の各反論の手続においても、相手方当事者の立会いは許されず、その代理人の立会いのみが許されている。ただし、DPは、その必要ありと認めたときは、当事者双方の対質を命ずることができる（§22ff.）。[29]

(b) 当時プロイセンの周囲の国々は、基本として普通訴訟法に従い、したがって審理の方式も、原告の訴状、被告の答弁書の交換に始まり、原告の再抗弁書、被告の再々抗弁書とつづく、いわゆる書面主義をとっていた。上記のプロイセン法が尋問の順序を、原告→被告→原告→被告の順で認めているのも、（それが物事の自然の流れであることは否定できないとしても）この普通訴訟法の影響を読みとることができる。しかし、この普通訴訟法は書面主義をとり、したがってそこには、当事者の立会権（相手方の口頭陳述に立ち会う権利）を認める余地がなく、またその必要もないといわなければならない。ところが、プロイセン法では、裁判官による尋問（したがって、当事者の口頭陳述）が行われるのであるから、そこには当事者の立会権を認める余地があるし、また（少なくとも今日の感覚では）認めなければならない。しかるにこの点ではプロイセン法がはなはだ不備であったことは、すでに上記で見られたとおりである。すなわち、当事者は、相手方の尋問に際して一切立ち会うことを許されず、僅かにその代理人（または補助者）が立ち会う権利を有していただけである。[30] これは、当事者が立ち会うと、相手方がそれを意識して、尋問がうまくゆかず、ひいては真実の探求がそれだけ妨げられるという、当時としてはプロイセン法のみならず普通訴訟法にも見られた（後にも言及するように、普通訴訟法では、証人尋問に当事者が立ち会うと証人がそれから「不当に影響される」ことを恐れて、当事者の立会いを認めなかった）ごく通常の発想であった。つまり、当時のプロイセン法でも普通訴訟法でも、真実の探求に比重がかかり、当事者の（手続上の）権利の保障はそれほど重視されなかったといえよう。その点、今日のわれわれでは、後者にその比重がかかり、前者は——少なくとも当時の人から見れば——それほど重視していないといえようか。

さて、ふたたびプロイセン法、その Instruktion の手続に戻ろう。

(ロ) 争点整理

以上のようにして裁判官(DP)が、原告に対する尋問、被告に対する尋問を進めていくと(その尋問は、必要に応じて何度も繰り返される)、おのずから当事者間に争いのない事実、争いのある事実が判然としてくる。そこで、裁判官(DP)は、当事者双方およびその代理人(補助者)を立ち会わせて、いままで尋問を進めてきた結果、自分としてはどの事実が当事者間に争いのある事実(いわゆる争点)であり、従って証拠調べを必要とすると考えているか、その考えを開示する。もし当事者、その代理人(補助者)に異議がないときは、手続はそのまま証拠調べへ移行する。しかし、もし当事者、代理人に不服があるときは、DPは、この不服の内容およびそれに対する彼の反対意見を調書に記入して、これに事件の記録(Akten)を添えて合議裁判所へ送付する(DPがこの手続を怠ったときは、当事者、代理人は直接、合議裁判所へ異議の申立てができる)。合議裁判所はこの不服(異議の申立て)について判断を示す。この判断(裁判)には上訴の提起が許されない。しかしこの判断は、当の裁判所に対しても拘束力を持たず、Instruktion の終了後、その審理の結果に基づいて判決の起案にあたる裁判官(Referent)が、この裁判所の判断、ひいてはDPの判断がまちがっていて、当事者や代理人の主張したように、ほかにも事件にとって重要な争点がありそれについて証拠調べをすべきだと考えたときは、DPに証拠調べの再開を命ずることができる(I, 10, §28ff.)。

以上の手続は、当事者間に争いのない事実(いわゆる「事実」)と、争いのある事実(いわゆる「争点」)を明らかにし、それらを整理するという意味で、事実および争点の整理(Regulierung des Status causae et contraversiae)と呼ばれている(以下では、略して争点〔の〕整理と呼ぶ)。[31] これは、プロイセンの周囲の国々の訴訟法(普通訴訟法)では証拠判決の制度に相当するが、それよりもはるかに弾力的かつ合理的にできている。[32]

(ハ) 証拠調べ

証拠調べに関する規定はきわめて詳細かつ厖大である。その一々をフォローすることはとてもできないので、以下では、要点と思われる二、三の点をピックアップして述べるにとどめたい。

(a) 証拠方法の種類　自白、文書、証人、宣誓（要求）、検証物の五種である（I,10, §§ 82ff., 89ff., 169ff., 245ff., 380ff.）。

(i) 近代法と異なり、自白が証拠方法に数えられているが、これは、証拠方法とは、裁判官をしてある事実を真実として取り扱わせる法律上の効力のあるもののすべてをいう、としていた当時の学説の影響によるものである。自白も、裁判官をしてある事実を真実として取り扱わせる効力を有しているから、この見地からは証拠方法に入る。しかし、この学説には反対説もあった。すなわち、ある事実を真実として取り扱わせる法律上の効力のあるものは証拠原因（Beweisgrund）であり、裁判官をしてこの証拠原因を得させるために、当事者が提出し裁判官による取調べの対象になるものこそ、証拠方法（Beweismittel）であるという、後代において通説として採用された見解であった。AGOの前身CJFは後者の学説をとったが、AGOは前者の学説を採用した。(33)

(ii) AGOでは、鑑定人は、証拠方法のなかに数えられていない。前出した五つの証拠方法と異なり、それに関する独立した項目は設けられず、規定は各所に散在している。(34) もっともそのことは、鑑定人が証拠方法としての性格を有することを全面的に否定するものではなく、したがってまた、当事者が鑑定人の取調べを申し出ることは認めていたものと思われる。ただ、当時は、鑑定人の性格に関して、純然たる証拠方法ではなく、裁判官の補助者（裁判官に欠けている知識を補充する者）とみる見方が強く、したがって鑑定人は当事者の申出をまつまでもなく裁判所がつねに職権によって指名すべき者とされていたので、そのことに引きずられて、鑑定人を独立した証拠方法とみることに躊躇を覚えたのではないかと思われる。

(b) 法定証拠主義　AGOは、普通訴訟法と同様に、法定証拠主義をとっていた。「二人またはそれ以上の信頼に価いする証人が、ある事実につき自己の知識に基づきしかも確実に証言したときは、その事実を真実と見なすべきである」という、この主義を代表する命題も、ＡＧＯで認められていた（I, 13, §10(3)）[35]。もし二人またはそれ以上の証人が互いに矛盾した証言をしたときは、証人たちの個人的能力および挙証者との関係を比較し、それでも差がつかないときは、証人たちが証言事実を知るにいたった機会や動機を比較、これでもまた差がつかないときは、同じ種類の証言をした証人の数を比較して優劣を決すべきだ、とこまかく規定していた（§16）。

(c)　証拠調べの方法　ＡＧＯが、普通訴訟法（以下、普通法と略称）の証拠判決に代えて、争点整理の手続を認め、また証拠の申出を事実の主張と分離せず、両者を同時にすることを要求したことから、証拠調べの方法の点でも、ＡＧＯは普通法とくらべてかなり趣きを異にした規定をおいている。以下では、一例として証人尋問を取り上げて、この両法の違いを明らかにしてみよう。

(i)　普通法では、証拠判決後、挙証者は判決によって定められた期間（挙証期間）内に、証人尋問を書面をもって申し出る。この書面には、証人の氏名、住所などのほか、要証事実（これも証拠判決で定められている）と証人の関係、およびこの証人について尋問を希望する事項の一覧表を併記する。尋問申出を受けた裁判所は、相手方にその旨を通知するとともに、一定の期間内にその証人の能力・信憑性に関する証拠抗弁をやはり書面にして提出するよう催告する。相手方がこの証拠抗弁を提出しないか、提出しても裁判所がこれを排斥する決定をした場合には、証人尋問のための期日が指定される。

証人尋問期日では、まず挙証者が証人の紹介を行い、ついで証人の宣誓が行われる。この段階までは両当事者の立会いが認められているが、やがて両当事者は退席させられ、以後は裁判官が一人で証人の尋問にあたる（なお、裁判所が合議体で尋問にあたることはなく、必ず一人の受命・受託裁判官が選ばれた。これを普通法では、Kommissar, Deputierter と呼んでいた）。尋問にあたっては、当事者から提出した尋問事項書が尊重されるのは当然であるが、しかし、裁判官は必ずしもこれに拘束されず、彼の裁量でかなり自由な尋問をすることができた。

尋問が終了すると、尋問事項とこれに対する証人の応答を記載した特別の調書を作り、これを証人に読み聞かせたうえ、署名させる。

これで証人尋問期日は終り、その後一定の期日を定め、両当事者を呼び出して、右の調書の読み聞かせ、閲読が行われる。さらにその後、終結手続（Schlußverfahren）と呼ばれる手続が行われ、両当事者に、証人尋問の結果に対する弁論（証拠弁論）をやはり書面にして提出する機会が与えられる。

以上の証人尋問の手続は、裁判官の口頭による尋問を別とすれば、すべて書面を通じて行われている点、および両当事者に証人尋問への立会権が認められていない点を、その特色として挙げることができよう。これに対して、AGOの証人尋問はどうであろうか。普通法にくらべると、かなり弾力的な、そして簡易な証人尋問の手続が認められている（I, 10, § 169ff.）。

(ii) まずここでは、裁判官の定める「挙証期間」という概念がない。証人尋問の申出は、すでに訴えまたは答弁に関する取調べの段階、あるいはInstruktionの争点整理の段階までに行われ、また行われるべきであるから、いわばこの訴えの取調べから争点整理の間の期間が、実質上の挙証期間といえる。

つぎに、証人の能力・信憑性に関する証拠抗弁についても、それの提出・審理のための特別の手続は行われない。この種の抗弁は、右の実質上の挙証期間、さらには現実に証人尋問が開始されるまでいつでも提出することが認められていたが、この種の抗弁が提出されたところで、DPは直ちに裁判を行うわけではない。むしろそのまま証人尋問を続行し、のちに裁判所が本案判決するときに、——その証人の証言を採用するか否かに関連して——この抗弁の当否についても判断する仕組みになっていた（§ 234ff.）。

証人尋問は、Instruktionの争点の整理の終了前、したがって正式の証拠調べが始まる以前でも、裁判所が必要と思えば証人を呼び出して取り調べることができたが、通常は、争点の整理終了後、特別の尋問期日を定めて証人を呼び出した。

証人の尋問にあたって両当事者の退席が命ぜられるのは、ここでも同じである。しかし、両当事者の代理人（＝ＪＫ。補助者）が立ち会うことは認められていた（§§ 189, 198）。代理人らの立会いが認められたのは、代理人らならば証人も心理的な影響を受けることが少ないこと、代理人らによってＤＰを監視させようという意図があったこと、の二点に求められると思う。立会いを許された代理人らは、ＤＰの尋問を中断させ、彼らが代わって尋問することまでは認められていない。彼らはただ、「証人の証言に関連して、ＤＰが尋問した事項以外でなお尋問を要すると思う事項などがあるときは、その旨を謙虚な態度で（mit Bescheidenheit）ＤＰに申し出るべきである。ＤＰがこの申出を採用しないときは、代理人らはその旨を調書に記載させる〔のちに、合議裁判所によって閲読させる〕ことができる」（§ 198）。

証人尋問が終了すると、その尋問を録取した調書の朗読が行われ、証人に異論がないときは、ここではじめて彼の宣誓が行われる（§§ 202, 203）。宣誓終了後、右の尋問調書にＤＰ、証人、代理人らが署名し、その後にこの調書またはその謄本が当事者に交付される（§ 205）。普通法の終結手続（当事者に証拠弁論の機会を与える手続）は、ここでは証拠調べ（したがって、Instruktion）の段階では行われず、後述する「Beschluß der Sache」の中で、代理人らによる「法律上の陳述」（Deduktion）という形をとって行われる。

㈡　和解の試み

これについては、次に述べる「Beschluß der Sache」の項を参照されたい。

(6)　Beschluß der Sache

証拠調べが終わり、Instruktion が終了すると、次に Beschluß der Sache（事案〔の審理〕の終結）と呼ばれる手続が行われる。この手続では、(イ)ＤＰによる和解の試み、(ロ)代理人らによる法律上の陳述、(ハ)訴訟記録の編綴・封蠟という三つの段階がふまれる。

(イ)　和解の試み

ここでの和解の試みは、いわば証拠調べ終了後の和解の試みである。しかし、和解の試みは、すでにInstruktionの途中ででも、とくに「争点の整理」を行う段階で強力にすすめることが要請され、さらには、代理人（＝JK）が自己の当事者と接触する（訴え・答弁の）取調べの段階ででも要請されていた。この時期のプロイセンの立法者は、和解の試みにきわめて熱心であった。AGOでも、和解の試みについては別に一章（I, 11）が設けられているが、その冒頭の第一条は次のように言っている。「一旦発生した法的紛争をできるだけ和解によって解決し、それを通じて、訴訟の方法によるときはどうしても避けきれない当事者の時間的・経済的損失を防ぎ、また紛争の継続によって家族・市民間に生ずる敵対関係、不和状態を防止することは、わが国王陛下のまことに不断のご祈念である。」つづけて、「それゆえに、裁判所の者たち（Gerichtspersonen. ここではJK）は、彼に割り当てられた当事者を最初に尋問するときから、とくに事件に疑問があったり長時間を要する見込みがあるときには、できるだけ和解にするよう当事者に働きかけ、またDPも、そのInstruktionの継続中はいつでも、主としては争点の整理後にではあるが、しかし証拠調べの終了後においてもなお、和解が成立するようその全力を傾けるべきである。訴訟が離婚事件である場合にも、なお和解を試み、そのときには一人の聖職者（Geistlicher）を関与させるべきである」と。

和解を当事者に強制する手段としては、和解を頑なに拒否した当事者が、その後の判決で、和解の際に提示されたと同程度かまたはそれを下回る程度で認容されたときには、彼に（勝訴者にもかかわらず）訴訟費用の支払いが命じられた（§14）。

(ロ) 代理人らによる法律上の陳述

右の和解の試みが失敗に終ると、次に代理人らによる法律上の（意見の）陳述が行われる。この陳述は、Deduktion（演繹）と呼ばれ、取り調べられた事実から法律に従うとどのような結果が導かれるかについて意見を述べるものである（I, 12, §11ff.; Einl. §§53, 54. なおこのDeduktionには、前述した証拠調べの結果に対する弁論も当然に含まれてこよう）。

(ハ) 訴訟記録の編綴・封蠟

この代理人らによる陳述が終ると、ＤＰは書記に命じて訴訟記録を編綴・封蠟させる。なお、そのまえに、この記録を代理人らにも閲読させ、彼らに異論のないときは、その旨を封蠟の下に付記させる（I, 12, §9）。ＤＰは、この訴訟記録および代理人らの Informationsprotokoll を一括して裁判所の受付係に交付し、裁判所へ提出せしめる（§§ 20, 21）。これで、ＤＰの任務が全部終了したわけである。

(7) 判決の起案ならびに告知

いよいよ手続の最終段階として、判決の起案ならびに告知が行われる（I, 13）。判決の起案には、裁判所の所長によって指名された一人の裁判官（これを Referent と呼ぶ）があたり、重要で複雑な事件の場合には、いま一人の裁判官（Koreferent）が指名される（§1）。これらの Referent, Koreferent は、前述したＤＰと同じ人物であってはならないし、また、裁判官の多い裁判所では、Dezernent と同じ人物を選ぶこともできるだけ避けねばならない（§2; Einl. §55）。Referent は、事件の Instruktion が完全にまた適法に行われたかを調査し、もし欠点を見出したときには、ＤＰに補正を命ずることができる（§§ 3, 4）。いわゆる裁判官の相互監視の一つの現れである。Instruktion に欠点が見出されないときには、彼は判決の起案にかかる。そして、起草した判決の草案を、裁判所の全員の前で朗読する。この朗読にあたっては、まず「事実」（当事者間に争いのない事実）について述べ、ついで事実上・法律上の「争点」を明らかにし、その争点ごとに証拠方法ないし法規を提示し、そして最後に事件に対する彼自身の見解（「判決理由」ならびに「判決主文」）を述べなければならない（§5ff.）。裁判所の合議は、多数決によって決せられる（§31）。[36] もっとも、法律上の解釈に疑問があるときには、やはり多数決によって「法律委員会」に問い合わせ、その意見を基礎にして判決をしなければならない。[37] 判決書には（出席した）裁判官全員が署名し、つぎの開廷日に、代理人としてのＪＫ、この代理人がいないときには当事者本人に、判決書の写しを交付する（§§44, 46, 51）。代理人としてＪＫがこれを受領したときは、この写しをさらに依頼者である当事者に交付し、その際上訴する意思があるか否かを聞く（§49）。裁判所から当事者本人に交付したときは、交付の任にあたった裁判官が当事者に上訴する意思があるかないかを聞く（§52）。当事者が上訴する意思があると答えると、以下、上訴審の手続へと移っていくが、ここでは、第一審の手続を紹介するにとどめよう。

もっとも、この第一審の手続も、すべての事件、裁判所において一律に適用されているわけではない。事件の種類（少額事件、手形事件、婚姻事件、境界確定事件など）によって、上述した訴訟手続の特則が認められているし、また、同じ第一審裁判所でも、その裁判所の規模によって、以下のような特則が認められている。

四　上級裁判所（Obergericht）と下級裁判所（Untergericht）

ＡＧＯは、裁判所を二分して、上級裁判所と下級裁判所に区別している。そして、上述した第一審の手続はもっぱら上級裁判所に妥当するものとし、下級裁判所についてはまた特別の手続を定めている。もっとも、上級裁判所、下級裁判所といっても、必ずしも今日的な意味での上級裁判所、下級裁判所といった区別が妥当するものではない。なるほど、上級裁判所は下級裁判所の上訴事件の審理も担当するが、そのほかにも第一審裁判所として担当する数多くの事件を抱えていた。当時の身分制社会を反映して、上位階級（貴族、僧侶など）は第一審として上級裁判所の審理を受ける特権を有していたし、また、一定種類の訴訟、例えば離婚訴訟なども上級裁判所を第一審裁判所とすると定められていた（I, 2, §128）。法律によると、上級裁判所とは、Landesjustizkollegium（Landes-Justiz-Collegium）と呼ばれる裁判所を指し、下級裁判所とは、これ以外のすべての裁判所を総称するものであるとされている（I, 25, §1）。もっとも、この下級裁判所は、その規模に応じてさらに次の二つに区分されている。①三人以上の有資格の裁判官から構成されていて、合議体を形成できる裁判所。②一人の有資格の裁判官しかいない裁判所。前者は、第一級の下級裁判所（Untergericht der ersten Klasse）、後者は、第二級の下級裁判所（Untergericht der zweiten Klasse）と呼ばれている（§3）。

このうち、第一級の下級裁判所は、その手続の点で上級裁判所とほとんど異なるところはない。わずかに、管轄区域が上級裁判所ほど広くはないので、それだけ当事者が裁判所に出頭することも容易になり、したがって期日や期間はできるだけ短縮すべきであるとか（§5(1)）、代理人の選任を許容する範囲（二(2)）はかなり厳格に解すべきであるとか（(2)）、といった規定が目立つ程度である。なお、事件の審理にあたって、法律問題に疑義が生じたときは、みずからこの疑義を解決せずに、上級裁判所の意見を徴すべきである（§6ff.）とされている。

第二級の下級裁判所では、なにぶん裁判官が一人ぼっちなので、上級裁判所や第一級の下級裁判所のように裁判官の任務を、Dezernent, Deputierter, Referent と分けて担当するわけにはいかない。したがって、訴え・答弁の取調べ、訴状・答弁書の作成、Instruktion の実施、判決の起案など、なにもかも一人でやり遂げなければならない。そこで、その裁判官の行動を監視する意味で、Instruktion の折にはつねに一人の書記官を同席させ、その者に調書を作成させる（§50）か、その書記官もいないときには、裁判官が調書を作成し、二人の読み書きのできる参審員（Schöppe→Schöffe）を選んで、この者にその記載が誤りでないかどうかを判定させる、という仕組みをとっている（§51ff.）。[38]

五　新事実・新証拠の提出——訴訟の「一年内」終了

プロイセンの周囲の国々が認めた訴訟法、すなわち普通訴訟法は、いわゆる同時提出主義をとっていた。請求原因事実は訴状に、抗弁事実は答弁書に、再抗弁事実は再抗弁書に、それぞれ記載しなければならなかった。もし請求原因事実が、訴状に記載されず、のちの時点になって主張されようとしても、それは原則として許されず、詐欺、強迫、錯誤（無過失を要求された）など、ごく限られた原因がある場合に、原状回復の申立てという形式をとって許されただけであった。[39]

(イ)　この点、プロイセン法は、どうであったろうか。

(a)　もうほとんど無制限といってもよいほど、請求原因事実の後れた主張、広くは事実一般の後れた主張が認められていた。同じことは証拠申出についても言えて、普通法だと、証拠判決で定めた挙証期間内に証拠を申し出なければならなかったが、プロイセン法にはそのような制限はなかった。訴状、答弁書の作成・交換を終えたのち、いわゆるInstruktionに入るが、訴状、答弁書に記載すべき請求原因事実、抗弁事実、またこれらの事実を立証する証拠方法を、そのInstruktionにおいて自由に主張できた。Instruktion内における時期を問わないので、争点整理の前でも、後でも（したがって、証拠調べの段階でも）、この請求原因事実、抗弁事実、それらを立証する証拠方法の主張・申出が自由に許された。ただ、Beschluß der Sacheに入り、法律上の陳述（Deduktion）の段階に入ると、新事実・新証拠の提出は原則として許されなかった。しかしそれでも、裁判官が提出された新事実・新証拠を事件にとって重要だと思うと、Instruktionの再開を命ずることができた（I, 10, §3; 12, §§6, 19）。さらに、判決の起案に移り、起案を担当するReferentが事件の記録を調査し、Instruktionに不備があると認めると、その再開を命じたが（I, 10, §57; 13, §4）、その機会に新事実・新証拠を提出できたのはもとよりである。判決に対して控訴が提起され、控訴審の審理が開始されると、当事者は、第一審で提出しようと思えばできた新事実・新証拠の提出が許された（Einl. §58; I, 14, §49ff.）。上告審に至ると、新事実・新証拠の提出は原則として禁止されたが、すでに第二審で主張された重要な事実を明らかにする事情（Umstände）、証拠の提出は認められた（I, 15, §§11, 12, 17, 18. AGOの上告審は、純然たる法律審ではなく、事実審の性質も兼ねあわせていた）[40]。

(b)　以上のように、AGOは、上告審の例外を除いて、もう野放図といってもよいほど新事実・新証拠の提出を許していたが、これはどうしてであろうか。周囲の国々で行われていた普通訴訟法が厳格な同時提出主義をとっていたので、その差異がいっそうきわ立つのであるが、これは恐らく、AGOが実体的真実の探求というその目標を追及するに急なあまりではなかったろうか。実体的真実を追及しようと思えば、新事実・新証拠が事件の真相を明らかにするものである限り、たとえその提出を許すことによって訴訟が遅延しようとも、やはり提出を許さなければならない。

(ロ) この時代のプロイセン法は、それなりに訴訟の促進に熱心であった。とくに訴訟を一年以内に終了させろということがやかましく要求され、そのことが法典にも明記されていた。AGOの前身CJFは、「第一審においては、答弁のための期日が定められてから判決の言渡しまで、原則として四か月以内（に終了すべきであるし）、第二審においては三か月、第三審においては二か月を超えることがあってはならない」と定め、全部を通算すると、一年どころか九か月で訴訟を終了させるべきであるとしていた。CJFの、そのまた前身であるCFM（一注(14)参照）は、その表題に一つの、しかも長い副題が付されており、それには「(この法律に従えば）すべての訴訟は、一年以内にその全三審級を通じて終了できるはずであるし、また終了すべきである」と記されていた。

またAGOも、「通常の訴訟、すなわち、訴えに対する答弁の期日とInstruktionのための期日が併合して行われる訴訟では、その併合された期日から一年以内に訴訟を終了させることが、国王陛下の真摯なるご意思(ernsthafter Wille)である」と述べていた(I, 8, §35)。これは、法律や訴訟に暗く、そのくせ訴訟の遅延を恨む人民の声には敏感であった、ときの国王たち（とくに、CFM・CJF立法当時の国王であったフリードリヒ大王）に、自国の裁判官や弁護士たちの精励ぶりを印象づけるためには、一年以内に訴訟を終了させるという、具体的な、目につきやすい方法をとるしかなかったのであろう。しかし、これほどまで無制限に新事実・新証拠の提出を認めて、はたして訴訟は一年以内に終了したのであろうか。もっとも、法律も、この新事実・新証拠の提出が当事者に濫用されることを恐れて、「もしも軽率に、とくにわざと訴訟を遅延させる目的で、新事実・新証拠の提出を遅らせた者は、その引き延ばされた手続の費用、および相手方に生じた損害の賠償を負担すべきであり、この費用・賠償金を支払えぬ者は体罰に処することができる」と定めていた(I, 10, §4; 12, §7)。しかし、一方で新事実・新証拠の提出を認める旨の規定が各所にちりばめられ、他方で実体的真実発見の大号令がかけられている法典の下で、この「制裁」の発動が、はたしてどこまで期待できたのであろうか。

(21) 各章の条文番号の終りの番号を足していったところ、四四五八か条となった。もっとも、条文のなかには、一〇〇条a、一〇〇条bのように、枝番号に分れているものもいくつかあるので、これらを足していけばもっと厖大な数になるであろう。なお、各章のなかでもっとも条文数の多いのは、第一編第五〇章「破産およびその手続について」(Von Konkursen, und wie dabei zu verfahren) で、七〇七か条、それに次いで多いのが、第一編第一〇章 Instruktion (正確には、終局判決にいたる事件の審理について。Von der Instruktion der Sache zum Definitiverkenntnisse) の部分で、三九七か条を数えている。すなわち、AGOの第一編は、「訴訟法」と題しながら、上にみたように破産、さらには強制執行、保全処分、人事訴訟などに関する規定も含んでおり、そのために浩かんな法典にならざるを得なかった面もあるのである。

故熊谷判事は、AGOの条文総数を三七一八か条といわれている(二〇二頁)が、これは右第一編「訴訟法」の条文総数を指すものと思われる(もっとも、上記の私の計算方法では、この第一編の条文総数も三七八六か条になるのであるが)。

(22) これは、スヴァーレツが、皇太子(のちのフリードリヒ・ヴィルヘルム三世)のために御前講義をしたさい主張した見解であるといわれる。このときの御前講義のテーマは、「法律はどの程度簡潔であることができ、かつ簡潔でなければならないか」というのであった(石部一〇二頁・一四一頁以下)。

フリードリヒ大王は、実体法である「一般法典」の草案を見て、「この法典は部厚すぎる。法律というものは簡潔であるべく、浩かんであってはならない」と批判したといわれるが、スヴァーレツの上記の主張は、この批判に対する反論の意味もあったようである。ちなみに、一般法典の条文総数は一九〇三六、その修正版である「一般国法」の条文総数は一九一八七であった(石部一四〇頁以下)。

(23) 序章六七か条は、四つの部分に分れている。その第一は「一般原則」、第二は「手続の経過」、第三は「裁判官の恣意から当事者を保護するための諸方策」、第四は「裁判の効果とその有効性」と題されている。ここで取り上げるのは、主として第一に属する条文である。

なお、第三にいう「裁判官の恣意から当事者を保護する諸方策」としては、後に述べる補助者(Assistent)の制度、Deputierter (Instruktion を担当する裁判官)の処置に対する不服申立て、判決に対する上訴、などが挙げられている。

この序章については、熊谷二一七頁以下にその全訳がある。熊谷元判事は、そのほかにもAGO中の重要と目される若干の規定について翻訳を試みておられる。いずれも的確な名訳ばかりで、ただただ敬服のほかはない。ただその翻訳が片カナまじりの文語調であるため、本稿では、当面わたくし自身の拙訳によったが、右の熊谷判事の名訳からいろいろ教示を受けたことはいうまでもない。なお、熊谷元判事は、序章の第一五条の翻訳に際し、〈のちの改正に依り削除されたものの如し〉と書かれているが、この第一五条は、その前の第一四条第二項として翻訳されている部分が、実はそれである。これは、おそらく熊谷元判事が用いられた（二一六頁参照）ＡＧＯの一八二八年版にミスプリントがあったためであろう。この時分の法典にはこの種のミスプリントが珍しくない。わたくし自身は、ＡＧＯの初版と一八三一年版を用いたが、それぞれの後尾に相当な数の正誤表が付されている。また、この序章については、柏木邦良・北海学園法学研究五巻二号四〇三〜四頁にも抄訳がみられる。

なお、ＡＧＯは一七九四年・九五年に印刷されて以来いくどか版を重ねているが、それは主として、プロイセンが新領土を併合するたびにＡＧＯの施行区域も拡がっていくので、その需要をみたすためであったらしい。とくに一八一六年には、それまでに発令されたＡＧＯの内容を修正する数多い閣令・回令類を、追記（Anhang）という形で、ＡＧＯの各関係条文の末尾に挿入するという形式をとり、以後の版では、この一八一六年版を無修正のままで印刷するという方式がとられている。追記の数は、「第一部訴訟法」だけで三〇〇か条にのぼっている。

(24)　序章（Einleitung）を法典の冒頭におくという体裁は、ＡＧＯに一年遅れて制定された一般国法典、またその前身であった一般法典にもみられた体裁であるから、この当時のプロイセンの立法では決して珍しくなく、むしろ普通の体裁であったらしい。ただ、他国の立法、たとえば一七八一年のオーストリア一般裁判所法などをみても、このような体裁はみあたらないから、これはやはりスヴァーレツらシュレージエン新司法官僚の独創にかかるものであったらしい。彼らがなぜこのような体裁を案出するに至ったかについては、①当時の支配的な法理論であったヴォルフらの自然法学の影響、②彼ら（シュレージエン新司法官僚）が、大学教育に対して強い不信・軽侮の念をもっており、彼らの法典において、「理論的にも」自己完結した法典を作ろうとしたこと、などを挙げられると思うが、これらの理由が正確なものかどうかは、識者のご教示を仰がねばならない。

(25)　この命令は、その後、追記（Anhang. 注(23)参照）第一条として、序章第一二条の末尾に付記された（なお、序章第一二条については、(1)本人出頭主義の項参照）。

(26)　訴えの申出には、時効中断の効果が認められた（I, 7, §50. なお、一般国法 I, 9, §553）。

(27)　Instruktion の訳語としては、「事実の審理」、「事実の取調べ」が考えられる。さきにＣＪＦの訴訟手続に触れた折には、「事実の審理」の語を用いておいた。ＡＧＯの序章も、Instruktion とは、「訴訟中に問題となり、かつ判決の基礎となる事実を採用（Aufnehmung）し、また探知（Untersuchung）することである」と定義している（§8. 文中 Aufnehmung とは、当事者の主張から事実を採用することを意味し、また Untersuchung とは、裁判所が職権で事実を探知することを意味している)。しかし、ここにいう Instruktion では、厳密な意味の「事実」のみならず、事件に適用される法条の存在・内容が当事者・裁判所間の論議の的となるし、また、後にも述べるように、「外国法、地方制定法（条例）」などが当事者の主張や証拠調べの対象になることは、法律自体も認めている（I, 10, §§ 53, 54)。そのうえ、周囲の国々が普通訴訟法の影響のもとに書面審理の建前をとっているときに、プロイセン法がこの Instruktion という独自の手続を認めたことを際立たせるためにも、原語をそのまま使用することが適当かと考えた次第である。なお、わが国では、Instruktion を「予審」と訳する例があるが（熊谷一九七頁以下)、それが適当でないことは前に述べる機会をもった（拙稿(二)一五〇頁注一五)。プロイセン法では、Instruktion は、一般に審理・取調べの意で用いられている。さきに紹介した訴えの取調べも、法文では Instruktion der Klage と呼ばれている。本文で以下に紹介する（つまり、原語のままで紹介する）Instruktion は、正確には Instruktion der Sache zum Definitiverkenntnisse（「終局判決にいたる事件の審理」）と呼ばれている。

(28) AGOを読んでどうもよく分らないのは、この被告の取調べにあたり、したがってまた Instruktion をも主宰するDPと、訴えにつき原告の取調べにあたるDPとが、はたして同一人物を予定されていたのか、それとも別人物を予定されていたのかという点である。Dezernent のように同一人物であってはならないという趣旨の明文規定もないし、また、法典を通観すると、どうも同一人物を予定していたように思われるのである。また実際上も、被告の取調べにあたるDPが、すでに Instruktion の主催者をも兼ねる以上、原告の取調べにあたるDPだけを切り離して考える必要も存しないであろう。

しかし、そうしてみると、AGOでは、裁判官の相互監視の制度はずっと後退したというべきであろう。前身であるCJFでは、ともかくも、原告の取調べにあたるARと被告の取調べにあたるARとを区別し、さらに Instruktion を主宰するDPには、この両者とまた別の人物をあてて、実質的にはともかく、形式の上だけでも、「裁判官の相互監視」体制を貫こうとしたのであった。これにくらべて、まさにAGOでは、「権力の自制的モーメントは脱落して、後見的介入のモーメントのみが残った」（石部）といわざるをえないであろう。

それにしても、原告の代理人と被告の代理人、それに審理にあたる「判定者」の役割と一人で三役を兼ね備えたというのは、今日の感覚ではいささか漫画的であるとともに、現実にその任を課せられた裁判官は、大変な負担過剰にあえいだことであろう。事件が軽微・明白な事件ばかりで、その数もごく乏しい間は、裁判官もこの任務を遂行することができたであろうが、事件が複雑になり、その数も激増した場合には、裁判官はよくこの任務に耐えることができたであろうか。後述するように、プロイセン法は、裁判官にきわめて広汎な職権探知の機能を与えているのであるが、裁判官がこのような超人的な負担にあえいでいるとき、彼ははたしてこの種の機能を行使することができたであろうか——はなはだ疑問なきをえないのである。

(29)　この機会に、当事者双方の取調べに関連する序章（Einleitung）の規定を紹介しておこう。

二五条　Instruktion を主宰する裁判官は、まず原告から、その請求（Anspruch）、請求の原因となった事実、その事実が否認されたときにその事実が真実であることを立証する［証拠］方法について、委曲を尽して聴取すべきである。

二六条　次いで裁判官は、被告が原告の請求ならびに請求原因について、十分に教示され、これらに対して適切に答弁できるように配慮すべきである。

二七条　被告が原告の請求を認めることや、原告の要求に対して履行することを拒否したときは、裁判官は、被告が原告の主張中認める部分、認めない部分、被告が原告に対して対抗する抗弁、その抗弁の原因たる事実、また、この事実が否認されたときにその真実であることを証明する［証拠］方法について、先の原告の場合と同様、詳細に聴取すべきである。

二八条　次いで裁判官は、当事者双方を一堂に会せしめ、その対質（Gegeneinanderstellung）を通じて、一方では事件の真相をより一層追求し、他方では当事者をして係争事実をより明確にするよう努力せしむべきである。

以上の諸規定にも、「偉大な訴訟法教科書」であるＡＧＯの面目の一端をうかがうことができる。

(30)　序章第四九条は、「Instruktion を行う裁判官は、当事者によって選任され、または彼の求めに応じて選任された Beistand ないしは代理人を、Instruktion におけるすべての弁論に立ち会わさなければならない」と規定していた。被告側の答弁を聴取するとき（本文の(i)の場合）、原告・その代理人らの立会いを認めないのは、それに先立ち原告につき訴えの取調べを行うときに、もとよりまだ訴えの提起の通知は被告になされておらず、被告・その代理人に立ち会う機会がなかったので、それとのバランスを図ったものではないかと思われる。

(31)　前身であるＣＪＦでは、単に争点の整理（Regulierung des Status contraversiae）と呼んでいたが、争点を整理しようと思えば、その前提として争いのない事実（「事実」）もはっきりさせなければならないので、ＡＧＯは両者を合して、事実および争点の整理と呼んだのであろう。

(32)　普通訴訟法では、当事者間で書面（訴状、答弁書など）を交換したのち、その書面を審査した裁判官が、何が事件にとって争点であるかを決め、その争点につき挙証義務者、挙証期間などを定めて、いわゆる証拠判決を言い渡してのち、はじめて証拠調べに入ることになっていた。この点は、プロイセン法も普通訴訟法に追従していたといってよい。同法も、当事者間で書面（訴状、答弁書など）を交換したのち、裁判官（ＤＰ）が当事者を尋問し、その代理人の意見を聴いた上で、事件の争点が何であるかを決め、挙証義務者、挙証期間を定めて、証拠調べに入ろうとしている。したがって、プロイセン法も基本的には普通訴訟法に同調しているといってよいのだが、証拠判決（プロイセン法では、争点の整理）を行う前に当事者、その代理人の意向を聴取する点で、普通訴訟法と大いに趣きを異にしているといわなければならない。証拠判決（争点の整理）に対する不服申立てを防止または減少させるという見地からは、プロイセン法のほうが遥かに合理的といわなければなるまい。

もっとも、そのプロイセン法も、当事者・代理人と裁判官（DP）の意見が一致しないときは、本文にも述べたように（合議）裁判所に対する不服申立てを認めているのであるが、その不服申立ての点でもプロイセン法のほうが普通訴訟法にくらべて弾力的にでき上がっている。普通訴訟法では、その証拠判決に対して独立して上訴を認め、したがって二審・三審を経て判決が確定してはじめて証拠調べに入るという体制をとっていたので、証拠調べの開始が著しく遅れた。しかも、その証拠判決が確定すると、この判決に拘束力（羈束力）を認め、のちに終局判決を起案する段階になって、前にした証拠判決がまちがっており、ほかにもっと重要な争点（＝要証事実）があり、それについて証拠調べをすることが必要だと思っても、前の証拠判決の効力に拘束されて、証拠調べの再開を命ずることができなかった。さきの証拠調べの開始の遅延といい、この証拠判決の頑さといい、証拠判決の制度はまさに普通訴訟法の癌と目されていた。その点、プロイセン法は、本文に紹介したように、「争点の整理」（におけるDP）の判断に対して独立の上訴を認めず、その代りにこの判断に対しても拘束力を認めないから、後で終局判決の起案を担当する裁判官（Referent）は、前の「争点の整理」の判断がまちがっていると思えば、証拠調べの再開を命じることができたのであった。

このように、プロイセン法の「争点の整理」は、普通訴訟法の証拠判決のもつ難点を克服したので、周囲の国々から注目され、さっそくにこの制度をとり入れた他国の法律も現れてきた。しかし、このプロイセンの「争点の整理」は、のちの帝国民訴法（CPO）には伝わらなかった。プロイセンの「争点の整理」は、事実主張（書面交換）の段階と証拠調べの段階を区別するいわゆる証拠分離主義をとってはじめて意味をもつのに、帝国民訴法は事実主張と証拠調べを結合するいわゆる証拠結合主義をとり、しかも証拠調べを終えてなおのちに事実主張を許すという随時提出主義をとったために、争点の整理など介在する余地がなくなってしまったのである。以上につき、拙稿(二)一五二頁注一八、(三)三五三頁注一四。

(33) もっともこの前者の学説によると、顕著な事実や法律上の推定も、事実を真実として取り扱わせる法律上の効力のあるものとして、「証拠方法」のなかに数えられることになるが、AGOは、顕著な事実は証拠調べの総則のなかに規定し（I, 10, §56)、法律上の推定は、判決の起案に際して裁判官の注意すべき事項（事実確定の一方法）として規定し（I, 13, §27)

ていたので、不徹底のそしりを免れない、との批判を受けていた。

(34)　証拠調べの総則の規定のなかに、鑑定人尋問、鑑定書に関する規定がおかれ（I, 10, §22）、後述の法定証拠主義に関する規定のなかに、鑑定人の証拠力についての規定（I, 13, §10⑦）もおかれている。そのほか、鑑定人の宣誓に関する規定は、証人のそれに関する規定と同じ条文下におかれ（I, 10, §§102 II, 202 III, 203④）、職権による鑑定人の指名・尋問（I, 8, §27）、検証の際の鑑定（I, 10, §179）も認められている。もっとも、第一審で鑑定人が尋問されたのち第二審で当事者がこれと異なる鑑定人を申し出ることを認める規定もおかれ（I, 14, §60）、鑑定人の尋問が当事者からの申出によって行われる余地のあることを示唆している。

(35)　もっとも、五〇ターラーもしくはそれ以下の少額事件においては、一人の信頼すべき証人の証言によって事実を認定してよいとしていた（同条④）。

(36)　事件の審理に直接タッチしたDPが判決を起案せず、審理に直接タッチせず訴訟記録をみるだけのReferentが判決の起案にあたり、しかもこの起案に基づいてこれまた審理にノータッチの受訴裁判所の裁判官達が判決の評決にあたるというのは、直接主義に馴れ親しんだわれわれには何とも奇妙な感じを与える。しかし、この当時には、審理に直接タッチせず、訴訟記録を見るだけの者が裁判したほうが、当事者への情におぼれず、純粋に公平な裁判ができる、という思想が支配的であったらしい。そういえば、わが国でも、さる名奉行が、当事者と顔をつき合わせると、どうしても情が移るというので、障子越しに彼らの陳述を聞いたという「逸話」が伝わっている。

とにかく、この当時のドイツ法では、今日のわれわれからみると意外なほど、「裁判官の中立、公平」に対して細やかな神経が使われている。普通訴訟法で書面（審理）主義が採用されたのも、裁判官が直接当事者と面接すると、どうしても好悪の感情に支配され、また、口頭陳述を聞くだけでは、裁判官の脳裏に長く記憶にとどめにくいので、客観的で公平な裁判をしがたいという理由に基づくものであったし、また、一九世紀後半に至るまで「自由心証主義」に根づよい抵抗が行われたのも、「裁判官の恣意」に対する強い危惧の念に基づくものであった。――言い換えるなら、今日の訴訟法は、当時の訴訟法にくらべると、はるかに「裁判官の資質に対する絶大な信用」に依拠しているということができる。

(37)　法律委員会（Gesetzkommission）は、一七八一年五月に設置された。委員長はカルマー、委員のなかには、スヴァーレツの名もみえる。委員会は、「新しい法律の提案、既存の法律の改正・変更」をその主たる任務としていたが、ほかに、本文において紹介したように「係争中の事件について裁判官からの問合せに対して解答する」ということもその任務としていた（CJF I, 13, §7）。実体法典であるALR（一般国法）では、「裁判官は、係争事件の裁判にあたり、法律の文言および文脈から、争いの対象との関係において明らかになるもの、または、法律の直接の疑いなき根拠（Grund）に基づいて明らかになるものより別の意味を、法律に対して付与してはならない」（Einl. §46）と定め、さらに、「裁判官は、法律の意味（Sinn）に疑いを抱くときは、訴訟当事者の名を明らかにすることなく、法律委員会に問い合わせ、その判断を仰ぐべきである」（Einl. §47）、「問合せをした裁判官は、法律委員会の決議［解答］をその裁判の基礎とする義務を負う。ただし、この裁判に対して当事者が上訴を提起することは妨げない」（Einl. §48）と規定していた。

ＡＧＯの本文に紹介した規定は、この法律委員会への問合せを手続法的にも明らかにしたものである（同趣旨の規定は、すでに争点整理（Regulierung des status causae et contraversiae）のさい適用法条に疑問が生じたときにも認められていた、I, 10, §52）。

このように裁判官の法解釈権限を制限し、その権限を政府・立法当局に集中させようという傾向は、この時代の一つのスタイルであったようである。ＣＪＦと同じ年（一七八一年）に制定されたオーストリアの一般裁判所法は、「裁判官は、この法律の文言の真のそして普遍的な理解に基づいて手続を進め、裁判を言い渡すべきである」と定め、類推解釈の可能性は否定しなかったが、それでもなお法律の解釈に疑問があるときは、「Hof（宮廷・政府）にその旨を連絡し、その裁断を仰ぐべきである」と定めていた（§437. 同法典の最終条文）。

もっとも、プロイセンの法律委員会の法解釈権限は次第に縮小され、一七九八年には法律委員会の裁判官への干渉は禁じられ、ＡＬＲの最初の附則第二条は、「裁判官が法律の意味を疑わしいと認めたとき、当該事件を法律解釈の一般規則に従って解決するのは彼の責任であって、訴訟進行中の法律委員会への照会はもはや許さない」と明記するに至った。以上につき、石部一一六〜七頁・一四二頁以下。

(38)　上級裁判所・下級裁判所の区別について触れたついでに、このころのプロイセンの裁判所組織そのものについても言及しなければならないが、これについては——文中にいうLandesjustizkollegium も含めて——私は前にかなり詳しく述べる機会をもったので、ここではそれに譲らせていただきたい（拙稿(二)一五四頁注二一）。

(39)　普通訴訟法上の原状回復については、松本博之「一九世紀ドイツ普通訴訟法における民事自白法理」（大阪市大）法学雑誌一八巻一号六〇頁以下（のち『民事自白法』〔二〇〇四年〕所収）。

(40)　拙稿「上告の歴史」小室直人・小山昇還暦記念『裁判と上訴』下（一九八〇年）二六頁注一三、三六頁注二一。なお、本稿**四**の**三(1)**参照。

三　「職権主義訴訟法」の諸相

ＡＧＯは、職権主義訴訟法、つまり裁判所の職権に重点をおく訴訟法の権化・典型といいはやされている。しかし、今までみてきたＡＧＯの訴訟手続の概要からは、その権化・典型ぶりは、あまり定かとはいいがたい。ＡＧＯの訴訟手続の最も大きな特徴は、裁判官が当事者を取り調べてみずから訴状、答弁書を作成すること、その訴状、答弁書が交換されたのち、ＤＰが当事者双方を呼び出し、その言い分を聴取したのち争点整理（＝証拠決定）を行い、その後に証拠調べに移行していく、というところに求められる。この点で、当事者自身に訴状、答弁書を作成させ、その言い分も口頭ではなく書面を通じて聴取するという方式をとる普通訴訟法との間に、大きな違いがある。しかも、この当時のプロイセンは、圧倒的な官尊民卑の時代であった。法廷では、裁判官は、当事者双方に対してはもちろん、その代理人であるＪＫに対しても上位の立場に立っていた。だから、訴えや答弁の取調べの段階、当事者双方を呼び出してその言い分を聴取する段階（＝Instruktion）では、裁判官が居丈高な態度で当事者双方やＪＫに対したことは十分に想像がつく。しかし、裁判官が居丈高に対したからといって、すぐさまその訴訟が職権主義訴訟と性格づけられるものではあるまい。

けれども、たしかに、ＡＧＯは、職権主義訴訟法の権化・典型であった。そのことは、今まで概要をみてきたＡＧＯの訴訟手続のいわば血肉をなす個々の制度に、強烈に刻印づけられている。普通訴訟法や今日の訴訟法にはみられないような、濃厚な職権主義の色合いがこれらの制度には与えられている。以下では、これらの制度のうち代表的なものを取り上げて検討していこう。

一　申立ての拘束力

(1)「一定の申立て」

(イ)　訴状の記載

AGOは、裁判官が原告に代って訴状を作成するというシステムをとっていたことは上に述べたが、その作成される訴状には、当然のことながら、「一定の申立て」(わが国流には、「請求の趣旨」)を記載することを必要とされていた(I, 5, §17③)。そのため、裁判官がその訴状を作成するときにも、原告を取り調べ、彼がどのような内容の、またどの程度の申立てをするのか、その意向を聴取しなければならなかった(§45)。しかもその際に、裁判官は自分の意思を原告に押しつけてはならないとされていた――「取り調べる側の意見に従えば、原告の主張した事実から法律上他の請求あるいはもっと多くの請求が生じる場合にも、原告がこの取り調べる側の意見に従わないときは、彼の欲するままに『一定の申立て』を記載すべきである」(§19)。

(ロ)　申立ての変更

さて、その訴状の作成も終って、被告の答弁書との交換も行われ、いよいよ審理(Instruktion)に入っていくが、その審理の結果、原告のした申立てが適当ではなく、法律上、他の請求あるいはもっと多くの請求をしたほうが適当という場合、裁判官は原告の意思を無視して――つまり、申立変更の手続をとらせることなく――その他の請求やもっと多くの請求を認容して差し支えないであろうか。この点、AGOには明言した規定はみあたらない。しかし、先にもみたように訴状作成の段階でも、裁判官が原告と意見を異にしたときに自分の意見を押しつけることなく、「原告の欲するままに一定の申立てを記載すべきである」とされていたのに、審理を行った結果その原告の申立てが適当でなく、他の申立てをすることが適当であると裁判官が考えた場合に、原告の意思を無視して、裁判官がその考えを押しつけることはやはり許されなかったのではあるまいか。そのことは、申立ての変更について定めた次のような規定からも窺うことができる。「審理を進行した結果、訴えの基礎となった行為または事実（Geschäft oder Tatsachen）が、原告が訴状で求めた申立てを支持するよりは、他の新しい申立てを支持するようにみえるときは、……裁判官は……この審理の過程で明らかとなった新しい申立てに対しても、終局判決ができるよう、［当事者に対して］論及す（erörtern）べきである」（§21）。ここに「論及」とは、その後のドイツ法の法文にもしばしば登場してくるが（たとえば、現行規定〔ZPO〕§139）、「釈明」の意味である。つまり、裁判官は、審理の結果新しい申立てが適当と判断しても、そのことを当事者に釈明して、申立変更の手続をとらせた上で、その新しい申立てについて判断（裁判）すべきであるというのである。結局、当事者の申立てについて拘束力を認めていた、ということができよう。なお、この申立ての変更は、第一審の Beschluß der Sache（二の三(6)）が終了するまで行うことが許された。[41]

以上のように、AGOは、「一定の申立て」のもつ拘束力を認めていた。しかし、これでもって隅から隅まで貫徹していたわけではない。次に述べるような（少なくとも今日のわれわれの感覚からすれば）大きな例外を認めていた。

(2) 附帯請求の職権認定

(イ) 普通訴訟法

附帯請求については、当時の普通訴訟法でも、裁判所が職権で認定できるし、またしなければならないとされていた。ここに附帯請求とは、①損害（主として、相手方の不当提訴・不当応訴によって生じる損害）、②訴訟費用、③果実（主として天然果実）、④利息で、これらの請求について職権認定が認められたのは、訴訟費用にみるように、訴訟ではじめて発生してくるものもみられるし、利息のように、訴訟前に発生しているが、その額が訴訟の進行にともなってどんどん増額してくるものもみられる。いずれにしても、原告としては、訴え提起時にその額を特定して請求することは不可能である。そこで、原告に代って裁判所がその額を認定し、判決主文に掲げて、被告に支払いを命ずるという仕組みがとられたものと思われる。もっとも、これらの附帯請求は、そもそも独立した訴え提起をすることが禁じられており（これらの附帯請求にまで独立した訴え提起を認めると、裁判所が負担の過重にあえぐことを案じたためであろう）、このように独立した訴え提起を禁ずると、当事者がその請求を忘れた場合、裁判所がそのまま放置しておけば当事者にとって酷な事態も生じるので、裁判所が職権によっても認定するというシステムがとられたのであろう。普通訴訟法に関する学説は、この職権認定をきわめて幅広く認めていた。(42)

(ロ) プロイセン法

しかしAGOは、これらの学説にくらべるとかなり後退した形で職権認定を認めていた。①損害については、職権認定を否定し、必ず当事者の申立てを待って裁判すべきであるとした（I, 23, §§59, 60）。②訴訟費用については、当事者の申立てを待って裁判をするのが原則で、この申立てがない場合に限って、裁判所は職権で認定すべきであるとした（§§26, 28）。③果実については、当事者からその種類・量等を特定して申請すべきで、その特定が困難なときは、「果実もあわせて請求する」と記載しておけば、裁判所がその具体的な種類・量などを認定すべきであるとした（§§63, 64）。④利息については、職権認定を肯定した。「法律によって利息債権が認められている場合には、裁判官はそれを職権によって認定すべきである。もっとも、当事者が利息支払いを請求し、その利率、さらには利息発生の始期・終期を主張しているときは、裁判官は、それより高額の利率を適用したり、当事者が主張する始期・終期と異なる始期・終期を認定してはならない。」（§58）(43)

(ハ) その後

しかし、やがて一九世紀に入り、弁論主義の名のもとに当事者処分主義が強調されてくると、この職権認定も次第にその姿を消した（その反面で、利息などについて独立して訴え提起をする道が開かれた）。後年のドイツ帝国民訴法は、わが法の二四六条に相当する条文として、「裁判所は、当事者にその申し立てざる事項を帰する権なし」と宣言するとともに、同じことは、訴訟費用を除いて、果実、利息その他の附帯請求にもあてはまる、としているが（旧規定〔CPO〕§279、現行規定〔ZPO〕§308）、これは、ことにAGOの上記の条文を採用しない旨を法文上も明らかにする趣旨で定められたものである、とされている。[44]

(3)　相殺の抗弁と反訴の融合

被告が相殺の抗弁を提出し、この相殺の抗弁が認められて、しかも被告の主張する反対債権の額が原告の主張する訴求債権の額を上回っている場合であるが、次のような規定があった。「判決〔文〕の作成に際し、被告の主張する反対債権の額が、原告の主張する〔訴求〕債権の額を上回っていることが判明したときは、裁判官はその事態をありのままに宣言し、原告に対してその〔反対債権の〕上回っている金額の支払いを命ずべきである。従来行われてきた区別、被告がその反対債権を抗弁の形で主張しているか、それとも反訴の形で主張しているかの区別は、単なる形式主義として問題にすべきではない」（I, 19, §6）。しかし、このような抗弁と反訴の融合、被告は相殺の抗弁を提出したにすぎないのに、あたかも反訴を提起したのと同様に、その反対債権の上回る額につき原告に支払いが命じられるのは、「原告の請求債権と被告の反対債権が同一の取引（Geschäft）から発生した場合」に限られる。[45]

中世イタリアの有力な法学者バルドゥス（Baldus. 一四〇〇没）は、抗弁と反訴の間に区別を認めるべきではないと主張したといわれるが、ドイツではこれに従ういくつかのラント法があり、AGOもこれに従ったものである。[46]しかし、当時の普通訴訟法学では、抗弁と反訴は峻別すべきであるといわれており、[47]プロイセンの法実務も、AGOのせっかくの規定にもかかわらず、これに従わなかったといわれている。[48][49]

二　自白と擬制自白

(1)　自　白

AGOが自白を認めたことは、すでに述べた（二の三(5)(ハ)）。自白の法効果として、証拠調べを不要とする効果が生じることは、法律上明文をもって認められていた――「ある事実が訴［状］または答弁［書］において自白されているときは、その事実について証拠調べを要しない」(I, 10, §82)。[50]「審理担当官（Instruent. 審理を主宰する裁判官のこと、したがってDPのこと）は、当事者が自白した事実をそのままの形で受け取るべきで、その事実が真実か否かをくわしく追究すべきではない」(III, 3, §27)。自白の撤回も認められていて、その要件は、（当時の普通訴訟法および今日の訴訟法と同様に）自白が錯誤に基づくことと、自白の内容が真実に反していること、の二点を立証することであった――「当事者は『審理』で［尋問を受ける際に］、先にした自白を撤回することができる。ただし審理担当官は、当事者に自白をするに至った動機を説明させ、必要な場合にはその立証を命じ、また自白された事実の真の状態を明らかにする証拠方法の提出を命ずべきである。そして、その後は『審理』を続行し、上記の撤回を許すか、あるいは当事者をそのまま自白に拘束させるか、または、撤回に理由がなく、しかもそれがもっぱらシカーネに基づくものなので制裁を科するかは、あげて将来行われる［Referent が起草し、合議裁判所が評決する］判決に委ねるべきである」。自白の撤回は、原則として争点整理の時期までに許された。もっとも、自白者が錯誤に基づくこと、真実に反することを直ちに立証したときには、Beschluß der Sache の期日においても撤回が許された（以上、I, 10, §27a)。

われわれにとっていささか驚きであったのは、プロイセン法では離婚事件においても自白が許されていたことである。「離婚事件において、原告が被告と第三者の間で不義が犯されたと主張し、被告がこの事実を認めたときは、審理担当官は、その不義が誰との間に、またどの程度行われたかを調査してはならない。ただ、その有責原因によって被告が刑罰を受けるときには、その事実について自白に拘束されず、十分かつ詳細に調査すべきである。」(III, 3, §27)。つまり、当時のプロイセン法は、いわゆる馴合離婚（Konventionsehescheidung）を法律上も是認していたのである。[51]

(2) 擬制自白――け（解）怠の効果

自白と同じく、擬制自白の効果も認められていた。擬制自白は、当事者の裁判所に対する不服従の効果、としてとらえられていた。「訴訟中に問題となった事実につき、裁判官の要求にもかかわらず、これについて陳述することを頑強に拒否した場合には、それ以上の取調べを要せずして、不服従者に最も不利益な形で、その事実を真実または不真実とみなすという効果が生じる」(Einl. §14 I)。事実を真実または不真実とみなすというのは、その事実について擬制自白の効果を認めるということである。もっとも、無条件に擬制自白の効果が認められていたわけではない。この規定のすぐ後につづいて、「しかしながら、上のような不服従の制裁を科するためには、事実に関して説明を求める裁判官の要求が適当な時期に告知されていることが必要である」(Einl. §15. なおこの条文につき注(23)参照)。

この二つの規定は、一見したところ、例のプロイセン法にみられる二つの側面、国家権力によるあくなき真実の追究と、これに対する市民の自然的自由の保護という、本来相矛盾する関係にある二つの側面の発現というように受けとられるかも知れない。事実、これをわざわざ序章（Einleitung）に掲げているところをみると、そのような評価も十分に成り立つであろう。しかしながら、他方で、このような当事者のけ怠（Versäumnis）、つまり審理をすべき期日に欠席したり、裁判所の釈明に対して誠実に応答しなかった場合を、当事者の自己責任、あるいは利益の放棄とみるのではなく、端的に、裁判所の命令に対する不服従（Ungehorsam）としてとらえるのは、なにもプロイセンだけではなく、この当時の普通訴訟法学にもみられたごく一般的な傾向であった(52)。そしてまた、このようにけ怠を裁判所の命令に対する不服従としてとらえることから、それに対する制裁（擬制自白の効果）を発動するためには当事者にあらかじめ通知・呼出しをしておかなければならないと考えられていたのである(53)。

以下では、まず当事者のけ怠の代表例である、被告が答弁期日に欠席した場合からみていこう。

(イ) 答弁期日の欠席

答弁期日が独立に開かれるにしろ、「審理」の期日に併合して開かれるにしろ（二の三(3)参照）、その期日に被告が欠席すると、審理担当官は、その旨を調書に記入して、この調書を裁判所に提出する（I, 8, §9）。この調書を受け取った裁判所は、まず被告への呼出しが適法に行われたかどうかを調査する。ちなみに、被告が呼出しを受けてから答弁期日が開かれるまでの期間（答弁・応訴期間）は、原則として四週間ないし八週間と定められていた（§2II）。また、被告が受け取る呼出状には、答弁期日に欠席すると擬制自白の効果が生じること、原告側に生じた損害を賠償しなければならないこと、などが「警告」されていた（I, 6, §14⑤）。

さて、裁判所は、上記の呼出しが適法に行われたと認定すると、さきに提出された調書に基づき、被告は原告の訴状中に含まれた事実を自白したものとみなして、被告に給付を命ずる判決（欠席判決）を言い渡す。この判決は、通常の判決と全く同じ効力を有し、したがって原告はこの判決に基づいて強制執行を申し立てることができる（I, 8, §§10,11）。

被告は、この欠席判決に対して、「原状回復の申立て」ができた。すなわち、欠席判決の送達を受けた日から一〇日以内に、①欠席のやむなきにいたった事情を疎明し、②原告の訴えに対して完全に答弁すること、およびそれを裏づける資料（Data. 事実と証拠）を提示し、さらに、③欠席判決において支払いが命じられた原告に対する費用の償還額を提供して、原裁判所に原状回復の申立てをする。そうすると、原裁判所は審理を開始し、その審理の結果、事件につき判決を言い渡すときに、前にした欠席判決を取り消した（以上、I, 14, §69ff.）。

上述のように、被告が答弁期日に欠席した場合に、擬制自白の効果を認めること、つまりいわゆる承（肯）認的争点決定を認めることは、すでに各地のラント法で行われていた。(54) AGOもこれに従ったまでである。ただし、それらの各ラント法では、欠席判決は、原告からの申立てを待って行うことになっていた。ところが、AGOでは、被告が答弁期日に欠席すると、直ちに審理担当官は裁判所に連絡し、裁判所は欠席判決を言い渡すことになっていた。つまり、職権によって欠席判決を言い渡すわけで、そこにAGOの性格の一端を窺い知ることができる。

なお、被告の欠席を取り上げた以上、それとの均衡上、原告の欠席した場合をも取り上げねばならないが、ここでは叙述が繁雑になることを恐れ、付注において述べることにした。(55)

(ロ) 審理における不服従

ここで論じている不服従(け怠)が問題となるのは、なにも上に述べた被告が答弁期日に欠席した場合に限られない。被告が答弁期日に出席し、その答弁の聴取が終って、いよいよ訴訟の「審理」が開始された後でも、当事者のどちらかが不服従を犯すと、次のような制裁が定められていた。「原告にしろ、被告にしろ、不服従を犯した場合には、その不服従が犯された事実につき、彼にとって不利なように、彼が自白したか、または彼が「その事実を」主張しなかったものとみなす効果が生じる。」当事者が、この彼に科せられた不利益を免れるためには、「審理」が終了するまでに、裁判官によって命ぜられた義務を履行し、また相手方に生じた損害を賠償しなければならなかった。もし、彼が不服従を犯したのはやむを得ない事情によるものであるとの立証に失敗した場合には、事情に応じて彼に二ターラーないし一〇ターラーの過料が科せられた(以上、I, 9, §44)。

もっとも、上記の規定は「原告にしろ、被告にしろ、不服従を犯した場合には」といっているだけで、この不服従がいつ、またどんな形で犯されたかについては明らかにしていない。しかし、当時の「不服従」の理論に照らせば、まず、「審理」の期日に当事者双方がそろって欠席した場合には、当然にこの不服従の効果が認められたであろう。(56) しかし、必ずしもこれだけに限らない。当事者双方とも期日に出席したが、相手方の陳述に対して、不完全・不明瞭な答え方をしたり、あるいは沈黙をもって応えた場合にも、やはりこの不服従の効果が認められたであろう。もっとも、このような場合には、当然に裁判官が釈明したであろうが、その釈明に素直に応じなければ、これはまさしく裁判官の「命令」に対する不服従として、上に述べた不服従の効果(とくに擬制自白の効果)が科せられたのである。(57)

三　職権証拠調べ

裁判官による真実探究を至上命題に掲げていたＡＧＯは、裁判官による職権証拠調べを認めていた。まず、序章において、「当事者は、その主張した［訴訟にとって］重要な事実が否認されたときは、その事実の真実を明らかにする手段［＝証拠方法］を提示すべきである」と定めていた（§16）。その後につづけて、「しかし、裁判官は、その当事者の提示に拘束されてはならない。彼は、当事者の陳述（Vortrag）および弁論（Verhandlung）の諸関連から明らかとなった他の手段も、それが真実の探究のために役立つときは、たとえ当事者からの明示の申立てがなくても、それを利用する権利を持ち義務を負う」と定めていた（§17）。さらに、法典の本文においても、審理担当官は、「当事者によって彼のもとに提出された証拠方法に拘束されることなく、弁論の進行中に、当事者の提出した証拠方法のほかにもっと多くの、あるいは他の［種類の］証拠方法の存在が明らかになったときには、別段当事者からの申出を待つまでもなく、その証拠方法を取り調べ、必要に応じてこれを利用すべきである」という規定もあった（I, 10, §2）。

(1)　私知の利用の禁止

このようにＡＧＯは職権証拠調べについて、それを行う裁判官の権能と義務を一般的な形で宣言しているが、この一般的な宣言にとどまらず、個々の証拠方法についても、それぞれ職権証拠調べを行う旨の規定をおいている。以下では、その個々の職権証拠調べの規定をみていくが、その前に、ＡＧＯでも裁判官の私知の利用は固く禁じられていたことを紹介しておこう。「争いのある重要な事実の真相を明らかにする裁判官の義務とそして権能は、つぎの点に限界をみいだす。当事者の申述（Angabe）からも、また事件の諸関連（Zusammenhang der Sache）からも、さらには文書や証言の内容からも窺うことができず、単に裁判官の私知（Privatwissenschaft）に基づく事実は、『審理』の対象とすることを許されない。」（I, 10, §5b）　私知の利用の禁止は、すでに古くから訴訟法上確立した原則であった。[58]　真実究明を標榜するＡＧＯも、この点では確立した原則に従ったのである。ただしかし、AGOのように、裁判官が当事者や訴訟代理人（JK）に優越する立場に立ち、しかも野放図なまでに強力な釈明権が認められた訴訟法のもとで、裁判官がその私知を釈明という形で披露すれば、当事者・訴訟代理人はきっとそれにとびつき、自己の主張もしくは申出として提出してくるから、はたして私知の利用の禁止という原則はどこまで貫き得たか、それなりに疑問なきを得ないのである。しかし、この点はさておき、個々の職権証拠調べの規定をみていこう。

(2) 検証・鑑定

職権で検証を行ったり、また、職権によって鑑定人を指名することが認められていた。もっとも、この職権検証・職権鑑定は、当時の普通訴訟法でも広く認められていたから[59]、AGOがこれに関する規定をおいても、当時としては珍しいことではなかった。

(イ) 検証については、「検証は、①裁判官が、係争物につき、もしくは当事者の主張につき、あるいは文書の内容、文書の記載につき、現場の知識（Lokalkenntniß）なくしてはそれらを正確に把握できないとき、または、②五感で感得することができ、しかも当事者間で争いのある事実につき、正確な知識を得る目的で、行うことができる」と定めていた（§380. 文中の①②は筆者が便宜つけたものである）。さて、このうち、①については、それをいつまたいかなる場合に行うかはもっぱら裁判官の裁量にゆだねられていたが、②については、原則として「争点整理」の後に行うべきであるとされていた（§381）。後者について原則として「争点整理」後に行うとされていたのは、「争点整理」をしてみないと、当事者間に争いのある事実かどうか判然としなかったためであろう。

(ロ) 鑑定については、前（注(34)）にも触れたとおり、証拠調べに関する統一的な規定がなく、関連する条文が各所に散在している。

職権鑑定については、「当事者の申述もしくは訴訟記録から、訴訟の審理（Untersuchung und Erörterung）のために特定の技術的ないしは学問的知識が必要であることが判明したときは、裁判所は職権により、審理を担当する裁判官のために一人の鑑定人を選任し、この者をして審理の補助に当たらしむべきである」と規定していた（I, 9, §38)。

(3) 文書提出命令

ＡＧＯは、文書提出命令の発令される範囲を、きわめて広く認めていた。普通訴訟法では、この範囲をかなりきびしく解する見解と、この範囲をぐっとゆるやかに解する見解とが対立していた。[60] ＡＧＯは、後者の見解に従ったのである。

総体に、ＡＧＯは、普通訴訟法で職権主義的な色彩の見解とそうでない見解とが対立しているとき、その性格上当然のこととはいえ、前者の見解に従う傾向があった。ここでも、その傾向が現れたといえる。

(イ) 一般的提出義務

まず、序章では、「何ぴとも、たとえ彼が訴訟に関与しない場合であっても、裁判官の要求に基づき、争いとなっている事実につき彼の知識を正確に提供し、また、その手中にある資料を真実の解明のために提供することは、彼の公民としての一般的義務（allgemeine Bürgerpflicht）である」(§18）といい、一般的証人・鑑定人義務と並んで、一般的な文書提出義務をも宣言している。また、「訴訟を追行する当事者は、彼の手中に存し、事件の解明に役立つと思料されるすべての文書を、裁判所に提出すべきである」と定め、訴訟当事者に広汎な文書提出義務を課している（I, 10, §89)。

命令により提出を要求される文書は、私文書であれ公文書であれ、その種類を問うところではない。ただ、当事者の一方と第三者との間の取引（Geschäft）につき作成された文書は、その当事者に対してであれ第三者に対してであれ、文書の提出を求めることができない。ただし、この場合にも、あとの第三者が、当事者双方に対して共通に、仲介人（Mäkler）その他の媒介者（Vermittler）として、当事者双方の取引に関与しているときは、当事者の一方からでも、また第三者からでも、その文書の提出を求めることができる（§92a)。

文書提出命令は、通常は、当事者の一方（挙証者）の申出をまって発令される。しかし、裁判官が真実の解明のために必要だと思ったときには、職権によっても文書提出命令を発し得る。この職権による文書提出命令に対しては、訴訟当事者であれ、訴訟に関与しない第三者であれ、忠実に命令を履行しなければならない（§§90, 91）。挙証者が文書提出命令を申し出る際には、要証事実、文書の特定を行うことはもちろんだが、そのほか、文書が所持者の手中にある旨を明らかにする事実を疎明しなければならない。この疎明の程度は、文書の所持者が相手方当事者である場合と第三者である場合とで差が設けられ、所持者が第三者である場合のほうがより高次な疎明を要求されている（§§92b, 102）。なお、単なる意見（Meinungen）、意向（Gesinnungen）を探るために文書提出命令を申し出ることは禁じられている（§92b）。

(ロ)　所持者の防御方法

以上のような文書提出命令に対して、文書の所持者（相手方当事者、第三者）には、次のような防御方法が認められている。①文書の所持者は、提出が命ぜられた文書が自己の手元にないと信ずるときは、その旨の宣誓を裁判所に対して行う。すなわち、「その文書は自分の手元にないし、またその文書がどこにあるかも知らない。また、自分がその文書を［挙証者にとって］危険なやり方で失ったわけでもない」と宣誓する（§§94, 104）。②文書の所持者は、提出を命ぜられた文書はたしかに自分の手元に存在するが、しかしその文書は要証事実に関連がないと思ったときには、その文書を裁判官にだけ見せて（挙証者には見せない）、その関連性のないことを明らかにする。すなわち、所持者が相手方当事者である場合には、その文書を審理担当官に見せ、さらに挙証者の要求があるときには、受理担当官（Dezernent. 訴状、答弁書を受理・審査した裁判官）にも見せ、所持者が第三者である場合には、上と同様の方法をとるか、もしくは、文書は要証事実に関連がない旨を宣誓することができる（§§98, 103）。③所持者は、提出を命ぜられた文書は自分の手元に存在し、しかもその文書は要証事実にも関連するが、しかしその文書中に要証事実に関連性のない他の事項も記載され、その事項について他見をはばかるときには、要証事実に関連のある部分だけの抜粋を提出することができる。しかし、この場合にも、その文書の全体を審理担当官に見せ、また挙証者の要求があるときには、受理担当官にも見せなければならない（§§99, 103）。

(ハ) 不提出の効果

文書の所持者が以上のような防御方法をとらず、他方で裁判所の文書提出命令に従わないときには、当然のことながら彼に制裁が科せられる。①所持者が相手方当事者の場合　挙証者の申し出た文書が、提出され承認されたものとみなされる（承認とは、文書の真正を承認〔自白〕したことを意味する）。したがって、挙証者が文書の写し（Abschrift）を提出しているときには、その写しが真正に作成されたものとみなされ、また挙証者が写しを提出していないときには、挙証者が先に主張した要証事実が文書において記述され（dartun）ているものとみなされる（§100）。②所持者が第三者の場合　罰金、拘留、その他の刑罰に処せられるし、また文書を提出しないことによって挙証者に損害を与えたときには、この損害も賠償しなければならない（§105）。なお、職権によって第三者に文書の提出が命じられた場合には、ただちに上のような制裁が科せられるわけではなく、一旦は挙証者にあらためて文書提出命令を申請させ、これに応じて再び文書提出命令を発し、この命令にも従わないときにはじめて上の制裁を科することにしている（§101）。

以上のようにAGOは、相手方当事者および第三者に対して、きわめて広汎な文書提出義務を認めたが、しかしこのような広汎な文書提出義務を認めたのは、なにもAGOだけではなかった。次の一九世紀に入り、ハノーファー王国が民訴法を制定した（一八五〇年）が、このハノーファー王国の民訴法（前稿にいうH50）も、AGOと同様、広汎な文書提出義務を認めた。前稿に説いたようにH50といえば、後のハノーファー草案（HE）、北ドイツ草案（NE）、ひいてはドイツ帝国民訴法（CPO）の「原型」となった法律であるが、この法律において広汎な文書提出義務を認めたため、その後のHE、NE、CPO、さらには、文書提出義務に関する実体的な規定をおいたドイツ民法の制定過程でも、この義務の採否をめぐってはげしく争われたものの、いずれの制定過程でも制限的に解する見解が多数を占め、今日の「抑制された」文書提出義務に落ち着いたのである[61]（わが法はその後、幅広く認めたが）。

(4) 証 人

ＡＧＯは、証人に関しても職権証拠調べを認めた。もっとも、それは、以下に述べるようにそれほど広い範囲ではなく、ごく限られた場面にとどまったが、しかしそれでも、証人について職権証拠調べを認めるのは当時の普通訴訟法学でもごく少数にとどまった[62]。それだけに、このＡＧＯの立法態度は、当時の人々につよく印象づけられたであろうし、ひょっとするとこの証人の職権証拠調べを認めたことは、ＡＧＯのもつ職権主義的な性格を最も露骨に示すものの一つであったかも知れない[63]。

証人の職権証拠調べは、次の二つの場面において認められていた。

(イ) 調査のための証人

ＡＧＯは、通常の証人（Beweiszeuge）のほかに、調査（情報集め。Erkundigung）のために第三者を尋問するということを認めていた[64]。この調査のために尋問される第三者は、当事者の一方と特定の人的関係に立つか、訴訟の結果につよい利害関係をもつかなどして、本来なら証人資格を認められない者であった。すなわち、次のような者たちである（I, 10, §§228, 230）。①当事者一方の親・子などの直系血族、配偶者、直系姻族、兄弟姉妹など。②当事者一方の共同権利者・共同義務者、訴訟告知人、訴訟参加人、その他一般的に訴訟の結果により権利を得または損害をこうむる者。③当事者の代理人（訴訟代理人ではなく、取引上の）。④一四歳未満の宣誓無能力者、など。

これらの者は、正規の証人資格を欠いているので、証人として尋問することは許されなかったが、しかし上述した「調査」のために、場合によっては裁判所が職権で尋問することが認められていた。すなわち、「これらの者が、争われている事実につき知識を有していることが判明したときは、審理担当官は、裁判所に、これらの者を調査のために尋問すべきかどうかを問い合わせるべきである。裁判所は、これらの者が事件にとって必要であり、かつこれらの者を通じてまだ取り調べられていない証拠方法の手がかりがつかめると判断したときには、遅滞なく、真実探究のためにこれらの者を利用（＝尋問）すべきである」（§231）。これらの者の供述を、裁判の際の資料として利用するかどうか、またその前提として、これらの者に宣誓を課するかどうかは、裁判所の裁量にゆだねられていた（§232）。

(ロ) Adzitation

(a) AGOが職権証拠調べを認めていたいま一つの場面は、Adzitationという制度であった。これは、普通訴訟法上――少なくとも多数説によって――認められていた制度で、当事者の申立て、または裁判所の職権によって、訴訟外の第三者を強制的に訴訟に参加させる制度であった。裁判所の職権によっても強制的に参加させられたので、この面を利用して、AGOは、証人の職権証拠調べを認めたのであった。もっとも、訴訟外の第三者を強制的に（応じなければ不利益を課するという制裁を伴って）訴訟に参加させるという方法としては、ほかに訴訟告知（Litisdenunziation）がある。Adzitationとこの訴訟告知との差異は、あまり判然とはつけられず、両者は往々混同され、ときに必要（強制）的参加（interventio neccessaria）の名のもとに一括されることもあった(65)。

AGOも、Adzitationと訴訟告知の両者を認め、しかも、両者を全く同種・同効果の制度としていた。ただ、Adzitationは原告が、訴訟告知は被告が申し立てるものとしていた（I,17, §2）。そして、この申立てに基づき、裁判所の呼出しに応じて第三者が訴訟に参加してきたときは、その第三者に当事者と同等の地位を与えるとしていた（§§24, 25）(66)。

(b) Adzitationは、右にも述べたように原告が申し立てられたが、そのほかにも、裁判所の職権によっても行うことができた。しかもこの職権によるAdzitationは、呼び出される第三者が、利害関係を原告に対して持とうが被告に対して持とうが問うところではなく、したがってまた、本来なら訴訟告知によって被告に呼び出されるべき第三者まで、この職権による Adzitation によって呼び出された。条文は、例によって、真実の探求は裁判官の職権であり義務である、という表現をもって始まる。「訴訟で問題となる事実の真実を職権をもって探究し、そのために要するあらゆる手段を行使する義務を負う裁判官は、この究極目標を達成するのに必要であると認めたときには、原告または被告の前主（Vormann）を、彼が直接の前主か、あるいはずっと以前の前主かの区別なく、またその者に対して当事者が［将来の］求償権を有するか否かにもかかわりなく、……要するに、その前主が審理で問題となる事実について、当事者自身よりも詳しくまた確かな知識を持っていると考えたときには、その者を［裁判所に］呼び出すことができる。彼がこの呼出しに応じないか、または呼出しに応じても事実に関する彼の知識を陳述することを拒否したときには、呼出しに応じない証人、呼出しに応じたが証言を拒絶した証人に対すると同じ強制手段が用いられる」（§5. 呼出しに応じない証人、呼出しに応じたが証言を拒絶した証人に対しては、一般的に費用の支払い、損害の賠償が命じられたほか、呼出しに応じない証人に対しては、その者が下層階級に属するときは、裁判所の執行官（Exekutor）による引致、また上層階級に属するときは、金銭罰（Geldstrafe）が科せられた。呼出しに応じたが証言を拒絶した証人に対しては、その者の身分（Beschaffenheit）に応じて、懲役または金銭罰が科せられた。I, 10, §183ff.）。

さて、このようにして強制的に呼び出された前主は、原告の申立てによる Adzitation（および、被告の申立てによる訴訟告知）の場合とちがって、訴訟において当事者と同等の地位が与えられるわけではない。彼は全く、訴外人として終始するのである。そのことは、次の条文が示している。「上述の職権による Adzitation の意図するところは、裁判官に、事件の本来の事情につきよりよく真実を知るための手段を提供するところにある。したがって、呼び出された者は、訴訟に関与させられることはない。また、この者が、呼出しを受けるや直ちに、裁判官に問題となっている事情につきその最善の知識を提供したときには、この者を［法廷へ］呼び出すことは取り止められるべきである。」（§6）

しかし、この職権によるAdzitationは、弁論主義の観念が強調されてくるにともなって、学者の批判の的となり、ついにはAdzitationの制度一般が、裁判所の職権によることを許す点で弁論主義に反するものだと激しい批判にさらされ、のちの帝国民訴法ではほとんどその跡を絶つにいたってしまった。(67) もっとも、その後、このAdzitationというラテン語に由来する表現の代りに、Beiladungというドイツ語固有の言い方が用いられ、そのBeiladungが人事（家庭）事件や行政事件など裁判効が広く第三者に影響を与える場合に、その第三者を訴訟に引き込む手段として多用されるにいたっている。(68)

四　真実義務

真実の発見を至上目標としていたＡＧＯは、裁判官の職権を強化する一方で、当事者に対してはきびしい真実義務、真実を述べる義務を課していた。

まず、序章において、「何ぴとも不法行為によって自己の利益を得てはならない。したがって、当事者は裁判官に対して、裁判を行うにあたって必要な事実を、真実に従い、かつ自己の知れる限り陳述する義務を負う」（§13）、「故意に真実を歪曲し、または沈黙するときは、法律によってきびしく罰せられる」（§14）。訴え・答弁の取調べ、事件の「審理」などで当事者と対面する裁判官には、つねに「当事者に、真実に敬意を払い、もし不完全な、もしくは虚偽の陳述をした場合には、いらざる費用の負担を命ぜられ、法律によって厳罰に処せられることを警告する」よう義務づけられていた（I, 5, §7; 9, §10; 10, §2）。

このような警告にもかかわらず、もし当事者がこの真実義務に違反した場合には、次のような、今日の感覚からすればおそろしく細かな、そしてきびしい制裁が待ち構えていた（以下、I, 23, §52）。

①　相手方の請求原因事実または抗弁事実を故意に（その事実を真実と知りながら）否認した者は、訴訟の審理の結果その否認が不実であると判明した場合には、爾後の審級において、相手方の請求または抗弁に対して彼の

有する抗弁・再抗弁を主張できない。たとえば、貸金返還訴訟の被告が、金銭授受の事実を否認したが、この否認が不実として排斥された場合には、被告は控訴審で弁済の抗弁を主張できない（この貸金返還訴訟の事例は、法律自体が掲げているものである。「偉大なる訴訟法教科書」の面目躍如たるものがある）。

②　上と同様に、相手方の請求原因事実・抗弁事実を否認した者が、同時に自己の抗弁または再抗弁を主張している場合、審理の結果、否認は不実であるとして排斥されたが、抗弁または再抗弁が容れられて、結局勝訴判決を得た場合であっても、彼に訴訟費用の負担が命ぜられる。ほかに、事案の性質と反道徳性に応じて、罰金（最高額一〇〇ターラー）、またこの罰金を支払うことができないときは、体罰に処せられる。たとえば、貸金返還訴訟の被告となった者が、金銭授受の事実は否認したが、予備的に相殺の抗弁を主張し、金銭授受の否認は排斥されたが相殺の抗弁が容れられて、請求棄却判決を得た場合がこれにあたる（この例もまた、法律自体の掲げていたものである）。

③　原告または被告が、自己の請求または抗弁を理由づけるために、自己が不実と知っている事実を主張した場合には、その請求または抗弁を他の事実によって基礎づけ得る場合にも、その請求または抗弁を失う。法律自体はこのケースでは例を挙げていないが、所有権の取得原因として買得を主張した者が、その買得の事実が不実と判明したときには、その所有権の取得原因として時効取得を主張できる場合であっても、この時効取得を主張できなくなる、という意味であろう。

④　ある事実、ある証拠方法を故意に隠蔽した者は、その訴訟の後の時点で、これらの事実、証拠方法を主張してきても、それらを彼の有利に斟酌してはならない。

⑤　以上の諸場合において、事案の状況上、右述した諸制裁を科することができない場合、または当事者が以上の諸場合とまたちがった方法で真実の探究を妨げるか、またはそれを困難にした場合には、相手方当事者に生じた全損害を賠償させるほか、事件の性質と反道徳性に応じて、一〇、二〇ないし一〇〇ターラーの罰金を科し、

当事者が無資力の場合には、罰金額に応じた体罰に処する。

⑥　最後に、このような不実の否認をしたり不真実の事実を主張した者は、その訴訟はもちろん、爾後のあらゆる訴訟において、宣誓能力を欠く者として取り扱われる。裁判所はそのことを明らかにするために、判決文の中でこの者が宣誓無能力者になったことを宣するとともに、裁判所所属の全JKにこの旨を連絡し、またその当事者の普通裁判籍所在地の裁判所にも連絡する。各裁判所には、この種の宣誓無能力者となった者をアルファベット順で記載するブラックリスト（Schwartzer Register）を設けておき、前記の判決が確定した後この者の氏名を記載する。(69)(70)

以上のような諸制裁は、その異常なまでの詳細さは別としても、罰金、体罰などを臆面もなく使っているので、今日からすれば、残酷というか、グロテスクな感じしか与えないであろう。しかし、今日のように訴訟詐欺を刑法典に規定するということがないため、当時はこの規定を訴訟法典が引き受けなければならなかったし、また第一、このような罰金、体罰を駆使して、訴訟詐欺、ひいては広く悪意ある訴訟追行を阻止しようとするのは、なにもひとりプロイセン法だけではなく、当時の普通訴訟法学、各ラント法に普遍的に見られた傾向であった。(71)このような傾向は、一九世紀中頃までつづき、これがようやく姿を消したのは、帝国民訴法制定の直前であった。(72)

五　弁論主義と職権探知主義

(1)　ゲンナーの提案

ＡＧＯが制定されてから七年余りたったところで、ドイツは新しい世紀、一九世紀を迎えた。そしてこの新しい世紀に入って間もなく、高名な法学者ゲンナー（Gönner）によって、弁論主義と職権探知主義の区別が提唱された。(73)彼によると弁論主義（Verhandlungsmaxime）とは、訴訟開始後、裁判官は何事も行わず、すべて当事者の弁論（Verhandlung）を通じて行われるので、この名（「弁論」主義）があり、職権探知主義（Untersuchungsmaxime）は、訴訟開始後、当事者は何事も行わず、すべて裁判官の探知（Untersuchung）を通じて行われるので、この名（「職権探知」主義）があるという。そして、ゲンナーによると、弁論主義は普通訴訟法を支配する原理であり、職権探知主義はプロイセンのＡＧＯを支配する原理だという。別の言葉でいうなら、プロイセンにＡＧＯが出現し、それが普通訴訟法とあまりにかけ違った手続を示したことが、ゲンナーをして、弁論主義と職権探知主義という対概念を考案するきっかけを与えたということができる。

ゲンナーは、その考案した二つの主義を表現するのに、（裁判官は）何事も職権で行わない（Nichts von Amts wegen）と、何事も職権によって行う（Alles von Amts wegen）という、二つのキャッチフレーズで表現しようとしている。しかし、いくらなんでも、このキャッチフレーズはいささか行き過ぎであろう。

本稿で取り扱った範囲内においても、職権探知主義が支配するといわれたＡＧＯが、当事者の申立ての拘束力、訴訟上の和解、自白、擬制自白、さらにいえば、裁判官の「私知の利用の禁止」を認めていた。反対に、弁論主義が支配するといわれた普通訴訟法でも、附帯請求の職権認定や、職権検証・職権鑑定、さらには、きわめてドラスティックな効果を伴った「真実義務」を認めていた。

ただ、ＡＧＯと普通訴訟法の異なるところとして、前者が、相殺の抗弁と反訴の融合（同一視）を認めたこと、職権探知・職権証拠調べを一般的に宣言したこと、文書提出命令をきわめて広範囲に認めたこと、限られた範囲とはいえ証人の職権証拠調べを認めたこと、などを挙げることができる。

(2)　「手続全体の精神」で判定

かくして、ゲンナーのいう、何事も職権で行わない、何事も職権で行うというキャッチフレーズは、いささか誇大広告に過ぎるといえよう。もっとも、ゲンナーのために弁明しておくと、彼とても、現実の訴訟法がこの二つの主義で純粋に割り切れるものではなく、つねに「ほんの僅かであれ例外を伴う」（nur wenige Ausnahmen abgerechnet）ことを承知すべきだ、と言っている。そして、前述したようにＡＧＯが、当事者の申立ての拘束力、訴訟上の和解、自白、擬制自白などを認めていたのは、この「僅かの例外」であるというのであるが、それはそれでまた、逆の意味で誇大広告に過ぎよう。

しかし、ゲンナーは、この後につづけて、次のようにも言っている。「訴訟はつねに大変にこみいった構造物である。そこでは多くの場合に互いに対立する考慮を必要とする。訴訟を通ずる最上位の原則、合目的性(Zweckmäßigkeit)からみれば、一つの主義で訴訟を割り切るべきではなく、あれこれの主義を組み合わせて適切な規制を試みるべきである。ある訴訟法がどの主義に基づいているかを判断するにあたっては、副次的な諸点(Nebenpunkte)を考慮の外において、その手続全体の精神(Geist eines Verfahrens im Ganzen)をみるべきである。この精神がいずれの原則にのっとっているか、言い換えると、その手続においていずれの主義が支配的である(herrschend)か否かによって、その手続がいずれの主義を採用しているかを決定すべきである[74]。」この「手続全体の精神」、すなわちいずれの主義が支配的であるかという見地に立つとき、AGOが、真実の発見のために裁判所に職権を行使する権利と義務を課している、つまり職権探知主義の「精神」に基づいていることは、何ぴとの目にも明らかなことである[75]。

(41) 申立ての変更は、「訴えの基礎となった行為または事実」、つまり訴えの原因(Klagegrund)が同一の場合に限って許される。もし原告が新しい行為または事実を主張し、そのために訴えの原因に変更が生じたときは、いわゆる訴えの変更として、当時の普通訴訟法と同様に、これを禁じていた(I, 10, §5a)。AGOの訴えの変更について言及する文献として、中村英郎「訴の変更理論の再検討」中田淳一還暦記念『民事訴訟の理論』上一六〇頁・一六四頁(のち、民事訴訟論文集第一巻『民事訴訟におけるローマ法理とゲルマン法理』所収)。

(42) Claproth (Justus), Einleitung in ordentlichen Proceß, 2. Theil, 3. Aufl., 1795, §113i (S. 67f); Martin (Christoph), Lehrbuch des deutschen gemeinen bürgerlichen Processes, 3. Aufl., 1809, §90 (S. 155ff.)など。なお、弁論主義の命名者である(後述)Gönner (Nicolaus Thaddäus), Handbuch des deutschen gemeinen Prozesses, Bd.1, Kapitel 10, §31 (S. 269)も。

(43) AGOの前身CJFは、利息については、本文に引用した条文の前半の部分、職種認定の部分だけを認めていた(I, 23,

§44)。当事者の主張した利率、始期・終期に拘束されるという法文は、ＡＧＯに至ってはじめて挿入された。それだけ、職権主義が後退したといえよう。なお「法律によって利息債権が認められている場合」として、ＡＬＲ（一般国法）§§845–48がある。

（44）　Hahn, Die gesammten Materialien zur Civilprozeßordnung, 1880, S. 285. わが国では、テッヒョー草案（三七八条）以来（明治民訴法二三一条も）、この果実以下の附帯請求に関する規定はおかなかった。

（45）　ＡＧＯの反訴に関する諸規定は、第一部第一九章に収められているが、その第一条は、「ある行為・取引から訴えを起こされた者は、自分が同一の行為から原告に対して反対債権（Gegenforderung）を有していると信じたときは、その反対債権を主張するのに、別段、形式的な反訴（förmliche Widerklage）を提起する必要はなく、答弁に関する取調べの際に、反対債権とのその発生原因を示して、これについてのInstruktionを申し立てるだけでよい」と定めていた。このように原告の訴求債権と同一の行為から発生した反対債権を主張するときは、別段反訴の形式をとることは必要でないとしたから、本文に紹介したように、反訴の形式をとらなくても、したがって相殺の抗弁の形式であっても、反対債権の（訴求債権を）上回る金額について原告に支払いを命ずる、という法効果が導かれたのであった。なお、プロイセン法の反訴（法律自体は、Rekonvention または Widerklage という）は、当時の普通訴訟法上の反訴（これについては、雉本朗造「反訴論」『民事訴訟法論文集』一二六頁以下）とかなり要件、効果を異にしており、その後のドイツの立法に重要な影響を及ぼしたものであるが、ここでは立ち入らないでおく。

（46）　Koch, SS. 177–78, 169 Anm. 6; Dernburg (Heinrich), Geschichte und Theorie der Compensation, 1854, S. 545f.
　もっとも、例外的に、原告に（反対債権の）上回った額の支払いを命じることができないとされている場合もある。「債権譲渡の際に、債務者である被告が関与していないとき（債務者の同意がなかった場合などを指すのか）には、債務者は、譲受人である原告に対して、譲渡人に対する自己の反対債権を主張して相殺することができるが、この場合に反対債権の額が上回っても、その超過額の支払いを原告に命じることはできない」（I, 19, §7）。この超過額は譲渡人が支払うべきだからである。

（47）　たとえば、Claproth ——注(42)—— S. 154.

（48）　Koch, S. 178 Anm.12; Dernburg ——注(46)—— S. 546.

（49）　申立ての拘束力の項を終るに際し、今日処分権主義の名で呼ばれている各項目のうち、すでに本文で述べたものを除いて、ＡＧＯがどのような態度をとっていたか見ておこう。まず、請求の認諾は認めていた——被告が請求を認諾すると、それに基づいて裁判所が判決を行い、原告はこの判決を債務名義として強制執行を申し立てることができた（I, 6, §14①; 8, §13ff.）。訴訟上の和解が認められていたこと、いなむしろそれが大いに推奨されていたことは、前の機会において述べた（二の三(6)(イ)）。請求の放棄、訴えの取下げも認められていたが、それらについては次の「擬制自白」の項で言及する。結局、今日処分権主義の名で呼ばれている各項目・制度は、訴えの変更の禁止を除いて、ＡＧＯでも全部認められていたことになる。

(50)「訴（状）において自白されている」とは、原告が、いわゆる先行自白をした場合である。なお、先行自白が有効に成立するために相手方の援用を必要とするかどうかは、今日でもなお争われている問題であるが、ＡＧＯは、相手方の援用（Annahme）は不要であるとする立場をとっていた（I, 10, §88a）。したがって、「相手方の援用せざる当事者の自己に不利なる陳述」（兼子博士の命名）は、自動的につまり証拠調べをしないままで、判決の基礎として採用されたのである。

(51) もっとも、この規定は、後年の法令（一八四四年の婚姻事件手続法）によって変更を受け、自白の拘束力は否定されるに至った。この法令については、またのちに言及する。

(52) 一八世紀には、「け怠」の本質をこのように裁判所の命令に対する不服従とみるのが一般的であったが、次の一九世紀には、ゲンナー（Gönner ——注(42)—— Kapitel. 21）が、「け怠」の本質は当事者が自己の利益（応訴、主張、抗弁する権能）を放棄したものにすぎない、という見解（放棄説 Verzichttheorie）を展開して以来、その本質をめぐって学説上はげしく争われることになった。詳細は、Schima (Hans), Die Versäumnis im Zivilprozess, 1928, S. 235ff.

(53) け怠（不服従）の効果としては、さきに紹介した擬制自白の効果のほかに、失権の効果（事実主張、証拠申出をもはや許さないとする効果）も認められていた。すなわち、前者は、相手方が事実を主張しているのに積極的にこれを争わない場合に認められる効果であり、後者は、当事者の一方が事実主張をしたり証拠申出をなすべき時期であるのにこれをしない場合に認められる効果であった。

ところで、本文でも述べたように、ＡＧＯの序章では、このうちの擬制自白の効果だけを強調しているが、これは、すぐ次に述べるように、け怠の代表例である被告の欠席の場合に、周りの国々で行われていた普通訴訟法では、欠席した被告が原告の主張した請求原因事実を否認したものとする、いわゆる否認的争点決定が行われていたのに、ＡＧＯでは、欠席した被告は請求原因事実を自白したものとみなすという、いわゆる承（肯）認的争点決定を採用したので、このことを強調するためではなかったかと思われる。

(54) 普通訴訟法は、いわゆる否認的争点決定をとっていたが、ザクセン法系は、もともと承認的争点決定を認めており、これに従うラント法も少なくなかった。たとえば、ＡＧＯの前身ＣＪＦも承認的争点決定を認めており、またＣＪＦと同じ年（一七八一年）に、しかも数か月早く制定されたオーストリアの一般裁判所法も、同様に承認的争点決定を認めていた（§§ 29, 36）。後年、ドイツ帝国民訴法が、強い影響を受けたフランス法が否認的争点決定をとっているにもかかわらず、承認的争点決定にふみきったについては、このオーストリア、プロイセンの二大強国がすでに承認的争点決定をとっていたことも大きく影響していたと思われる。なお、わが国の教科書、論文には、承認的争点決定はプロイセンのＡＧＯから始まったという叙述がみいだされるが、上に述べた事情から、それは正確ではない。

(55)　(a)　普通訴訟法から述べると、原告が期日（口頭審理が行われ、被告が答弁をする期日）に欠席した場合、被告の選択に応じて、次の二途を認めていた。

①　訴訟（審理）からの免脱　Entbindung von der Instanz といい、のちの訴訟判決に類するもので、訴訟係属は消滅し、したがって被告は訴訟から解放された。しかし、原告は再訴を提起することができ、ただその再訴のときに、まえに Entbindung のおりに負担を命ぜられた訴訟費用を支払い、また、後訴（＝再訴）のために担保を提供しなければならなかった。

②　審理の続行　原告欠席のまま審理を続行し、被告側の答弁およびそれを裏づける証拠方法を取り調べ、被告勝訴の判決（請求棄却判決）を言い渡した。

(b)　ＡＧＯも、基本的にはこの普通訴訟法の路線を踏襲している。原告が訴えに関する取調べの期日（訴えの申出をした後、ＤＰによって訴えについての取調べを受ける期日）に欠席すると、まだいわば訴状も作成されていない段階だけに、ＤＰは記録を閉じて、原告の出方を見守るべきであるとした（I, 4, § 20. 普通訴訟法ではこのような訴えの取調べは認めていなかったから、もとよりこのような制度はなかった）。

(c)　つぎに、原告が審理（Instruktion）の期日に欠席すると（ＡＧＯでも、答弁のための特別の期日が定められたが、原告はこの期日に立ち会うことができなかった）、(i)彼があらかじめ、期日の変更申請などによって、訴訟を続行しようという意思を示しているときは、被告の答弁だけを聞いて（そして、原告はこれを自白したものとみなして）、原告の請求に対して終局判決がなされ（I, 9, § 43）、(ii)これに反して、原告があらかじめ訴訟続行の意思を示していないときは、彼は訴えを取り下げたものとみなされ、訴訟記録は閉じられ、彼の事件は裁判所の登録簿から抹消された（I, 20, § 19; 6, § 18）。

プロイセン法の訴えの取下げ（Entsagung der Klage といった。Entsagung は、実体法的には、権利の「放棄」を意味した。ALR 1, 16, § 378ff.）は、右にも述べたように、訴訟記録の閉鎖（Reponierung）、事件登録簿からの抹消という効果をともなったが、わが法の訴えの取下げとは異なり、訴訟係属の消滅という効果を当然にはともなわなかった（その点で、普通訴訟法の Entbindung von der Instanz とも異なる）。訴えの取下げ後四週間以内に原告が、裁判所に審理の続行を申請し、さきに訴えの取下げの際に裁判所より命ぜられた訴訟費用を被告に支払うなら、そのまま（前の訴訟の）審理が続行された。四週間の経過後ならば新訴を提起しなければならなかったが、その際には前に支払いを命ぜられた訴訟費用を支払うとともに、新訴に備えて担保を提供しなければならなかった（この点では、Entbindung von der Instanz と似ている）。原告が欠席して、訴えの取下げが擬制された場合も、その後にはこれと同じ取扱いが認められた（以上、I, 20, §§20, 21）。

ただし、訴えの取下げ（またはその擬制）には、被告の同意を必要とした。被告が同意しないときには、手続は起訴催告訴訟（Diffamations- und Provokationsprozess. 1, 32, §1ff.）に移行した（起訴催告訴訟については、松浦馨「略式訴訟の概念と本質（一）」法協七七巻五号四九四頁注一参照）。

(56) 審理の期日に当事者双方が欠席した場合には、その責をもっぱら原告に帰して、原告一方が欠席した場合と同じように、「訴えの取下げ」を擬制した（前注の(c)(ii)参照）。

普通訴訟法では、いわゆる「手続の休止」を認めていたが、AGOはこれを認めず、上にみたように訴えの取下げを擬制して、当事者（ことに原告）に手続の進行を強制したのであった。ここでも、AGOのはげしい（職権主義的な）性格の一端が覗いている。

ちなみに、被告一方が欠席した場合には、前注の(c)(i)に準じて、原告だけの主張を聞いて（そして、被告はこれを自白したものとみなして）、原告の請求に対して終局判決をした（I, 9, §43）。

(57) 当事者が相手方の陳述に対して不明瞭・不完全な応答をしたり、沈黙したままで答えなかった場合、裁判所はもちろん釈明を促すであろうが、それでも当事者が態度を変えなかった場合、どのような法効果を認めるかについて、普通訴訟法上は争われた。既述のように、被告が答弁期日に欠席した場合、普通訴訟法では、被告は原告の請求原因事実を否認したものとみなすという法効果（否認的争点決定）を認めていた。この態度を貫くと、当事者が不明瞭・不完全な応答をしたり、沈黙したままで答えなかった場合、当事者は相手方の主張した事実を否認したものとみなすというのが、普通訴訟法としては筋が通っている。しかるに、普通訴訟法にとって有力な法源であった最終帝国決議（Der Jüngste Reichsabschied. 一六五四年）が、この場合に裁判所の釈明に応じなかったという点をとらえて、相手方の主張を自白したものとみなす、という擬制自白の効果を認めた（§49）。そのために、この場合に擬制自白の効果を認める者（Martin ——注(42)——§162（S. 299ff.）; Wetzell（Georg Wilhelm）, System des ordentlichen Civilprocesses, 3. Aufl. 1877, §49（S. 631））と、（筋をとおして）否認を認める者（Linde（J. T. Balthasar）, Lehrbuch des deutschen gemeinen Civilprozesses,1. Aufl. 1825, §230（S. 284）; Bayer

(Hieronymus), Vorträge über den deutschen gemeinen ordentlichen Civilproceß, 10. Aufl., 1869, §212 (S. 662); Renaud (Achilles), Lehrbuch des gemeinen deutschen Civilproceßrechts, 2. Aufl. 1873, §165 (S. 489f.) が対立していた。

この点、AGOでは、すでに承認的争点決定をとっているので、問題なく擬制自白の効果が認められた。

（58）私知の利用の禁止が形成されてきた経緯については、Schmidt (Richard), Die außergerichtlichen Wahrnehmungen des Prozeßrichters, Sächsische Archiv für Bürgerliches Recht und Prozeß, Bd.2 (1892), bes. S. 297ff.; Nörr (Knut Wolfgang), Zur Stellung des Richters im gelehrten Prozeß der Frühzeit, 1967; Bomsdorf, S. 35ff.

（59）学説の詳細は、検証につき、Weveld (Adalbert Freiherr von), Zur Lehre vom gerichtlichen Augenschein im Civilprozess, 1877, 鑑定につき、Walther, Zur Lehre vom sogennanten Beweis durch Kunst- und Sachverständige, AcP, Bd. 26 (1848), S. 85ff. und S. 249ff. なお、Bomsdorf, S. 58f.

（60）前者が多数説であり、後者が少数説であった。見解の所在については、Apt (Max), Die Pflicht zur Urkunden-Edition in dogmengeschichtlichen Entwicklung, 2. Aufl. 1892; Bomsdorf S. 56f.

（61）ハノーファー草案以降の審議の過程については、竹下守夫＝野村秀敏「民事訴訟における文書提出命令（二・完）」判例評論二〇六号（判例時報八〇四号）一一六頁以下が詳細である。

（62）Vgl. Bomsdorf, S. 54f.

（63）帝国民訴法以降のドイツ法は、その立法態度として裁判所の釈明処分、期日の準備処分を強化する一方であるが、それでも、他の証拠方法とちがって、証人だけは釈明処分として呼び出すことを認めていないし（現行法§§141-144）、期日の準備処分では、当事者の援用した（申し出た）証人の呼出しだけを認めているにとどまる（§273 I ④）。

（64）学説は、証拠方法としての証人（Beweiszeuge）と、情報（集め）のための証人（Informativzeuge）の区別をしていたが（Scheele (Carl Ernst), Systematische Darstellung der Lehre vom Beweise im preußischen Civilprozesse, 1848, S. 65）、法典自体は、後者をErkundigungのためのPerson（人）と呼び、Zeugeとの間に表現上の区別を設けていた。

（65）一八世紀後半の高名な訴訟法学者クラープロト（Claproth）は、本文に紹介した必要的参加のうち、当事者から第三者に参加を促すのが訴訟告知であり、裁判所の職権による場合がAdzitationであるとしていた（――注(42)――2. Theil, S. 733f.）。また、同じころに同様に高名な訴訟法学者ダンツ（Danz）は、Adzitationは裁判所の職権によっても行い得るが、訴訟告知は当事者の申立てに基づいて行われるとし、また、Adzitationの場合には第三者は訴訟に当事者として参加し、彼と在来の当事者の間には独立の請求が立てられるに至るが、訴訟告知の場合にはこのような独立の請求が立てられることはない、と論じていたようである（Vgl. Gönner ——注(42)—— Bd. 1, S. 386f.）。いずれにせよ、Adzitation には裁判所の職権によるという要素があったことは否定できない。

(66) AGOの Adzitation・訴訟告知については、佐野裕志「プロイセン一般裁判所法（一七九三年）における訴訟参加制度」一橋研究五巻一号八二頁以下が詳細である。なお、同論文は、Adzitation が証人の職権証拠調べに転用されたことも的確に指摘している（九五頁）。

(67) 債権差押えをした債権者が第三債務者に対して取立訴訟を起こした場合、第三債務者が裁判所に申し立てて他の差押債権者を訴訟に参加させるという制度（七五三条三項、現八五六条三項、日旧六二三条三項、民執一五七条一項）に、わずがに名残りをとどめる。

なお、Adzitation をめぐる普通法学説の争いにつき、岡徹「ドイツ普通法時代における共同訴訟論の展開（一）」民商法雑誌六九巻六号九六五頁以下が詳しい（弁論主義の命名者ゲンナー〔後述〕が Adzitation 擁護論に立っているのは興味深い）。

帝国民訴法の原型となったH50は、すでに Adzitation の項目のもとに、「第三者を訴訟に強制的に加入させることは許さない」と明記していた（四二条）。

Koch, S. 185は、プロイセン法にみられた Adzitation の転用による職権証拠調べは、弁論主義に違反するものであり、弁論主義の確立にともなって、すでに失効した（weggefallen）ものと取り扱うべきだと主張していた。

(68) 行政裁判所法（VwGO六五条。わが行訴法二二条参照）、民訴法（ZPO旧六四〇条e）、二〇〇九年九月成立の人事（家庭）事件・非訟事件手続法（FamFG七条など）。

(69) この場合、宣誓無能力とされた宣誓は、いわゆる必要的宣誓（notwendiger Eid, Noteid）であった。

AGOは、同じころのドイツの訴訟法の例に洩れることなく、多数の訴訟上の宣誓を認めていた。これらの宣誓は、当事者の一方が相手方に対して要求できた宣誓（自己の主張事実について相手方に不真実の宣誓を求め、相手方が宣誓できず反対要求をしてきた場合には、自己が真実である旨を宣誓して、その主張について他の証拠方法を提出する負担をまぬがれた）と、その事柄の性質上、当事者の一方がどうしても自らしなければならない宣誓、の二つに大別され、前者を任意的宣誓（freiwilliger Eid, Schiedseid）と呼び、後者を必要的宣誓（AGOは、notwendiger Eid の語を用いた。I, 22）と呼んだ。

必要的宣誓にもいろいろなものがあるが、そのうちから、代表的な補充宣誓（Ergänzungs-Erfüllungseid）と、決疑（決証）宣誓（Reinigungseid. 冤〔贖〕罪宣誓と訳されることもある）を取り上げてみよう。

AGOが、いわゆる法定証拠主義をとっていることは、前に述べた。この法定証拠主義では起こりがちなことであるが、挙証（義務）者が完全な証拠を収集することができず、四分の三程度の証拠とか、あるいは半分程度の証拠とか、さらにはそれを下回る証拠しか提出できないことがある。この場合に課せられるのが上述した二つの宣誓である。補充宣誓は、挙証者に課せられ、挙証者はこれを行うことによって、その不完全な証拠を完全な証拠にすることができ、決疑宣誓は、相手方に課せられ、相手方がこの宣誓をすると、証拠は完全に無証拠（証拠力ゼロ）の状態におとしいれられたのであった。問題は、この二つの宣誓を、証拠がどのような状態にあるときに課するかであるが、いろいろ議論があったが、証拠が半分を超える場合には補充宣誓を課し、半分を下回る場合には決疑宣誓を課し、証拠がちょうど半分の場合には、裁判官の自由な判断によって信用度の高そうな当事者に課するというのが、大筋において一致した意見であった。ＡＧＯは、もっぱら裁判官の裁量にゆだねる旨の規定（I, 13, §24）をおいたが、基本においてこれと同じ路線を歩んだものと思われる。

しかしいずれにせよ、本文に述べたように宣誓無能力という刻印が押されると、この二つの宣誓ができなくなったわけだから、法定証拠主義のもとでは、当事者にとって手痛い打撃になったであろう。もっとも、法律上そうはいっても、実際上この宣誓無能力がどの程度言い渡されたかは、はなはだ疑問であった。プロイセン法のすぐれた体系書の著者であったコッホは、同時に法実務家（裁判官）でもあったが、この宣誓無能力が言い渡されることは、他の諸制裁も同じであったが、実際上きわめてまれで、とくに職権で（相手方の申立ても待たずに）言い渡すことは、裁判所に適切な（調査）機関が備わっていないこともあって、事実上不可能である、という趣旨のことを述べていた（Koch, S. 220 Anm. 7）。

（70）本文に紹介した各制裁のうち、①および②は、当事者の一方が相手方の主張、抗弁を故意に否認した場合の制裁であったが、文書の成立については、挙証者の相手方が否認し、しかもそれが不真実であることが判明した場合に備え、特別の規定がおかれていた。まず、文書の成立を否認するとき、相手方は、「文書に記載された署名は、自分が書いたものではなく、また自分の意思に基づいて他人に書かせたものでもない」と宣誓する（Diffenssionseid. 直訳すると「打破り宣誓」か。I, 10, §134）。しかし、この宣誓がなされても、挙証者は、文書の成立の真正であることを証人を使って証明できる（§145）。この証人を尋問して、文書の成立の真正であることが判明すると、相手方に対して、「偽誓の罪を問うために、裁判官の裁量による金銭罰、相手方が無資産のときは、その金銭罰に見合う懲役、その他の体罰、さらに、第一部第二三編に定める制裁〔本文①・②の制裁〕を科すべきである」と定められていた（§148）。

（71）普通訴訟法の学者たちは、「当事者相互間の権利・義務」とか「当事者相互間の義務」という項目をその教科書に掲げるのが通常であった。そして、その「当事者の義務」として、人によって多少表現はちがったが、「当事者は、自己の良心 (besseres Wissen) に反して申立てをしたり、軽率に (leichtsinnig) 申立てをしたりしてはならない。また、相手方当事者の主張を悪意をもって（böswillig）否認したり、放埒に（mutwillig）訴訟遅延をひき起こしたりしてはならない」（Renaud——注(57)—— S. 133f. による）というのが、ほぼ一致した見解であった。

次に、この義務に違反した場合の制裁であるが、一様に金銭罰、またはこれに代わる体罰を認めていたが、これは、普通訴訟法の有力な法源であった最終帝国決議（JRA、一六五四年）が、わざと理由のない（妨訴）抗弁を提出したり、濫りに上訴を提起した場合に、この金銭罰、またはそれに代わる体罰を認めていたこと（§§40, 119, 120, 126）が大きく影響していると思われる。

もっとも、普通訴訟法の学説は、このほかにも、当事者の一方が相手方の主張を否認した場合に、ⓐ二倍額損害賠償（ローマ法源に由来する）、ⓑ抗弁の失権（本文の①）、ⓒ挙証責任の転換、などという法効果を認めるかどうか議論していた。しかし、大方の学説は、これらの法効果を認めることに消極的であった。にもかかわらず、AGOは、本文に紹介したようにⓑの効果を認めたのである。

ただ、この抗弁の失権はともかく、金銭罰、体罰は学説によっても一様に認められていたので、各国の法制（ラント法）でもこの二つについて明記するものが多かった。たとえば、AGOの前身CJFと同年（一七八一年）に制定されたオーストリア一般裁判所法は、「当事者が明らかな違反行為、または重大な恣意（besonder Mutwillen）を犯していることを知ったときは、裁判官は、当該の当事者またはその代理人に対して、相当な（angemessen）金銭罰または体罰を科すべきである」と定め（§409）、また、ドイツ帝国民訴法の「原型」である一八五〇年のハノーファー王国法も、「悪意あるまたは恣意的な（arglistig oder mutwillig）訴訟追行者に対しては、裁判所の叱責（gerichtliche Verweise）、金銭罰、場合によっては最高八日間の拘禁を命ずる。同様な制裁は、重要な事実に対し良心に反して（wider besseres Wissen und Gewissen）否認した者にも科する」（§43 II）と規定していた。

(72)　一八五〇年のハノーファー王国法が金銭罰、体罰を認めていたことは前注において述べたが、同法を「下敷」としたハノーファー草案は、真実義務は認めた（§129 I）ものの、それについて特別な制裁は設けず、わずかに、文書の成立の否認の濫用について、ラント法に刑罰を科することを委ねる、としていた（§407。ハノーファー草案はドイツ連邦参加の各国のために立案されたもので、ラント法とはその各国の法律を指す）。プロイセン草案は、真実義務に関する規定をおかなかったが、文書の成立の否認の濫用については、金銭罰を科する旨の規定（§439）をおいていた。北ドイツ草案は、ハノーファー草案と同様、真実義務に関する規定（§294）をおいていたが、文書の成立の否認の濫用については、同草案の規定は「あまりに特異で（singulär）、また苛酷にすぎる（zuhart）」として採用しなかった（北ドイツ草案のProtokolle〔審議録〕二巻九八四頁)。ドイツ帝国民訴法の第一草案は、真実義務に関する規定もおかなかったし、文書成立の否認の濫用についても何ら規定をおかなかった。同草案の理由書は、「草案は、文書の真正の悪意ある否認に対して制裁規定を設けることを避けた。この種の規定は(ヴュルテンベルク法、バイエルン法のように、これを設けているところもあるが)、悪意ある否認(frivoles Leugnen vor Gericht)一般に対する制裁規定と同様、これを設けてみても、実際上ほとんど価値がない(von geringem praktischen Wert)からである。もしかりにこの種の規定を設けるとしても、それは訴訟法で規定するよりも、刑事法で規定すべきであろう」と述べている(Dahlmanns, Neudrucke zivilprozessualer Kodifikationen und Entwürfe des 19. Jahrhunderts, Bd. 2, 1971, S. 603)。

金銭罰、体罰を設けても、それが実際上価値をもたないことは、第一草案の理由書だけではなく、他の草案の審議の過程でもしばしば指摘されており、そのころの共通の認識であったようである(なお、注(69)末尾のコッホの指摘も参照)。他方、個人主義・自由主義を強調する立場からは、この金銭罰、体罰、ひろくは虚言に対する訴訟罰が、きびしい批判の対象とされていた(たとえば、Mittermaier, I, S. 121ff. は、訴訟を当事者間の闘争関係とみることから、国家はその闘争者に「つねに真実を言え」とヒロイックな美徳(heroische Tugend)を要求してはならない、と述べていた)。

これらの事情がからみ、金銭罰、体罰、ひいてはそれらを効果としてもつ真実義務の規定そのものが、ドイツ法から姿を消していったのではあるまいか。

わが国では、テヒョー草案が、真実義務を宣し(二三三条一項)、また、文書の成立の否認の濫用に対して、金銭罰(「科金」)を定めていたが(三四七条)、これは、同草案のテヒョーの献辞にいう、一八六七年のオーストリアの草案、一八六八年のヴュルテンベルク法(§§ 193 I, 567)の影響を受けたものではないかと推測される。が、これらの草案・法律自体が、ハノーファー草案の影響をつよく受けたものであった。明治民訴法は、テヒョー草案の真実義務の規定は採用しなかったが、文書の成立の否認の濫用に対する制裁規定はそのまま採用し(三五五条)、現行法(二三〇条)もこれを承継している。

(73) Handbuch des deutschen gemeinen Prozesses, 4 Bände. その第一版は、一八〇一年から同三年にかけて公刊された。同四年に、第二版が出版されている(私はこの第二版を参照した)。第二版において弁論主義、職権探知主義の区別を論じているのは、Kapitel 8 (Band I, 2).

ゲンナー(Nikolaus Thaddäus Gönner)は、一七六四年、バイエルン王国のバムベルク(Bamberg)に生まれ、同地の大学、ハノーファー王国のゲッティンゲン大学に学んだのち、八九年、バムベルク大学に戻って教授。九九年、インゴルシュタット(Ingolstadt. バイエルン王国ドナウ川畔)大学に転じ、翌年、同大学のランズフート(Landshut. 同王国イーザル川畔）への移転にともない同大学の教授。以降、研究、行政（一八〇一年には学長）の両面において活躍するが、権力欲、猜疑心が強く、同大学からP・J・A・フォイエルバッハやF・C・サヴィニーが去る大きな原因をつくった（フォイエルバッハの伝記を書いたラートブルフ〔宮澤浩一ほか訳〕『一法律家の生涯』〔同著作集第七巻（一九七〇年）〕においてきびしい批判を受けている）。

一八一一年より、同王国の首都ミュンヒェンに移り、多くの立法活動に関与した。民訴法関係では、一二年に起草し、一五年、一七年に理由書付きで公刊した草案がある（この草案は、二一年に立法されたスイス・ベルン州の民訴法のモデルとされた。K. W. Nörr, Iudicium Est Actus Trium Personarum, 1993, S. 290ff.）.

ゲンナーは、後期自然法（理性法）思想の代表者の一人としても著名。彼が後述するように、弁論主義、職権探知主義という二つの概念を定立し、二つの概念に「裁判所は職権で何ごともしない」、「裁判所は職権で何ごともする」という強烈なキャッチフレーズを与えたこと、このキャッチフレーズで普通訴訟法上、プロイセン法上の各制度を説明しようと試み、説明し切れない「例外」の数が多くなってくると、今度は「手続全体の精神」でどちらの概念に属するか決めようと言いつくろっていることなど、この法思想の一つの特徴を見出すことができよう。ゲンナーの思想的立場から、彼の弁論主義、職権探知主義の定立を詳密に分析するのは、Bomsdorf, S. 96ff, bes. 111ff.

（74） Band I, 2, S. 192f.

（75） ゲンナーが、一方で、弁論主義をNichts von Amts wegen、職権探知主義をAlles von Amts wegenと両者の差異をきわ立たせながら、他方で、実定法上みられるかなりの数の例外を、ほんの僅かの例外（nur wenige Ausnahmen）と言っていたことは、後代の学説の不信を買っている。たとえば、Bomsdorf, S. 121ff. は、このゲンナーの理論構成の矛盾・撞着を鋭くつくものであるが、しかし彼の論証もまた、いささかエキセントリックにすぎて、その説得力を弱めているように思われる。

四　その後のＡＧＯ

一　法典改正へのうねり

ＡＧＯは、一七九三年に制定されてから、一八七九年にドイツ帝国民訴法が施行されるまで、八〇数年にわたって法の世界に存在した。

しかし、ＡＧＯ制定後間もなく、とくに一九世紀に入ってからは、つぎつぎに改正法令が施行されて、同法は完膚なきまでの修正をこうむり、一九世紀の半ば近くには、もはやＡＧＯとは名のみの、昔日の面影なき存在となっていた。

もっとも、ＡＧＯも制定当時は、周囲の国々にそれなりの斬新な印象を与えたらしく、同法を模倣してその国の訴訟法令を改正もしくは新設する国も現れたが、その数はそれほど多くなかった。(76) それよりも、ＡＧＯを批判する声が、プロイセンの内外を通じて高まる一方であった。

(1)　弁護士の復帰――Instruktion の形骸化

(イ)　ＪＫによる代理の完全化

ＡＧＯの特徴は、裁判官が原告、被告を取り調べ、彼らに代わって訴状、答弁書を作成し、さらに彼らを呼び出して、Instruktion と呼ばれる特別の手続を行うことにあった。この Instruktion では、訴状、答弁書に記載された事実について、原告、被告にさらに陳述を求め、また、原告には再抗弁の、被告には再々抗弁の事実などについて陳述を許した。これらの陳述が終ったのち、裁判官は、当事者間に争いのない事実（自白事実）と、争いのある事実（争点）を区別し――いわゆる争点整理――、後者の事実について証拠調べに入った。

Instruktion において、裁判官は全能の存在であった。彼は、事件の審理にとって必要なあらゆる事柄を職権で行うことができたし、反面、当事者・代理人は、この裁判官の指示に忠実に従わなければならなかった。Instruktion において、裁判官に、強大な職権探知・職権証拠調べの権能と、その義務が課せられていることは、前に個別的に見たところである。

AGOは、その前身であるCJFにくらべて、Instruktion の前段階、すなわち裁判官が当事者に代わって訴状・答弁書を作成する段階では、当事者がJK（Justizkommissar）に代理を依頼し、そのJKが訴状・答弁書を作成してきたときには、これを適法として受理するところまで後退した。しかし、JKが代理を依頼されても、Instruktion では、その代理人としてのJKのほかに、当事者本人を呼び出して、尋問するというのを原則としていた（二の三(5)(イ)）。AGOの序章も、「当事者は通常、彼自身の事件について裁判官にもっともよく事情を知らせることができるものである。したがって当事者は、その訴訟の Instruktion にはできるだけ彼自身が出頭すべきである」と宣言していた。ところが一八世紀も末の一七九九年に至って、訴訟代理の復活を望む当事者たちの声に押されてか、「当事者本人の出頭は、真実発見のために欠くべからざる場合に限って強要される。この主要目的［＝真実発見］が妨げられない限り、当事者は適法な代理人によって自らを代理させることができる」とする命令（回令）を発するに至った（この命令は、その後AGOの追記（Anhang. 注(23)参照）第一条として、法典に収録された）。当事者はもはや、Instruktion において自ら出頭する要がなく、JKに終始代理させることが許されるようになった。AGOの手続では、訴え提起のはじめから、判決の言渡しまで、弁護士代理で一貫されることになったのである。

(ロ)　JKの主導権

AGO制定後、訴訟事件の数は多くなる一方で、裁判官の数はそれに見合うだけの増員は認められなかった。そのために、Instruktion を担当する裁判官も、若手の司法試補（Referendar）、ついには司法修習生（Auskulator）

まで起用されるに至った。他方で、当事者の側は、経験豊富なＪＫを選んで、代理人として訴訟を追行させることができる。裁判官の方が、このような若手・未熟な司法試補・司法修習生では、両者の立場がまったく逆転し、いまやInstruktionにおいて主導権をにぎるのはＪＫで、裁判官は全能の座からすべり落ちた。

もともと、Instruktionを担当する裁判官は、Instruktionにおけるいろいろな出来事、とくに弁論の内容を克明に調書にとることを義務づけられていた（序章も、「Instruktionを担当する裁判官は、Instruktionにおける弁論のすべてを、忠実にかつ完全に調書に記載すべきである」〔三九条〕と定めていた）。[77] Instruktionにおいて当事者本人の出頭を強要できたころは、裁判官が直接当事者を取り調べ、その取調べの結果を調書に記載することができたが、当事者に代わってＪＫのみが出頭し、しかもそのＪＫと裁判官の立場が前述のように逆転してくると、裁判官はＪＫの意のままにその口述するところを筆記するようになり、ついには筆記の手間もはぶいて、ＪＫの提出してきた書面（Informationsprotokoll）をそのまま調書に添付することになってしまった。[78] これでは、完全な書面主義・当事者主義である。裁判官に与えられていた強大な職権探知・職権証拠調べの権能は、事実上雲散霧消してしまった。

(ハ)　手続の「しまりのなさ」

書面主義という点では、周囲の国々のとる普通訴訟法も書面主義であった。しかし、普通訴訟法では、書面主義をとる反面で、厳格な同時提出主義を認めていた。同種の攻撃方法・防御方法は、一定の期間内に提出しないと後の時点ではもはや提出を認めないという建前がとられていた。ところが、ＡＧＯでは、真実発見を強調するあまり、攻撃防御方法の提出については、もう無制限といってもよいほど時期的な制約を設けなかった（二の五参照）。当事者本人を呼び出し、裁判官が直接尋問することを通じて真実の発見を意図していたのに、それが実現できなくなり、Instruktionが書面審理に堕すると、その点では普通訴訟法と同じだけに、上に述べたＡＧＯの訴訟手続の「しまりのなさ」だけがいやに目に映るようになった。この見地から、つまり、同時提出主義の導入の見地から、AGOの改正を望む声が高まった。

(2) 公開主義・口頭主義へのあこがれ

(イ) ライン川左岸地方の併合

一八一五年頃から三〇年頃までプロイセンは、政治的には恵まれた立場に立ったが、法制面では、きびしい冬の季節を迎えた。

一八一四年、一五年にヴィーンで開かれた国際会議（「会議は踊る、されど進まず」で有名）を通じて、プロイセンは新たにライン川左岸地方をその領土に加えた。この左岸地方は、ケルン、ボン、コーブレンツ、トリアーなどの都市を含み、昔から商工業の盛んな地方であった。商工業が盛んなだけに、この地方の住民の意識（市民意識）は、かなり高度のものがあった。この地方は、一九世紀初頭、隣国フランスの領土に組み込まれた。ときの神聖ローマ帝国の皇帝が、ナポレオン率いるフランス軍の圧力に屈して、この地方をフランスに領土として割譲したのであった。フランス領だけに、この地方には、フランス法が行われる。一八〇六年から、この年に制定されたフランス訴訟法が、この地方の民事訴訟法として行われた。公開主義・口頭主義をとり入れた民事訴訟法である。

ところが、一八一五年に突如として、この地方がプロイセン領にくみ込まれ、したがってプロイセン法が行われることになった。この地方の住民は、このプロイセン法の導入に対して猛烈に抵抗した。もともとは敵国の法律とは言い条、一八〇六年のフランス訴訟法は、かの大革命後の所産であるだけに、この地方の住民には、われわれの意識（市民意識）に適合した法律として大歓迎されていた。ところが、今度導入されてくるプロイセン法は、秘密主義・書面主義に基づき、そのうえ裁判官の職権を強化したきわめて官権主義的な法律である。ライン川左岸の住民たちは、われわれは「髯もじゃの野蛮人と結婚させられる初々しい花嫁みたいなものだ」と、悲鳴の声をあげ、つよい不満を述べて、一大デモンストレーションを展開した。

(ロ)　直轄委員会と法改正

プロイセン政府は、このライン川左岸の住民たちのはげしい抵抗に手を焼いて、国王直属（轄）の委員会(Immediatkommission)を設け、この委員会に、ライン川左岸地方に行うべき法律の検討を命じた。この委員会の報告は一八一八年に発表されたが、立法の望ましい方向は公開主義・口頭主義であるとし、現在のプロイセン法がこの公開主義・口頭主義に即して改正されるまでは、ライン川左岸地方においては、この二つの主義に立脚したフランス訴訟法の妥当を認めるべきであるとした。(79)自国の得た新しい領土でありながら、自国法の通用が認められず、かえって戦い（いわゆる解放戦争）では打ち破ったフランスの法律の通用を認めなければならない。ヴィーンの国際会議を通じてヨーロッパ列強の一角に食い込んだプロイセンにとって、まさに国辱ものの事態が出現したのである。

しかし、いろいろな政治情勢がからんで、プロイセン法の改正作業は、それほど早急には進まなかった。ようやく一八二六年になって、ラインハルト(Reinhardt)をリーダーとする作業グループが、ＡＧＯ第一部の最初の四六か章（したがって、判決手続、略式訴訟、人事訴訟、執行手続などは含むが、破産手続、公示催告などは含まない）について改正作業を担当し、翌年には早くもその改正の要綱を発表し、つづいて一八三〇年から三二年にかけてこの要綱に基づいた新しい民訴法草案を発表した。(80)しかし、この新しい草案はときの司法大臣(81)の反対にあい、四六か章を全面的に改正するのではなく、部分的にのみ改正することになり、まず、一八三三年に令状訴訟、略式訴訟、少額訴訟に関する法令が発布され、ついで、この法令の略式訴訟、少額訴訟に関して示した裁判手続を他の一般の裁判手続にも拡大する旨の法令が、一八四六年に発令された。(82)この二つの法令によって、ＡＧＯの裁判手続（判決手続）は、その様相を一変することになった。

二　一八三三年法・一八四六年法

以下に、この二つの法令の内容を簡単に紹介していくが、一八三三年の法令を中心にみて、一八四六年の法令については、そのとくに変更された点を指摘するにとどめる。条文番号は、別段のことわりのないときは一八三三年のそれを指している。

(1)　裁判手続の概要

(イ)　訴えの申出、当事者の取調べ

訴えの申出、その後の原告の取調べ、また、答弁のための被告の取調べなどは、AGOのままである。ただ、原告または被告がJKを訴訟代理人に選んでいるときは、そのJKが訴状、答弁書を提出することを強制されている（§70）。AGOでは、JKが訴訟代理人に選ばれたときでも、当事者本人が訴えの申出を行い、裁判所の取調べを受けるという、（理論上の）可能性が残されていた。ただ、JKが訴状、答弁書に相当する書面を提出した場合に限って、この訴えの申出、裁判所の取調べを受けることを省略するという、（法律からみれば）例外的な措置を認めていた。つまり、JKによる訴状、答弁書の提出が任意的であったのに、一八三三年の法令以降は、右のようにその提出が強制されるに至ったのである。

なお、この訴状、答弁書は、JKを選任しなかった当事者が自ら提出することも認められているが、もし当事者がこれらの書面の記載に誤りがあったとして期日の延期を申請しても、その申請は認められなかった（§71）ので、この面からも事実上、訴状、答弁書を提出するときはJKに依頼することが強制されていた。なお、一八四六年の法令（以下、四六年法と略す）は、被告自身が答弁期日前または期日に答弁を書面にして提出することを認めたが、この書面にはJKの署名が必要であるとしていた（§§3, 33）。

(ロ)　同時提出の強制

AGOは、真実発見をその目標に掲げたので、当事者の攻撃防御方法の提出に対してはきわめて寛容で、そのために審理の「しまり」がなくなり、訴訟も遅延するとして非難を浴びたことは前に述べた。この点、新しい法令は、攻撃防御方法の提出についてかなり厳しく、いわゆる同時提出主義を認めた。

被告が答弁期日に原告の請求を認めたときには、裁判所によって認諾判決がなされる（§13）が、被告が原告の請求を争ったときには、「被告は訴えに対して完全に応答するだけではなく、すべての抗弁を答弁期日に提出しなければならない。彼が応答しなかった事実および文書（の成立の真正）は自白したものとみなす。事実に関する抗弁は、その後の当該審級の継続中はもはや提出することを許さない」（§14）。もっとも、一八三三年法の訓令（注(82)参照）になると、多少緩和されて、「被告の答弁の結果原告が新しい事実を主張する必要が生じ、また被告がこの［新しい］事実について反論する必要があるときには、訴訟のその後の進行中に、すなわち口頭弁論（後述参照）の段階でこれらの主張・反論をすることが許される」（§29）。四六年法になると、この攻撃防御方法の提出時期の制限がさらに緩和されてくるが、しかし同法も基本的には同時提出の強制（同時提出主義）をとっていることには変りがないので、ここでは、その一々の条文（§§5, 7, 8）を紹介する煩を避けておこう。

(ハ)　受訴裁判所の面前での口頭弁論

(a)　前述した当事者の取調べ、ＪＫの提出した訴状、答弁書を閲読すること、つまり訴訟の「審理」を担当するのは、ここでもＤＰ（Deputierter）と呼ばれる裁判官である。ＤＰは、受訴裁判所の構成員（第一審では三名の裁判官）の中から選ばれ、しかもできるだけ若手の裁判官が選ばれる（§73. 三三年法の訓令 §17ff.）。ＤＰは、その訴訟の「審理」が終了した後、事件の事実関係（Geschichte）および訴訟の進行具合を簡潔に記載した書面（Referat と呼ばれる）を作成し、これを裁判長に提出する。裁判長は、この書面を閲読して、妥当と認めたときは、裁判所での口頭弁論（mündliche Verhandlung vor Gericht）の期日を指定する（訓令 §32）。この期日には、当事者およびその代理人としてのＪＫが出頭する。口頭弁論の期日は、ＤＰが上述した Referat を朗読することによって始められる。朗読の終了後、当事者またはＪＫに発言の機会が与えられる。発言は、原告側の発言で始まり、被告側の発言で閉じるとされている（§26）。発言の内容は、Referat の不備・誤りを指摘すること、新しい事実主張（(ロ)参照）・証拠方法の提出を行うこと、事件に適用される法律について意見（Deduktion）を述べること、などである。

(b)　このようにして、新しい法令は口頭弁論の方式を導入したが、しかしこの口頭弁論は、今日の口頭弁論にくらべると、かなり趣きを異にしている。今日の口頭弁論は、いわば審理の基本であって、審理の始めから終りまで、この口頭弁論を繰り返すことによって展開されていく。そして判決に至るのであるが、その判決の基礎は、この口頭弁論において現れた資料に限るとされている。——ところが、この新しい法令で導入された口頭弁論は、そのものとしては審理の基本ではなく、むしろその審理の一部、それも最終段階になって行われるだけである。審理の中心となるのは、当事者の取調べ（尋問）、または、JKの作成した書面の提出・閲読であって、審理はこれらの作業を中心として展開され、判決の基礎となる資料も、主としてはこれらの取調べ・書面を通じて獲得されるのである（したがって、ここにいう書面は、今日にいう「準備書面」とちがって、その記述を通じて当事者の攻撃防御が展開されるという意味で、「確定書面」の性質をもつ）。この資料の獲得という点では、口頭弁論は、（すでに述べたように）ごく限られた場合しか資料の提出を許さないので、補充的な役割を演ずるだけである。この口頭弁論の目的は、資料の獲得というよりは、裁判官による審理の整理、すなわち、DPがその担当した審理の結果を要約し、それを書面（Referat）にしたためて、裁判所の構成員全員の前で朗読するが、これを当事者の側からチェックし、補正するという目的をもっている。この書面はそのまま判決の基礎（事実認定の）として採用され、これに基づいて判決の起案がなされるので、この書面が間違っておれば、当事者にとって誤った判決がなされるおそれがある。その危険から当事者を保護するという役割を担っているのである。

(c)　このような口頭弁論をともなった新しい法令の手続は、「口頭による最終弁論をともなう書面手続（das schriftliche Verfahren mit mündlicher Schlußverhandlung）」という名で呼ばれた。プロイセン法では裁判官による当事者の取調べ（尋問）を認めていたが、これは、当事者がＪＫを訴訟代理人に選任せず、みずから訴訟を追行する場合に限られていた。普通には、ＪＫが訴訟代理人に選任され、その作成・署名した書面（確定書面）に基づいて審理が行われたから、書面手続と呼ばれる範疇に属していた。しかし、この書面手続で貫徹していたわけではない。最終局面で、前述したような「口頭（による）弁論」を認めたから、右のように「口頭による最終弁論をともなう書面手続」という名称が与えられたのである。

そして、このような形態の書面主義は、むしろ当時の学説の大いに推奨するところであった。当時のドイツでは公開主義・口頭主義を求める声が高唱されたことは前に述べた。これに対して学説は、秘密（密行）主義・書面主義になれてきたドイツ法に、急激に公開主義・口頭主義を導入することから生じる混乱を恐れた。そこで、この公開主義・口頭主義を、いわばドイツの地にソフト・ランディングさせるために、書面主義を主体として、口頭主義（口頭弁論）を部分的に挿入する方法を奨めたのである。しかし、必ずしもこのような政策的配慮によるものだけではなかった。当時のドイツの学説には、訴訟を促進させる方策として、同時提出主義というのが絶対的なものとして目に映ったようである。その同時提出主義をとるためには、書面主義によらなければならない。口頭主義によるときは、当事者の弁論があちらこちらに跳び、時間的先後に関係なく語られて、とても請求原因事実、抗弁事実、再抗弁事実……と整理して、同種の事実は同じ時期に主張させるという建前、同時提出主義はとれないと考えたようである。つまり、弁論が活性化すればするほど、審理が混乱し、訴訟が遅延する、と真剣に恐れたのである。書面主義を基本にし、口頭主義（口頭弁論）は付け足しで、裁判官が審理の結果を要約するのを監視するだけの役割を期待する、という新法令の定める訴訟手続、すなわち「口頭による最終弁論をともなう書面手続」はこのようにしてでき上がったのである。[83]

(二)　証拠調べ

受訴裁判所における口頭弁論が終結したのち、直ちに判決が言い渡されたわけではない。当事者の自白、欠席による擬制自白などによって、すでに判決に熟しているときには、判決を言い渡すことが許されたし、また、当事者があらかじめ提出した証拠方法（とくに文書）を取り調べ、それによって判決に熟したときにも（この口頭弁論では、証拠調べを併合することが許された）判決を言い渡すことができた（§29）。しかし、通常の場合、つまり証拠調べを要するときには、裁判所は決定によって、要証事実、証拠方法などを定めた（§30）。この決定（Resolution）に対しては、上級裁判所に対して抗告（Beschwerde）をすることができた。[84] この決定は、普通訴訟法にいう証拠判決（しかし、判決ではなく決定であり、したがって不服申立ても控訴、上告ではなく抗告であるが）の性質を有する。その反面で、AGOの「争点整理」、すなわち、DPが当事者間に争いのない事実、争いのある事実を分け、後者について挙証者、挙証期間などを定めるという、あの争点整理は姿を消してしまった。争点整理は、DPがその作業を行い、彼の判断に対する不服申立ても彼の所属する受訴裁判所に対して行われたが、ここでは、受訴裁判所が「口頭弁論」を聴取し、事件の審理を担当するので、受訴裁判所みずからが証拠決定を行い、その不服申立ても上級裁判所に申し立てることになったのである。個々の証拠調べについては、別段AGOと異なるところはない。というよりは、証拠調べは、AGOの規定に譲られている。証拠調べの終了後、再び受訴裁判所において口頭弁論が開かれる（§34）。これは、証拠弁論の性質を有する。

(ホ) 口頭弁論の放棄と公開

(a) 一八三三年法は、当事者間の合意さえあれば「口頭弁論」の機会を放棄することを認めた（§20。もっとも、同法の訓令（§31）は、それが認められる場合にかなり絞りをかけた）。だが、一八四六年法は、このような当事者間の合意は許さないとした（§11）。

(b) この二つの法令は、手続の最終段階にしろ「口頭弁論」を認め、したがってまた、その限りで口頭主義を導入したが、しかしもう一つの時代の要求、公開主義は認めなかった。「口頭弁論」には、当事者およびその訴訟代理人の立会いだけが許されたから、今日の言葉でいえば「当事者公開」が認められたにとどまる（§22）。

しかし、公開主義、訴訟手続の一般公開を求める声は高まる一方で、一八四六年法制定の翌年、「離婚訴訟」のほか、「公共の福祉および人倫（Sittlichkeit）からして公開が適切と思われない場合」、「当事者が公開を排除するもっともな理由を明らかにして申し立てた場合」を除いて、口頭弁論をすべての人（男）（Alle Männer）に公開すべきである、という法令が定められた。さらに、「裁判手続は公開・口頭でなければならない」という規定を憲法に置くという当時の風潮に従い、プロイセンも同様の規定を憲法上に置くにいたり（一八四八年）、その関係で、民事訴訟でも、受訴裁判所における（口頭）弁論と、判決の言渡しは制限なしに公開する（ただ、法律に規定がある場合、および裁判所が公共の福祉または人倫から適切と考え、かつ公開の法廷でした決定によって公開を排除した場合に限り、手続を非公開とすることができる）と定めるにいたった（一八四九年の法令）。以降、多少の修正はあったが、大すじはこの線に従って、手続の公開が認められ続けた。[85]

(2)　職権主義思想の凋落

(a)　一八三三年と一八四六年の二つの法令は、ＡＧＯの裁判手続をかなりの程度に改訂したが、しかしＡＧＯそのものを廃止したのではなかった。ＡＧＯの存在を前提とし、そのなかで部分的な修正を施したにとどまり、大枠としてのＡＧＯは存続した。しかも、ＡＧＯの特徴としての職権探知主義を示す諸規定――当事者の主張しない事実の斟酌、職権証拠調べ、あるいは無制限に近い形で発令される文書提出命令、附帯的請求の職権認定――など、前にみたそれらの規定は、いずれも無傷のままで温存されたのである。したがって、後代の学説は、一八三三年と一八四六年の二つの法令は、同時提出主義の導入、部分的「口頭弁論」の採用など、手続的にはかなりの修正を加えたが、職権探知主義そのものは、ＡＧＯとともに存続しつづけたと解している。[86]

ところが、当時の学説は、プロイセンの内・外を問わず、この二つの法令によって、プロイセンの職権探知主義は撤廃され、代わって弁論主義が採用されたと解している。[87]法規の構造からみると、後代の学説の指摘するところがもっともなのに、なぜ当時の学説はこのように解したのか。当時の学説の説明するところを読んでみると、次のような理由が考えられる。当時、プロイセンの職権探知主義は、はげしい批判の的とされた。職権探知主義がとられる背景には、国家の啓蒙的、といえば聞えはよいが、官権後見的な発想があったことはいうまでもない。この官権後見的な発想が、自由主義、個人主義がようやくにして高揚してきた当時において、時代に逆行するもの、前時代の遺物としてきびしい批判の的とされたのである。この批判は、プロイセンの外からのみならず、プロイセンの内部でも高まった。(88) しかし、現にAGOは存在する。この現行の法典を無視するわけにはいかない。プロイセンの法実務家は、この内外の批判を聞くたびに、法改正の日を一日千秋の思いで待ったにちがいない。

そこへ、一八三三年、四六年の二つの法令が現れた。しかも、この二つの法令は、同時提出主義をとったし、また、書面（審理）手続も採用した（訴えの申出、DPによる当事者の取調べなど、当事者本人が訴訟追行するのに備えた規定もおいていたが、実態は、JKが作成した書面の交換・閲読が行われる書面手続であった）。この同時提出主義・書面手続を採用した点では、普通訴訟法と同じであった。その普通訴訟法では、ほかならぬ弁論主義・職権探知主義の命名者であるゲンナーが、弁論主義に基づいていることを断言した。その普通訴訟法と同じ訴訟構造を認めたのであるから、この二つの法令も、弁論主義を採用したと、（強引といえば強引だが、一日千秋の思いで待っていただけに）プロイセンの法実務家は決めてかかったようである。

(b) いま一つ考えられるのは、AGOの特色である「審理」（Instruktion）の手続が、消失したことである。訴状、答弁書が提出されても、当事者本人を呼び出し、裁判官（DP）が直接取り調べ、また証拠調べを行うという手続のもとでは、裁判官が強烈に職権を発動して、事実を探索し証拠調べを行うことが、手続上可能とされていた。ところが、一八三三年、四六年の二つの法令は、まず当事者間で書面を（裁判所を介して）交換させ、その交換された書面の内容を裁判官（DP）が整理し、その整理の適否をめぐって受訴裁判所において当事者が口頭弁論を行う、という建前をとったために、裁判官が当事者に対面してその強烈な職権を発動するという余地がなくなったのである。その上、AGO制定後の特則で、「審理」でもJKが当事者本人に代わって出頭することを認めたため、経験豊富なＪＫと若手で未熟なＤＰの力量の差があらわになり、ＪＫが逆にＤＰをリードする事態になって、とても職権発動どころではなくなったことは前に述べた。この事態は、一八三三年、四六年の二つの法令につよい影響を与えたラインハルトらの作業グループも十分承知していた(89)。この事態から逆に、「審理」の存続をあきらめ、普通訴訟法にならって（プロイセン法も昔は普通訴訟法の影響下にあったから、その昔に戻って、というべきか）書面（審理）手続を導入したのであった。ともかく、「審理」を廃止してしまえば、事実上職権探知主義の発動の余地はなくなる。その「審理」が廃止されたのだから、上の二つの法令では、職権探知主義は姿を消し、弁論主義がとってかわったと解されたのであろう。

(c)　しかし、書面（審理）主義をとり、同時提出主義、部分的「口頭弁論」を採用したからといって、それで必然的に職権探知主義が認められなくなるものではない。これらの訴訟構造をとりながら、職権探知主義を認めることは、理論上も実際上も可能である（現に、「口頭弁論」の方式をとるわが国の人事訴訟法は、職権探知主義を認めている）。まして、ＡＧＯの職権探知主義を認めた諸規定は、上の二つの法令でもそのまま温存されていた。だから、プロイセンの法実務家さえその気になれば、職権探知主義は行われつづけたのである。しかし、職権探知主義を裏から支える啓蒙的・官権的な思想が今や凋落に瀕しつつあった。一八三三年、四六年の二つの法令をきっかけに、この思想に完全な終止符が打たれたのである。職権探知主義は、法典上は存続しても、思想的また実践的には完全に死に絶えたのである。

三　その他の法令

繰り返し述べるようだが、一八三三年、四六年の二つの法令は、ＡＧＯの全面的な改正を企てたものではなかった。裁判（判決）手続という、それなりに重要な、しかも広い範囲に影響を及ぼす領域での改正であったが、ＡＧＯ全体からみると部分的な改正にとどまった。一八三〇年代から、ＡＧＯはこのような「部分的改正」の時代を迎えた。ライン川左岸地方の住民の圧力に屈し、AGOの全面的改正が実現するまではその地方にフランス法の妥当を認めるという屈辱的な譲歩を行ったが、そのAGOの全面的な改正はなかなかに実現しなかった。そこで、可能なところから、また必要に迫られたところから、部分的に改正していくという手法がとられた。上記の一八三三年、四六年の二つの法令は、この「部分的改正」の手法の代表例であるが、その他にも、いろいろな部分的改正の立法が行われた。ここでは、そのうちから、プロイセンのみならずその後のドイツ全体の立法にも大きな影響を及ぼした、次の二つの法令を取り上げておこう。(90)

(1)　一八三三年の上告に関する法令

現在のドイツの上告審は、下級審の法律判断の誤りを審査するいわゆる法律審の構造をとっているが、この上告審＝法律審の構造への道を最初に切り開いたのが、この法令である。(91)

(イ)　破毀院制の影響

普通訴訟法では、上告審も、下級審の事実認定の誤りを審査するという、事実審の性格を帯びていた。この点で、控訴審と同じであり、控訴が Appellation と呼ばれたのに対し、上告は Oberappellation と呼ばれ、ラントによっては、Revision と呼んでいた。プロイセンも、Revision の語を用いた。(92)

ところで、一九世紀に入ると、ドイツ法はフランス法の影響を受けることが多くなり、フランスの破毀院にならった制度を設けようという声が、次第に高くなってきた。つまり、全土にただ一個の最上級裁判所を設け、そこに全事件を集中して、法令解釈の統一を図ろうという要望である。これには、この世紀に入るとドイツにおいて資本主義が急速に進展してきたことも見逃すことはできないであろう。資本主義に内在する予測可能性（Berechenbarkeit）の要請が、この法令解釈の統一を希求したということができる。ともあれ、最上級審（上告審）による法令解釈の統一を望む声が高まってきたが、普通訴訟法の Oberappellation または Revision では、この要望においそれと応じることができない。普通訴訟法では三審制が古くから認められた公理であったが、その三審制は、Appellation, Oberappellation（Revision）に即して考えられてきたので、事実認定の誤りに対して三審制、つまり二度の不服申立てを許すものと固く信じられてきた。それを、いまさら覆すのは容易ではない。[93]だが、そうかといって、最上級審（上告審）まで事実認定の誤りをもち込むと、今や最上級審としては全土で一個の裁判所が考えられているのだから、その裁判所が負担の過重にあえぐことになる。

(ロ)　ＮＢの利用

(a)　このような窮境に立たされたドイツの立法者たちが目を向けたのが、Nichtigkeitsbeschwerde（無効の〔不服〕申立て。以下、ＮＢと略す）と呼ばれる特別の申立てであった。このＮＢは、判決に無効原因があるときに、裁判所にその判決の無効を主張する方法として認められてきた。[94]今日の再審制度の原型の一環をなすものである（ドイツ法にいう Nichtigkeitsklage, わが明治民訴法にいう「取消しの訴え」の原型）。その申立先は、無効原因ありとされた判決をした裁判所（原裁判所）であるとされ、その出訴期間は、当時の訴権の時効の観念に影響され、三〇年というおそろしく長い時効（出訴）期間が定められていた。

ところで、ＮＢが認められた「判決の無効原因」のなかには、訴訟手続に重大な瑕疵があった場合というのがその大半を占めていたが、ほかに「法律解釈の誤り」という無効原因があった（たとえば、ＡＧＯ I, 16, §2, 2）。裁判官が判決をする際に適用する法律の解釈に誤りを犯した場合である。ドイツの立法者たち（また、それを指導する学説）が注目したのは、この「法律解釈の誤り」であった。判決の無効原因として、「法律解釈の誤り」は認められても、「事実認定の誤り」までは認められていない。そこで、このＮＢを最上級裁判所への不服申立てとして認めるなら、法律解釈の誤りは取り上げられても、事実認定の誤りまでは取り上げられない。これによって最上級裁判所＝法律審という構造を実現できる、と立法者たち（学説）は考えたのである。もっとも、そうは考えたものの、この考えに基づく立法は容易には実現しなかった。それを最初に実現したのが、この一八三三年のプロイセン法令であった。

(b)　ただし、この法令は、従来の Revision（普通訴訟法にいう Oberappellation）とNBとの二本立て（併存）を認めていた。まず Revision についていうと、①婚姻事件、親子事件のような人事に関する事件のときは、当然に提起が認められた。②財産権に関する事件のときは、二つの下級審の判決がくいちがい、しかもその不服（上訴）金額が五〇〇ターラーを超える事件にかぎって、提起が認められた（§§ 1, 2）。二つの下級審の判決がくいちがうとは、第一審判決が請求認容、第二審判決が請求棄却、あるいはその逆、という場合である。[95]

しかしそうすると、二つの下級審判決が一致しているか、一致していなくともその不服（上訴）金額が五〇〇ターラーを超えない事件のときには、Revision、したがって第三審への上訴は、提起しようにも提起できないことになる。そこで、このような場合のために登場してきたのが、NBであった。すなわち、NBは、①申立ての対象である判決（原判決）が、通常の上訴（Appellation および Revision）の提起できない第一審もしくは第二審の判決であること、②その原判決が、法規（正確には、法原則 Rechtsgrundsatz）に違反するか、もしくは法規が定められていない事例において法規を適用していること、または、③原判決が重要な訴訟法規（wesentliche Prozessvorschrift）に違反していること、を要件として、その提起が認められていた。そして、③の重要訴訟法規違反の場合として、一〇個の場合が列挙されていた（今日の絶対的上告理由の原型である）（§§ 4, 5）。[96]

(c)　Revision もNBも、その提起先は、いずれも Geheimes-Ober-Tribunal とされていた（§ 26）。これは、王都ベルリーンにあった裁判所で、当時のプロイセンの唯一の最上級裁判所であった（のちに、単に Ober-Tribunal と改称された）。Revision もNBも、その提起期間は、原判決の送達を受けてから六週間以内とされていた（§ 21）。このようにして、Revision もNBも、ともに同じ性格の上訴方法と位置づけられた。両者のちがいは、Revision では原判決の「事実認定の誤り」まで攻撃できたが、NBでは原判決の「法律解釈の誤り」だけを攻撃できるという点であった。

しかし、両者が、同じ性格の上訴方法と位置づけられたことは、NBにとっては、大きな性格転換を意味した。

ＮＢはもともと、原判決に重大な瑕疵があるときに、通常の上訴方法（Appellation と Revision）の提起期間を徒過してしまった当事者を救済するために認められた「非常の」不服申立てであった。そのために、三〇年間という大変に長い時効（申立）期間が定められていたし、また申し立てる裁判所も原裁判所であった。ところが、そのＮＢが、「通常」の不服申立て（Revision）と同じ長さの申立期間が定められたし、また申立裁判所も、原裁判所ではなく、最上級の Geheimes-Ober-Tribunal とされた。つまり、ＮＢは、非常の不服申立ての性格を脱して、通常の不服申立て（＝上訴）に転じ、それも最上級審への不服申立て、すなわち上告へと利用されるにいたったのである。ただ、この通常の不服申立てに転じたＮＢの特徴は、原判決の法律解釈の誤りだけを攻撃できるという点にあり、そしてそのことが、最上級審の法律審としての性格を際立たせるのに役立ったのである。

(d)　この一八三三年の法令は、今日の最上級審（上告審）＝法律審の観念からみるときは、不徹底のそしりをまぬがれない。Revision をあわせて不服申立てと認めたために、その限りで最上級審に事実審としての性格も認めてしまった。この法令につづく以後のドイツのラント法、各種の草案は、いずれも、最上級審に対する不服申立てとしてこの Revision を切り離してＮＢ一本にしぼり、最上級審＝法律審の観念の確立へと一路邁進するのである。(97) しかし、不徹底のそしりはまぬがれないが、この一八三三年の法令が、最上級審＝法律審の観念を確立する最初の道を開いたことは、法史上十分に評価されてよいであろう。(98)

(2)　一八四四年の婚姻事件の手続に関する法令

サヴィニーが立法担当の司法大臣（注(82)参照）であった時代の産物である。サヴィニーは、当初は婚姻法の全面的改正を企てたが、いろいろな抵抗にあって容易に実現しないので、まず手続の部分を切り離して、さきにそれを立法したのである。(99) この一八四四年の法令は、その後の帝国民訴法（ＣＰＯ）、およびわが国の人事訴訟法（その前身である人事訴訟手続法）の源流となった法令である。すなわち、この法令は、その後のプロイセン草案、北ドイツ草案の婚姻および親子事件の手続法規の原型となり、それが帝国民訴法に承継され、さらにわが人事事訴訟手続法にも伝来されたのである（ドイツは、二〇〇九年九月より、婚姻事件および親子事件に関する規定を、民訴法より「家事事件および非訟事件の手続に関する法律」〔略称 FamFG〕に移したし、わが国は、平成一五（二〇〇三）年に人事訴訟法を制定した）。

訴訟手続を概観しておくと、最初にＪＫの作成した書面が交換され、ＤＰがその内容を整理し、受訴裁判所の面前において「口頭弁論」が行われることは、一八三三年、四六年の二つの法令と同じである（§26ff.）。しかし、次のような、かなり多くの例外を認めていた。

① 検察官（Staatsanwalt）の手続への関与を認めた（§4ff. プロイセン法は、他の民事手続では検察官の関与を認めなかった。この点で、フランス法と異なる）。

② 上記の「口頭弁論」をはじめ、訴訟のいかなる段階であれ、裁判所が必要と認めたときには、当事者本人の出頭を強制できた（§§20, 32, 145）。

③ 証拠調べは、原則として受訴裁判所の面前において行われた（§35. ＡＧＯや、一八三三年、四六年の二つの法令では、証拠調べ、ことに証人尋問は、一人の受命または受託裁判官に委ねられた）。

④ その証拠調べ、ことに証人尋問において、当事者の立会権が認められた（§37. ＡＧＯや、二つの法令は、この立会権を認めなかった）。

⑤ 自白の拘束力が否定された（§40. ＡＧＯは、婚姻事件においても自白の拘束力を認めていた〔三の二〕）。この拘束力の否定との関連で、当事者が手続においてけ怠をしても、擬制自白は認められず、被告が答弁期日に欠席しても、原告の請求原因事実を否認したものとみなされた（§44）。

⑥ そして、次のような規定があった。「実定法上の証拠法則を完全に満たした証拠があるときは格別、婚姻裁判所は、離婚原因、婚姻の無効・取消原因があるか、また、あるとしてどの程度あるかを、弁論および証拠の総体（der ganzen Inbegriff der Verhandlungen und Beweis）から得られた心証（Überzeugung）に基づいて判断すべ

きである。」(§39)　これは、ドイツの民事裁判手続において自由心証主義を認めた最初の規定であるとされる。

四　ＡＧＯの失効

多くの頁数をついやして紹介してきたＡＧＯとも、われわれはここで、別れを告げなければならない。一九世紀の後半、プロイセンでは、二つの民訴法が行われていた。その一つはＡＧＯで、上述した各法令によっていろいろの面から改正を受け、もはや制定当時の面影がない状態であったが、しかし法典としては存在しつづけた。いま一つはフランス法で、ＡＧＯが部分的な改正のみを受けて存在しつづける以上、ライン川左岸地方ではこの法律の適用を認めざるを得なかった。[100]

しかし、一つの国家で二つ（それ以上）の民訴法が行われることは、いろいろな不都合が生じたし、だいいち、国家の矜持がきずつけられた。そこで、一八六四年、プロイセン全土に適用する統一的な民訴法の草案を発表した。いわゆるプロイセン草案である。[101]しかしこの草案は、その内容があまりにフランス法に偏していたため、プロイセン各地（ライン川左岸地方を管轄するケルン控訴裁判所も含む）の裁判官からはげしい非難を浴びた。司法省がその法典化に躊躇している間に、一八六六年、普墺戦争（プロイセン対オーストリアの戦争）がぼっ発し、その結果、戦勝国プロイセンを盟主とする北ドイツ連邦が結成された。その北ドイツ連邦のためにあらたに民訴法の草案が起草され、発表された（いわゆる北ドイツ草案）。上述のプロイセン草案は、草案のまま葬り去られた。

一八七七年、ドイツ帝国民訴法（ＣＰＯ）が公布された。と同時に、同法のための施行法（Einführungsgesetz）も公布され、それによると、帝国民訴法が施行されるとともに、帝国の各地で行われている訴訟法規はその効力を失う（ausser Kraft treten）と定められていた（§§1, 3, 14）。帝国民訴法は、一八七九年一〇月一日に施行された。それとともに、ＡＧＯは、ライン川左岸地方のフランス法と並んで、その効力を失った。今でも職権主義訴訟法として（前身のＣＦＪより後退したが）その名を喧伝され、注目を浴びることの多い法典は、八六年と三か月ほどという比較的長い寿命を保って、法形式上もその姿を消した。

(76) AGOの影響をもっとも強く受けた他国の法令として、一八一八年、一九年のヴュルテンベルクの二つの法令をあげることができよう。一八一八年のは、Edikt über die Rechts-Pflege in untern Instanzen（下級審における司法に関する告示）であり、一八一九年のは、Provisorische Verordnung, den Rechtsgang in Civilsachen bei den höheren Gerichten betreffend（上級裁判所における民事事件手続に関する暫定的法令）である。二つの法令を復刻したものとして、Werner Schubert, Die Civilprozeßordnung für das Königreich Württemberg von 1868, Bd. 1 (1977), SS. 3, 117.

法文の内容は、前者においてより詳細に定め、後者では、この前者の規定を前提として、上級裁判所の特質から生じる例外についてだけ規定をおく、という体裁をとっている。まず、前者の定める訴訟手続についてざっと概観しておくと、原告が、口頭または書面によって訴えの申出（Anbringung. プロイセン法ではAnmeldung）を行うと、裁判官によってその原告の取調べが行われる。その後、原告・被告双方が同じ期日に呼び出される。この期日に、被告は口頭または書面によって答弁を提出する。被告が原告の請求・主張を争ったときには、同じ期日または別の期日に、原告の再反論が聴取され、さらに、被告の再々反論が聴取される。この原告・被告の個別の尋問・聴取が行われたのち、裁判官は、原告・被告の対質を命じ、その後、両者を立ち会わせた上、争点の整理（ヴ法では、Übersicht über die Streitverhältnisseという）が行われる。以降、その争点の整理の結果に基づいて、証拠調べが行われる（以上、§81ff.)。

このヴ法の手続が、右の争点の整理も含めて、AGOの手続に酷似していることはいうまでもないが、裁判官に相当大幅な職権探知・証拠調べを認めている点でも両者は同じである。ヴ法がこの大幅な職権探知等を認めたのは、「従来の司法が機能不全に陥っていたのは、一般的に、ことに証拠調べにおいて、裁判官が当事者の申立て・申出に拘束されるという建前がとられてきたことに基づく」（前文）という認識から出発している。「民事においては原告からの要求がない以上、裁判官はその活動を開始することができないが、ひとたび原告からの要求があったときは、当事者双方のめざした目的を達成させるために、たとえ当事者からの明示の申立てがなくても、裁判官はその職権を発動すべきである。審理の結果法的に是認すべき事項は、そのすべてを当事者に——当事者からの申立てがなくても——帰せしめるべきである。同様に、記録から窺える被告の抗弁事実は、たとえ被告がその事実を主張しなくても、裁判官は裁判にあたって斟酌すべきである。」(§77)

「裁判官は、当事者の提出した証拠方法のほか、真実を探求するために、合法的なあらゆる証拠方法を取り調べる権能と義務を有する。したがって、当事者が申し出たのち撤回した証拠方法でも、裁判官は取り調べることができる。」(§106) もっとも、裁判官が取り調べうる範囲は、もともと当事者が弁論において提出・申し出ることができる範囲に限られる。たとえば、文書提出命令では、「当事者の一方が他方に対して請求できる範囲では、裁判官も職権によって文書の提出を命じることができるが、その範囲を超えて文書の提出を命じることはできない。ただし、第三者に対しては、証言拒絶が許されるのと同じ範囲内でなければ、文書の提出を命じることができる」(§§ 78, 106, 111, 112)。また、訴訟記録に現れた抗弁事実は、被告の別段の主張をまたなくても、裁判官が職権で斟酌すべきであるとされているが、しかしその反面で、訴訟記録にも現れてこない事実は、斟酌してはならない（裁判官は私知を利用してはならない）とされている（§ 78 (4), (5)）。また、訴訟記録に現れた事実でも、その事実を斟酌することによって不利益をこうむる当事者には、あらかじめ陳述の機会を与えなければならない、とされている（§ 78 (7)）。

以上の手続は、ゲンナーのいう職権探知主義の手続とよく似ている。ゲンナーは、職権探知主義の手続では、訴え提起後は裁判官がすべてのことを職権で行う（Alles von Amts wegen）と言っていた。ヴ法も、上記のように「ひとたび原告の要求［訴えの提起］があったときは、当事者双方のめざした目的を達成させるために、当事者からの明示の申立てがなくても、裁判官はその職権を発動すべきである」と言っている。もっともヴ法自身は、その訴訟手続のとる建前は、「弁論主義にも職権探知主義にも偏せず、中道（Mittelweg）を往くものである」と評している（一八一九年法 §2）。なお、同じヴ法でも、一八一八年法は、口頭陳述を建前とし（§ 70）、法廷にも当事者本人が出頭することを予想（§ 72）しているが、一八一九年法では、上級裁判所の手続を念頭においているせいか、書面審理を建前とし（§ 81）、「法知識を有する補助者」（＝弁護士）が付くことを常態として予想している。その関係で、裁判所の職権活動も事実上緩和されたものと思われるが、前述した職権活動、ことに証拠調べの規定はそのまま準用されている（§ 2 (5)）。

ヴ法のほかに、ＡＧＯの影響を強く受けた他国の法令とされるものに、一八一九年のバイエルン王国法（その内容について、Schwartz (Johann Christoph), Vierhundert Jahre deutscher Civilproceßgesetzgebung, 1898, S. 537; Bomsdorf, S. 199ff.）、一八二四年のオルデンブルク大公国法（Schwartz, S. 544f.; Bomsdorf, S. 196ff.）、同年のリューベック市法（Schwartz, S. 545f.; Bomsdorf, S. 197）などがある。

(77)　もっとも、調書を作成するといっても、通常は裁判所書記官をつけて、その書記官に調書を作成させた。序章も、本文に紹介した条文につづけて、「訴訟の対象が重要ならざるものではない（nicht ganz unbedeutend）ときは、法律によって例外とされている場合を除いて、Instruktion を行う裁判官のほかに、調書を作成させるために裁判所の職員を列席させるべきである」（§ 40）と定めていた。もし裁判所書記官を列席させないで、裁判官だけで手続を進めた場合には、その手続は無効になると解されていた（I, 25, §60）。プロイセン法の裁判所書記官は、判事補（Referendar）と同一の資格を要するとされていたが（III, 5, §4）、実際上そのような優秀な人材を集めることができず、読み書きができ、その上一応の法律知識さえ有しておればそれで足りるとされていた（Koch, S. 149f.）。

（78）このことは、当時の状況に言及した文献の、一様に指摘するところである。たとえば、Abbeg, SS. 188f., 202f., 226 Anm. 458; Savigny (Friedrich Karl von), Vorschläge zu einer zweckmäßigen Einrichtung der Gesetzrevision (Stölzel (Adolf), Brandenburg-Preußens Rechtsverwaltung und Rechtsverfassung, Bd. 2, 1888, S. 733ff.（とくにS. 739f.）に収録——法学者サヴィニーは、後述するようにプロイセンの司法大臣（法律改訂担当）に就任したが、これは、その直前（一八四二年）、ときの国王フリードリヒ・ヴィルヘルム四世に提出した建白書である）; Weißler, Geschichte der Rechtsanwaltschaft, 1905, S. 365.

（79）報告書（Gutachten）は、Landsberg (Ernst), Die Gutachten der Rheinischen Immediat-Justiz-Kommission und der Kampf um die rheinischen Rechts- und Gerichtsverfassung 1814-1819 (1914) に収録されている（民訴法関係は、SS. 55ff., 83ff.）。

（80）ラインハルトらの作業グループの発表した法案の要点、リーダーであったラインハルトの経歴（～一八四七年?・もともとは弁護士）などについては、Nörr (Knut Wolfgang), Reinhard und die Revision der Allgemeinen Gerichts-Ordnung für die Preußischen Staaten, 1975.

（81）ラインハルトらの新しい民訴法案に反対した司法大臣は、正確にいうと法律改訂担当の司法大臣カンプツ（Karl Albert Christoph Heinrich von Kamptz）であった。

　プロイセンは、ライン川左岸地方をはじめ全領土に通用するＡＬＲ（一般国法）、ＡＧＯの改訂作業を始めようとしたが、これがなかなか先へ進まないのは、従来の司法行政を担当する司法大臣がこの法典の改訂作業まで背負いこんでいるせいであるとして、司法大臣を二分して、司法行政担当の司法大臣と、法律改訂（Gesetzrevision）担当の司法大臣を置くことにした（一八一七年一一月）。後者の初代大臣には、国王の信任の厚いバイメ（Karl Friedrich Beyme. 一七五六～一八三八年）が起用された。彼は若くしてベルリーンのカンマーゲリヒトの陪席裁判官となり、同裁判所の長官なども経験したが、もともと自由主義の立場の人物で、一八一九年のカールスバートの決議（大系二二八頁以下）に反対して、この司法大臣職を辞任した。これにともなって、司法大臣の職はふたたび一本化された（もっとも、一八二五年までバイメに法律改訂につき提言するよう委嘱されていたという）。一八三二年になってまたもや法律改訂の司法大臣が設置されることになり、その大臣に選任されたのがカンプツであった。

カンプツ（一七六九～一八四九年）は、メクレンブルク＝シュトレーリッツの貴族の出身、最初は母国で司法官生活に入ったが、のちにはプロイセンの官僚に転向、カンマーゲリヒトの裁判官、内務省の警察局の部長、文部省の普通学務局の部長などを歴任したのち、一八二四年より司法省勤務となっていた。カールスバート決議後のデマゴーグ狩り（大系二三二頁・二四七頁）で名を知られたりしたが、反面、学問熱心で、多数の論文もあり、また、彼の名を冠した年報（プロイセンの立法、法律学、司法に関する年報。Jahrbücher für die Preußische Gesetzgebung, Rechtswissenschaft und Rechtsverwaltung）の刊行者として著名である。

カンプツは、既存のプロイセン法と、ライン川左岸地方で行われているフランス法を一挙に融合するのは無理とみて、二つの法領域においてそれぞれ時代に適合した部分的な修正を試みるべきであると主張した。この見地から、ラインハルトらの新民訴法案――それはまさに、ＡＧＯとフランス法を一挙に融合してライン川左岸地方を含む全領土に施行させることを意図していた――に強く反対したし、彼のいうところの「時代に適合した部分的な修正」を手続法の分野ではじめて実現したのは、次に述べる一八三三年の民訴法令であった。

ところで、先に触れておくと、この一八三三年の法令が成立したいきさつには、次のような事情があった。一八三一年、ベルリーンのJustizkommissionsrat（ＪＫを一〇年ないし一五年間勤めた者に与えられる名誉称号）Marchand（マルシャンか）が、ときの国王（フリードリヒ・ヴィルヘルム三世。フリードリヒ大王には、後継ぎたる男子がなく、その甥のフリードリヒ・ヴィルヘルム二世が王位を継承したが、三世はその息）に、「プロイセンの訴訟法に従って裁判所において権利を主張する際に生じる若干の主要な障害について」（Über einige Haupthindernisse, welche der Verfolgung des Rechts vor den Gerichtshöfen nach der Preußischen Prozeßordnung entgegenstehen）といういささか長たらしい題の建白書を奉呈した。Marchandは、ＡＧＯでは、簡単な事件でも複雑な事件でも同じように精緻で長い時間を要する手続が定められている、と非難した。彼によると、せいぜい六週間もあれば三審級まで終りそうな事件、つまり被告が重要な抗弁を申し立てず、そのため証拠調べも必要としない簡単な事件が、ＡＧＯでは二年二か月もかかり、もしこの事件で、被告がＡＧＯによって許されている防御方法を意識的に利用したら、四年以上もかかるであろうと論じた。国王はこの建白書を読み、司法省に対して、「傾聴に価いする意見である。この意見を参考にして、法典（＝ＡＧＯ）の全面的な改訂が完了するまでの間、暫定的な訴訟法を立法せよ」と命じた。司法省は、Marchandを委員として含む立法委員会を組織し、その委員会の報告をさらに省内部で検討・修正した上、Staatsrat（国王顧問会議。立法に対して意見を述べる最高の機関。当時サヴィニーらがそのメンバーであった）に提出、その賛成を得たのち国王に上呈したのが、次に論じる一八三三年の法令であった（以上につき、Kamptz,

Jahrbücher, Bd. 42（1833）, S. 233ff.; Schering, Der Mandats-summarische und Bagatell-Prozeß nach Verordnung vom 1. Juni 1833, S. 3ff.)。

（82） ① 一八三三年の法令は、Verordnung über den Mandats-summarischen und den Bagatellprozeß vom 1. 6. 1833（Gesetz-Sammlung für die Königreichen Preußischen Staaten（以下、GS と略）, 1833, S. 37ff.）. このうち、Mandatsprozeß（令状訴訟。督促手続の前身）、summarischer Prozeß（略式訴訟）の概念については、松浦――注（55）――四八九頁・四九六頁注二三頁参照。なお、Bagatellprozeß とは、少額訴訟のことである。

その後、この法令の実施のために、Instruktion für die Gerichte（裁判所のための訓令）von 24. 7. 1833 というのが発せられた（Kamptz, Jahrbücher, Bd. 41（1833）, S. 437ff.）。もともとは、裁判所に対する注意書きであったが、単に裁判所のみならず、当事者にも拘束力を及ぼすという見地から、法令と同様の効力が認められた（Kabinettsorder vom 17.10.1833. GS 1833, S. 119）。

② 一八四六年の法令は、Verordnung über das Verfahren in Civilprozessen（民訴手続に関する法令）vom 21. 7. 1846（GS 1846, S. 291ff.）。サヴィニーが、法律改訂担当大臣（Gesetzrevisionsminister）であったときに発令された法律である。サヴィニーは一八四二年、ベルリーン大学教授から、カンプツに代わって右の大臣に就任した。ときの国王フリードリヒ・ヴィルヘルム四世（同名の三世――前注――の息子。在位一八四〇～六一年）が皇太子時代、彼から進講を受けるなどして、彼の学識を高く評価していたためであるといわれる。この国王自身、イギリスへ旅行し、裁判所を見学するなどして、その口頭主義・公開主義に基づく裁判手続に深い関心をもっていたと伝えられる。サヴィニーは、多くの学者たち（Heffter, Bethmann-Hollweg, Eichhorn, Puchta ら）の協力を得て、民訴法の改正の検討につとめ、一八四四年二月、四〇四か条からなる改正草案を完成させた。この改正草案は、口頭主義・公開主義・自由心証主義に基づいていたといわれる。しかし、この改正草案には、もう一方の司法行政担当大臣（Justizverwaltungsminister）ウーデン（Uhden. 一七九八～一八七八年）とその部下から、強い反対の声があがった。ウーデンらにいわせると、この草案は、ＡＧＯの存続を前提としてその部分的改正を試みるものなら、余りにも条文数が多すぎるし、他方、ＡＧＯを廃止してそれ自体完結した民訴法典として発布するつもりなら、きわめて不十分で、まだまだ検討する余地が残されている。つまり、一言でいうなら、中途半端で、その性格が不明瞭であるというにあった。しかも、後者の完結した民訴法典を作成するには、その検討にまだまだ時間を要するので、前者の道をとることになり、その結果制定されたのが、ここに取り上げる一八四六年の法令であった。この法令は、わずか三九か条からなっていた。以上の沿革につき、Stölzel――注（78）――SS. 541f., 553ff., 569ff., 579f., 592.

（83）　ここで、「口頭による最終弁論をともなう書面手続」に関連する事項をとりまとめておこう。

①　当時この手続を推奨した法律家として、次の人々が挙げられている。ミッターマイアー（Mittermaier, Beitrag 1, S. 185ff. なお、S. 139ff.）、フォイエルバッハ（P. J. Anselm Feuerbach. バイエルンの法律家で、フランス法の口頭主義・公開主義の実態を紹介した著作がある）、クライン（Ernst Ferdinand Klein. プロイセンの高名な法律家で、一般国法（Allgemeines Landrecht）の立法にも参画した）、ジーモン（August Heinrich Simon. 同様にプロイセンの法律家で、前述のライン川左岸地方へのプロイセン法の適用を検討した国王直轄委員会や、ラインハルトの作業グループの一員であった）など。なお、この手続は刑訴法の分野でも採用の適否が論じられていた。

②　立法では、一八二五年のバイエルン王国の草案が最初のものであるが、法典として現実化されたのは、一八三一年のバーデン大公国の法律（Proceß-Ordnung in bürgerlichen Rechtsstreitigkeiten für das Großherzogtum Baden vom 31.12.1831）が最初であり、プロイセンの一八三三年の法令が、それに次ぐものであった。

ただ、このバーデン法とプロイセン法との間には大きな差異がみられ、「口頭による最終弁論」において、従前の書面手続の結果を要約するのが、前者では当事者自身であるのに、後者では裁判官に委ねられていた。後者でも、立法の前には（とくにラインハルトの作業グループにおいて）、要約を当事者自身にさせようか裁判官に委ねようか、かなり議論が行われたようである。しかし、当事者自身に任せた場合、当事者双方の要約を聞かなければならず、二重手間になること、当事者間に争いのある事実、争いのない事実をはっきりさせるためには、中立的立場の裁判官の方が適当であること、さらに、裁判官に書面手続の結果を要約させた方が、そのまますぐに判決の起案（その「事実および争点」の項）として利用できる便宜があることなどから、裁判官に委ねることに踏みきったようである。

③　この手続では、口頭弁論は審理の最終局面において開かれるが、ライン川左岸地方で行われていたフランス法では、口頭弁論は審理の最初の局面から開かれていた。そして、プロイセンでは、ライン川左岸地方に限らず、フランス法と同じように口頭弁論を最初から開くタイプの審理を認める一地方法があった。それは、ポーゼン大公国の法令であった（Verordnung, betreffend die Justizverwaltung im Großherzogtum Posen vom 9. 2. 1817. GS (1817), S. 37ff.）。ポーゼン（現在、ポーランド領ポズナン）は、一九世紀のはじめプロイセン領に属していたが、プロイセン軍がナポレオン軍に撃破され、ティルジットの和約（一八〇七年）が締結された際、新たに設立されたワルシャワ大公国に併合された（大公位は、ナポレオンに忠実なザクセン国王が兼摂した）。ワルシャワ大公国はフランスの衛星国で、法律もフランス法が行われた。一八一四・一五年のヴィーン会議を通じて、ポーゼンが再びプロイセン領に復帰し、法律もプロイセン法（したがって、ＡＧＯ）が行われ

るようになったが（一八一六年の勅許状Patentによる）、おそらく地方住民のつよい要望があったのであろう、翌一八一七年から右の法令が施行されることになった（この法令を紹介するのは、Ahrens, SS. 148–51）。

この法令は、「きわめて簡単な事実」に基づく事件については、公開・口頭による手続を認めた。「きわめて簡単な事実」に基づく事件としては、手形訴訟、占有訴訟、賃貸借による明渡訴訟、扶養料訴訟、強制執行から生じた争訟、などがあげられている。原告が訴状を提出すると、一定の期日に原告・被告が呼び出され、受訴裁判所の面前において口頭弁論が開かれる。口頭弁論では、まず原告が発言し、ついで被告が反論する。原告が発言する際に、訴状を朗読する必要はない。なぜなら、裁判官も当事者も、その内容をすでによく知っているからである。口頭弁論の概況は、書記官によって調書に記載されるが、弁論終了後、当事者の側から、自分の請求原因事実、抗弁事実、再抗弁事実などを記載した書面が提出される（これは、フランス法のいわゆるqualitéの制度をまねたのではないかと思われる）。総体に、この訴訟手続にはフランス法の影響がつよいが、しかし、煩雑で、長期を要する事件には、審理にDP、判決の起案にReferentを起用する点、あるいは証拠調べの前に「争点整理」を行う点などは、AGOの影響を色濃く残しているといえる（なお、上記のReferentによる報告の際には、当事者の要求により、または裁判長が事件の性格上必要だと思えば、手続を公開し、当事者ないしはその代理人から報告の訂正を求めることができた）。

このポーゼン大公国の法令は、のちのラインハルトらのAGOの改訂作業の際にも参考資料として重視され、ひいては一八三三年法、一八四六年法にも影響を与えているといわれている（Nörr——注(80)——S. 3ff.）。この法令は、一八三三年法の施行のときにはまだ存続が認められていたが（したがって、ポーゼン大公国には一八三三年法は適用されなかった）、一八四六年法の施行のときには、この法令も廃止されてしまった。

(84) Koch, S. 388. プロイセン法のBeschwerdeについては、拙稿「決定・命令に対する不服申立て——民事（二）」法曹時報三六巻八号一四七一頁注二二。

(85) 以上につき、Koch, S. 259f.

(86) Schwartz——注(76)——S. 582f.; Bomsdorf, S. 224ff.

(87) Schering——注(81)——S. 258f.; Abbeg, SS. 233, 236, 259ff.; Koch, S. 256f. プロイセン国外の学者の評価としては、Mittermaier（当時、バーデン大公国のハイデルベルク大学教授）, AcP, Bd. 30 (1847), S. 267ff.（なお、同AcP, Bd. 28 (1846), S. 118ff. に、一八三三年の法令がどれほど手続の迅速化に役立ち、またどれほど多くの事件がこの法令の定める手続によって処理されたか、詳細な統計を引用しての紹介がある）。

(88)　プロイセン外からの批判としては、前注のミッターマイヤー（彼は、自由主義・個人主義の代表的法イデオローグの一人であった）が、プロイセンとはあからさまに名指しはしないものの、次のように批判していた。「著作者たちの派手な議論によって、そして国家目的のむやみやたらな高揚によって理論づけられた、政治家たちのお気に入りのかの議論、すなわち、国家はすべての市民に対して後見監督人の立場に立ち、人間のあらゆる理想はただただ国家がその強制力によってのみ実現できると思いこみ、国家の永遠の至福の前にはあらゆる私的自由は消え去らねばならない、という考え方が行われている。」「だがこのような考え方に立つときは、国家活動の目標として権力への志向のみが浮かびあがり、紛争の解決を委託された裁判官も単にこの『権力』という観念からのみ把握される。すなわち、ここでは、紛争の解決も国家の［権力］行為の一種であり、裁判官はもっぱら統治者の代理人として現れ、彼に対する当事者のあらゆる不服従は、法律への侵害、国家の尊厳への重大な冒瀆行為として評価され、制裁を受けるのである。当事者は刑罰の制裁のもとにただひたすら真実を述べることを強制され、裁判官はあらゆる手段を用いて真実を探求する権力を付与される。私人の自由と意思に基づく［民事］訴訟の私的な性格は失われ、裁判官のごく自然な立場［独立・中立という立場］は、私権にとってきわめて危険な仕方で抹殺されてしまうのである。」（Beitrag, 1, S. 7f.）

　プロイセン内からの批判としては、前述したライン川左岸地方の住民のＡＧＯの導入に対するはげしい反対運動こそ、自由主義・個人主義の見地からするプロイセン法に対するもっともきびしい批判であった。

(89)　Vgl. Nörr ——注(80)—— S. 8.

(90)　もっとも、プロイセンは、ＡＧＯの部分的改正に終始し、その「全面的改正」をあきらめたわけではなかった。一八四八年のコッホ作成の草案と、一八六四年のいわゆるプロイセン草案（ＰＥ）がそれである。このうち、後者については「Ａ・レオンハルトの生涯——ドイツ帝国民訴法の成立史」で言及する機会（本書一五四頁以下）をもったので、ここでは前者について触れておこう。

　一八四八年三月、ベルリーンでの三月革命の勃発にともなって、プロイセンでは新しい内閣が組織された。法律改訂担当のサヴィニーも司法行政担当のウーデンもやめ、二つの任務を一本化した新しい司法大臣に、ボルネマン（Bornemann. のちのプロイセン草案の起草委員長）が任命された。ボルネマンは、時代にふさわしいリベラルな思想の持主であるコッホ（C. F. Koch. 本稿では、すでにしばしば彼の体系書を引用している）に民訴法案の起草を委嘱した。コッホは短時日の間に、ＡＧＯを全面的に改訂する（執行、破産、非訟事件も含む）一〇九五か条におよぶ草案を書きあげた。判決手続ではフランス法から多くの示唆を得たが（たとえば、自由心証主義の採用）、基本的には、一八四六年の「口頭による最終弁論をともなう書面手続」を維持したものであった（彼の体系書の復刻〔一九九四年〕に付されたW. Schubertの解説、Ahrens, S. 284ff.）。

しかし、ボルネマンは、早くも一八四八年六月にはその所属する内閣が総辞職して司法省を去り、後任の司法大臣キスカー（Gustav Wilhelm Kisker. 一八〇三〜五四年）はこの草案に難色を示し、印刷公表することは認めたが、成文化の作業には入らずに終った。

コッホ（一七九八〜一八七二年）は、生家が経済的に恵まれず、苦学して、二五歳にしてやっと大学入学資格試験（Abitur）に合格して、ベルリーン大学に学んだという。プロイセンの司法官生活に入り、ケルン、アーヘンでライン川左岸地方法を経験したのち、プロイセンの他の地方の地裁判事・所長などを歴任し、一八四一年より、ナイセ（Naiße. オーデル川支流のナイセ川畔の都市）の裁判所長となった。この職に在職中、右述した民訴法草案起草の委嘱を受けた。それまでの著作を通じて、かなりリベラル色を出しており、そのことが、三月革命期にボルネマンより草案起草の委嘱を受けた所以であり、また、後任のキスカーに嫌われ、草案が却下された所以になったのであろう。草案起草後、最上級裁判所（Obertribunal）の判事という約束もあったようだが、それも拒否され、再びナイセに戻った。一八五四年、プロイセンの民訴法の状況をtumultuarisch（滅茶苦茶な、騒然とした）という言葉を使って批判したため、懲戒手続に問われ、退職のやむなきにいたった。一八六一年から六六年まで、プロイセン下院議会において進歩党（リベラル左翼）に属して活動した。その民訴法の体系書をはじめ数多くの著作を通じて、一九世紀中葉のプロイセンにおける最高の法著作家といわれる。

(91) 正式には、「不服申立てとしてのRevisionとNichtigkeitsbeschwerdeに関する法令」という（Verordnung über das Rechtsmittel der Revision und der Nichtigkeitsbeschwerde vom 14. 12. 1833. GS, 1833, S. 302ff.）。この法令に関しては、その後一八三九年に、法令の不備をおぎなうため、また法令の施行細則として、Deklaration（修正）およびInstruktion（訓令）が発令されている（GS, 1839, SS. 126ff., 136ff.）。

(92) 拙稿「上告の歴史」小室直人・小山昇先生還暦記念『裁判と上訴』下（一九八〇年）一二頁・三一頁以下・三六頁注二一。

(93) 一八一五年のヴィーン会議を通じて、あらたにドイツ連邦（Der Deutsche Bund）が結成されたが（プロイセンも、もちろんその一員である）、その連邦の憲法にあたる議定書（Bundesakt）に、加盟各国に三審制をとることを要請すると解される規定が存在した。三審制を覆すことは、この議定書に違反することを意味したのである。拙稿――前注――一八頁。

(94) NBの沿革については、Skedl（Arthur. 一八五八〜一九二三年。オーストリアのグラーツに生まれ、同地の大学で博士号を取得。一九一二年からはプラハ大学の教授。ドイツのヴァッハ（A. Wach）に師事）の Nichtigkeitsbeschwerde in ihrer geschichtlichen Entwicklung, 1886.

この Skedl の著作によりながら、ＮＢの沿革を克明に追われるのは、小山昇「民事訴訟法四二〇条一項三号の系譜」同著作集第一〇巻『判決の瑕疵の研究』（二〇〇四年）二九〇～三二三頁。

ただ、Skedl の歴史的研究は、一六五四年のいわゆる最終帝国決議（Der Jüngste Reichsabschied）で終っている。小山博士は、この帝国決議以後、一八七七年のドイツ帝国民訴法までのドイツにおけるＮＢの発展を、ミッターマイアーの著作における叙述で描写できる、とされている。すなわち、「Skedl の著作が扱った時期以後一八七七年民訴法典以前において、判決無効の主張にかかる、法により処理することを要する諸問題を、普通法学者がどう受け止めてこれに取り組んだかを見ることにする。このことに関する研究文献は多い。いちいちこれらに当たるわけにはいかない。Mittermaier に象徴的に見られると直観するので彼に依存することにする」（三二三頁）。

しかし、引用されるミッターマイアーの著作（Beitrag, 3）は、一八二三年の出版であり、その後のＮＢは、本文でも述べるように、判決の無効を主張する特別の不服申立てから、判決に対する通常の不服申立てに転換され、それも第二審から第三審への不服申立てつまり上告に転換され、その上告が法律審への不服申立てであることを明らかにするのに利用されていくのである。このＮＢの転用のきっかけを与えたのが一八三三年のプロイセンの法令であった。一八二三年の著作に依拠していては、このＮＢの転用の過程がすっぽり抜けてしまうことになる。

小山博士の著作は、判決の無効原因、再審事由の歴史的研究としてはきわめて貴重であるが、ＮＢの発展過程を知るうえでは、不備があるといわなければならないのは残念である。

（95）　いいかえると、第一審と第二審の裁判が一致しているときには、第三審への不服申立てを許さないという建前は、ドイツ法の好んでとるところである（一致〔合致〕主義、Konformitätsprinzip. 拙稿――注（92）――三六頁以下）。なお、現行法でも、再抗告の要件としてこの建前を認める（§568 II）。

（96）　一八三三年法の掲げていた「重要な訴訟法規の違反」の概念、および、この概念のその後の展開については、拙稿「上告理由としての訴訟法違反――史的考察」民事訴訟雑誌二五号五四頁以下。

（97）　プロイセン草案、ハノーファー草案、北ドイツ草案など、帝国民訴法（ＣＰＯ）に先立つ諸草案は、いずれも第三審への上訴としてＮＢの語を用いている。ところがＣＰＯにいたると、ＮＢが姿を消して、代りに Revision の語が用いられた。これは、ＣＰＯの生みの親といわれ、その制定過程に重要な影響を及ぼしたレオンハルト（A. Leonhardt）の年来の主張を容れたものである。CPOの最初の草案は、その理由書の総論の部分（この部分はレオンハルトが執筆した）で、法律審である第三審への上訴の表現として、NBを用いるのは適当でなく、Revision の語を用いるほかはないと言っている。なぜなら、NBの語を用いると、フランス法の破毀院（Cour de cassation）への申立てとドイツ法の第三審への申立てが同視される恐れがあるからである、というのである（Begründung des Entwurfs einer Deutschen Civilprozeßordnung, 1871, S. 244. 同趣旨の説明は、第三草案〔最終草案〕の理由書にも見える。Hahn, Die gesammten Materialien zu den Reichs-Justizgesetzen, Bd. 2, S. 142. なお、S. 363）。理由書にいう、NBの語を用いるとフランス法の破毀院への申立てと混同されるというのは、私にはいま一つよくのみこめないが、NBはもともと、確定判決に対する非常特別の不服申立てであった。この点で、破毀院への申立てと共通するものがあるといえよう。ところが、そのNBが、第三審への通常の不服申立てへと転換された。ドイツの学説が Oberappellation と呼び、ラント法のなかには Revision と呼ぶのもあった不服申立てである。そこで、この通常の不服申立てへの転換を明らかにするために、Revision の語を用いたとも考えられる。

(98) この一八三三年の法令については、拙稿――注(92)――六二頁以下、拙稿――注(96)――四五頁以下・五四頁以下に、かなり立ち入って紹介しておいたので、ご参照頂ければ幸いである。

(99) Verordnung über das Verfahren in Ehesachen vom 28. 6. 1844 (GS, 1844, S. 184ff.). この法令の成立過程については、Stölzel――注(78)――SS. 537ff., 541ff., 545f. なお、若尾祐司『近代ドイツの結婚と家族』（一九九六）六五頁、七三頁。

(100) プロイセンは、一八一四、一五年のヴィーン会議、一八六六年の対オーストリア戦争（普墺戦争）などを通じて次第にその領土を拡大し、ついにはドイツ随一の大国にのし上がっていくのであるが、その領土の拡大の過程で、新しい領土の情況、それへの配慮などから、その法体系はかなり複雑なものになっている。ヴィーン会議の結果得たライン川左岸地方の抵抗に屈し、この地方にフランス法の妥当を認めたことはすでに繰り返し述べていることであるが、そのほかにも、次のような事態がみられた。

① Vorpommern（前部ポメラニア。旧東ドイツ領）は、もともとスウェーデン領であったが、ヴィーン会議を経て、プロイセンに割譲された。この地方には、ながく普通訴訟法が行われてきたので、プロイセンもそれに敬意を表して、AGOの導入をさしひかえた。しかし、一八四九年、憲法に裁判手続の公開・口頭に関する規定が置かれた関係で、この地方にも、（非公開・書面による普通訴訟法に代えて）公開・口頭に基づく新しい訴訟法令が公布された（Verordnung, betreffend einige über das Verfahren in Civilprozesse in den Bezirken des Appellationsgericht zu Greifswald……, vom 21. 7. 1849. GS 1849, S. 307ff. Greifswald は、同地方の主要都市）。ただし、この法令の骨格は、一八四六年の法令とほぼ同じで、それにくらべて

公開主義を強調した程度である。

② 対オーストリア戦争で勝利をおさめた結果、戦争の発火点となったシュレスヴィヒ＝ホルシュタインをはじめ、戦争に際してオーストリアに与したハノーファー、クーアヘッセン（ヘッセン・カッセル）、ナッサウ、フランクフルト（アム・マイン）の諸国・都市を自国の領土に併呑した。このうち、ハノーファー（王国）とフランクフルト（自由都市）については、それぞれ今まで行われてきた法律の温存を認めたが、その他の国々については、新たに一つの統一した訴訟法令を制定・公布した（一八六七年六月二四日。法令名はあまりに長いので割愛する。GS, 1867, S. 885ff.）。もっとも、この新しい法令の骨格も、一八四六年の法令のそれと酷似したものであった。なお、温存が認められたハノーファーの法律は、有名な一八五〇年の民訴法であったし、フランクフルトのは、一八四八年一一月七日の民事事件手続に関する法律（Gesetz über das Verfahren in bürgerlichen Rechtssachen）を指すものと思われるが、両法の温存が認められたのは、いずれもすでに公開・口頭による訴訟手続を認めていたことによるのであろう（フランクフルト法については、Schwartz ――注(76)―― S. 586ff.）。

一九世紀の後半においてプロイセンでは二つの民訴法が行われていた、と本文に書いたが、上述からも明らかなように、プロイセンでは、ＡＧＯ、フランス法のほかに、一八三三年、一八四六年の両法と酷似した、しかし法形式的には別個独立の法典や、ハノーファー法、フランクフルト法なども行われ、厳密にみると、かなり錯綜した状態だったのである。

(101) Entwurf einer Proceß-Ordnung in bürgerlichen Rechtsstreitigkeiten für den Preußischen Staat. このプロイセン草案については、前稿「Ａ・レオンハルトの生涯」本書一五四頁以下にやや立ち入って紹介した。

人名索引

ア　行

アイケ・フォン・レプゴウ（Eike von Repgow）　10
アイゾルト（Friedrich Arthur Eysold）　**264**, 275
アウル（Hermann Carl Aull）　198
アベック（Jurius Friedrich Heinrich Abbeg）　297
アーベケン（Christian Wilhelm Ludwig von Abecken）　**238**, 242, 246, 251, 262
アムスベルク（Justus von Amsberg）　**121**, 198, 238, 241〜5, 247〜8, 250, 253, 269, 272, 276, 286, **287**
アルプレヒト（HE の審議委員）（Albrecht）　122
アルプレヒト（ゲッチンゲン大学教授）（Wilhelm Albrecht）　54, 60, 62
アーレンス（Martin Ahrens）　**3**, 76, 83, 85, 297
石部雅亮　163, 297, 352
ヴァッハ（ワッハ）（Adolf Wach）　251, 417
ヴァルテンスレーベン（Justus Graf von Wartensleben）　153
ヴァルデック（Franz Leo Benedict Waldeck）　154, 175, 182
ヴィクトリア（英女王）（Victoria）　45〜7
ウィリアム四世（William Ⅳ）　45〜6, 50, 52
ヴィルヘルム一世（プロイセン国王兼ドイツ皇帝）（Wilhelm Ⅰ）　175, **187**, 192, 215〜7, 225, **226**, 260, 293
ヴィルヘルム二世（同上。一世の孫）　47, 226
ヴィルモウスキ（Gustav Adolf Wilmowski）　**240〜1**, 242〜3
ヴィントホルスト（Ludwig Windthorst）　57〜8, **64**, 65, 81〜2, 119, 123, 172, 180, 186, 188, 256, 263, 274, 289〜90
ヴィンター（Wilhelm Winter）　**121**, 127
ヴェヒター（Carl Georg Wächter）　149, **153**
ウェリントン（Arthur Wellesley. Wellington）　34〜5, 37
ヴォルフゾーン（Issac Wolffson）　**268**, 275
ウーデン（Karl Albrecht Alexander von Uhden）　412
エーゲ（Karl Eugen Ferdinand von Ege）　271
エドワード（エードゥアルト。ジョージ三世の子，ケント公）（Edward（Eduard）. Duke of Kent）　38, 41, 45
エールシュレガー（Otto Karl Oehlschläger）　276
エルンスト・アウグスト（Ernst August）
　① ハノーファー選帝侯　11, 12〜4, 23
　② ハノーファー国王（アーネスト・オーガスト。Ernest August）　46, 51, 53, 55〜7, 72, 74, 81
　③ ハノーファー皇太子　168〜9, 172, **186**
エンデマン（Wilhelm Endemann）　**199**, 202
オェスターライ（Ferdinand Oesterley）　76
オッペンホフ（Ferdinand Christian Oppenhoff）　80, **84〜5**, 86, 99, 156〜8

カ　行

ガウプ（Friedrich Ludwig Gaupp）　265
兼子　一　319
カール・アントン（ジグマリンゲン家の）（Karl Anton von Hohenzollern Sigmaringen）　225
カルマー（Johann Heinrich Casimir von Carmer）　303〜7, **319**, 321〜3
カンバーランド公（屠殺者）（William August.

Duke of Cumberland） 19, 24
カンプツ（Karl Albert Christoph Heinrich von Kanptz） 410〜1
キスカー（Gustav Wilhelm Kisker） 416
キューネ（PE の担当者）（Kühne） 157〜8
グナイスト（Rudolf Gneist） 148, 153, 179, 182, 199, **264**, 275, 288〜9
熊谷　弘 297, 352
クライトマイア（Wigläus Xavaerius Aloysis Kreittmayer） 137
クライン（プロイセンの法律家）（Ernst Ferdinand Klein） 413
クライン（オーストリアの立法家）（Franz Klein） 103
グリム（帝国司法委の委員）（Carl Grimm） 265
グリム（N E の起草委員）（Franz Ferdinand Grimm） 197, **199**, 204〜5, 213
グリム（兄。ゲッティンゲン大学教授）（Jacob Grimm） 8, 52, 60
グリム（弟。同上）（Wilhelm Grimm） 8, 60
クリューガー（連邦参議院司法制度委の委員） 247
クルルバウム二世（Karl Dietrich Adolf Kurlbaum II） 184, **230**, 237, 270, 284
クレッツァー（Adolf Kraetzer） 265
クレム（Heinrich Bethmann Klemm） **239**, 243
黒田忠史 3, 68
クロッツ（Moritz Klotz） 265, 284
ゲオルク五世（Georg V） 56, 64, 82, 168, 169, 171, 172
ゲープハルト（Albert Gebhard） **239**, 243〜4
ゲルヴィヌス（Georg Gottfried Gervinus） 52, 54, 60, 62
ゲンナー（Nikolaus Thaddäus Gönner） 137, 376〜80, **387**, 388, 400, 409
コークツェーイ（Samuel von Cocceyii） 321
コッホ（プロイセンの法実務家）（Christian Friedrich Koch） 298, 384〜5, 387, **415〜6**
コッホ（ドイツ帝国銀行総裁）（Richard Koch） **201**, 206
小山　昇 417
ゴルトシュミット（Levin Goldschmidt） **116**, 286
コールハース（Karl von Kohlhaas） **239**, 242, 251, 270, 287

サ　行

ザイツ（Joseph Franz Eduard Seitz） **120**, 128, 199, 204
サヴィニー（Friedrich Carl von Savigny） 45, 61, 156, 185, 387, 405, 412, 414
シェーニンク（Wilhelm Ludwig August von Schöning） 268
シェーフェ（Hermann von Scheve） **120**, 127
シェーレ（父）（Georg Freiherr von Schele） 53, 72
シェーレ（子）（Eduard Frhr. von S.） 56
ジェローム（ヴェストファーレン国王。ナポレオンの弟）（Jérôme Bonaparte） 32, 36, 225
ジーモン（August Heinrich Simon） 413
シュヴァルツ（Johann Christoph Schwartz） 237
シュヴァルツェ（Friedrich Oskar Schwartze） **268**, 274, 276〜8, 280, 284
シュタイン（プロイセンの改革者）（Karl Reichsfreiherr vom und zum Stein） 40, 134
シュタイン（訴訟法学者）（Friedrich Stein） 264
シュテーゲマン（Eduard Stegemann） 251
シュテューフェ（Carl Bertram Stüve） 53, 55, **61**, 79, 82
シュテルネンフェルス（Carl von Sternenfels）

119, 128, 138, 151
ジュード（Rheinhold Sydow） 184, **271**, 274, 284, 287, 293
シュトェッサー（Carl Wilhelm von Stoesser） **120**, 129, 130, 136
シュトルックマン（弟）（Hermann Struckmann） 125
シュトルックマン（兄）（Johannes Struckmann） **125〜6**, 135, 201, 268
シューベルト（Werner Schubert） 3, **6**, 85, 135〜7, 145, 206, 214, 237, 245
シュミット（ハノーファーの法務官僚）（Schmidt） 80, 86, 99
シュミット（バイエルンの法務官僚）（Ritter von Gottfried Schmitt） **240**, 241〜5, 249, 251, 286
シュレーダー（連邦参議院でのハンブルク代表） 251
シュレーバー（ザクセンの司法官）（Schreber） 271
ジョージ（英国王）（George）
一世（ゲオルク・ルートヴィヒ）（Ⅰ. George Ludwig） 11, 13, 16〜7, 20, 22, 24, 25
二世（アウグスト）（Ⅱ. August） 17〜18, 20, 22〜4
三世（Ⅲ） 20〜1, 25, 37, 41, 45〜8
四世（Ⅳ） 25, 41, 45, 47, 49, 69
五世（Ⅴ） 47
スヴァーレツ（スワルツ，スワレス）（Carl Gottlieb Svarez） 303, 306〜7, **319**, 322, 324, 350〜1, 350〜3
スケトゥル（Arthur Skedl） 416
ゾイフェルト（Rothar Seuffert） 84, **271**
ゾフィー（ハノーファー選帝侯妃）（Sophie） 12〜13, 15

タ　行

タウフニッツ（Christian Theodor Tauchnitz） **119**, 128, 139, 200, 202, 205
ダールマン（Friedrich Christoph Dahlmann） 50, 52〜54, 60, 62〜3
ダールマンス（Gerhardt J. Dahlmanns） **3**, 77, 237
タレ（イ）ラン（Talleyrand-Perigord） 30, 37
ツァハリエ（Heinrich Albrecht Zachariae） 62
チン（Friedrich Carl August Zinn） **269**, 275, 287
ティエール（Louis Adolphe Thiers） 219
ディーペンブロイク＝グリュッター（Gustav Wilhelm Adam Diepenbroick-Grüter） **238**, 243
ティボー（Anton Friedrich Justus Thibaut） 45
ティロー（Carl Gustav Thilo） **269**, 286
デトモルト（Johann Hermann Detmord） 63
テヒョー（Eduard Hermann Robert Techow） 229, 287, 387
デューリンク（Otto Albrecht von Düring） 73〜4, 78〜9, 81, **82**, 86, 151
トェール（Johann Heinrich Thöl） 115
トヴェステン（Karl Twesten） 179, 182〜3, **189**, 190
ドネルス（ドノー）（Hugo Donellus, Hugues Doneau） 294
トリープス（Eduard Trieps） 200
ドルン（Carl Dorn） **239**, 243
ドレクスラー（Karl August Eduard Drechsler） **198**, 202
ドロープ（Carl Rudolf Eduard Droop） **200**, 206, 229

ナ　行

ナポレオン（一世）（Napoléon Bonaparte） 7, 27, 29, 30〜2, 34〜8, 40, 47, 91, 131, 174, 392
ナポレオン（三世）（N.Ⅲ. Charles Louis

N.B.） 166, 169, 218～9, 225
ネストレ（Gustav Eduard Nestle） **121**, 129
ネーベ＝プフルークシュテット（August Nebe-Pflugstädt） 230

ハ 行

バー（バール）（Germann Erbranddrost von Bar） 123
バイメ（Karl Friedrich Beyme） 410
バイヤー（Hieronyms Bayer） 84
ハインリヒ（獅子王）（Heinrich der Löwe） 8～9, 47
ハウク（Thomas Hauck） **265**, 288
ハウザー（バイエルンの検察官） 270
バックマイスター（George Heinrich Justus Bacmeister） 65, 72～4, **76**, 79, 81, 82
ハーゲンス（Carl Hagens） **245**, 270
ハッセンプフルーク（Ludwig Hassenpflug） 104
ハーナウアー（Johann Josef Eduard Hanauer） 270
パーペ（Heinrich Eduard Pape） 156, **157**, 163, 198～9, 202, 203
ハルデンベルク（Karl August von Hardenberg） 40
バルハウゼン（Robert Freiherr Lucius von Ballhausen） 286
バロン（Jurius Baron） 157, **164**
ハーン（Carl Hahn） 251～2
ピウス九世（Pius IX） 257, 260
ピクシス（Daniel Friedrich von Pixis） 119
ビスマルク（Otto Eduard Leopold Bismarck-Schönhausen） 65, 165～6, 169, 172, 176～9, 181～5, 189～91, 192～4, 197, 204, 211, 216～18, 220, 223～4, 226, 237～8, 241, 247, 252, 255～6, 258, 260～2, 268, 272, 274, 282～3
ビュッフ（Georg Ludwig von Büff） 122
ヒールゼメンツェル（Carl Christian Hiersementzel） 153
ファルク（Paul Ludwig Adalbert Falk） 184, **229**, 235, 237, 239, 241, 259, 261, 272, 282
フィルヒョー（Rudolf Vierchow） 273
フェルク（Josef Völk） 269, 275
フェルスター（Franz August Alexander Foerster） 184, **230**, 272, 286
フェルディナント（ブラウンシュヴァイクの公子）（Ferdinand） 20, 25
フォイエルバハ（Paul Johann Anselm Feuerbach） 102, 137, 388, 413
フォイストレ（Johann Nepomuk Fäustle） **247**, 249, 251, 262
フォルカーデ・デ・ビィエイクス（Christoph Ernest Friedrich von Forcarde de Biaix） **264**, 280, 284
フォルケンベック（Max von Forckenbeck） **274**, 280
フーゴー（Gustav Hugo） 61
プットカンマー（Albert August Maximillan von Puttkammer） **268**, 276
フーバー（父）（Ernst Rudolf Huber） **5**, 59
フーバー（子）（Ulrich Huber） 115
プファフェロット（Hugo Pfafferott） 267
プーフェンドルフ（Pufendorf） 104～5
① エサイアス（③の甥）（Esaias P.）
② フリードリヒ・エサイアス（①の子）（Friedrich Esaiasu P.）
③ ザムエル（Samuel P.）
フュルスト（Carl Joseph Maximilian Freiherr von Fürst und Kupferberg） 304～5, **320**, 321～2
プランク（Planck）
① ゲオルク・ヴィルヘルム（民訴法案起草者。②の父，③の兄）（Georg Wilhelm P.） 65, 71～2, **75**
② ゴットリープ（ドイツ民法の父，①の子，④の従弟）（Gottilieb P.） **65**, 76, **239～40**, 242～3

③ ハインリヒ・ルートヴィヒ（①の弟，④の父）（Heinrich Ludwig P.） 76
④ ユーリウス・ヴィルヘルム（訴訟法学者。③の子，②の従兄）（Julius Wilhelm P.） 65, 76, 79, **83〜4**, 95〜7, 99〜100, 151
⑤ マックス（物理学者。④の子）（Max P.） 84
フランツ一世（オーストリア皇帝。神聖ローマ皇帝としては，フランツ二世）（Franz I（II）） 29, 30, 37, 40, 225
フレデリック・ルイス（Frederic Louis, Friedrich Ludwig） 20, 24
フリートベルク（Heinrich Friedberg） 157, **163**, 184, 253, 272
フリードリヒ（Friedrich）
① 一世（神聖ローマ皇帝。赤ひげ王）（I. Barbarossa） 8
② 一世（プロイセン国王）（I） 15
③ 二世（同上。大王）（II. F. der Grosse） 15, 18〜20, 24, 303〜6, 318〜9, 320〜2, 349〜50
④ 三世（同上。ヴィルヘルム一世の子） 226
⑤ 五世（プファルツ選帝侯・ライン宮中伯） 12, 14, 133
フリードリヒ・ヴィルヘルム（プロイセン国王）（Friedrich Wilhelm）
① 一世（フリードリヒ大王の父）（I） 15, 318
② 二世（フリードリヒ大王の甥）（II） 411
③ 三世（②の子）（III） 350, 411
④ 四世（③の子。ヴィルヘルム一世の兄） 60, 187, 412
ブルンチュリ（Johann Casper Bluntschli） 150, **153**
ブリンクマン（Heinrich Rudolph Brinkmann） 122
ブルーム（プロイセン軍事省勤務）（Blum） 270
フレデリック・アドルフ（フリードリヒ・アードルフ）（ジョージ三世の子。ケンブリッジ公）（Fredric Adolph. Friedrich Adolff. Duke of Cambridge） 37, 41, 46〜50
ベーア（ベール）（Otto Bähr） 251, **263**, 275〜284, 288
ヘス（ヴュルテンベルクの官僚）（Hess） 270
ベッカー（Hermann Heinrich Becker） **264**, 276, 280, 284
ヘーデマン（Justus Wilhelm Hedemann） 117
ペーテルセン（George Rudolph Peterssen） 119, **125**
ヘーネル（Albert Hänel） 289〜90
ベニクセン（Rudolf von Bennigsen） 58, 173, **180**, 183〜4, 255, 267, 282, 286
ヘフター（August Heffter） 151
ヘルヴェーク（August Hellweg） 5, 235
ヘルツ（Moritz Herz） 265
ヘルト（ザクセンの司法官）（Held） 270
ベルナーズ（Joseph Bernards） 264
ベロ（Pierre François Bellot） 91〜2, **102**
ヘンデル（George Friedrich Händel） 12, 15〜16
ボェマー（Justus Henning Boehmer） 319
ホーフマン（Karl Hofmann） 247
ボムスドルフ（Falk Bomsdorf） 298, 388
ボムハルト（Eduard Peter Apollonius von Bomhard） **118〜9**, 121, 123, 128〜31, 136, 138〜9
ホルツェンドルフ（Franz Holtzendorf） 148
ホルツシュア（Emil Freiherr von Holzschuher） 119
ボルネマン（父）（Friedrich Wilhelm Ludwig Bornemann） 155, **156**, 158, 202, 415〜6
ボルネマン（子）（B. Junior） 157, 164
ポーレンツ（E IIの審議録などの作成者）

(Polenz)　245, 251

マ　行

マイヤー（Max Theodor Meyer）　266
マコヴァー（Hermann Makower）　157
松岡康毅　241
マリア・テレジア（Maria Theresia）　18, 23
マルクヴァルトゼン（Heinrich Marquardsen）　**266**, 275
マルシャン（プロイセンの弁護士）　411
マルティーン（Christoph Martin）　83
マントイフェル（Edwin Freiherr von Manteuffel）　167～8, **189**, 194
ミーケル（Johames von Miquel）　179, 194, **267**, 276, 278～83, 286
ミッターマイアー（Karl Joseph Anton Mittermaier）　**62**, 63, 102, **298**, 413, 415, 417
ミトナハト（Hermann Freiherr von Mittnacht）　**247**, 250, 262
ミューレンブルッフ（Christian Friedrich Mühlenbruch）　54, **61**, 83
ミュンスター（伯。英国のハノーファー担当大臣）（Ernst Graf zu Münster）　44, 46, 50, 59
ミュンヒハウゼン（ハノーファーの首相）（Freiherr von Münchhausen）
①（Gerlach Adolf）　23
②（Alexander）　56, 58
メーザー（Justus Möser）　39
メッテルニヒ（Klemens Wenzel Lothar Metternich）　34, 36
メッテンライター（バイエルンの司法官）（Mettenleiter）　271
モムゼン（Theodor Mommsen）　182
モール（Robert von Mohl）　62
モルトケ（大）（Helmut Moltke）　166, 217～8, 226

ヤ　行

ヤーゴ（Gustav Wilhelm von Jagow）　265

ラ　行

ライザー（Augustin von Leyser）　319
ライスト（Christoph Justus Leist）　**60**, 69, 73, 81
ライプニッツ（Gottfried Wilhelm Leipniz）　12, 15
ライヘンスベルガー（Reichensberger）
① 兄（August）　267
② 弟（Peter）　**267**, 283
ラインハルト（プロイセンの法案起草者）（Rheinhardt）　393, 401, 410, 413～4
ラスカー（Eduard Lasker）　179, 194, 263, **266**, 277, 281, 282, 286
リスト（Friedrich List）　106, **114**
リッチィ（Franz Theobald Freiherr von Rizy）　**118**, 123, 135, 141, 144, 146, 161
リーバー（Phillip Ernest Lieber）　266
リープマン（Liebmann）（ＨＥの審議委員）　122
リーベ（von Liebe）（連邦参議院の司法制度委員）　247
リッペ（Leopold Graf zu Lippe-Biesterfeld-Weissenfeld）　161～2, **165**, 181～4, 197
リューダー（George Gusta Lüder）　117
リュトケン（Eduard von Lütcken）　57
リンデ（Justus Timotheus Balthaser von Linde）　116
ルートヴィヒ（Ludwig）（バイエルン国王）
① 一世（祖父）（Ⅰ）　137
② 二世（孫。狂王）（Ⅱ）　118, 137, 220, 223～4, 226
ルブール（Christian Ludwig von Rebeur）　304～5, **320**, 322～3
レオ一三世（Leo ⅩⅢ）　261
レーオポルト（ジグマリンゲン家の）（Leopold

von Hohenzollern-Sigmaringen） 215～6
レオンハルト（Gerhard Adolph Wilhelm Leonhardt） **7**, **54**, 55, 65～6, 77, **79～81**, 83, 85～6, 98～103, 105～6, 119, 123～9, 135, 139～45, 165, 179, **180～4**, 190, 197～8, 200, 202, 204, 211～4, 222, 226～301, 232～7, 239, 241, 247～57, 262, 271～2, 277, 282, 289～91, **293～4**
レーベルク（August Wilhelm Rehberg） 44, **45**, 59
ローン（Albrecht Theodor Emil Graf von Roon） 175～6, **187**, 189, 217

法令・草案索引

＊ 法令は公布の時を，草案は審議終了ないしは議会提出の時を，それぞれ基準時とした。
＊ 本文頁の後のカッコ内数字は別注番号である。

Ⅰ　ドイツ帝国（神聖ローマ帝国）
1654年の最終帝国決議（同年にレーゲンスブルクで行われた帝国議会の決議）
Der Jüngste Reichsabschid（Reichsabschied zu Regensburg, Anno1654. aufgerichtet）
103(52), 386, 417

Ⅱ　ドイツ帝国（1871年成立。第二帝国，ビスマルク帝国ともいう）
(1)　1871年の（民訴法）第一草案（ＥⅠ）
Entwurf einer Deutschen Civilprozeßordnung nebst Begründung. Im Königlich Preußischen Justiz-Ministerium bearbeitet.　152, **226～35**, 241～4, 248, 288, 292(101), 387, 417(97)
(2)　1872年の第二草案（ＥⅡ）
Entwurf einer Deutschen Civilprozeßordnung nebst Entwurf eines Einführungsgesetzes　**237～44**, 246, 248, 288
(3)　1874年の第三草案（ＥⅢ）
Entwurf einer Civilprozeßordnung　244, **246～50**, 277, 285(82), 288, 292
(4)　1877年1月30日の民訴法（CPO）
Civilprozeßordnung　121, 126, 127, 152, 165(19), 199, 206, 209, 236(18), 244, **262～84**, 288～90, 292, 293, 363, 383(63), 389, 405, 407

Ⅲ　ドイツ連邦
1866年3月24日の民訴法草案（ハノーファー草案。HE）
Entwurf einer allgemeinen Civilprozeß=Ordnung für die deutschen Bundesstaaten
113～4, **118～30**, **138～43**, 145～6, 161～3, 201(48), 204～5, 208～9, 213, 214(58), 231, 234, 236(19), 249, 288, 291, 383(61), 386(72), 417(97)

Ⅳ　北ドイツ連邦
1870年7月20日の民訴法草案（北ドイツ草案。NE）
Entwurf einer Civilprozeßordnung für den Norddeutschen Bund　**195～206**, **208～13**, 226～8, 231, 234, 236(19), 288, 386(72), 417(97)

Ⅴ　バーデン大公国
(1)　1831年12月31日の民訴法

Proceß-Ordnung in bürgerlichen Rechtsstreitigkeiten für das Großherzogtum Baden
413(83)②
(2) 1851年4月2日の民訴法
(1)と同名 136(34)
(3) 1864年3月18日の民訴法
(1)と同名 136(34), 290

VI バイエルン王国
(1) 1753年12月14日の裁判所法（当時は選帝侯国。1806年より王国）
Codex Juris Bavarici Judiciarii 131
(2) 以後，次記(3)までの諸法令・草案 132, 137(39)
このうち，
(イ) 1819年6月28日の裁判所法の若干の改正に関する法令
Verordnung, einige Verbesserungen der Gerichtsordnung betreffend 409(76)
(ロ) 1825年3月22日の民訴法草案
Entwurf der Prozeß-Ordnung in bürgerlichen Rechtsstreitigkeiten 413(83)②
(3) 1861年10月3日の民訴法草案
Entwurf einer Proceßordnung in bürgerlichen Rechtsstreitigkeiten für das Königreich Bayern **130〜3**, 141, 160
(4) 1869年2月11日の民訴法
Proceßordnung in bürgerlichen Rechtsstreitigkeiten für das Königreich Bayern 118, 290〜1

VII フランス
1806年4月24日の民訴法
Code de procédure civil 33, 70, 85, 87〜8, **90〜1**, 92, **97**, 102(41), 132〜3, 158〜61, 164(16), 213, 232〜3, 242, 392〜3, 402, 411, 418

VIII フランクフルト（アム・マイン）自由都市
1848年11月7日の民事手続法
Gesetz über das Verfahren in bürgerlichen Rechtssachen 419(100)②

IX ハノーファー王国
(1) 1827年10月5日の下級裁判所訴訟法及び費用法（H27）
Proceß-Ordnung und Sportel-Taxe für die Untergerichte des Königreichs Hannover 69〜71
(2) 1830年3月29日のG・W・プランク作成の草案

Entwurf der Prozeß-Ordnung in bürgerlichen Rechtsstreitigkeiten für das Königreich Hannover 71～2

(3) 1847年12月4日の民訴法（H47）

Allgemeine bürgeriche Proceßordnung für Königreich Hannover **72～5**, 78～9

(4) 1850年11月8日の民訴法（H50）

(3)と同名 **80～90**, **93～5**, **98～100**, 113, 126, 128～30, 158, 160, 163, 165(19), 231, 232, 234, 236(17)・(19), 242, 249, 250, 289, 386(71)・(72)

X ジュネーヴ州（カントン）

1819年9月29日の民訴法

Loi sur la procédure civil…poure le Canton de Genéve 91～2, 97～98, 102(44)

XI オーストリア帝国

1781年5月1日の一般裁判所法

Allgemeine Gerichtsordnung für Böhmen,…, Oesterreich,… 96, 351(24), 356

XII プロイセン王国

(1) 1748年4月3日のマルク・フリードリヒ勅法の草案（CFM）

Project des Codicis Friedericiani Marchici 306～7, 321(14), 349

(2) 1781年4月26日のフリードリヒ法大全・第一部訴訟法（CJF）

Corpus Juris Friedericianum. Erstes Buch von der Proceß-Ordnung 300～1, 305, **307～17**, 325, 328～30, 340, 349, 353(31), 379(43), 381(54)

(3) 1793年7月6日の一般裁判所法（AGO）

Allgemeine Gerichtsordnung für die Preußischen Staaten 300～1, 305, 307, 316～7, 318(2), **325～79**, **389～93**, 394, 398, 399～402, 403, 407～8

(4) 1817年2月9日のポーゼン大公国の司法行政に関する法令

Verordnung, betreffend die Justigverwaltung im Großherzogtum Posen 413(83)③

(5) 1830年，32年のラインハルトら作成の草案

Entwurf der Prozeß-Ordnung mit den Motiven 393, 410(80)

(6) 1833年6月1日の令状訴訟，略式訴訟，少額訴訟に関する法令

Verordnung über den Mandats-, den summarischen und den Bagatellproceß **393～9**, 411

(7) 1833年7月24日の裁判所のための訓令

Instruktion für die Gerichte 395, 412(82)①

(8) 1833年12月14日の不服申立てとしてのRevisionとNichtigkeitsbeschwerde（NB）に関する法令

Verordnung über das Rechtsmittel der Revision und der NB 402～5

(9) 1844年6月26日の婚姻事件手続に関する法令
Verordnung über das Verfahren in Ehesachen 405〜7
(10) 1846年7月21日の民訴手続に関する法令
Verordnung über das Verfahren in Civilprocessen **393〜9**, 412(82)②
(11) 1848年のC・F・コッホ作成の草案
Entwurf einer Civilprozess-Ordnung für den Preussischen Staat mit Motiven 415(90)
(12) 1849年7月21日のグライフスヴァルト控訴裁判所管内の民訴手続の若干に関する法令（グライフスヴァルトは前部ポメルンの主要都市の一）
Verordnung, betreffend einige über das Verfahren in Civilprozesse in den Bezirken des Appellationsgericht zu Greifswald... 418(100)①
(13) 1864年6月の民訴法草案（PE）
Entwurf einer Proceß-Ordnung in bürgerlichen Rechtsstreitigkeiten für den Preußischen Staat 112, 143, **154〜63**, 196〜8, 201(48), 204〜5, 208〜9, 213, 229, 232, 236(17), 386(72), 417(97)
(14) 1867年6月24日のクーアヘッセン（選帝侯国ヘッセン），ナッサウ，シュレスヴィヒ－ホルシュタインにおける民訴手続に関する法令
Verordnung über das Verfahren in Civilprozessen für Kurhessen, Nassau und Schleswig-Hollstein... 419(100)②

XIII ザクセン＝マイニンゲン公国
1862年7月16日の民事手続法
Gesetz, betreffend das Verfahren in bürgerlichen Rechtsstreitigkeiten 122, 134(21)

XIV ヴェストファーレン王国
1810年3月15日の民訴法
Bürgerliche Prozeß-Ordnung für das Königreich Westphalen 32〜3, 105(56)

XV ヴュルテンベルク王国
(1) 1818年12月31日の下級裁判所における司法に関する告示
Edikt über die Rechtspflege in den untern Intanzen 408(76)
(2) 1819年9月22日の上級裁判所における民事手続に関する暫定的法令
Provisorische Verordnung, die Rechtsgang in Civilsachen bei der höheren Gerichte betreffend 408(76)
(3) 1864年4月3日の民訴法
Die Civilproceßordnung für das Königreich Württemberg 136(34), 290. なお拙著『近代民事訴訟法史・日本』 95〜7

〈著者紹介〉

鈴 木 正 裕（すずき・まさひろ）

1932年　東大阪市に生まれる
1955年　京都大学法学部卒業
1970年　神戸大学教授
1991年　神戸大学学長
1995年　神戸大学名誉教授
1996年　甲南大学教授
現　在　弁護士（1995年より）

主要著作

注釈民事訴訟法(1)〜(9)〔共同編集代表〕（1991〜98年，有斐閣），近代民事訴訟法史・日本（2004年，有斐閣），近代民事訴訟法史・日本2（2006年，有斐閣），新民事訴訟法講義〔第2版補訂版〕〔共編著〕（2006年，有斐閣）

学術選書
79
民事訴訟法

近代民事訴訟法史・ドイツ

2011年(平成23年)10月31日　第1版第1刷発行

著　者　鈴　木　正　裕
発行者　今井　貴　渡辺左近
発行所　株式会社　信　山　社

〒113-0033　東京都文京区本郷6-2-9-102
Tel 03-3818-1019　Fax 03-3818-0344
henshu@shinzansha.co.jp
笠間才木支店　〒309-1611　茨城県笠間市才木 515-3
笠間来栖支店　〒309-1625　茨城県笠間市来栖 2345-1
Tel 0296-71-0215　Fax 0296-72-5410
出版契約 2011-2339　Printed in Japan

印刷・製本／松澤印刷・渋谷文泉閣
ISBN978-4-7972-2339-2 C3332
2339-0101:012-050-015